Mythologische Landschaft Deutschland

D1717819

Heide Göttner-Abendroth/Kurt Derungs (Hg.)

MYTHOLOGISCHE
LANDSCHAFT
DEUTSCHLAND

edition amalia

Umschlagbild: In Stein geritzte Frauenfiguren von Gönnersdorf der Altsteinzeit;
Hintergrund: Steinplatte mit konzentrischen Kreisen aus Beckstedt

**Göttner-Abendroth, Heide/
Derungs, Kurt (Hg.):**
Mythologische Landschaft Deutschland.
Landschaftsmythologie der Alpenländer.
Band 2: Deutschland.
Bern 1999
ISBN 3-905581-04-3

1999

Inhaltsverzeichnis

Kurt Derungs

Einleitung

Im Jahr 1997 erschien der erste Band einer längeren Buchreihe mit dem Titel „Mythologische Landschaft Schweiz" und dem Untertitel „Landschaftsmythologie der Alpenländer, Band 1". Nach wenigen Monaten erlebte das Buch eine zweite Auflage und ist immer noch gefragt. Dieser Anfangserfolg ermutigte mich, kontinuierlich zum Thema weiter zu arbeiten, so dass nun „Band 2: Deutschland" in der Mitherausgabe vorliegt. Das Buchkonzept, das wesentlich zum Gelingen des ersten Bandes beitrug, war und ist 1. seriöse, kulturgeschichtliche Arbeit zu leisten, 2. ältere, umfassende Forschungen kritisch mit einzubeziehen und 3. neuere Sichtweisen und Erkenntnisse anzubieten. Gerade diese unvoreingenommene Sachlichkeit zusammen mit den aktuellen Themen schätzten gemäss Rückmeldung die Lesenden und liessen das Buch zu einem Erfolg werden. Ebenso wurde anerkannt, dass die Matriarchatsforschung auch in diesem Bereich mit konkreten Beispielen vorhanden ist, so wie dies nun in „Mythologische Landschaft Deutschland" vermehrt aufgeführt ist.

Die Auswahl der Texte erfolgte nach einem gewissen Anspruch und Kriterium. So waren Texte erwünscht, die ein Thema relativ breit abdecken (Rosengarten, Quellen etc.) und solche, die speziell zu einer Landschaft oder zu einem Thema Zusammenhänge aufdecken (Bayern, Brautstein etc.). Auch sollte die Landschaft selbst – Steine, Bäume, Wasser, Berge und Landstriche – in einem Überblick vertreten sein, denn es ist klar, dass hier kein flächendeckendes Buch vorliegt, sondern ein einführender und exemplarischer Querschnitt einer geografischen Region und ihre Landschaftsmythologie. Offenkundig ist auch, dass manche Themen nicht berücksichtigt werden konnten und dass teilweise Autorinnen und Autoren, die wir gerne ediert hätten, aus Platzgründen fehlen, besonders die sogenannte und oft unterschätzte „Lokalforschung". Hätte aber schon allein die Schweiz mehrere Bände zum Thema nötig – gerade auch mit den neueren Erkenntnissen –, so müssten wir für die deutschen Landschaften noch umfangreicher publizieren, was mit einem seriösen Anspruch noch Jahre gedauert hätte. So ist wenigstens ein Anfang gemacht worden, bei dem Älteres nachgelesen und Neueres als Anregung nachgeschlagen werden kann. Schliesslich verweisen auch die Buchhinweise und Zitate auf weiterführende Literatur.

Selbstverständlich ist „Mythologische Landschaft Deutschland" nicht das erste Buch, das über Landschaften berichtet, doch unterscheidet es sich wesentlich von Reihen wie „magisch Reisen" oder gar „esoterisch Reisen" oder was sonst noch auf dem heutigen Buchmarkt grassiert und einer suchenden Leserschaft zugemutet wird. Für wen ist also die Reihe Landschaftsmythologie konzipiert? Das Buch ist kein esoterisches Werk, sondern hat einen kulturgeschichtlich-kritischen Anspruch. Die meisten esoterischen Bücher leben nämlich von ein oder zwei Gedanken und überdecken ihr Unvermögen oder ihre Unzulänglichkeit mit undifferenzierten und falschen Behauptungen und Meinungen. Dies kann subjektiv interessant sein, hält aber einer nachvollziehbaren Sichtweise kaum stand. Gerade das ist aber die Krux solcher Bücher und Autor/innen, dass sie ahistorisch und unkritisch alles zusammenfügen, um es einer gutgläubigen Leserschaft zu verkaufen. Ich habe diese Problematik für die Populärpsychologie sehr genau aufgedeckt, und gleiches gilt auch für die Esoterik, so dass ich hier auf meine Untersuchung „Der psychologische Mythos" hinweisen darf.

Ebenso ist diese Anthologie kein „nationales" Buch, der Titel könnte auch „Mythologische Landschaft Mitteleuropa" heissen, zudem verweist der Untertitel auf eine Landschaftsmythologie der Alpenländer, wobei weitere europäische und aussereuropäische Länder folgen werden. So bezeichnet „Deutschland" oder „Schweiz" einen rein geografischen Ort, denn viele Beispiele und Themen gerade in der Landschaftsmythologie finden wir überregional wieder oder sogar kultur- und kontinenteübergreifend. Die Kritische Matriarchatsforschung zeigt ja, wie weitergehende Erkenntnisse nur durch eine interkulturelle Sichtweise möglich sind. Zudem arbeiten moderne Matriarchatsforscherinnen (Heide Göttner-Abendroth, Carola Meier-Seethaler, Gerda Weiler etc.) vor allem auch patriarchatskritisch und somit prinzipiell ideologiekritisch. Durch eine sachliche Aufarbeitung der Kulturgeschichte ist also eine Germanophilie oder eine Keltomanie völlig fehl am Platz, schon allein dadurch, dass wir mit vielen Themen in vorindoeuropäische und spätere historische Zeithorizonte gelangen, wo solche „nationalen" Zuweisungen noch gar nicht existieren. Auch wird gerne von verschiedenen Seiten her mit dem Begriff „heidnisch" operiert. Das ist ein christlich-theologischer Begriff, der jede geschichtliche Betrachtung unter den Tisch fallen lässt. So ist darauf hinzuweisen, dass die von gewissen Kreisen dämonisierte oder verklärte vorchristliche Zeit mindestens nochmals differenziert werden muss in eine frühpatriarchale bzw. patriarchal-herrschaftsorientierte Zeit (Kelten, Germanen, Römer, Slawen) und in eine vorpatriarchale jungsteinzeitliche und teilweise bronzezeitliche Epoche. Interessanterweise fehlt eine solche unterscheidende Sichtweise ebenfalls bei esoterischen, bei nationalistischen als auch bei etabliert-bürgerlichen Kreisen, entweder aus Unzulänglichkeit, aus Gründen der Ideologie oder aus Verdrängung.

Anders als in Band 1 erkennt die Leserin und der Leser in „Mythologische Landschaft Deutschland" eine klare Einordnung der älteren und der neueren Texte und Forschungen. Dies war nötig, da die europäische Ethnologie (früher Volkskunde), anders als in der Schweiz, in Deutschland eher zwiespältig betrachtet wird. Zwar ist eine kritische Aufarbeitung der eigenen Zunft sicher unbedingt notwendig, andererseits war und ist volkskundliches Arbeiten ein riesiges Gebiet mit ganz verschiedenen Positionen und manchen wertvollen Informationen. Denn gute Sachforschung überdauert die Zeiten und ist für eine kulturkritische Aufarbeitung der Geschichte und Landschaftsmythologie gewinnbringend.

Ein wesentlicher Unterschied der älteren und neueren Texte besteht jedoch in ihrer Sichtweise. Zwar sind die älteren Beiträge in ihrem Informationsgehalt für die heutige Landschaftsmythologie durchaus von hohem Interesse, sie sind aber in ihrer Art und Weise oft einfach gute Materialsammlungen, die beschreibend die vorgefundenen Sachthemen anhäufen. Erklärende Abschnitte und grössere Zusammenhänge sind hier eher selten, und man beschränkt sich auf das Deskriptive, was bis heute in der herkömmlichen Geschichtswissenschaft zum sanktionierten und sehr engen Standard gehört. Darunter leidet zum Beispiel die Archäologie, die sich auf ihre Registrierkarten zurückgezogen hat und jeden neuen, interdisziplinären Forschungsansatz entweder bekämpft oder ignoriert, obwohl fachübergreifende Sichtweisen immer wieder gefordert werden. Nicht besser steht es mancherorts um die europäische Ethnologie, die wegen ihrer selbsternannten Beschränktheit und ihrem farblosen Lehrplan langsam zu verschwinden droht, wo doch gerade hier soviel neue Erkenntnisse zu gewinnen wären – gerade auch im Hinblick auf die moderne Matriarchatsforschung. So mangelt es der Volkskunde zum Beispiel nicht nur an einem wissenschaftstheoretischen Hintergrund, sondern viele meinen, zu einem beliebigen Thema ohne kulturgeschichtlichen Rückhalt einfach mitreden zu können. Besonders schlimm wirken solche Texte, wenn die Behauptungen dann noch mit populärpsychologischen Projektionen behaftet sind, so dass die volkskundlichen Themen dadurch noch mehr verzerrt werden. Dazu kommt eine ideologische Voreingenommenheit der etablierten Wissenschaften und eine Haltung, mythologische Themen zu belächeln oder eine erweiterte Geschichte, welche die Geschlechterdifferenz berücksichtigt, notorisch auszuklammern, abzuwerten oder dann selbst zu vereinnahmen.

Gerade aber in die letzte Kategorie gehören unsere älteren Texte nicht. Hier finden wir ein wirkliches Interesse an mythologischen Fragestellungen, an Funden und Landschaften. Noch ohne ideologische Berührungsängste wird eine mythologische Frauengestalt Göttin genannt und nicht Gottheit, wird auf die grosse Bedeutung von Ahnfrauen hingewiesen und wenigstens im damaligen Verständnis auf ein „Mutterrecht" ab und zu verwiesen. In zwei Beiträgen zum Steinkult wird zudem versucht, vorindoeuropäische und indoeuropäische Kulturstränge zu unterscheiden und die Bedeutung der vorindoeuropäischen Epoche hervorzuheben. Zudem erhalten wir im Beitrag „Megalithkultur" einen Hinweis auf eine kriegerische Umwälzung in der europäischen Frühgeschichte, was für den gesellschaftlichen Verlauf auch in diesem Kulturraum von einschneidender Bedeutung war und teilweise noch in Mythen und Sagen überliefert ist.

Die neueren Texte untersuchen nun aus der Sicht der modernen Matriarchatsforschung interdisziplinär verschiedene Aspekte innerhalb des riesigen und äusserst vielschichtigen Gebietes der Landschaftsmythologie. Schon an den wenigen Beispielen sehen wir, wie reich und lohnenswert die Beschäftigung und Kombination der Kritischen Matriarchatsforschung mit der Volkskunde und Archäologie sein kann und welche Erkenntnisse für uns heute daraus gewonnen werden können. So kann beispielsweise anhand der Sagentradition kulturgeschichtlich aufgezeigt werden, dass auch in Mitteleuropa eine patrilokale Heirat und eine patrilineare Nachfolge erst einmal erzwungen werden mussten (siehe „Brautstein und Ahnenstätte"), und dass eine vorindoeuropäische (Megalith)-Kultur von kriegerischen Horden unterworfen und vernichtet wurde (siehe „Die ‚Witten Wiwer' von Rügen"). All dies finden wir in der herkömmlichen Geschichtsschreibung kaum oder nur verzerrt, verharmlost und unkorrekt dargestellt. Umso notwendiger sind weitergehende Forschungen, die keiner Lehrmeinung verpflichtet sind, was mit ein paar wenigen Beispielen die neueren Texte zeigen.

Somit beginnt das Buch mit einem Beitrag von Karl Weinhold über die Quellen und den Wasserkult. Weinhold ist einer der Begründer der deutschen Volkskunde im 19. Jahrhundert, so wie Wilhelm Mannhardt, und beschäftigte sich in mehreren Texten mit mythologischen Themen. Der hier vorliegende Artikel gehört zu einem seiner besten und zeigt besonders die verschiedenen Frauengestalten in Verbindung mit dem Wasser. Zum Gebrauch von „heidnisch" in seinem Text habe ich mich oben schon geäussert, wir können ihn durch vorchristlich ersetzen. In die gleiche Zeit und Schule gehört Elard Hugo Meyer mit fast ähnlichen Interessen. Spannend ist in seinem Beitrag, wie er die alten Göttinnenfiguren herausarbeitet und schon Veränderungsprozesse anzeigt, gerade auch im Zwischenbereich frühchristlicher Missionierung. Zeitlich folgen dann Richard Beitl, Otto Lauffer und Kurt Ranke, wobei besonders letzterer zu den Klassikern der Volkskunde gehört, u.a. als Begründer der „Enzyklopädie des Märchens". Beitl war ebenfalls Erzählforscher, und in seinem Beitrag interessiert vor allem die Rolle der Frau bei der Kinderherkunft und als Kinderbringerin, wo er den mythologischen Kern der „Hebamme" schon bemerkt. Anschaulich erweitert „Lebens- und Schicksalsbäume" den vorhergehenden Text. Mit „Rosengarten" erhalten wir sicher einen der besten Artikel im ersten Teil, der den Sachkenner ausweist und auf die Bedeutung und Zusammenhänge von „Kultplätzen" hinweist. Die „Rosengärten" stehen nämlich in ihrer Funktion in einer inneren Verwandtschaft mit weiteren Ahnenstätten, so mit den Labyrinthen (Trojaburgen) und den Brautsteinplätzen. Hier sind offenbar ähnliche Feste im Kalenderjahr gefeiert worden.

Dem folgt Horst Kirchner Mitte der 50er Jahre mit einem Thema zum Steinkult. Wertvoll sind hier die Zusammenstellungen und Aussagen über die Steine selbst, die aus Unkenntnis, Gleichgültigkeit oder Abwertung auch fünfzig Jahre später immer noch durch die Landschaftsnutzung bedroht sind. Kirchner sieht auch ganz klar, dass wir mit der Menhirforschung zu einer vorindoeuropäischen Megalithkultur gelangen, eine Zeit, die zum Beispiel die Archäologin Marija Gimbutas als „alteuropäisch" bezeichnet. Kirchner verweist zudem auf die Bedeutung einer göttlichen Ahnfrau bei diesen Steinstätten, so wie er auch die spätere Vereinnahmung der Plätze durch Kelten und Germanen unterscheidet. Den ersten Teil schliesst die Archäologin Sibylle von Reden ab, die sich in den 60er Jahren weite Kenntnisse zur Megalithkultur erworben hat und zu einer vorgeschichtlichen Grossen Göttin (Dolmengöttin) gelangt. An den verschiedenen Zeichnungen erkennen wir sehr schön die weibliche (Schoss)-Anlage der Dolmen und Steinkreise, den kosmologischen Innenraum und die Höhlung. Schliesslich ist sich auch von Reden bewusst, dass in der späteren Jungsteinzeit kulturelle Veränderungsprozesse stattgefunden haben, und wir von Herrschaftsbildung sprechen können. In diesem Zusammenhang verweise ich auf den bebilderten Essay „Architektur im Matriarchat" von Heide Göttner-Abendroth in ihrem Buch „Für Brigida" und den umfangreichen Band „Die Zivilisation der Göttin" von Marija Gimbutas, in denen wir anhand der Zeichnungen und Skizzen nochmals die weibliche Anlage und Komposition der frühen Megalithstätten erkennen können.

Der zweite Teil beginnt mit „Brautstein und Ahnenstätte", wo ich einige matriarchale Spuren und rituelle Zusammenhänge im Lebens- und Jahreskreis darstelle, was übrigens teilweise heute noch seine ethnologischen Parallelen im lebendigen Steinkult von Völkern in Nordostindien hat (siehe Hinweise). Der Beitrag ist auch ein Beispiel dafür, wie mit der modernen Matriarchatsforschung in einem sonst eher trockenen Gebiet ein hoher Erkenntnisgewinn erreicht und die herkömmliche isolierte Betrachtungsweise der Folkloristik und Archäologie überwunden werden kann. Dasselbe geschieht in „Die Alte vom Arber", worin sich die Autorin dem ostbayerischen Gebiet widmet. Welche Möglichkeiten der Erforschung und welche kulturellen Zusammenhänge hier noch folgen werden, können wir durch den Artikel ansatzweise nur erahnen. Leider ist die Archäologie und Megalithforschung in dieser Region noch völlig vernachlässigt.

Mit „Heilige Jungfrauen, Salige und Wilde Fräulein" erhalten wir einen religionswissenschaftlichen Beitrag zum Thema der Frauendreiheit oder drei Bethen, wie sie im Christentum halb inoffiziell immer auch mitverehrt wurden. Erni Kutter hat in jahrelanger Forschung ein immenses Material zu diesem Thema zusammengetragen, das sie in ihrem Buch „Der Kult der drei Jungfrauen" veröffentlichte. Heide Göttner-Abendroth geht danach – ausser in Bayern – den Spuren des Matriarchats in Thüringen und auf der Insel Rügen nach, wobei sie den Schwerpunkt auf die Sagentradition legt. In Thüringen widmet sie sich wesentlich der Frau Holle, über die zwar schon viel geschrieben worden ist, die aber eher verkannt als erkannt wurde. In Rügen fügt sie die reichen, lokalen Sagenbruchstücke zu einem Bild zusammen, das nicht nur die matriarchale Welt wieder erkennen lässt, sondern auch die Art und Weise ihrer Zerstörung belegt. Abschliessend wird von mir mit „Mythologische Landschaft Bodensee" eine weitere „touristische" Region wenigstens spurenmässig untersucht. Wir erfassen dabei im Gebiet „Schwäbisches Meer" nicht nur eine interessante jungsteinzeitliche Kultur, sondern erhalten mit der indoeuropäischen und vorindoeuropäischen Ortsnamenforschung erkenntnisreiche Einsichten, wie eine alteuropäisch-matriarchale Gesellschaft ihre Landschaft benennt und „wortet". Dabei geleitet uns vor allem die Grosse Göttin Dana, die uns mit der Don-au oder mit Däne-mark quer durch Europa und bis ins östliche Mittelmeer der altorientalischen Kulturen führt.

Wie immer ist ein Ortsverzeichnis eine grosse Hilfe, die besprochenen Orte zu finden und diese mit Sorgfalt, ohne Abnützungstourismus oder obskuren Hokuspokus, zu erleben. Mit diesem neuen differenzierten Wissen über die kulturellen Zusammenhänge wird eine Reise zu den landschaftsmythologischen Stätten und aussergewöhnlichen Plätzen sicher eine reiche Erfahrung. In diesem Sinne wünsche ich den Lesenden einen persönlichen wie geschichtlichen Gewinn bei der Entdeckungsreise durch die Landschaften und dieses Buch.

I. Ältere Forschungen

Karl Weinhold

Die Verehrung der Quellen

I

Woher kommt das Quellwasser? Die Mythe antwortet, aus dem Sitz der Götter, dem wolkensammelnden Himmel. Der Blitz spaltet die Wolken und die himmlischen Wasser strömen zur Erde; der Blitz fährt in den Erdboden und der Quell springt hervor. Am häufigsten vertritt ein Stab den wasserweckenden Blitz. Moses in der Wüste und Rhea, die in Arkadien mit einem Stab eine starke Quelle aus einem Berg schlug, sind die ältesten Beispiele. Erinnern darf man auch an die Quellenfindung durch die aufschlagende haseln Wünschelrute, sowie an eine südslawische Sage von der dalmatinischen Halbinsel Sabbioncello, wonach eine Vila (Elbin) einem Jüngling die Gabe verlieh, durch Klopfen mit einem Holzstab überall, wo er wolle, Wasser zu finden.

In den deutschen Sagen ist es in der Regel ein Kirchenheiliger, der in dürrer Zeit oder in dürrer Gegend seinen Stab in die Erde stösst, um Menschen und Vieh, zuweilen sich selbst, Wasser zu schaffen, das meist auch mit Heilkraft begabt ist. Verdorben ist der Bericht über den Braunsborn bei Querfurt in Thüringen, der durch einen Herrn von Brauns mit dem Stab aus der Erde gestossen sein soll. Gemeint ist Bruno von Querfurt, Apostel der Preussen, der am 14. Februar 1009 zu Braunsberg den Märtyrertod erlitt. Auch die Sage vom Nikolausbrunnen zwischen Namlos und Fallerschein im Algäu gehört hierher, den S. Nikolaus aus dem wilden Gewände geschlagen hat, als er den Namloser Kindern an seinem Tag Gaben beschert hatte. Ein paar entsprechende Sagen aus der Bretagne und Cornwall seien beigefügt. In der Haute-Bretagne erzählt man von dem dort sehr beliebten S. Roch, dass er in wasserarmer Gegend einer Bäuerin, die ihm von weither Wasser geholt, mit seinem Stab einen Brunnen aus dem Boden stiess. In Cornwall soll der Jesuswell bei S. Minver durch zwei durstige Pilger erweckt worden sein, die mit ihren Stäben den reichen Quell aus dürrer Erde schlugen. Das mythische Wesen, das durch die Kirchenheiligen aus diesen Sagen verdrängt ist, taucht noch in einer oberösterreichischen aus dem Ipstal auf, nach der ein Seemännchen einem durstenden Hirten Wasser aus dem Felsen schlug. In manchen Sagen ist der stabführende Quellenschöpfer ein Hirt. Der Lutterspring am Elm ist von einem Schäfer durch den Stoss seines Stabes aus dem Boden geholt worden. Der Schönberger Gesundbrunnen in der Oberlausitz entsprang 1643, als zwei Hütejungen mit ihren Stöcken auf die Erde schlugen, um sich im Dreschen zu üben. Der heisse Quell von Baden im Aargau sprang aus dem warmen Sumpf, als ein Hirtenbube seinen

Stachelstock nach einem Eber warf, der sich im Sumpf wälzte. Er fehlte, der Stock fuhr in die Erde, und der heisse Strahl stieg empor. Die Vergleichung der Waffen der Himmelsgötter, der heissen Sonnenstrahlen und der Blitze, mit Hand und Fuss gehört uralter Mythensprache an. Als der heilige Olaf mit seinen Leuten einst gegen ihren Durst kein Wasser fand, steckte der König seine Hand in den Hügel nahebei, und sofort entsprang ein klarer Quell, der noch um 1840 gegen Augenleiden benutzt wurde. Der bretonische S. Anai steckte seinen Finger in einen Felsen, und eine Quelle schoss heraus. S. Verena, die Wetterheilige der Schweiz, hub in der sumpfigen Aarniederung bei Klingau drei Finger gen Himmel, steckte sie in den Ufersand, und eine klare heilkräftige Quelle entsprang. Den Fuss als Vertreter des wasserschaffenden Wetterstrahls überlieferte die Legende öfter. St. Olaf stampfte mit seinem Fuss, als er durstig war und Wasser mangelte, einen Brunnen aus dem Berg, die St. Olafsquelle in Birkelandsskoven in Konnesmo.

Einige Sagen verbinden die Quellerweckung durch Finger oder Fuss noch mit einem Sprung: hier ist der niederspringende Blitz noch deutlicher. In der Pfalz erzählt man, dass eine Schäferin von einem Jäger verfolgt wurde und bei Dahn von einem Felsen heruntersprang. Sie verletzte sich nur an einem Finger (= sie stiess mit dem Finger in die Erde) und wo sie niederfiel, entsprang ein Brunnen. Vergessen sind Finger und Zeh in der thüringischen Sagenform. Oberhalb Brotterode am Wald verfolgte ein Jäger oder Köhler ein Mädchen. Es sprang in die Schlucht hinab und verschwand, wo die Brautquelle noch heute hervorkommt. Wir erinnern uns hier der Verwandlung von Mädchen in Quellen in hellenischen, erotischen Nymphensagen und der Geschichte vom Ungetüm Lamia oder Sybaris, das verschwand, als es von der Höhe herabgeworfen den Kopf am Felsen zerschlug und dass dafür eine Quelle aus dem Gestein hervorbrach.

Wo ein kirchliches Wunder das Wasser hervorruft, tritt die Naturmythe ganz zurück. Das wundertätige Marienbild in der Rosenweiler Kirche im Unterelsass war von den Schweden bei Zerstörung des Gotteshauses vergraben worden. Als die Einwohner es nach Abzug der Feinde suchten, sprang plötzlich eine Quelle dort hervor, wo das Bild lag. Sie fliesst heute noch reichlich. Bei Öffnung des Grabes einer heiligmässigen Ordensschwester in der Klosterkirche auf der Au bei Steinen im 14. Jahrhundert soll ein tiefer Sodbrunnen mit wunderbarer Heilkraft sich aufgetan haben.

Jene drei oberdeutschen heiligen Jungfrauen, die in der Tiroler Überlieferung S. Anbetta, S. Wilbetta, S. Werbetta heissen, litten Hunger und Durst, als sie den steilen Weg von Mühlbach am Pustertal nach Meransen hinaufstiegen. Da wuchs auf ihr Gebet ein Kirschbaum mit reifen Früchten aus dem Boden und ein frischer Quell sprang hervor. In der Kirche von Biberbach bei Beilngries in Bayern hängen Bilder der heiligen Gundhilt, welche von Gott zweimal Brunnen erbetete, die sie und ihr Vieh tränkten. Als Menschen und Vieh in Dürre verschmachten wollten, rief das Gebet der heiligen Adelheid, Äbtissin von Vilich, einen Brunnen, das Adelheidispützchen zwischen Beuel und Siegburg im Bergischen Land, hervor, einen Heilborn, zu dem noch jetzt am 2. September gewallfahrtet wird. Die heilige Hedwig dürstete einmal im Buchenwald bei Trebnitz in Schlesien. Da betete sie zu Gott und warf ihren goldenen Ring hinter sich, und wo derselbe niederfiel, entstand der Brunnen, in dem man noch jetzt den Ring sehen kann.

Im Kloster Raute in Schwaben ist der Betenbrunnen. Weil es kein Wasser auf dem Klostergrund gab, betete die gute Bete (Elisabeta bona) zu Gott, er möge ihr einen Brunnen schenken. Im Traum sah sie die Stelle, wo sich Wasser fand. Sie war bescheidener als der heilige Ludgvan, der irische Missionar, der in Cornwall gepredigt und eine Kirche gebaut hatte. Er wollte ihr aber eine einträgliche Wallfahrt schaffen, darum betete er zu Gott um einen Brunnen neben der Kirche, und als er gegeben war, betete er weiter um drei Gaben für denselben: Heilkraft namentlich der Augen; Beredsamkeit für jeden der daraus trank, und drittens, dass keiner, der aus dem Brunnen getauft sei, dem Strick des Henkers verfalle.

Ich gehe nun zu den Tiergestalten über, denen die Mythe die Entstehung von Quellen zuschreibt; zunächst zu dem Ross, unter dem die windgetriebene Wolke, besonders die fruchtbare dahinjagende Gewitterwolke oft zu verstehen ist. Wir deuten nur auf die griechischen Hippokrenen auf dem Helikon, in Korinth und Troizene, um an das Alter und die Verbreitung jener Vorstellung zu erinnern. Germanische Sage erzählt von Rossquellen. Saxo Grammaticus berichtet in seinen dänischen Geschichten, dass Held Baldr seinen fast verschmachtenden Kriegern die Erde öffnete; an der herausströmenden Quelle labte sich das gesamte Heer. Ein Ortsname habe das Andenken festgehalten. Damit ist BaldersbröND (Baldersbrunn) gemeint, ein Dorf mit starker Quelle, eine Meile von Röskilde an der Strasse nach Kopenhagen gelegen. Dort lebt noch die Sage, König Balders Ross habe das Wasser mit seinem Huf aus dem Boden geschlagen. Den Huf soll man vor Zeiten dort ausgegraben haben. Als der heilige Bonifaz in Thüringen die Heiden bekehrte, scharrte sein Pferd, das ein krankes Bein hatte, einen Quellbrunnen aus der Erde, der so heilkräftig war, dass das Bein sofort gesund wurde. Ebenso ist die Martinsquelle zwischen Le Clion und Pornic in der Haute-Bretagne, die aus einem Stein fliesst, durch einen Hufschlag des Pferdes des Heiligen entstanden. Auf der Insel Man (zwischen Irland und Schottland) ist eine der berühmtesten Quellen die des heiligen Maughold, der zu den ältesten Heiligen des Eilands zählt. Es ist eine künstliche Zisterne, die nur durch einen steilen Abhang vom Meer getrennt ist. S. Maughold sprengte auf seinem Ross von Irland nach Man hinüber und das Tier hieb auf dem Ufer der Insel seine Hufe so kräftig ein, dass der Quell heraussprang, aus dem der Heilige und sein Gaul alsbald tranken. Das Wasser heilt alle Krankheiten.

Für das Pferd tritt in diesen Geschichten zuweilen der Esel ein. Die heiligen drei Geschwister S. Walburgis, S. Oswald und S. Wilibald reisten zusammen in Ostfranken und hatten einen Esel bei sich. Derselbe scharrte drei Quellen aus: eine in Heidenheim, wo Walburgis ein Kloster baute, die andre in Auhausen, wo Oswald eins gründete, die dritte in Heilsbronn, wo Wilibald das gleiche tat. Bischof Adolf von Metz befahl, seinen Leichnam auf einen Esel zu laden und dort zu begraben, wo das Tier stehn bleiben werde. Auf einer Wiese vor Neuweiler im Unter-Elsass machte der Esel Halt und scharrte eine Quelle aus. Ganz verwandt ist die elsässische Sage vom S. Autorsborn. Der Bischof Drogo von Metz schenkte der Stadt Strassburg die Leiber der Heiligen Castulus und Autor. Als aber der mit Ochsen bespannte Wagen bis zur Abtei Mauersmünster kam, blieben die Zugtiere auf einer Wiese stehen und waren nicht weiter zu bringen. Ein Ochse schlug mit dem Huf dabei so gewaltig auf, dass eine wasserreiche Quelle aufsprang, das noch heute als heilsam bekannte Autorsbrünnlein. In der Eifel wird erzählt, dass beim Bau der Kirche von Münstermaifeld zwei durstige Zugochsen bei grosser Hitze eine Strecke fortliefen und eine Quelle ausscharrten, den S. Serverusborn.

Nicht wenige Brunnen werden auf Eber oder Schweine zurückgeführt. Namentlich sind es Warm- und Salzbrunnen, die nach der Sage von Schweinen aufgewühlt wurden: so die Teplitzer Quelle in Böhmen, die heisse Schwefelquelle von Baden im Aargau, das Wildbad im Schwarzwald, die Salzquellen von Halle a./S., der Salzborn von Salzderhalden. In ganz Schwaben heisst es von allen Gesundbrunnen, dass sie von Ebern oder Schweinen aufgewühlt seien. Dasselbe erzählt man von der Grönnerkeel in Flensburg auf dem Habermarkt, einem Kinderbrunnen, ebenso von dem Brunnen unter dem Kiffhäuser. Die starke Quelle unweit Rübeland im Unterharz auf der braunschweigischen Grenze grub ein Schwein zugleich mit einer Glocke aus. Die Quelle der Wipper in Hinterpommern, ebenso den Ursprung des Wodscheinesees soll ein Wildschwein aufgewühlt haben. Durch einen Drachen ist nach der Sage der Drachenbrunnen in der Nähe der Starzlachbrücke bei Wertach im Algäu entstanden. Ein Drache soll sich dort in den Boden eingewühlt und dem verborgenen Wasser den Abfluss verschafft haben.

Eine Luxemburger Sage berichtet von dem Schlossbrunnen der Ruine Falkenstein, der in hartem Schiefer ausgehauen ist, dass eine Taube einen Tropfen Wasser aus ihrem Schnabel auf den Fels fallen liess, der den Fels aushöhlte und mit Wasser füllte. Die Taube ist eine der Vogelgestalten, welche die Wolkenfrauen annehmen; jener Schlossbrunnen wird also unmittelbar als Wirkung einer der Regen- oder Wassergöttinnen bezeichnet. Jedenfalls ist diese Sage von denen zu trennen, in denen eine Taube als Wegzeigerin zu einer Quelle auftritt. Auf die Entdeckung der Salzquelle in Salza bei Soden in Hessen soll eine Taube geführt haben. Ein Taubenborn, ein starker Quell mit geringem Salzgehalt, entspringt bei Witzenhausen. Von dem Taubenbrünnlein bei Feuchtwangen erzählt man, dass Karl der Grosse einst dort auf der Jagd von Durst totmatt war, aber niemand wusste einen Brunnen in der Nähe. Da flog eine Wildtaube aus dem Gesträuch und als man dort nachsuchte, fand man eine schöne Quelle. Einem Einsiedler in der Wildnis des Gschnait im Algäu wiesen Raben einen Brunnen.

II

Ein göttliches Geheimnis umgab die Quelle, aus der das Wasser floss, das durch den Blitz vom Himmel zur Erde gekommen war, und um so geheimnisreicher war diese Stätte, weil sie auch der Eingang zu den Mysterien der Unterwelt schien. Darum glaubte man in den Quellen ein göttliches Wesen wohnend. Diese Quellgeister sind überwiegend weiblichen Geschlechtes, entsprechend den nährenden, reinigenden, heilenden, begeisternden Eigenschaften des Wassers. Von ihnen ging Fruchtbarkeit aus über Menschen, Tiere und Pflanzen; bei ihnen suchte man Reinigung von den Leiden des Leibes, die als Flecken des Lebens erschienen; zu ihnen den geheimnisvollen gingen die Gläubigen, um Aufschluss und Rat über die dunkle Zukunft und die Rätsel des Daseins zu erhalten. Göttliche Frauen belebten auch die deutschen im Dunkel der Wälder sprudelnden Brunnen und sie haben sich durch undenkliche Zeiten im Besitz ihrer alten Orte erhalten, wenn sie auch die Tracht und die Namen wechselten. In Legende und Volkssage leben sie noch heute fort, und geniessen selbst kirchliche Verehrung.

Auffallen könnte nun, dass in Hessen und Mainfranken, auf dem Harz, im Mansfeldischen, auch hier und da in Schlesien Frau Holle, der Niederschlag der grossen vielnamigen Göttin an Stelle der namenlosen Wasserfrauen niederen Ranges auftritt. Aber auch Aphrodite ist an Quellen, z.B. am Ursprung des Hyllikos, als Nymphe verehrt worden, und als Wolkengöttin, welche Regen und Schnee zur Erde schickt, konnte Frigg-Holle mit den Brunnen und den fliessenden Wassern sehr leicht in Verbindung gesetzt werden.

Im untern Berg bei Hasloch am Main wohnt Frau Holle; nahe dabei im Main ist ihr Badeplatz, wo sie in der Stunde vor Tagesanbruch oder auch zur Mittagszeit badet, meist allein, zuweilen mit zwei andern Frauen. Besonders auf dem Weissner (oder Meissner) in Hessen war ihre Kultstätte. Dort ist noch der Frau-Hollenteich, welcher unter dem wilden Felsgeröll der Kalbe tief und heimlich in einer Schlucht des Gebirges gebettet, sonnig zugleich und vom Schatten hoher Bäume umgeben, von einem verwitterten Steindamm eingeschlossen, in einer grünen Wiese liegt. Weil man sie darin zur Mittagszeit hat baden sehen, heisst er auch Frau-Hollenbad. In Oberhessen liegt zwischen Frischborn und Hopfmansfeld an einer steinigen Erhöhung ein Born, der Frau Holle Loch geheissen, aus dem sie zuweilen Mittags herauskommt und im Wirbelwind herausfährt. Eine Höhle, nicht eine Quelle, ist das Wildholl-Loch in einer Schlucht bei Seibertenrod, woraus die wilde Holle weiss gekleidet und freundlich Mittags hervorkommt. Die Wildfrau im Wildfrauborn bei Eckarthausen, die sich den Menschen, namentlich den Frauen freundlich erweist, ist ohne Zweifel auch die Holle.

Im salzigen See bei Eisleben badete sich Frau Wolle (so ist der Name in der Gegend entstellt); sie kam von einem steinigen Berg bei Aseleben herab. In den Harzsagen tritt Frau Holle meist mit einer anderen weissen Frau auf und auch hier finden wir ihr Bad. Wenn erzählt wird, im Brunnen auf dem Harzburger Burgberg sitze eine weisse Jungfer mit Kaiser Rotbart zusammen, so ist das Frau Holle, wie die Kiffhäuser Sage beweist, die Frau Holle zur Haushälterin Kaiser Friedrichs macht. In der Lauterberger Sage wird Frau Holle zur Kammerfrau der Lutterjungfer gemacht und wäscht ihren Schleier drunten in der Lutter.

Das Herabsteigen von dem Berg zum Bad oder zum Waschen im Born oder Fluss findet sich stehend auch von einer oder mehreren weissen Frauen erzählt. Zum Herlingsbrunnen am Ohrdrufer Schlossberg in Thüringen steigt um Mittag die Schlossjungfer nieder und badet sich drinnen; dann steigt sie wieder hinauf. Gleiches erzählt man von der Liebensteiner weissen Frau, die sich alle sieben Jahre im Auborn, nach andern im Glücksbrunner Teich badet; von der Seejungfer am böhmischen Erzgebirge, die sich im Queckbrünnel badet, von der Bornjungfrau, welche es alle hundert Jahre in der Aare tut. Von dem Schlossberg bei Landeck in Mittelfranken stiegen einst zwei weisse Fräulein herunter und badeten im Brünnle im Bilzgarten. Zu dem Jungfernborn bei Hirzenheim in Oberhessen kommen nach dem Volksglauben immer noch drei Jungfrauen Mittags elf bis zwölf Uhr und baden darin. In Mittelfranken erzählt man gleiches von dem Brunnen der Altenbirg bei Hofstetten und dem alle sieben Jahre ausbleibenden Jungfernbrünnle bei Herrieden. Im Eital im Aargau baden sich in einem Becken der Ergolz öfter drei Fräulein der Oedenburg. Es ist ein Zeichen für gutes Heuwetter, denn die Nebel und Wolken haben sich gesenkt und der Himmel ist rein. Zu dem Bach auf der Hollerwiese am Fuss des Engelberges bei Hirschau kamen weisse und schwarze Jungfrauen singend, badeten sich und kämmten ihre langen Haare.

Elsässische Sage lässt eine ganze Schar weisser Jungfrauen alle sieben Jahre aus dem Gespensterfelsen bei Alberschweiler herauskommen und sich in der nahen Quelle waschen. Klagend gehen sie darauf in den Stein zurück, wie das auch die weisse Jungfer der Hohenburg in den Vogesen tut, die lächelnd zu dem Maidenbrunnen herabkommt, die langen Haare darin wäscht, und weinend wieder hinaufsteigt. In der Hohenburger Sage, in der Aargauer vom Boddenmeitschi bei Oberlengnau, auch in der österreichischen vom Jungferbrünnlein am Kahlenberg ist das strählen und waschen des langen Haares für das Baden der Jungfrau eingesetzt. Gleiche Vertretung dafür ist, wenn die weisse Frau der Burg Königstein im Aargau sich Wasser heraufholt vom Kuhrütlibrünnli am Berg Egg, oder wenn die weisse Frau des Bilsensteins in der Rhön mit zwei Katzen zum Bilsenborn, dem Ursprung des Baches Öchse kommt und daraus trinkt, oder wenn die weisse Frau im Pilster bei Kothen auf der Rhön, die sich alle sieben Jahre zeigt, an dem Sauerbrunnen verschwindet.

In dem heutigen bayrischen Kreis Mittelfranken zeigen sich nicht selten drei Jungfrauen am Brunnen, ebenso im Werratal und im Voigtland. In der Oberpfalz wird mit märchenhafter Ausführung von drei Fräulein erzählt, die in einem Schloss an einem Weiher wohnten. Sie gingen oft singend zu dem Teich, legten ihre Schleier ab und schwammen als Enten darin herum. Ein Prinz vom Glasberg verliebte sich in die jüngste und gewann sie mit Hilfe einer Hexe. In der Schweiz auf dem Rigi wohnten drei Schwestern in einer Berghöhle bei dem Heilbrunnen zum kalten Bad. Auf die drei heiligen Jungfrauen Anbet, Wilbet, Werbet wird der Brunnen zwischen Mühlbach und Meransen in Tirol zurückgeführt. Die als Schwestern gedachten drei Jungfrauen leben namentlich noch auf altbayrischem Boden und ergeben sich als Wolken- und Wasserfrauen. Aus dem Born unter der alten Linde im Bornwäldchen bei Elchen in Oberhessen steigt im Herbst das grau- und weissgekleidete Weibchen heraus und wäscht sein Leinenzeug. Dagegen kommt das Müselifräuli im Freiamt Aargau im Frühjahr aus dem Muselibrunnen zum Waschen.

Da wir fast überall nur aus jüngerem Volksaberglauben schöpfen können, finden wir manche Verwirrung und Entstellung in den Überlieferungen von den Quellgöttinnen. Sie werden zu Truden und Hexen herabgedrückt, die ihre Versammlungen an den Quellen halten, oder gar wie bei dem Kronenbrünnli ob Sarmenstorf im Aargau zu schwarzen Heiden. Heidenbrünnlein heissen mehrere Quellen in der Schweiz: zu Grindelwald, zu Holee bei Binningen, zu Oberhof im Aargau. Unter den schwarzen Heiden sind freilich die Unterirdischen, die Zwerge gemeint, welche in den Sagen sehr oft mit den Wassergeistern vermengt werden. Diese Erdmännlisbronnen, Zwerg- oder Quargbrunnen, Wichtelbrunnen, Doggelibrunnen bezeugen, dass die Quellen als die Pforten zur Unterwelt und damit auch zur Totenwelt gedacht wurden. Die Erd-, Wasser- und die Luftgeister bilden mit den Menschenseelen, den ungeborenen und den vom Leib wieder geschiedenen, eine grosse Gemeinschaft. Gespenstische Züge längst Verstorbener verschwinden in den Gewässern.

Von gewissen Brunnen glaubt das Volk, dass sie der Eingang zur Hölle seien, wie die Düwelskule in der Schwaner Heide, oder dass sie bis zur Hölle hinabgehen: so vom Kessel, einer grossen Quelle in Zwifalten. Bei dem grossen Gumpen (Stromwirbel) in der Donau hört man gar die Teufel drunten in der Hölle sprechen. In Hessen gibt es mehrere Teufelsborne: so der Brunnen, der die Stadt Schwarzenborn mit Wasser versorgt, dann einer unter dem Burghasunger Berg, in der Flur von Iestädt der Diebelsborn. Manche Brunnen heissen die Hölle: so zu Inzikofen in Hohenzollern und der Höllbrunnen bei Böhmenkirchen auf der Alb, beide als Kindlesbrunnen bekannt, was weiter auf ihren alten mythischen Ruf deutet. Auch der Hellbrunnen im Hellgraben im Wald Walern bei Waldsassen in der Oberpfalz gehört vielleicht hierher. Märchen kennen die Brunnen als Einfahrtschächte zur geheimnisvollen Unterwelt. Aus dieser herauf hört man in den Brunnen die Hähne krähen, wovon denn solche Brunnen Hahnenbrunnen heissen, wie der bei Schlehenhof, Bezirk Falkenstein in der Oberpfalz.

Nach allem Gesagten versteht es sich leicht, dass die Quellen und Brunnen mit gespenstischen Erscheinungen in Verbindung gebracht werden; davon kommt auch die Benennung der *enterische brunne* unweit Niedertann in Oberbayern. Am Capellerborn in Aargau wohnt der Dürst oder Wilde Jäger und beim Bachteler oder Allerheiligenbad seine Geliebte. Der Stiefelreiter, eine Art wilder Jäger, der auf dem Maiengrün haust, tränkt sein Pferd im Brunnen des dortigen Bauern. Aus dem Bach im Momerbusche zwischen Knesebeck und Vorhop in Niedersachsen steigt in der Nacht ein Schimmelreiter ohne Kopf heraus. Der kopflose Schimmelreiter von Bilstein bei Ilefeld verschwindet am Brunnen auf dem Burgberg, ein anderer am Teich vor dem Wolfsholz bei Wernigerode. An Wuotan selbst bei diesem wilden Jäger oder unseligen Schimmelreiter zu denken, überlasse ich anderen; ich finde nur ein dämonisches Naturwesen, einen weissen Wolkengeist, der sich auf die feuchte Stelle senkt und sich von ihr wieder erhebt. So erscheint auch das Birkefraeche im Birkenmor bei Mutfort in Luxemburg zuweilen als Schimmel.

Jene mysteriösen Tiergestalten, in die sich die Wassermänner der Flüsse und Seen gern wandeln, kommen zuweilen auch aus Quellen. So der Wasserstier aus dem Fatabrunnen in Mettersdorf in Siebenbürgen und aus dem Gespreng (Quelle) in Kronstadt. In Hosterschlag in Böhmen stiegen aus dem Kellerbrunnen grünrökkige Männer mit einem Pferdefuss, ursprünglich also Wassermänner in Rossgestalt. Bei dem Siegenborn am Siegenberg bei Vacha liegt der gespenstische Siegenhund. Eine der Solquellen von Reichenhall hiess im 12. Jahrhundert der Huntesprunne. Ein Hundsborn quillt auch bei Ruhlkirchen in Hessen. Der Hund ist ein Unterweltstier. Noch andere Tiergestalt nehmen die proteusartigen Quellgeister an. So zeigt sich an einer Quelle auf dem Pilatusberg in fruchtbaren Jahren eine Frau mit zwei weissen Geissen, in unfruchtbaren mit zwei schwarzen. An dem Dosbrunnen bei Wemdingen im bayrischen Kreis Schwaben erscheint eine weisse Frau mit dreibeinigen Hasen.

Mit der göttlichen Belebung der Brunnen hängt die lebenschaffende Kraft derselben genau zusammen. Von dem göttlichen Wesen geht alle Befruchtung aus: das Wasser ruft nicht bloss Gras und Laub hervor, es hegt auch die Keime der Menschen. Frauen, die unfruchtbar waren, werden durch Trunk und Bad in gewissen Quellen fruchtbar. Das warme Verenabad zu Baden im Aargau heisst das heilige. Mitten im Becken steht das hölzerne Bild der heiligen Verena, dem junge Ehefrauen Wachskerzen opfern und es mit Blumen bekränzen. In der Nacht stecken sie heimlich ein Bein in die heisse Quelle, das Verenenloch. Die jetzt versiegte Quelle, in der Gemeindemark des Dorfes Büttisholz im Entlebuch besass gleiche befruchtende Kraft. Auch sie hiess Verenenloch. Die Schweizer Heilige Verena vertritt nur eine heidnische Göttin, deren Namen in Hessen sich erhielt. Dort stiegen die Frauen, die Kindersegen begehrten, auf die Höhe des Weissner und badeten im Frauhollenteich. In der Oberlausitz badeten die Bewohner von Rauschwitz und Kindisch am Ostermorgen sich und ihr Vieh in der aufgestauten Quelle am Hochstein, weil das fruchtbar mache.

Häufiger knüpft der Glaube die segnende Wirkung an Trinkquellen. Wenn eine Frau gern ein Kind hätte, so braucht sie nur vor Sonnenaufgang zu dem Wildfrauborn bei Einartshausen in Oberhessen zu gehen und schweigend dreimal daraus zu trinken. Gleiche Wirkung schreibt man zu: der Gangolfsquelle an der Milsenburg in der Rhön; dem nun versiegten Born bei Bimbach im Grunde; dem heiligen Born bei Zierenberg in Hessen; dem Kinderbrunnen in Goslar, der Quelle Groesbeek in Spaa (bei der die Frauen einen Fuss in des heiligen Remaclus Fussstapfe setzen), dem Queckbrunnen in Dresden; dem Born an der Annenkapelle über Seidorf im schlesischen Riesengebirge. Auch in anderen Ländern sind die fruchtbaren Bäder und Trinkbrunnen bekannt.

Tiefen mythischen Grund haben die Kinderbrunnen, jene Quellen also, aus denen nach dem über ganz Deutschland verbreiteten Glauben die kleinen neugeborenen Kinder gefischt oder vom Storch oder der Hebamme geholt werden. Hier und da hat sich die Überlieferung erhalten, dass sie von Frau Holle kommen, zu der (oder zu der nur anders benannten Frau Perchte) auch die Seelen der sterbenden Kinder zurückkehren und ihr Gefolge bilden. Holle wird als mütterliche Beschliesserin der Kinderseelen im Wasser noch genannt in Hessen, am Harz und in Schlesien. Die weisse Frau ist zuweilen an ihre Stelle getreten. Nach einer niedersächsischen Sage aus Klein-Lengden bringt die Wasserjungfer den Eltern die Kinder. Wie nicht selten, ist auch in dieser Vorstellung die Heilige Jungfrau für die heidnische Göttin eingetreten. So werden die Kölnischen Kinder aus dem Brunnen der S. Kunibertskirche geholt: da unten sitzen sie bei der Jungfrau Maria, die sie mit Brei füttert. Im Brunnen im Balkhäuser Tal unweit Jugenheim an der Bergstrasse sitzen die Kinder bei der Mutter Gottes und dem heiligen Johannes, die mit ihnen spielen.

Nach anderer Überlieferung wohnen die Unterirdischen mit den kleinen Kindern im Wasser zusammen: so im Gütchenteiche, der noch vor fünfzig Jahren einsam in einer Senkung an der Nordseite von Halle a/S. lag und für einen Wohnort elbischer Geister galt. Die Elben und die menschlichen Seelen (ungeborene und abgeschiedene) gehen überall nach den Mythen ineinander über. Eine beliebte Tiergestalt der Seele ist die Maus. Daher werden auch die Teiche mancher schlesischer Städte, die den Namen Mäuseteiche führen, als Kinderteiche zu deuten sein: der Mäuseteich vor Reichenbach gilt ausdrücklich als Kinderquelle der Stadt.

Der Volksglaube an die Herkunft der Kinder aus den Wassern ist bei uns besonders lebendig in Hessen, von wo eine Menge Kinderbrunnen genannt werden, in Nassau, in Niedersachsen, auf dem Harz, in Schwaben, in der Schweiz. Der Glaube ist auch aus dem Elsass, dem Voigtland, aus Schlesien, aus Schleswig (Flensburg) nachzuweisen. Im tschechischen Böhmen glaubt man, dass das ungeborene Kind als Fisch im Wasser lebe und von der Hebamme im Netz gefischt werde, oder auch dass die Kinder vor der Geburt als kleine Frösche auf einer grünen Wiese herumspringen und vom Tau leben. Sind sie grösser geworden, so schwimmen sie auf dem Bach, der durch die Wiese fliesst, zu den Wohnungen der Menschen, oder auch eine Krähe nimmt sie und trägt sie an ein Fenster. In manchen Orten kommen die Knaben und die Mädchen aus verschiedenen Brunnen: so in Odagsen und in Vardeilsen, in Gelnhaar in Oberhessen.

Uralt ist die Weissagung von der Wasserfrau unmittelbar. Im Krimelloche, einer Quelle zwischen Ranis und Pöseck im Voigtland, wohnte eine weisse Frau (mit Ketten angeschlossen), zu der die Leute der Gegend gingen, um sich Rat bei ihr zu holen. Bei einer Quelle am Pilatus erscheint jedes Frühjahr eine „Fee" und verkündet durch die Farbe ihrer zwei Geissen, ob das Jahr fruchtbar oder unfruchtbar sein werde. Im Weizelsdorfer Moor zwischen Hollenburg und Feistritz in Kärnten hausten einst Frauen, die den Leuten singend verkündeten, welche Getreideart in dem Jahr besonders gedeihen werde. Von den Teichen um Policka in Böhmen wird erzählt, dass sich die Wasserfrau bei Mondschein in ihnen zeige. Wer sie zuerst erblickt, wird das ganze Jahr Glück haben. Wenn sie singt, trifft den, der sie hört, Unglück. Kommt sie ans Land, so steht der Gegend Überschwemmung oder anderes Unheil bevor.

Der Wassergeist zeigt in Fischgestalt Tod an. Wenn sich im Ülmener Moor in der Eifel die grossen Hechte sehen lassen, so stirbt ein Gancrbe des Hauses Ülmen. In dem Rotsee bei Luzern erscheint ein ungeheurer Fisch, wenn der Herr des Sees im selben Jahr sterben soll. Im Fischteich von St. Moritz zeigt eine tote Forelle den nahen Tod eines Chorherrn an, im Zuger See, ein Fisch gross wie ein Einbaum Krieg, Pest und Teurung. Die Fulda steht nach alter Sage im Lauf still, wenn ein regierender Fürst des Landes Hessen oder eine Fürstin sterben sollen. Auf einem Berg in Franken quillt bei einem adligen Stammschloss ein reichlicher Brunnen; derselbe hört zu fliessen auf, wenn eins aus dem Geschlecht sterben muss.

III

Man kennt den Kult der Quell- und Brunnennymphen bei Griechen und Römern: die ihnen gewidmeten Bauten, die Pflege der Heiligtümer durch Priester, den Schmuck durch Pflanzen, die Weihegaben, die Opfer und Opferschmäuse. In ähnlicher und gleicher Art haben die Deutschen diesen Kultus geübt. Denn wenn uns auch die Inschriftsteine als Beweise fehlen, so erkennen wir doch durch alte

Nachrichten, durch manche Funde und die bis zur Gegenwart erhaltenen Volksbräuche die Grundzüge jenes religiösen Dienstes, und die Vergleichung desselben
mit dem der verwandten Völker beleuchtet ihn.

Die ältesten Nachrichten über den Quellenkult verdanken wir der kirchlichen
Polizei, dass heisst den Massregeln der Kirche gegen die fortlebende heidnische
Verehrung der Quellen, Bäume und Steine in allen Provinzen des römischen
Staates. Der heilige Augustin predigte gegen die abergläubischen Bäder am Jo-
hannistag, und die gallischen und spanischen Konzile verboten im 6., 7., 8. Jahr-
hundert in formelhaften Erlassen den heidnischen Götzendienst in Wäldern und an
den Wassern. Von der Kirche übernahm Karl der Grosse diese Verbote fast mit
denselben Worten. Geschichtliche Zeugnisse fehlen nicht: das älteste ist Prokops
Erzählung über das grosse Menschenopfer der Franken beim Übergang über den
Po 739, dann des Agathias Bericht über die Tieropfer der Alemannen, die sie den
Bäumen, Strömen, Hügeln und Bergschluchten brachten. Rudolf von Fuld spricht
von dem Kult, den die Sachsen den Laubbäumen und Quellen widmeten und
Helmold noch weiss, dass die Bewohner von Faldara in Holstein, die nur Christen
dem Namen nach waren, den Wäldern und Quellen abergläubischen Dienst erwiesen. Bekannt ist dann die von Alkuin wiederholte Nachricht über die heilig verehrte Süsswasserquelle auf Fositesland (Helgoland).

Heilig, geweiht und heilbringend waren im Grunde alle Quellen. Besonders
waren es die nie versiegenden, wasserreichen, die auch im Winter nicht zufroren
und als heilsam für Gesunde und Kranke galten. Manche Brunnen, die altes grosses Ansehen wegen ihrer Eigenschaften genossen, führten noch später stehend
jenes Beiwort: so der heilige Brunnen bei Sursee, der im Dorf Ittigen bei Sissach,
das heilige Brünneli zu Ossingen, Kanton Zürich, das Heiligbrünnli an der Züri-
cher Wasserkirche. In den fünf Orten der Urschweiz werden mehrere Brunnen
noch jetzt als heilige bezeichnet, nämlich der im Luthernbad, der zu Wertenstein,
auf S. Jost, zu Einsiedeln der Vierzehnröhrenbrunnen, am Ezel der Meinharts-
brunnen, das Kaltbrünneli beim Kloster Engelberg; die Quelle im Sakramentswald
bei Giswil, das Bruder Klausenbrünnele bei Sachseln, der S. Columbansbrunnen
zu Tuggen. Im elsässischen Sundgau finden wir den Helgenbronn im gleichnamigen Ort bei Leimen; in Schwaben das heilige Brünnlein am Braunertsberg ganz
nahe am Zollern; in Bayern den heiligen Brunnen zu Hohentann und das Heilige-
brünnel unter dem Margaretenberg an der Alz; in Hessen den heiligen Born unweit Grossenritte und weniger bekannte heilige Brunnen im Reinhartswald am
Fuss des Gahrenberges, ferner bei Zierenberg, Oberlistingen, Philippinenhof bei
Kassel, und bei Nordeck; in Thüringen den Wihbrunnen bei Tiefurt; im obern
Voigtland den heiligen Brunnen auf dem Radersberg bei Raasdorf; in der Mark
Brandenburg die heiligen drei Pfühle bei Wandelitz unweit Bernau; im Bergischen
die heilige Quelle oder der Wihborn am Schlossberg von Hückeswagen; in Holstein der hillige Born auf dem Wellenberg bei Itzehoe. Gewiss lassen sich noch
mehr auffinden. In Norwegen hiessen nicht wenige in grossem Heilruf stehenden
Quellen hellige Kilder. Zur Vergleichung sei bemerkt, dass in Cornwall es mehr
als neunzig holy wells gibt und dass auch in Irland die Zahl der so benannten
Quellen sehr gross ist. Erhalten wurde der Ruf der Heiligkeit durch die Heilkraft
derselben, an die vieler Orten noch heute geglaubt wird; ferner dadurch, dass Kir-

chenheilige als Patrone dieser Quellen eingesetzt wurden und gewöhnlich eine Kirche oder Kapelle daneben oder darüber erbaut worden ist. Aber die meisten gewiss sind älter als die Heiligen, sie wurden aus dem Heidentum übernommen.

So gehörte denn auch eine Quelle zu der Stätte des Gottesdienstes, die gewöhnlich unter Bäumen oder ganz im Wald lag; oft genug mag die Quelle der Ausgang der heiligen Anlage gewesen sein. Für Nordgermanien wissen wir, dass sich bei den heidnischen Tempeln ein tiefer Brunnen oder Pfuhl (kelda) befand, der zur Weissagung und zur Aufnahme der lebenden Opfer bestimmt war. Für den Tempelbrunnen in Upsala wird auch der Baum bezeugt. Aus der Gegenwart noch haben wir merkwürdige Verbindungen von Baum und heiliger Quelle erhalten. In Weihenlinden bei Högling in Oberbayern kommt aus dem Stamm der Linde, in deren Ästen ein Marienbild befestigt ist, ein Wasserstrahl in Röhren gefasst, der in einen Brunnen von grosser Heilkraft fliesst. Aus der Kapelle, die daneben stand, ist eine Kirche mit starker Wallfahrt geworden. Bei Miesbach in Oberbayern stand gegen Parsberg zu früher eine Linde, unter deren Wurzeln eine Quelle herausfloss. An der Linde war ein Marienbild, dem Wachs und Geld geopfert wurde. Der Pfarrer von Miesbach aber zog Ende des 17. Jahrhunderts die Opfer an seine Kirche, indem er das Volk beschwor, von der Baum-Maria zu lassen und zu der Kirche zu wallfahrten.

Wenn in den einst berühmten Engstlenbrunnen auf der Engstlenalp im Kanton Bern, der nur vom Mai bis zum Herbst fliesst, aus Mutwillen unreines geworfen wird, so bleibt er mehrere Tage aus: die Quellgöttin ist beleidigt und hält ihre Gabe zurück. Die heilige Lidvorquelle im norwegischen Saeterdal versiegte, als sie verunreinigt wurde. Der Salzbrunnen, der aus dem Berg zwischen Flühli und Sörenberg floss, vertrocknete, als der Besitzer einen Frevel beging. Verbreitet sind die Sagen, dass Brunnen ihre Heilkraft verloren, wenn Tiere darin gebadet oder auch nur daraus getränkt wurden. Die Verunreinigung des Wassers gilt für eine Sünde. Kinder werden in Süddeutschland gewarnt ins Wasser zu sehen oder Steine in den Brunnen zu werfen, denn Gottes Auge ist darin.

Wohl erklärlich ist nun auch die feierliche Reinigung der Brunnen, die heute noch im Elsass, in Thüringen, in Anhalt geschieht, zu Pfingsten und Johannis besonders, in Böhmen zu Ostern, also in den Hauptzeiten des alten Brunnenkults. Am Johannistag werden im Elsass die Brunnen noch an vielen Orten gereinigt und mit Maien geschmückt. Im Sundgau geschieht es Pfingstmontags. In Thüringen wird das Fest der Brunnenfege am Mittwoch nach Pfingsten gehalten. Nachmittags holen die Burschen die Mädchen zum Tanz ab und halten sie frei, die Dorfgenossen trinken das Pfingstbier, zu dem jeder Gerste zuschiesst nach Vermögen. Der Braunsborn bei Querfurt wurde jährlich an einem bestimmten Tag von den Taldorfern gereinigt, die dafür vom Amt bewirtet wurden.

Am Mittwoch nach Pfingsten reinigten im Dorf Krosigk bei Halle a.S. die jungen Burschen bis zu dreissig Jahren hinauf die offenen Brunnen, streuten Salz hinein und bekamen dafür von den Haus- und Hofbesitzern jeder einen Lohn. Nach der Arbeit mussten ihnen die jungen Mädchen die nassen Füsse mit ihren Schürzen abtrocknen. Nachmittags wurde vor der Pfarre auf dem mit Maien besteckten Platz ein Fest gefeiert. In den Anhaltischen Dörfern geschieht es zu Johannis. In Hinsdorf und Biendorf z.B. wird am Johannistag von Mitternacht ab der

Dorfbrunnen gereinigt und bis Sonnenaufgang muss die Arbeit getan sein, weil sonst Maden und Würmer ins Wasser kämen. Das ausgeschöpfte Wasser bekommt das Vieh zum Trinken, damit es gesund bleibe. In Radegast wird um Johannis im ältesten Teil des Städtchens ein Brunnenfest mit Musik und Tanz auf dem maiengeschmückten Platz gehalten. Zu dem Freibier schiessen alle nach Belieben zusammen. In Böhmen, im Budweiser und Prachiner Kreis, wird die Brunnenreinigung von den Mädchen der Dörfer im April, also zur Osterzeit, vorgenommen. Nachdem das Wasser abgelassen, ziehen die Mädchen abends zum Brunnen und räumen mit ihren Händen den Schlamm heraus, ergänzen auch das Pflaster. Sie hielten es für eine Schande, dem Brunnen diesen Dienst nicht zu leisten. Bei dem Zug zur Arbeit und während derselben singen sie alte böhmische Lieder. Auf dem Rückweg begleiten die Burschen die Mädchen. Die Quellen Svetica bei Duschnik, Rucka bei Draheliz und Keltna bei Auhoniz werden von den Mädchen dieser Dörfer jährlich gereinigt, damit die Gegend immer Wasser bekomme. Kein Mann und keine Gefallene dürfen bei dieser Handlung, bei der auch gebetet wird, zugegen sein. Die Folge ist Wasserreichtum selbst in trockenen Jahren.

Diese Gebräuche sind besonders wichtig. Wir können das alte Fest der Brunnenfege daraus aufbauen, indem wir bei der starken Durchsetzung der westslawischen mit deutschen uralten religiösen Gebräuchen die böhmische Überlieferung zur Ergänzung benutzen. Es ging die Reinigung der Quellen einem Brunnenfest im Frühjahr oder zur Sommersonnenwende als Einleitung in der Nacht vor dem Festtag voran. Die Reinigung vollzogen die Jungfrauen des Ortes unter Gebet und Gesang; kein Mann durfte zugegen sein, es kann daher ursprünglich auch die Nacktheit der Mädchen bei dieser Kulthandlung gefordert worden sein. Bis Sonnenaufgang mussten sie die Reinigung beendet haben. Der Brunnen wurde dann bekränzt, der Festplatz geschmückt, die Gemeinde versammelte sich, Opferschmaus (wenigstens Opfertrank), Tanz und Spiel folgte. Reicher Wasserfluss durch das ganze Jahr war der Dank der Quellgöttin. An die Stelle der Mädchen traten später die jungen Burschen. Dass die Mädchen, wie es noch in Böhmen geschieht, früher überall die Handlung ausführten, begründet sich schon in dem weiblichen Geschlecht der Quellgottheiten.

Ich hatte die Vermutung ausgesprochen, dass zur Reinhaltung der Quellen und Brunnen ein kleiner Holzbau, wenn auch nicht immer, so doch oft über dem Wasserspiegel errichtet worden sei. Als nun die mönchischen Missionare ins Land kamen, die Quellgöttinnen bannten und den dreieinigen Gott predigten, aus den heiligsten Heidenbrunnen die Bekehrten tauften und das Kreuz darüber errichteten, wie sie es auf andern geweihten Stätten taten, so erbauten sie an oder über den am höchsten von den Heiden verehrten Quellen kleine Kapellen von Holz. Sie wurden vornehmlich dem Schutz der Mutter Gottes übergeben, die über die heidnischen dämonischen Frauen am leichtesten siegen konnte, manche auch Christus geweiht, oder den kräftigsten Aposteln Petrus oder Paulus, und dann einer Unzahl heiliger Männer und Frauen, je nachdem sie in der Landschaft zu besonderem Ansehen gekommen waren. Alle diese traten die Erbschaft der örtlichen Numina an und sie wurden gleich diesen verehrt mit Gebet und Opfergaben. Nur die Namen hatten sich verändert, die Sache selbst war die alte. Und es ist nur folgerich-

tig, wenn zu unserer Zeit die Ortsheiligen, die durch Jahrhunderte in den Kapell-
chen über den heilkräftigen Quellen verehrt worden sind, durch die modernste
Brunnengöttin, die französische Dame von Lourdes, vertrieben werden, wie zum
Beispiel im Salzburger Land und in Tirol mit Hilfe der Geistlichkeit geschieht.

Es würde vergeblich und nutzlos sein, alle Kirchen und Kapellen aufzählen zu
wollen, bei denen eine Quelle fliesst, die eben schon durch diese Lage als heilig
und mit wunderbaren Kräften gesegnet erscheint, und daher auch mit Bitte und
Dank aufgesucht wird. Zuweilen ist die Quelle in der Verehrung hinter ein Gnadenbild zurückgetreten, aber ganz vergessen ist sie nirgends. Ich beschränke mich
zunächst darauf, die mir bekannt gewordenen Kapellen und Kirchen anzuführen,
die über altheiligen Brunnen errichtet worden sind. Kleine Berg- und Waldkapell-
chen finden wir da neben den Kathedralen von Freiburg, Strassburg, Regensburg,
Paderborn. Nach der Sage stehen die Münster von Freiburg und Strassburg auf
Rosten über unterirdischen Gewässern. Weitbekannt war der 34 Fuss tiefe Kin-
delsbrunnen im Strassburger Münster, der 1766 vermauert wurde, ein schöner
Ziehbrunnen mit steinerner Einfriedung und tabernakelartigem Überbau. Bis zur
Reformation wurden alle Strassburger Kinder, so wie die der Landpfarren aus dem
Erzpriestersprengel von St. Laurentien mit Wasser aus diesem Brunnen getauft.
Im Regensburger Dom errichtete M. Roritzer 1500 den kunstvollen Brunnenbau
mit den Statuen Christi und der Samariterin. Im Chorumgang des Freiburger Mün-
sters ist der von T. Kauffmann 1511 gebaute Brunnen. Gefasste Quellen finden
sich in den Krypten der Wasserkirche von Zürich, der Burkartskirche von Beinwil
im Aargauer Freiamt, des Würzburger Neumünsters, der Michaeliskirche in Hildesheim, des Doms von Paderborn, der Peterpaulskirche in Görlitz, der Klosterkirche von Trebnitz in Schlesien. Sonst weiss ich Brunnen innerhalb der Kirchen
in der Stiftskirche von Corvey, zu Buchsweiler im Elsass, in der Klosterkirche auf
der Au bei Steinen am Rigi, in der Wallfahrtskirche St. Oswald bei Grafenau im
Bayrischen Wald. Von dem Glockenbrunnen zwischen Weimar und Dörnberg in
Hessen heisst es, dass über ihm die Kirche des verschwundenen Dorfes Sirsen
gestanden habe.

Quellen innerhalb von Kirchen finden sich in der Wand bei Linz a.D., nahe
dem Calvarienberg; in der Einsiedelei am Falkenstein bei St. Wolfgang am Abersee (Oberösterreich); in der Colomannskapelle in der Taugl (Salzburg); in Maria-
Elend bei Embach im Salzburgischen, wo die Quelle aus der Brust des Gekreu-
zigten springt; in der Heiligwasserkapelle bei Innsbruck; in einer jetzt zur Lour-
deskapelle verwelschten Kapelle oberhalb Mühlau bei Innsbruck; in der Barbara-
kapelle bei Jettenberg unweit Reichenhall; ferner das Heiligbrünnel in der Kapelle
unter dem Margaretenberg an der Alz im Passauischen. In der Schlucht zwischen
Hallein und den Barmsteinen, unweit des Salzbergwerks Dürrenberg, steht eine
Kapelle über den Bach gebaut mit viel Votivgaben. Besondere Erwähnung verdienen die Brunnen, welche unter dem heiligsten Ort, dem Altar hervorquellen: so in
den Kirchen von Olsberg im Aargau, von Hohentann in Niederbayern, im Ulrichskirchlein bei Graz, Laibach in Krain, Maria Schein bei Teplitz, Stoboric in
Böhmen, katholische Kirche von Waldenburg in Schlesien, Olitten und Oschitz
im Voigtland, in den Kapellen von Zöbingen in Schwaben und Chelcic in Böhmen. In der Kirche von Dänschenburg bei Ribnitz in Mecklenburg entsprang unter

der Kanzel eine vielbesuchte Heilquelle, ebenso wie in der Kirche von S. Lormel in der Haute-Bretagne ein Heilquell unter der Kanzel hervorkommt.

In der Osterzeit, wenn das Frühjahr kommt, gilt noch heute das Wasser für besonders heilkräftig, daher am Karfreitag und am Ostermorgen die Brunnen vor Sonnenaufgang und schweigend besucht und aus ihnen Wasser geschöpft wird. In der Regel machen einzelne den geheimen Gang zur Quelle oder zu dem Bach; zuweilen ist es aber auch eine gemeinsame Fahrt. So wird das Jungfern- oder Agnesbrünnel am Kahlenberg bei Wien am Karfreitagmorgen (mehr noch zu Johannis) von Hunderten aufgesucht. In der Eifel gehen am Ostermorgen zu der Quelle an der ehemaligen Klosterkirche von Buchholz aus der ganzen Gegend zahlreiche Pilger. Wer aus dem Brunnen trinkt, wird neu belebt und genest seiner Leiden. In der Kirche segnen die Priester das in Krüge geschöpfte Wasser. Bei der Haugsquelle an der Filialkirche von Trömborg in Eidsberg in Norwegen, die noch im vorigen Jahrhundert aus Norwegen und Schweden von ganzen Scharen namentlich zu Johannis besucht wurde, gingen die aus der Quelle getrunken hatten, dreimal um die Kirche. Das Quellwasser, das in Krügen für Entfernte geschöpft wurde, trug man auch dreimal um die Kirche. Ohne kirchliche Färbung ist der Besuch des hohlen Steins am Fuss des Meissners bei Hilgershausen in Hessen, den er am zweiten Ostertag von den jungen Leuten der Gegend empfängt. Sie legen Frühlingsblumen an den kleinen Teich der Felshöhle, trinken daraus und nehmen Wasser in Krügen mit heim.

An einem Tag im Frühjahr geht eine Prozession um das Pulvermar in der Eifel. Einmal unterblieb sie, da wurde der tiefe Wasserkessel sehr unruhig und drohte überzulaufen. Ein Schäfer, der in der Nähe hütete, sah es und zog nun singend und betend mit seinen Schafen um den See, indem er als Fahne seinen Hut auf den Stock steckte. Das Mar beruhigte sich dadurch. Ob dieser Tag in der eigentlichen Osterzeit liegt oder weiter gegen Pfingsten, wird nicht angegeben. Vielleicht ist es der 5. Sonntag nach Ostern, der Sonntag Rorate am Anfang der Bittwoche. In Schwäbisch Hall war ein Brunnengeist in der Solquelle, der Hallgeist, der Überschwemmungen anzeigte und den man bei guter Laune erhalten musste. Im Mai wallfahrtet man aus dem Elsass und dem Schwarzwald zur Kapelle der schmerzhaften Mutter auf dem Achenberg zwischen Zurzach und Klingau. Um die Kapelle wird Markt gehalten, die Wallfahrer bleiben über Nacht um die Feuer gelagert, an denen sie kochen. Keiner unterlässt, hinab in die Schlucht zum Verenenbrünnlein zu steigen, daraus zu trinken und einen Krug zu schöpfen, den man mit heim nimmt.

Im Puschlav in Graubünden wird ein Kinderfest, der Maienbrei, gefeiert. Die Kinder ziehen auf die Höhe von Selva, wo zuerst in der kleinen Kapelle Gottesdienst gehalten wird. Dann steigen sie zu dem Sauerbrunnen ins Tal hinunter, an dem der Brei bereitet und gegessen wird. Darauf folgt Gesang, Spiel und Tanz. Die Erwachsenen nehmen an dem Frühlingsfest teil. Solche Wallfahrten zu Anfang Mai (Godehartstag, 5. Mai) geschehen auch in Böhmen, unter andern zur Quelle Sweticka bei Bubenec unweit Prag und zu den Johannisbrunnen bei Podol. Zu Christi Himmelfahrt ist in ganz Hessen Brauch, auf die nächsten höheren Berge zu steigen und sich dort mit Gesang und Tanz zu belustigen. Auf den Weissner gehen die Leute von der Werra auch am Pfingstmontag in Scharen. Von einem

Besuch der Quellen wird nichts mehr erwähnt, ursprünglich geschah es gewiss. Am Sonntag nach Himmelfahrt wird in Böhmen aus allen Teilen des Landes auf den Berg Tabor bei Chlum im Jiciner Kreis gewallfahrtet. Am Fuss des Berges quillt ein Born, in den kleine Holzkreuzchen geworfen werden; wessen Kreuz aus dem Wasser heraufkommt, bleibt in dem Jahr leben. Von dem Born nimmt jeder Mann einen Stein auf den Berg mit und legt ihn zu dem Steinhaufen bei der Kapelle. Die Frauen opfern oben lebende Hühner.

Am ersten Pfingsttag ziehen die Kinder der Stadt Steinau im Hanauischen, von den Eltern begleitet, auf die Pfingstwiese zum Pfingstborn, einer heilkräftigen Quelle. Jedes hat ein besonders dazu gefertigtes irdenes Krüglein, Pfingstinsel genannt, woraus es trinkt. Sie spielen und jubeln den ganzen Tag auf der Wiese. Zum vollen Verständnis gehört, dass in Rheinhessen und Nassau nach der Überlieferung die kleinen Kinder aus dem Pfingstborn geholt werden. Der Steinauer Brauch deutet also auf ein altes Dankfest der Kinder an der Quelle, aus dem sie sich entsprungen glaubten. Ebenso ziehen in Mendt im Nassauschen die Kinder am Pfingstmontag zu dem Gangolfsbrunnen und bekränzen ihn. Pfingstbrunnen sind auch in Obersteiermark, namentlich um Murau, noch bekannt. Sie liegen meist im Wald und werden am Pfingstsonntag Nachmittags in festlichen, aber nicht kirchlichen Aufzügen besucht, während sie das übrige ganze Jahr verlassen und unbeachtet bleiben. Kirchlich heissen sie Heiliggeistbrunnen und ihr Wasser, das an jenem Tag viel getrunken wird, der Heiliggeisttau. Das Volk belustigt sich dabei mit Gesang und allerlei Spiel. Am Pfingstmontag gehen starke Wallfahrten aus Bayern und Böhmen zu der Güntherskirche und -quelle im Böhmerwald.

Wir nahen dem Sonnenwendtag, der hochheiligen Zeit der blühenden und reifenden Natur. Vorher und nachher liegen Tage, die sich zu einem Festzyklus zusammenschliessen; hervorragende Kirchenheilige haben das Erbe der Heidengötter besetzt. So der Patron des 15. Juni, S. Veit, einer der Schutzherren Böhmens, dem der Prager Dom auf dem Hradschin und nicht weniger als 37 böhmische Kirchen geweiht sind. Nach dem Bericht zogen die Leute aus Melnik an der Elbe und vom Fuss des Riesengebirges am Veitstag zu den Elbquellen hinauf und liessen dort schwarze Hühner fliegen, damit Rübezahl die Überschwemmungen durch die Elbe hindere. Die Leute blieben drei Tage oben, sammelten Kräuter für ihr Vieh und zu Kränzen, die sie daheim aufhingen, und nahmen Wasser in Krügen mit, womit sie ihr Vieh besprengten. Der Tag vor Johannis (23. Juni) ist der heiligen Edeltrut geweiht, zu deren Brunnen in Niederöfflingen im Eifelkreis Wittich viele wallfahrten, um ihre Augen in dem aschgrauen Wasser zu waschen. Am Fest Johannis des Täufers (24. Juni) hat das Wasser ganz besondere Kräfte. Das ist nicht bloss eine deutsche Meinung, sondern eine uralte, allgemein verbreitete gewesen und mag darauf gewirkt haben, dass die Kirche dem Täufer den Mittsommertag weihte, um denselben zu christianisieren. Die heidnischen Gebräuche wurden aber dadurch nicht unterdrückt und der heilige Augustin eiferte gegen den schlechten aus dem Heidentum zurückgebliebenen Brauch, in der Nacht und am frühen Morgen des Johannisfestes sich in Quellen, Teichen und Flüssen zu baden. Also ist in Libyen dieselbe alte Sitte im 5. Jahrhundert, die wir bei uns noch jetzt finden, gestützt auf die besondere Heilkraft des Johannisbades. Ein Bad an diesem Tag, heisst es in Schwaben, ist neunmal so stark als eines zu andrer Zeit. Bekannt ist

Petrarkas anmutige Schilderung von dem Johannistag, den er in Köln verlebte, wie er die Ufer des Rheins mit ungezählten schönen Frauen besetzt fand, die bekränzt mit Blumen ihre weissen Arme in den Strom tauchten und dabei ihm unverständliches murmelten. Im Jahr 1584 suchte der Strassburger Kirchenkonvent gegen die Johannisbäder einzuschreiten, als einen abergläubischen Brauch. Er war nicht zu unterdrücken und namentlich zu den Heilbädern strömte das Volk in Scharen. In Norwegen wurden die heiligen Quellen vorzüglich am Johannisabend besucht, weil sie dann am kräftigsten sind.

Andrerseits war der Johannistag auch ein Tag, an dem die Wassergeister besondere schädliche Macht hatten und ein Menschenopfer verlangten. Wir werden darüber später handeln. Man versuchte sie durch kirchliche Mittel unschädlich zu machen. In der katholischen Zeit, erzählt man in Thüringen, ging von der Johanniskapelle gegenüber der Kelle zwischen Nordhausen und Ellrich zu gewisser Zeit (doch wohl am Johannistag?) eine Prozession zu dem kleinen See in jener Felshöhle. Der führende Ellricher Priester liess ein Kreuz in die Höhle hinab und zog es wieder hinauf, wahrscheinlich um den Dämon des Sees zu bannen.

Den Schluss des Mittsommerzyklus macht der Ulrichstag, der 4. Juli. In Schwaben und Bayern gilt der Todestag des heiligen Bischofs von Augsburg als kirchlicher Feiertag und der Volkskult der Ulrichsbrunnen tritt dabei stark hervor. Zu dem Ulrichsbrunnen in Seibranz geht jährlich am 4. Juli eine feierliche Prozession, und zu dem Ulrichskirchlein unweit Heiligenkreuz am Wasen in der mittleren Steiermark, bei dem eine gute Quelle unter einer Ulrichsbildsäule entspringt, strömt das Volk am 4. Juli zusammen: die Kanzel steht im Freien unter einer mächtigen Linde. Ein Volksfest wird auch an jenem Tag oder am Sonntag darauf am Reunerkogel bei Graz an dem Ulrichskirchlein gehalten, unter dessen Altar eine Quelle herausfliesst. In England, wo S. Ulrich unbekannt ist, findet am Sonntag nach dem 4. Juli, dem Old Midsumer Day, ein gleiches Brunnenfest an mehreren Orten statt, der stärkste Beweis dafür, dass der deutsche S. Ulrich nur Erbe einer Sommergottheit war. Auch bei den Tschechen ist der 4. Juli ausgezeichnet, nur ist er kirchlich dem S. Prokop geweiht, mit dessen Legende übrigens ein Herzog Ulrich verknüpft ist. Der Prokopstag wird festlich mit allerlei Volkslustbarkeiten begangen, zugleich gilt er aber auch als Feiertag des Wassermanns, an dem er nach einem Braten ausgeht, denn an diesem Tag müssen sieben bis neun Menschen ertrinken. Der heidnische Grundcharakter der Johannisfestzeit bricht demnach darin noch deutlich durch, dass ein grosses Opfer in ihr gebracht werden musste und dass dasselbe vornehmlich den Wassergeistern fiel, die das sommerliche Gedeihen wesentlich gefördert hatten.

Ausser dem Frühling und dem Mittsommer sind über das weitere Jahr einzelne Brunnenfahrten verstreut. Sie knüpfen sich an die kirchlichen Patroziniumsfeste der Heiligen an, die zu Quellen in Beziehung gesetzt waren, so besonders an die beliebteste Schützerin, die heilige Maria, die natürlichste Nachfolgerin der alten Göttinnen. In der thüringischen Stadt Frankenhausen, die ein Salzwerk besitzt, werden an Maria Verkündigung (25. März) und an Maria Himmelfahrt (15. August) die sogenannten Bornfeste gefeiert, mit Aufzügen zu den Solquellen, Gottesdienst und Geldspenden an Kinder und Arme. In der katholischen Zeit wurde neben der heiligen Jungfrau besonders der heilige Wolfgang (der uns als Brunnenpatron auch sonst bekannt ist) verehrt, und ihm so wie den Heiligen Petrus, Nikolaus, Martin, Severus und Margareta (wohl Frankenhauser Kirchenpatronen) wurden Opfer gebracht. Die Grundzüge eines vollen heidnischen Festes sind noch zu erkennen. Zu Maria Himmelfahrt geht in Böhmen eine starke Wallfahrt aus dem Markt Bründl im Budweiser Kreis nach der Kirche Maria Trost mit ihrem Heilbrunnen. Am Magdalenentag (22. Juli) strömen die Münchner zu dem Magdalenenbrunnen im Nymphenburger Park, über dem eine Statuette der Heiligen steht. Das Wasser hilft gegen böse Augen, die darin gewaschen werden. Auch wird es in Flaschen mit nach Hause genommen. Am ersten schönen Sonntag nach Jacobi (25. Juli) ziehen die Appenzeller auf den Kronberg zum Jacobsbrunnen, wohnen der Messe in der Kapelle bei und vergnügen sich dann mit Tanz und Spiel, wie das am Michaelistag (29. September) auf Rigi Kaltbad bei dem Brunnen der drei Schwestern geschieht. Am Verenentag (1. September) wird zu der Verenenkapelle am Kaminstal bei Zug gewallfahrtet. Das Verenebrünnli, das unter einer Bildsäule der Heiligen daneben quoll, ist seit 1810 durch einen Nachbar abgegraben worden; aber die Wallfahrten dauern fort.

Am zweiten Sonntag im September wallen jährlich noch Tausende zu dem St. Adelheidispützchen zwischen Beul und Siegburg. Der Brunnen hilft den kranken Augen. Ein berühmter Markt wird dort gehalten. Wie tief diese Brunnenfahrten im Volksgedächtnis haften, beweist die Wallfahrt einer grösseren Menge evangelischer Bewohner der Dörfer am Lebamoor in Hinterpommern, die bei einer Epidemie an der Wunderquelle in Sullenczin Schutz und Genesung suchten. Aber ganz besonders in Anschlag zu bringen ist, dass in dem rein lutherischen Norwegen die Wallfahrten und Besuche zu den heiligen Quellen und ihren Kirchen bis in das vorige Jahrhundert, und selbst bis in das neunzehnte gedauert haben. Wie die katholischen Wallfahrer an den Gnadenorten ihre Gebete laut oder still sprechen, so ist das auch an den Kultstätten geschehen, also auch an den Quellen. Unter den Beichtfragen des Burchard fehlt nicht, ob der oder die Beichtende an Quellen, Steinen, Bäumen oder Kreuzwegen gebetet habe – ein Zeugnis also vom Anfang des 11. Jahrhunderts aus Rheinfranken.

Menschenopfer sind an den Quellen selten gefallen, wohl aber an Strömen und Seen, also an fliessendem Wasser und an tieferen und grösseren Wasserbecken. Weitverbreitet und fast an jeden grösseren Flusslauf oder Teich geknüpft ist der Glaube, dass der Nix oder Wassermann jährlich ein oder mehrere Menschen als Opfer fordere, und wenn die Stunde dafür gekommen, durch seinen Ruf oder durch Pfeifen, durch gellendes Lachen, gleich dem isländischen Marbendill (marmennil), oder auch durch einen glockenähnlichen Klang aus der Tiefe den zum Tode bestimmten Menschen mit unwiderstehlicher Gewalt zu sich locke. „Jeder Nix hat das Recht, alljährlich einen Menschen zu ertränken", heisst es in der Lausitz an der oberen Spree und an der Neisse. „Zeit und Stunde ist da, aber der Mensch noch nicht", ganz ebenso dänisch: tiden og stunden er kommen, manden ikke, hört man aus dem Wasser rufen und sieht dann einen Menschen herzu eilen und sich in das Wasser stürzen, nach dem Volksglauben. Selbst wenn der Gerufene mit Gewalt von dem Wasser zurückgerissen wird, stirbt er zur bestimmten Stunde, namentlich wenn er mit den Lippen Wasser berührt. Nach jüdischem Volksglauben ist Rettung nur möglich, wenn rasch ein Tier als Opfer untergeschoben wird. In der Livena im Wendesyssel müssen jährlich zwei Menschen ertrinken. Da lagen einst Knechte in einem Heuschuppen nahe bei und schliefen. Einer aber wachte und hörte eine Stimme Peder, Peder, rufen. Sein schlafender Gefährte hiess Peder, und da rief der wachende: Hier ist kein andrer, der Peder heisst, als unser Hund. Als er das gesagt, fuhr der Hund hinaus und war verschwunden. Verwandt hiermit ist, dass die Müller an der Bode in Thale am Harz, wenn das Wasserhuhn pfeift, worauf immer ein Mensch ertrinken musste, dem Nickelmann ein schwarzes Huhn ins Wasser warfen, um das Opfer abzulösen. Ja die Wassergottheit begnügt sich mit einer Nachbildung des Menschen, sie verlangt nur die Anerkennung ihres Rechtes. Römische Sage berichtete, dass Herkules oder die zurückgebliebenen argivischen Genossen, die bisher dem Tiberstrom gebrachten Menschenopfer durch Binsenpuppen ersetzt hätten. Jährlich am 15. Mai wurden vierundzwanzig solche Binsenmänner durch die Vestalinnen in den Tiber geworfen.

Die Stroh- und Lumpenpuppe, die am Sommer- oder Totensonntag in Franken, Thüringen, Meissen, Lausitz, Schlesien, Böhmen und Mähren unter dem Namen Tod (Smrt, Smierc) in das Wasser (oder über die Grenze) geworfen wird, ist auch nur Ersatz für einen lebenden Menschen, der beim Frühlingsbeginn geopfert wurde für die Fruchtbarkeit des Jahres. Nicht minder geht der deutsche und slawische Frühlingsbrauch der Laubbekränzung eines Knaben oder Mädchens, die in das Wasser geworfen werden, auf ein Menschenopfer zurück, das der fruchtbaren Wasser- und Regengottheit gebracht worden ist. Die Wassergeister fordern ihr Opfer meist zu Johannis, am Mittsommerfest. Vieler Orten hat das Volk das nicht vergessen, oft weiss es nur, dass alljährlich der Ruf nach dem Opfer ertönt. In Böhmen ist der Prokopitag, 4. Juli, der Opfertag. Zuweilen ist die Zahl der verlangten Menschen eine grössere. In Köln wird gesagt, S. Johann wel hann verzehn dude Mann, siben de klemme (klimmen), siben de swemme. Die Leine (bei Göttingen) fret alle Jahr teine; der böhmische Wassermann will am Prokopitag sieben oder neune; am Rigi und um Luzern heisst es: S. Johannis fordere drei Opfer; der Tempelburger See nimmt am liebsten drei Opfer auf einmal; die Livera in Jütland fordert zwei Opfer; der Frickenhauser See in der Rhön und der Wienfluss wollen wenigstens einen Menschen. Eine grosse Genügsamkeit wird der Werra bei Lauchröden und dem Schlossweiher von Neumarkt in der Oberpfalz zugemutet, die nur alle sieben Jahre ihr Opfer haben wollen.

In dem vorangegangenen sind bereits Namen von Gewässern genannt, die im Ruf stehen, Menschenopfer als Recht zu fordern. Indessen will ich noch eine Zusammenstellung machen, aus der hervorgehen wird, dass in Nieder- und Mitteldeutschland jener Glaube zäher haftet als in Oberdeutschland. Oder sollte, das nur Schuld der oberdeutschen Sagensammler sein? Flüsse: Trave, Elde in Mecklenburg, Rega in Pommern; Elbe, Havel, Spree, Sale, Bode, Mulde, Elster, Unstrut, Pleisse; Oder, Lausitzer Neisse; Werra, Fulda, Lahn, Haun, Löhn, Mümling, Kinzich (bei Hanau); Rhein, Neckar; Pfreimt und andre oberpfälzische Flüsse; Donau, Wienfluss; Kokel in Siebenbürgen. Seen und Teiche: Glambecker und Wanzker See in Mecklenburg; der Demminer, Madüer, Wangeriner, Arnswalder, Nörenberger, Vilm-See in Pommern; der Moringer Opferteich in Hannover; der Heiligensee, Mohrinersee, Lehniner See in der Mark; der Salzungersee im Werratal, der

Frickenhauser See in der Rhön, die Totenlache bei Fulda; der Schlossweiher bei Neumarkt in der Oberpfalz; der Waschteich auf dem Elbing in Breslau. Von Brunnen fand ich nur den alten Brunnen vor dem Mainzer Tor zu Friedberg in der Wetterau als einen bezeichnet, der jährlich sein Opfer haben will.

Im allgemeinen werden die Flüsse oder Seen dabei personifiziert; doch wird auch von dem Wassermann oder der Nixe gesprochen, die den Ruf oder ein andres Zeichen geben, dass die Zeit zum Opfer gekommen sei. In der Werra bei Lauchröden erscheint ein mächtiger Fisch, der matt auf dem Wasser schwimmt und verlockt, ihn zu fangen; dabei ertrinkt der Mensch. Von dem Mohriner See in der Mark heisst es, dass eine weisse Gestalt den zum Tod bestimmten Mann in das Wasser verlocke, bei dem Mittelsee zwischen Lehnin und Schwine eine Frau mit weisser Hucke.

Die gewöhnlichen lebenden Opfer, die den Quellgeistern gebracht wurden, waren kleinere Tiere. Vorzüglich werden Hühner geopfert worden sein, wie wir aus späterem Brauch schliessen dürfen. Schwarze Hennen sind noch heute in katholischen süddeutschen Ländern die gewöhnlichen lebenden Opferspenden an die Kirchenheiligen, wenn ihre Hilfe in Krankheiten erbeten wird. An Quellen geopfert kann ich sie zwar nicht aus deutschen Gegenden nachweisen, aber wohl aus dem böhmischen Elbquellenbereich, ferner aus Gnesen, wo man am Johannistag zur Abwendung des Todes dreier Menschen drei weisse Hähne schlachtete, und aus Wales, wo an einer Quelle der heiligen Thekla der Mann einen Hahn, die Frau eine Henne opfert. In Thale am Harz opferte man der Bode statt des geforderten Menschen ein schwarzes Huhn, indem man es in den Fluss warf.

Freundlich und anmutig sind die Opfer aus der Pflanzenwelt. An dem römischen Brunnenfest, den Fontinalia (13. Oktober), bekränzte man die putei und warf Blumen in die fontes. Mit der Wintersonnenwende, die den Anfang der Frühlingsbräuche macht, weil die Sonne nun nicht weiter sinkt, sondern allmählich zu steigen beginnt, können wir anheben. In einigen Orten des Wasgenwalds legen die Knaben in der Weihnacht Grünes an den Rand des Dorfbrunnen. Am zweiten Ostertag werfen in Hessen die auf den hohlen Stein bei Hilgershausen ziehenden Leute Blumensträusse in den kleinen See. Am Himmelfahrtstag fand zu Basel im 14. Jahrhundert der Bannritt um die Felder statt; dabei schmückten sie den Kornmarktbrunnen mit Maien. Im südlichen Thüringen werden zu Pfingsten die Brunnen mit jungen Laubbäumen umsteckt und bekränzt, auch ein Maibaum mit Bändern und bunten Tüchern wird aufgerichtet. Bei der Dorflinde wird getanzt. In Mendt im Nassauschen wird am 2. Feiertag zum Gangolfsbrunnen gewallfahrtet, und die Kinder bekränzen den Brunnen. Im Frickthal in der Schweiz wird die Pfingsthutte (ein mit Grün bessteckter Tragkorb) auf den Hauptbrunnen des Ortes gestellt. In ganz Hessen und auch im Fuldischen werden die Brunnen zu Johannis bekränzt. In Fulda wird dann auch der neue Brunnenherr gewählt, dem die Wahl durch einen grossen Blumenstrauss angezeigt wird. Sein Haus schmückt man mit Maien, und er sammelt dann von Haus zu Haus Gaben für einen Trunk der Nachbarn am nächsten Sonntag. In Wolfhagen in Hessen setzt die Magd, welche am Johannismorgen zuerst zum Brunnen geht, demselben einen grossen Kranz von Feld- und Wiesenblumen auf. In Treysa wird die Brunnenfigur, das Johannismännchen, bekränzt. Hervorhebung verdient der in den Ostseebädern bestehende Brauch der Frauen, bei ihrem letzten Bad der See ein Dankopfer zu bringen. In Swinemünde werfen sie dann einen Kranz in die Wellen. Nehmen diese ihn mit hinaus, so ist es ein Zeichen guten Erfolges der Bäder. Gleiches wird aus Memel und andern preussischen und kurischen Badeorten berichtet. Die Opfergaben sind Blumen, Kränze, auch kleine Münzen. Die Badefrauen glauben, eine weisse Frau zuweilen in der See zu sehen, die nach dem Land hin winke, denn eine der Badenden müsse in jedem Jahr sterben, damit die andern genesen können.

Eine uralte Opferspende an die Götter sind zubereitete Speisen. Heute noch werden den Hausgeistern für die Nacht Speisen auf den Herd gesetzt; auch für die armen Seelen geschieht es. So finden wir denn auch den Wasserelben Speisen dargebracht. Eine Beichtfrage im Corrector Burchardi c. 57 ist: Hast du Brot oder irgend ein Opfer zu den Quellen gebracht oder dort gegessen? In den Reinhardsbrunnen bei Göttingen warfen die Kinder früher besonders zu Pfingsten Kuchen oder Zwieback und die Mütter oder Mägde sagten den Kleinen dabei, das sei für die ungeborenen Kinder, die in dem Brunnen sässen. Ebenso warfen oder werfen die Kinder Brot und Zwieback ausser den Blumen in den Ilkenborn bei Sievershausen. Dem Diemelnix (Diemling) wirft man jährlich Brot und Früchte ins Wasser, ebenso wird in den Neckar Brot geworfen. Die Kinzich bei Hanau muss jährlich einen Laib Brot und ein Mässchen Salz erhalten, sonst ruft es am Ende des Jahres: „Die Zeit ist um und der Mensch ist noch nicht da!" worauf, wie wir wissen, bald ein Mensch ertrinken muss. In Mähren legen sie am heiligen Abend (Weihnachten) von jeder Speise einen Löffel voll auf einen besonderen Teller und schütten nach dem Essen alles in den Hausbrunnen. Der es tut, spricht: „Der Hausvater grüsst dich und lässt dir durch mich sagen: Brünnlein, geniess mit uns das Festmahl, aber dafür gib uns Wasser in Fülle. Wenn in dem Land Durst herrschen wird, dann treib ihn mit deiner Quelle aus!" Auch sucht man dabei die Zukunft zu erforschen und spricht: „Brünnlein, Brünnlein, ich bringe dir das Abendmahlchen, sage mir die Wahrheit, was geschehen werde." Ganz stimmt zu diesem tschechischen Brauch, was von dem Isländer Thorstein Rotnase erzählt wird, der seinen Hof nahe bei einem Wasserfall hatte. Er opferte dem Geist des Wasserfalls stets die Reste der Mahlzeit und erkundete dabei die Zukunft. In der Nacht, da er starb, stürzten sich seine Schafherden in den Wasserfall; sie gingen zu ihrem Herrn, der nun unter dem Wasser wohnte.

Bekannt ist allgemein, dass im alten Italien in Quellen und als heilkräftig geltende Seen Münzen, Silbergefässe, kleine Götterbilder und Nachbildungen der geheilten Glieder der Gottheit des Ortes geopfert wurden so gut wie in Tempeln. Funde in Quellen und Seen zeugen gleich den Inschriften dafür. In den römischen Provinzen geschah es ebenso. So sind, in dem Pyrmonter Brunnen silberne Schmucksachen (Fibeln) und ein silberner Becher mit Inschrift gefunden worden, römische Münzen in der Quelle von Dux in Böhmen, in dem Schwalheimer Mineralbrunnen in der Wetterau, in einem Brunnen zu Waidmannsdorf bei Klagenfurt römische Münzen und eine Fibel. Aus Schweizer Heilquellen, so zu Baden im Aargau, Leuk, aus der Brunnenquellgrotte zu Biel, aus dem Salzbrunnen von Niederbronn im Elsass sind römische Münzen, meist Kupfermünzen der Kaiserzeit, zu hunderten herausgekommen. Der Brauch ist nicht erloschen, denn der Gläubige, der in den Heiligenstock der Kirchen und Kapellen Opfergeld tut, wirft es auch dankbar in das heilkräftige Wasser. In Frankreich, in der Bretagne, in Wales, Irland, Schottland, auf der Insel Man und den Hebriden werden von Kranken noch heute kleine Münzen in Quellen, Bäche und Seen geopfert. Aus Schweden, Russland und Indien ist gleiches berichtet. In Estland empfangen die sogenannten Wetterquellen Geldopfer, damit sie keinen Hagel über die Felder schicken. In Norwegen ist es bis in das 19. Jahrhundert üblich gewesen, Münzen in die heiligen Quellen zu werfen, nachdem man zur Genesung daraus getrunken hatte. Selbst die Silbermünzen blieben unangetastet darin liegen, denn man glaubte, Unglück werde den treffen, der sich daran vergreife. So hatte sich in der Haugsquelle bei der Filialkirche Trömborg in Eidsberg ein kleiner Schatz angesammelt, den aber die Schweden 1814 ausraubten.

Als die Quelle der Blau (der Blautopf) in Blaubeuren in Schwaben im Jahr 1614 so stark anschwoll, dass man eine Überschwemmung besorgte, veranstaltete man einen allgemeinen Bettag und zog zu der erzürnten Quelle. Da warf man zwei vergoldete Becher hinein und das Toben des Wassers hörte auf. In der ehemaligen Gruftkirche in München, die bis 1805 in der Gruftgasse stand, wurde nach Münchner Sage alle Tage eine Messe wegen des Walchensees gelesen und alle Jahre ein goldener Ring geweiht, der in den See geworfen wurde, damit der Walchensee nicht ausbreche und ganz Bayerland überschwemme. Noch um 1850 erzählte man sich in München, dass die Herzöge von Bayern beim Regierungsantritt an den Walchensee fuhren und in seine tiefste Stelle einen goldenen Ring versenkten, um die Seegeister zu versöhnen und das Land vor Wassergefahr zu bewahren. Auch in den Ammersee soll jährlich nach einem heiligen Amt ein goldener Ring geworfen worden sein, damit er nicht über Bayerland sich ergiesse. Wenn auf dem Dreisesselberg im Böhmerwald der See durch hineingeworfene Steine erzürnt wird, beschwichtigt man ihn durch einen goldenen Ring. Der Lachtelweiher unweit Kirchberg im Masmünstertal im Elsass ist eins der bösen Gewässer, die jährlich ein Menschenopfer verschlingen. Die armen Seelen der Ertrunkenen gehen bis zum Weltende um. Sie wären aber zu erlösen, wenn jemand einen goldenen Teller in das Wasser würfe. Eine Umgestaltung des ursprünglichen Sinnes des Opfers ist hier durch den katholischen Volksglauben vollzogen.

Im Voigtland hat man altertümliche Hufeisen, sogenannte Schwedeneisen, im Quellborn des ausgegangenen Dorfes Rückersdorf gefunden, ferner im Quellschlamm von Tinz bei Gera, bei einem Wallgraben unfern Struth, im Kroatengraben bei Zickra, ebenso auf sumpfigen Wiesen zwischen Letzendorf und Endschütz, und bei Tautenhain. Man könnte die Hufeisen, die in Brunnen gefunden wurden, als Opfergabe deuten, die reichlichen Wasserfluss von dem göttlichen Wesen erwirken solle. Indessen muss man sich doch wohl daran erinnern, dass die Hufeisen als Glück bringende Talismane gelten, weil sie ein Schutz gegen Truden, Hexen und alle bösen Geister sind und deshalb auch an die Türen von Häusern und Kirchen, an Masten und an Grenzsteine angeschlagen wurden und werden. Noch heute sieht man in Hamburg Hufeisen an die Pferdeställe angenagelt, damit sich der böse Geist nicht hineinwage. So mögen denn in der Absicht, die Brunnen gegen feindliche verderbliche Dämonen zu schützen, die Hufeisen in sie versenkt worden sein. Vielleicht wirkte noch eine besondere Beziehung auf die Pferde dabei mit. Von dem Heilborn bei Heilsberg in Thüringen wurde erzählt, dass er von dem beinkranken Ross des heiligen Bonifaz ausgescharrt worden sei, das durch das Wasser des entspringenden Borns geheilt wurde. Zum Andenken sei das Hufeisen des Pferdes an die Kirchtür genagelt worden. Zu dem Gangolfsbrunnen bei Neudenau in Baden brachte man früher auch kranke Rosse, wusch sie mit dem Wasser und nagelte ein Hufeisen an die Kapellentür. In den Felsspalten am Rheinfall bei Schaffhausen soll man Hufeisen und Pferdeknochen gefunden haben. Es könnten also wohl die Hufeisen in Quellen und Bächen ein Opfer für die Genesung kranker und die Gesundheit frischer Pferde sein, gleich den Hufeisen und Eisenbildchen bei den bayrischen Leonhardskirchen.

Dunkler kann die Bedeutung der Steine oder Kiesel sein, die in heilige Quellen gelegt wurden. Ich kann das Jungfernbrünnel am Kahlenberg bei Wien anführen, in das eifrige Lottospieler einen weissen Stein hineinlegen. Nach einem Gebet nehmen sie ihn wieder heraus und stecken ihn zu Hause unter ihr Kopfkissen. Sie sollen dann jede Woche fünf Nummern davon ablesen können, die sicher gezogen werden. Mehr erfahren wir aus Schottland, von der Insel Man und aus Wales. Auf Man, dem zwischen Irland und Schottland gelegenen Eiland, kommen weisse Kiesel in oder neben Quellen häufig vor. Man hat sie auch auf Kirchhöfen (Bride, Maughold, Kikellan) einige Fuss unter dem Boden gefunden, ja auch in Grabhügeln der Bronzezeit lagen etwas grössere Kiesel um die Urnen. Alle diese Steine gelten für Glück bringend, und die Fischer nehmen daher einen weissen Stein in ihrem Boot auf die Fahrt mit. Bei der S. Runyquelle (Chibbyr Uney) zu Baldwinsdorf in Malew auf Man legen die zu arm sind, um Geld zu opfern, drei weisse Kiesel nieder. In den holy pool von Strathfillan in Pertshire in Schottland wurden nach einem Bericht von 1798 neun Steine gelegt und von dem Kranken, nachdem er gebadet, wieder herausgenommen. Er trug sie danach auf den Hügel nebenbei zu den drei Steinhaufen (cairns), indem er jeden derselben dreimal umschritt und jedesmal einen Stein hinwarf. War es ein äusserer Schaden, woran der Kranke litt, so wurde ausserdem die Bekleidung des leidenden Körperteils auf einen der cairns geworfen, so dass man Unterröcke, Jacken, Nachtkappen, Mützen, Schuhe, Handschuhe usw. dort herum liegen sah.

Diese Steine werden also zu Weissagung, Heilung und Zauber nach den angeführten Beispielen gebraucht. Sie sind keine blosse Opfergaben, obschon sie in einzelnen Fällen kleine Münzen ersetzen, sondern mögen Reste eines uralten Steinkultus sein, der sich hier mit dem Quellkult verbunden hat. Jeder Pilger zu der St. Wolfgangskapelle am Abersee im Salzkammergut, in der der heilige Brunnen quillt, nimmt einen Stein mit hinauf, weil es heisst, dass dem Heiligen eine grosse Kirche gebaut werden solle, sobald Steine genug oben wären. Diese junge Umdeutung fehlt dem entsprechenden böhmischen Brauch bei der Wallfahrtkapelle auf dem Berg Tabor. Die wallfahrenden Männer nehmen hier von dem Brunnen unten am Berg jeder einen Stein mit hinauf und legen ihn zu dem dort befindlichen Steinhaufen. Mit der Zeremonie an dem heiligen Teich (holy pool) von Strathfillan verband sich die Niederlegung von Kleidungsstücken auf die Steinhaufen. Gewöhnlich geschieht es bei den sogenannten Lappenbäumen, den weitverbreiteten Spaltbäumen, durch welche Leidende hindurchkriechen, um sich von Gebresten zu befreien. Aber auch bei heilsamen Quellen treffen wir auf den nahen Bäumen und Sträuchern die Lappen und Kleiderteile. Man wird den uralten und weitverbreiteten Brauch, an geweihter Stätte ein Stück des Gewandes nieder-zulegen oder aufzuhängen, nicht in allen Fällen gleich deuten dürfen. Sicher war es häufig nur ein Dank- oder Bittopfer.

Solche Lappenbrunnen sind der Plünnekenborn bei Braunschweig, von dem es heisst, er sei nur denen heilsam, die etwas an die Sträucher hingen; der Zudelborn im Kerschgraben, Stublach gegenüber im Voigtland, der wie jener von den Plün-nen, so von den Zudeln (Zotteln, Fetzen) benannt ist, die man noch vor nicht lan-ger Zeit an den Sträuchern daneben hangen sah. Man konnte auch daraus trinken, wenn Ungeziefer drin war, sobald man nur einen alten Lappen aufhing. Das heili-ge Brünnlein an der Westseite des Braunertsberges, ganz nahe dem Zollern in Schwaben, wurde noch vor kurzem von vielen, die an Zahnweh, Kopfreissen, Läusekrankheit und dem Fluck (Rotlauf) litten, aufgesucht, und man sah zahllose Lumpen, Hemden, Tücher, Hauben, Halsbinden, Bänder und dergleichen herum hängen. Zu Basel und zu Sierenz gab es einen Lumpelbrunnen und zu Ürzlikon im Kanton Zürich einen Hudlerbrunnen, ferner zwischen der Birsquelle und der Pier-re Pertuis eine Fontaine de chiffel, wie es denn in Frankreich mehr als eine fontai-ne au chiffon gibt. In Böhmen zieht die Quelle Keltna unterhalb Auhonic viele Kranke zu sich. Sie waschen ihre leidenden Glieder mit Leinenlappen, die in der Quelle eingetaucht sind, und legen sie darnach auf einen Felsblock nahebei. Dort bleiben dieselben liegen. Beim Weggehen dürfen die Kranken nicht rückwärts schauen. Auch der Brunnen der Panna Lida bei Podmokl ist ein Lappenbrunnen, worin sich die Leidenden waschen und die dabei gebrauchten Linnenstücke auf den Bäumen danebenaufhängen.

Am Ende der verschiedenen Verehrungen der Quellen sei der Lichter gedacht, die an ihnen angezündet wurden. Die Kirche eiferte auch gegen diesen Brauch als heidnisch, und Karl der Grosse nahm das Verbot der Beleuchtung von Bäumen und Quellen in das Capitulare von 789 auf. Bis in die Gegenwart haben sich Spu-ren dieses Kultes erhalten, der wohl durch den kirchlichen Brauch, vor Heiligen-bildern auch ausserhalb der Gotteshäuser Kerzen anzuzünden, genährt wurde. An dem sehr kräftigen Heilbrunnen zu Oberbronn im Elsass steckte man am Weih-nachtsabend Wachsstümpfchen auf. Auch der vom Ganges bekannte Brauch, Lämpchen den heiligen Strom hinabschwimmen zu lassen, begegnet uns. Noch im 19. Jahrhundert setzte man am Fastnachtsonntag, wenn der Stadtbach eisfrei war, in Winterthur kleine mit Lichtern besteckte Schifflein auf das Wasser, die zum Ergötzen des Volkes darauf hinabschwammen.

Richard Beitl

Kinderherkunft
und Kinderbringer

Am goldenen Brünnel/Sitzt a holdige Frau,/hat's Kindel ausser g'nommen,/auf die
Stieg aussi g'legt./Woher ist denn s'Kindel?/Vom gemmigen Berg./Wo ist denn der
Berg?/Die Mutter hat den Schlüssel./Wo ist denn die Mutter?/Beim goldenen Brün-
nel,/hat's Kindel ausser g'nommen,/auf die Stieg aussi g'legt. (Aus Tirol)

Die Rede der Erwachsenen zu den Kindern ist meist, dass die Ungeborenen in
Brunnen und Teichen, auf den Bäumen und in Felsenhöhlen leben. In der Eifel
„brängt de Ditzgesmöhn de Könner us dem Pötz" oder es heisst in der Gegend um
den Feybach „de Frei hät dech erusjeholt". In Elberfeld kommen die Kleinen aus
dem „Rommelspütt", in Köln aus dem „Künebäätspöts". Am Brunnen unter der
Kunibertskirche sitzt nämlich die Muttergottes. Sie hat die Kindlein alle um sich
versammelt, füttert sie mit Brei und spielt mit ihnen. Auf der Insel Amrum hütet
die „Kinderfrau" den „Kinderbrunnen". Kommt eine Frau, sich eins der Kleinen
holen, so wird sie von der langen Sense der Wächterin am Bein verletzt. In Tirol
holt die Hebamme die Kinder wie Fische mit der Angel. Im Unterinntal muss man
warten, bis einmal Sonnenschein und Regen zu gleicher Zeit sind, dann findet
man Kindlein in Bächen und Brunnen. Die kleinen Brunecker im Pustertal kommen aus dem „Kresswasserle". Dahin kommen die Frauen, und damit sie wissen,
welches ihr Kind ist, liegt bei jedem ein Brief in goldener Schrift. In Tarrenz erzählen die Grossen den verwunderten Buben und Mädchen, dass die kleinen Kinder auf dem Bach dahergeschwommen kommen. Der Pfarrer fischt sie auf und tut
sie in seinen Keller in den Krautzuber. Jede Woche einmal aber kommt die Häuse-
rin, welche die Wirtschaft im Haus macht, und giesst Suppe in den Zuber, damit
die Kinder nicht verderben. Anderswo leben die Ungeborenen in Seen, wie in dem
dunklen Titisee im Schwarzwald oder im Kindlesbrunnen, von denen es zumal in
Süddeutschland die Menge gibt. In Darmstadt, Limburg und Hamburg gibt es ein
besonderes Milchbrünnle. In Lünen hat einmal die alte ehrwürdige Rolle als Kin-
derhüterin einer alten Pumpe das Leben gerettet. Der Gemeinderat wollte nichts
für sie tun. Erst als man die Ratsmannen darauf hinwies, dass sie wie alle Bürger
in Lünen einstmals aus dieser alten Pumpe auf dem Marktplatz und dem dazugehörigen Brunnen ans Licht der Welt getreten seien, da wurden sie milde gestimmt
und bewilligten eine angemessene Instandsetzung. In vielen Orten Süddeutsch-
lands, aber auch in Oberhessen, im Vogtland und in Niedersachsen sind die Ge-

schlechter auf Buben- und Maidlebrunnen verteilt. In Rohrdorf z.B. kommen die Buben aus dem Männlisbrunnen, die Mädchen aus dem Rosabrunnen. Dorfweiher, Mühlen- und Schlossteiche, Flussläufe und Wassergruben innerhalb des Ortsbereichs werden anderswo genannt. In den Vierlanden in Niedersachsen ist die Elbe, ein Brack, ein Graben oder das sumpfige Vorland an der grossen Elbe Versammlungsort der Neugeborenen. Zum Teil erklärt es das natürliche Bild der Landschaft, dass in Gebirgsländern (Wasgau, Sudeten, Schweiz, Tirol) Steine und Felsen an Stelle der Brunnen und Teiche die Kinder hüten. In der Schweiz erzählt man von „Titisteinen". Im Fricktal soll der „Kindertrog" im „Ankenkübel" sein, in einem hohen Felsenturm an der Burgfluh des Wölfliswil. Wenn das Gewitter Steine gelöst, öffnet sich der Kindertrog und die Hebamme kann ein Kind holen. In Tirol wachsen die Kinder an Felsen, im Steingeröll, bei Reute in einem Felsenloch.

Häufig, besonders in West- und Süddeutschland, werden Büsche und Bäume als Herkunftsort der kleinen Kinder bezeichnet. Eine einsame Tanne, alt und hohl, heisst Tititanne (Schwarzwald). In Bern kommen die Kleinen aus dem Eschenbäumchen am Ende der Koblenzer Strasse. In Nauders (Tirol) wohnen die ungeborenen Mädchen im Küchenkasten, die Knaben aber im heiligen Baum. Ein immergrüner Lärchenbaum ist dies, dem einstmals Opfer galten und den noch immer das Volk als heilig achtet. Den Kindern sagt man, aus jedem Lärchenzapfen könne ein Brüderlein oder Schwesterlein werden. So hüten sie sich, mit Steinen danach zu werfen. Im Niederösterreichischen erzählt man, weit im Meer draussen stehe ein Baum, daran an Schnüren viele Schachteln hängen. Sind die Kinder ausgewachsen, so gibt die Schnur nach, die Schachtel fällt ins Meer und schwimmt dahin, bis sie jemand auffängt. In Siebenbürgen (Mettersdorf) beherbergen Birnbaum und Zwetschgenbaum die Ungeborenen. Zuweilen bewacht die seltsamen Früchte eine geheimnisvolle Frau, eine Hexe oder, sicher in echterer Überlieferung, Frau Holle, in Schlesien die „Spillaholle" (Spindelholle). Solche „Frau-Holle-Bäume" werden bereits im Tarforster Wisthum von 1532 und in einem Gerichtsprotokoll von 1749 erwähnt. Im Niederrheinischen, nach Holland und Belgien hin, holt man die Kinder aus den grünen Köpfen der Kohlfelder. In Belgien ist es auch ein Rosmarinstrauch. Im Erntebrauch, noch häufiger bei der Hochzeit, wird Wasser geschüttet, der Brunnen wird feierlich umschritten, Geld wird als Opfergabe ins Wasser geworfen, um dem Brautpaar Kindersegen und Glück zu sichern. Man sieht es gern, wenn es in den Brautkranz regnet. Weniger naheliegend ist die Erklärung des Steins als Urkindersitz. Manche weisen auf die antike Darstellung des Okeanos (des Meeres) in Gestalt eines Steines hin. Wir dürfen aber wohl auch an die zeitlich und örtlich näherliegenden Megalithe, an die grossen Granitfindlinge denken, die als Zeugen grauer Vorzeit, als Überreste von steinzeitlichen Hünengräbern die Phantasie der westeuropäischen Völker in Erregung hielten und als sogenannte Schalensteine oder als Rutschfelsen im Brauch der Frauen bis heute eine Rolle spielen.

Vom Aufenthaltsort der Ungeborenen ist die Frage nach dem Kinderbringer nicht immer zu trennen. Oft sind Hebamme oder Storch nur die Botengänger vom Kinderteich zur Menschenwohnung. Der Storch beherrscht etwa östlich des Weserlaufs ganz Nord- und Mitteldeutschland. Das Hauptgebiet der Hebamme liegt

westlich und südlich, besonders in Westfalen, Rheinland, Altbayern und Österreich. In Luxemburg, in der Eifel, in Tirol und Westkärnten nennt fast Ort für Ort
die Hebamme als Kinderbringerin. Zwischen dem Gebiet der Hebamme, das sich
in mehr oder weniger dichter Streuung deutlich an die katholischen Landschaften
anlehnt, und dem Gebiet des Storches bestehen breite Übergangszonen, in denen
beide Gestalten genannt werden, ja diese Fälle greifen eigentlich über den ganzen
Südwesten hinweg, während der Storch in Nordostdeutschland weithin allein re-
giert. Es ist also nicht schwer zu prophezeien, dass Adebar, der Klapperstorch,
getragen von Bild, Zeitungswitz und Operettenschlager, aber gewiss auch von
Spruch und Sprichwort des Volkes und von der Liebe und dem immer neuen
Staunen aller Kinder als Sieger aus diesem Wettkampf hervorgehen wird.

Obwohl Storch und Hebamme als Kinderbringer völlig im Vordergrund stehen,
kennt die deutsche Volksüberlieferung doch auch andere Gestalten, die seltener
genannt sind, dafür aber eher stärker verbunden erscheinen mit anderen Kreisen
der Sage und des Volksglaubens. Auf der Insel Rügen und in den Uferstrichen des
benachbarten Festlandes bringt der Schwan die kleinen Kinder. Südlich davon um
die mecklenburgischen Seen wird es vom Fischreiher, seltener von der Krähe und
vom Habicht erzählt. In Ostpreussen, etwa östlich der Linie Allenstein-Tilsit, sind
Rabe und Krähe neben dem Storch die bevorzugten Kinderbringer. Von den Vö-
geln, unter denen ganz vereinzelt auch Gans und Kuckuck, Kranich und Geier
genannt werden, hat das geschlossenste Gebiet die Eule, von der man besonders
zwischen Wittenberge und Neustrelitz bis in die märkische Prignitz hinein und
hinauf bis Schwerin und Güstrow den Kindern erzählt. Man ist versucht, in diesen
Tiergestalten eine stärkere Nachwirkung germanischer Überlieferung zu sehen,
wenn man beobachtet, dass sie nach dem Süden und Westen zu, wieder in gewisser Anlehnung an das Gebiet katholischen Bekenntnisses, fast gänzlich verschwinden und zum Teil christlichen oder christlich gefärbten Vorstellungen weichen. Allerdings werden Engel, Christkind und Weihnachtsmann auch in Mittel-
und Norddeutschland überall vereinzelt genannt. Nur im Land Vorarlberg am Bodensee wird dem Klos (Nikolaus) fast Dorf für Dorf das Amt des Kinderbringers
zugeschrieben. Fast nur in Tirol, Salzburg, Kärnten und Steiermark werden Pate
oder Patin in dieser Eigenschaft genannt. Wieder ganz ins Sagenhafte gehen die
Berichte in Oberösterreich, Bayern, Böhmerwald und Sudentenland. In weitem
Umkreis um Passau, östlich bis Steyr und westlich im ganzen altbayrischen Raum
erzählt man den Kindern von einem „Weib" oder „wilden Weib". Vom Erzgebirge
über den Elbsandstein bis ins Glatzer Bergland bringt die Kinder der Wassermann,
von dem in diesen Landschaften zahllose Sagen gehen. An die waldreiche Gegend
denken dürfen wir, wenn zwischen Karlsbad, Teplitz und Mies der Fuchs als Kinderbringer eine auffallende Insel bildet.

Solche Überlegungen führen uns noch einmal zur Hebamme als Kinderbringerin zurück. Ist sie tatsächlich das wirkliche, einfach der lebensmässigen Anschauung Entnommene im Gegensatz zum Unwirklichen des Storches als Träger der
Neugeborenen? Wir fanden in Bayern das „wilde Weib" als Kinderbringerin, in
einer Gegend, die zugleich die Hebamme häufig nennt. Dies tun auch Landschaften wie das Rheinland, Alpenland und Oberschlesien. Und gerade hier begegnen
wir immer wieder den Auskünften, eine bestimmte Frau, die Grossmutter, Tante,

Muhme oder Base, die Brunnenfrau oder Nachtfrau bringe die Kinder. Wenn wir bedenken, dass die Hebamme in landschaftlicher Volkssprache jeden dieser Namen tragen kann und dass sie andererseits oft genug innerhalb ihres praktischen Berufes als „weise Frau" geheimnisvoll sagenhafte Züge annimmt, dann ist nicht mehr sicher, dass die Hebamme als Kinderbringerin überall eine „reale Gestalt" ist. In Pommern nennt man die Hebamme „Grossmutter", „Mutter Griepsch". Ja, sie heisst sogar „Howk" und trägt damit einen Namen, den man zunächst ohne weiteres einem vogelgestaltigen Wesen zuschreiben würde. Denn Howk ist Habicht. In der Mark führt sie Namen wie „Mutter Greif" oder „Mutter Storch". Aber auch wo die Geburtshelferin ihre bürgerliche Bezeichnung behält, steht sie doch unmittelbar mit dem Reich der Geister und Ungeborenen in Verbindung. Am Bodensee erzählt man den Kindern, der Vater fahre mit einem Boot in die Weiden und schneide sich eine Pfeife. Wenn sie ertönt, dann weiss die Hebamme, dass sie ein Kindlein bringen muss. Allenthalben in Süddeutschland holt die Hebamme, wie wir bei der Kinderherkunft schon sahen, die Kleinen aus den Teichen und Brunnen. Im Schweizer Schwarzbubenland holt sie die Kinder aus einem alten Baumstrunk im Wald, aus einem „Toggelilochholz" oder „Drykrütziholz". Oft wird nur lokale Forschung entscheiden können, ob mit der bösen oder weissen Frau, mit der Wasserjungfer, mit der Wasser- oder Häkelfrau, mit der Frau Holle (Schwaben, Hessen, Franken), Helich, Fey und Fraubell (Eifel) ein Wesen der Sage, eine sagenhafte Hebamme oder die bestimmte Hebamme mit Namen so und so gemeint ist.

Woher kommen die Kinder?
(Heinrich Ploss)

Mit dieser Frage beschäftigt sich alles Volk; Glaube und Mythe geben auf sie Antworten. So scheint in den Mythen der Japaner wie bei uns das Hervorgehen der Seelen aus dem Wasser vorzukommen; der durch Erdbeben entstandene, von vielen Tempeln umgebene Fakone-See wird von ihnen als Aufenthaltsort der Kinderseelen angesehen. Das ist eine ähnliche Volksmeinung, wie in Deutschland. Als Mittel gegen die Unfruchtbarkeit haben die Miaotse, die Ureinwohner der Provinz Kanton (China), die Zeremonie Ku-fa, das ist Blumen-Anbeten: Man nimmt einen Korb, legt weisses Papier hinein und lässt dies Papier durch einen Priester anbeten; das Papier nämlich stellt Fa-kung-mo vor, das ist Blumengrossvater und Mutter; bei diesen Geistern sollen die Seelen der kleinen Kinder weilen. Wenn dann der Priester Opfer von Hühnern oder Schweinen diesen Blumenahnen bringt, so entlassen die Blumenahnen die Seelen der Kinder aus ihrem Garten und das Kind kommt zum Vorschein.

Bald ist es ein Teich, bald ein Brunnen, ein Sumpf oder das Meer, woher die Kinder kommen. Nah dem hessischen Volksglauben kommen die Kinder aus dem Hollenteich, in Halle aus dem Gütchenteiche. In Ostfriesland sagt man bald, sie würden aus dem Meer, bald aus dem Moor geholt. Im Oldenburgischen holt der Storch die Kinder aus dem Wasser, bald aus dem Brunnen, bald aus einem bestimmten Teich oder Fluss, einzeln aus dem Moor, an der Weser auch aus den zur Bezeichnung des Fahrwassers dienenden Tonnen, die Knaben aus schwarzen und roten, die Mädchen aus den weissen. Im Saterland heisst es: „Die Kinder werden aus dem Kohl geholt"; in der Umgegend von Emden und auf dem krummen Horn kommen die Kinder „aus dem Nesterland". In der Regel aber sind es Brunnen, die als die eigentlichen Fundstätten der Kindlein bezeichnet werden. In Braunschweig lässt man sie aus den in der Stadt befindlichen beiden Gödebrunnen holen. In Hessen nennt man die Hebamme „Borneller" und sagt, dass sie Kinder aus dem Born oder Brunnen schöpfe. Auf der schleswig-holsteinischen Insel Amrum befinden sich auch zwei „Kinderbrunnen", in denen die „Kinderfrau", mit einer langen Sense bewaffnet, die Ungeborenen bewacht; kommen die Frauen, sich eines davon zu holen, so werden sie von der Wächterin am Bein verwundet und müssen nachher das Bett hüten. Im Fränkisch-Hennebergischen sagt man den Kindern, die Kleinen kommen aus dem „Kemlesbrönnele", da sitzen sie auf einer Stange, von der sie die Ammenfrau herabholt. In Köln sagt man: Die Kinder kommen aus dem „Kuniberts-Brunnen". Wenn in Hessen die Kinder auf den Wasserspiegel eines „Kinderbornes" oder „Kinderteiches" hinabschauen und Bilder ihrer heiteren Gesichter erblicken, so stehen sie in der Meinung, sie hätten die Kinder vor Augen, die der Storch noch nicht aus dem Wasser geholt hat.

Doch kommen die Kinder in der anderwärts verbreiteten Volksmeinung auch aus Feld und Wiesen. Zu Ried im Innviertel sagt man den Kleinen, man finde die neuankommenden Kinder in der Quelle, die hinter der Pfarrkirche zu St. Pantaleon entspringt, oder sie kämen aus dem Ilmer Moos, dort würden sie von weidenden Kühen entdeckt, welche so lange brüllen, bis Menschen kommen und die Kinder nach Hause tragen. In Böhmen schöpft man die Kinder angeblich aus einem Teich oder Fluss mit Netzen (in Starkenbach, Schatzlar, Pecek, Landskron). Allein in Böhmen gibt man auch an, dass die Kinder als Frösche auf der Wiese umherspringen, im Wald Schwämme suchend, und die Krähe bringt sie (in Pribram bringt sie der Fuchs). In England kommen die Kinder vom Parsley-Bed, das ist vom Petersilienbeet. In Frankreich sagt man, dass die Kinder, ehe sie geboren werden, sich „sous les feuilles de chou" (unter den Kohlblättern) des Gartens befinden. In Schwaben bringt die Hebamme, wie man sagt, die Neugeborenen aus dem hohlen Baum, insbesondere dann, wenn der Vater des Kindes mit einer aus Weiden geschnitzten Pfeife pfeift.

Eine andere Volkssage lässt die Kinder aus Steinen, Felsen und Höhlen kommen, Donner und Blitz werden damit in Verbindung gebracht. So bringt in Cammin der Storch die Kinder vom „grossen Stein". Dies stimmt mit der Sage in Böhmen (Heinsbach), nach welcher der Storch die Kinder vom Jungfernsteig bringt, wo sie unter einem grossen Granitblock sein sollen. In der Schweiz ist die Vorstellung verbreitet, dass der von einem Gewitter herabgeworfene Stein den Kindertrog öffnet; denn es heisst: An der Bergfluh des Wölfliwils (Fricktal) wird ein isoliert stehender, turmförmiger Fels der Ankenkübel genannt. In ihm steht der Kindertrog. Donnert es, so sagt man solchen Leuten zum Trost, die eben ein Kind durch den Tod verloren haben: Es ist wieder ein Stein von der grossen Fluh heruntergepoltert, jetzt kann die Hebamme wieder ein anderes herausholen. Das Landvolk der Schweiz nennt die Nagelfluh Titisteine oder Kleinkindersteine und sieht darin den Eierstock der Steine. Teti heisst Kindlein, daher Titisteine oder Titiseen. Der Kleinkinderstein ist häufig ein Findlingsblock. Ferner stellt man sich vor, dass die Kinder aus den zur Flutzeit gefüllten Höhlen kommen, oder auch von Bäumen (Linde, Eiche, Buche, Esche) geholt werden. In Tirol holt man sie bald von dem heiligen Baum zu Nauders, bald aus der hohlen Esche zu Brunneck, oder aus einer Buche im Loack und von faulen Stöcken im Wald. In Hessen meint man, die ungeborenen Kinder befinden sich an einer sehr schönen Wohnstätte.

Kinderherkunft
(Otto Schell)

Oberhalb Gräfrath, in der Richtung nach Wohwinkel zu, liegt ein kleiner Wald, der letzte Rest ehemals weitgedehnter Waldungen. Dieser Waldrest führt den Namen „Kinderbusch", weil die Kinder aus den Bäumen dieses Waldes geholt werden. Daneben ist in Gräfrath die Ansicht verbreitet, dass die Kinder auch aus dem heiligen Born, in einem Tal bei Gräfrath gelegen, kämen.

In Gummeshausen holt man die Kinder aus einer hohlen Linde, in Halver aus einer alten hohlen Buche. In Kückelhausen ist es eine hohle dicke Eiche; ebenso in Gevelsberg und im Bergischen. In Tirol werden die Kinder bald aus Brunnen, bald aus Bäumen geholt. Zu Bruneck bringt man sie aus dem grossen hohlen Eschenbaum, der bei dem Schiessstand steht, oder sie rinnen aus dem Wasser daher. In Meran wachsen sie auf der Mut (einem Berg) an den Bäumen. Im Aargau heisst ein solcher Baum geradezu der Kindlibirnbaum. Im Zillertal holt man die Kinder aus der Mariarastkapelle auf dem Hainzenberg. Zu Nierstein in Rheinhessen steht eine grosse Linde, daher holt man in der ganzen Gegend die Kinder. Unter der Erde fliesst ein Brunnen, den hört man rauschen und unter der Erde die kleinen Kinder jubeln und schreien, wenn man das Ohr auf die Erde legt. Bronner erzählt in seinem Leben: „Da fragte ich meinen Vater einst bei Tisch: Wo ist denn unser Brüderlein hergekommen? Die Hebamme sass auch dabei. Diese Frau da, sagte er, hat es aus dem Krautgarten herbeigebracht, du kannst noch heute den hohlen Baum sehen, aus dem die kleinen Kinder immer herausschauen, die man abholen lässt, sobald man ihrer verlangt." Es war eine hohle Weide an einem Teich. Bronner schaute hinein und sah den Knaben im Wasser. Sein Vater hiess ihn rufen: „Buben, wo seid ihr?" und er zweifelte nicht mehr. Bei Nauders in Tirol steht ein uralter Lärchbaum, der heilige Baum genannt, aus dessen Nähe niemand Bauholz oder Brennholz zu nehmen wagt, bei dem zu schreien oder zu lärmen bis in die letzten Jahre für himmelschreienden Frevel galt. Er soll bluten, wenn man hineinhackt, und der Hieb dringt zugleich ebensoweit in den Leib des Frevlers, wie in den Baum. Vom heiligen Baum holt man die Kinder, besonders die Knaben.

In Köln werden die kleinen Kinder nächtlicher Weile aus einem Brunnen, „Klingels Pütz" benannt, geholt. In Köln werden die Kinder auch aus dem Brunnen der St. Kunibertskirche geholt. Dort sitzen sie um die Mutter Gottes herum, welche ihnen Brei gibt und mit ihnen spielt. Bei Schulenburg im Harz sitzt im Festenburger Teich die grosse Wasserfrau, die hat die neugeborenen Kinder bei sich im Wasser. Im stillen Sumpf unter der Teufelsbrücke bei der Rosstrappe ist eine warme Stube, worin die Kinder vor der Geburt von der Kindermutter beaufsichtigt werden. Im schwäbischen Haubache sagt man, dass die Hebamme die Kinder aus der Höhle des Rosensteins hole. Dort sei eine weisse Frau, die ihr die Kinder zureiche. Zu Scheidingen in der Gegend von Werl holt der Storch die Kinder aus dem Teich auf der Werler Vrede. In Erfurt holt der Storch die Kinder aus dem Kessel, einer Vertiefung beim Wallgraben, zu Halberstadt aus der Klus.

Bei den Nordfriesen, und zwar auf Amrum, holen die Amringer Frauen, begleitet von der Hebamme, die Kinder aus dem Guuskölk und Meerham. Die Kinderfrau aber, die das Wasser mit den darin lebenden Kindern beherrscht, will die letzteren nicht fahren lassen und schlägt mit ihrer Sense um sich und verwundet die holende Frau am Bein. Im Dänischen Wohld kommen die kleinen Kinder aus dem Salzwasser. In Dithmarschen heisst es auch: Die Kinder kommen aus dem Mötjensee (See in Norderdith) und aus der Eider. Meistens ist in Schleswig-Holstein der Storch der heilige Vogel, der die kleinen Geschwister bringt durch den Schornstein und die Mutter ins Bein beisst.

In Neustadl in Böhmen holt die Hebamme die Kinder aus dem Zipfelbuschteich, aus dem Klitzbusch und Schalgens Teiche. In der Umgegend von Leoben in der Steiermark werden die Kinder nächtlicher Weile von den Eltern aus dem Kaltenbrunnenbach geholt. In Ostfriesland heisst es im Nieder-Rheidergau: Die Kinder kommen aus der Eems; zu Marienkoor, aus dem Koorster Meer; in den Wolden des Brookmergaues nennt man die verschiedenen Landseen der Nähe, z.B. zu Barstede, aus der Breike; im Moormergau, wo das fliessende und stehende Wasser selten ist, behilft man sich mit den Ortschwemmen; an anderen Orten hilft die Bäke, di Ri (de), die Dobbe, die Hiwe, der Dollart, die Pütte aus. In Nordostfriesland an der Seekante von Norden bis Jever überall: Die Kinder kommen „vom Moor", woher die Kinder in Kutschen geholt werden; desgleichen in den moorumzirkten Geestdörfern Mittelostfrieslands, wie auf vielen Fehnkolonien. An anderen Orten wählt man einen anderen, den topographischen Verhältnissen angemessenen Ausdruck. Zu Utörp bei Esens heisst es: van de Isken = lehmige Sandgeeste, und dort wieder „ünner de dick Flint" = Hünenstein weg. Zu Burhafe bei Wittmund sagt man: „ünner de Fosskutt" = Hünenstein am Kirchhof weg. Auf den Eilanden auf Juist, Norderney und Baltrum kommen die Puppen aus den Dünen.

In Kronenberg bei Elberfeld holte man die Kinder aus hohlen Bäumen oder auch allgemein aus dem Wald. In Elberfeld kommen sie aus dem „Rommelspütt", der aber seit einigen Jahren versiegt ist. Im vorigen Jahrhundert gab die Kindbetterin jedem Kind, das ins Haus kam, um das Neugeborene zu sehen (eine damals allgemeine Sitte), einen Kuchen, eine Bretzel, oder eine andere Kleinigkeit, welche zu diesem Zweck besonders gebacken wurden. Es hiess dann, „die hätte das kleine Kind mitgebracht, als es aus dem Rommelspütt gezogen worden sei." Das nannte man damals dem Kind „ein Teefgen" (Zehe) abbeissen. Die Ansicht, dass die Kinder aus diesem oder jenem Brunnen (Born, Pütz etc.) kämen, ist im Bergischen sehr verbreitet. Nach einer Mitteilung von C. Rademacher in Köln haben nach der Meinung der dortigen Bewohner die Seelen der ungeborenen Kinder im „Hollstein" bei Siegburg ihren Aufenthaltsort.

In Bodendorf in Siebenbürgen werden die Kinder von der Hebamme aus dem Bach „aus der Flut" mit dem „Köffälpes" herausgefischt; in dem dicken weissen Schaum, der sich in den Winkeln der Ufer bildet, sind sie verborgen. Kinder, die aber in diesem Schaum suchen sollten, können die Kleinen nicht sehn, für diese sind sie unsichtbar. Am linken Ufer der Saale (Stadt Kahla) aus dem Aschborne. Dies ist eine herrliche Quelle im Buntsandsteine, von Eschen umstanden, die für die Stadt ein prächtiges Trinkwasser liefert. In der Nähe ist der Birkenstein. (Vielleicht Überrest eines heiligen Hains?) In Husum kommen die kleinen Puppen aus der Husumer Aue. In Quickborn bei Burg in Süderdithmarschen holte der Storch die Wickelkinder aus dem Mühlenteich, der jetzt aber nicht mehr existiert. Im Wald zwischen Wohlen und Bremgarten im Aargau liegt der Herdmännlistein. In diesem hatten die Erdmännchen ihre Stuben, und bis zum heutigen Tag soll man aus eben diesem Stein die kleinen Kinder aus Wohlen holen.

Als der Storch einem Mann in der Lundener Gegend ein Zwillingspaar brachte, hiess es bei den Geschwistern: Der Storch hat diese aus dem Holm geholt. Der Holm ist ein niedriges Stück Land in Dahrenwurth, das an drei Seiten von Wegen und an einer Seite von einem Wassergraben begrenzt wird, und häufig unter Wasser steht. Ein Hofbesitzer sagte, seine Kinder wären aus seinem Graff (breiter Graben bei einem Marschhof) geholt worden. In der Gegend von Schlebusch (unweit Köln) lässt der Volksglaube die Kinder aus der noch heute verehrten Gezelinquelle kommen. Darum die Scherzfrage, welche man an junge Eheleute richtet: „Hast du en den Pötz (Quelle) gelurt?" Zu einem kinderlosen Ehemann pflegt man auch wohl zu sagen: „Muset mit deiner Frau nach Gezelin gehen!" Eigentümlich ist es, dass man in derselben Gegend die Kinder auch aus dem hohlen Stock kommen lässt. Damit bezeichnet man ausgehöhlte Buchenstumpfe von riesenhaftem Umfange in der Nähe jener Quelle.

In Gummersbach kommen die Kinder aus der Linde auf dem Schützenplatz, welche im Volksmund die Kinderlinde heisst. In Delling (Kreis Wipperfürth) kommen die Kinder aus Buchen. In Delling ist die neuere Ansicht verbreitet, nach welcher die Hebamme die Kinder in Körbchen ins Haus bringen, nachdem sie sie aus den Buchen geholt haben. Die kleinen Kinder bringt in Schivelbein in Pommern der Storch durch den Schornstein und lässt sie der Hebamme in den Schoss fallen. In der Stadt Leipzig und ihren Vorstadtdörfern heisst es einfach, der Storch bringe die Kinder, und diesen Glauben pflegen auch Ammen und Kindsmädchen bei ihren Schützlingen. Doch weiter draussen, wo die Grossstadtluft noch nicht hingeweht hat, finden sich Überlieferungen von Teichen, gelegentlich und vereinzelt auch von Felschlüften, aus denen die Neugeborenen, oft freilich vom Storch herbefördert, stammen sollen. Namen weiss ich jetzt nach Jahren leider nicht mehr anzugeben. Übrigens hörte ich als Knabe in Leipzig selbst folgende Strophe, deren geheimnisvolle Schlusszeilen später wohl allgemein wegblieben (Variante in runder Klammer): „Gud'n Morchen Frau (Madam) Storchen! Was machen (gosten) de Eier?" Die sein (sinn) deier [= teuer]. „Un de gleen Ginder?" Gomm'n erscht im Winder. (Die gomm'n vumm Winder!).

Während in München fast durchgängig den Kindern gesagt wird, das kleine Kind sei vom Storch gebracht worden, der auch die Mutter in das Bein gezwickt habe, sucht die Landbevölkerung das Wasser als den Aufenthaltsort noch ungeborener Kinder hinzustellen. So heisst es zu Rottalmünster, die Kinder kämen aus dem Kesselbach, zu Dingelting, sie schwämmen die Isar herab, zu Schönau und Aichach zieht man sie aus dem Teich oder Weiher, aus dem Bach fischt man sie zu Freyung im Wald und zu Weilheim (Simmesbach). Zu Langenargen in Württemberg finden sich die Kinder im Marienbrunnen in der nahen Wallfahrtkirche. Auch in Regensburg weist man auf den Dombrunnen, und wenn man recht eifrig hinunterschaut, soll man die Kinder sogar darin herumplätschern sehen.

In Brunsbüttel in Süderdithmarschen sagt man, der Storch holt sie aus der Elbe. In Henstedt Kreis Segeberg (Holstein) sagt man, der Storch holt sie aus der Alster. In Schestedt im südlichen Schleswig kommen die kleinen Kinder vom Meer und aus der Eider. In Hamburg sagt man, der Storch bringe die Kinder aus dem warmen Lande mit, wo er sich während des Winters aufgehalten hat. In Neustettin, Pommern, werden die Kinder vom Storch gebracht, der sie unter einem grossen Stein auf der Erdbeerinsel (näher einem Burgwall) im Streitzigsee hergeholt. In der Leitmeritzer Gegend sind die Kinder, so heisst es, vor ihrer Geburt in der Elbe und klauben dort Hirschenkörnel (Hirse). Sie werden vom Storch gebracht, den man hier ansingt mit dem Verschen: Klapperstorch - Langbein - Bring uns ein Kind heim. In Alt-Ohlische (Nordböhmen) bei Kamnitz bringt der Wassermann, der ein rotes Mützel auf hat und im Alt-Ohlischer Teich im Bach oder in den Pfützen wohnt, die kleinen Kinder. Er zieht unartige Kinder, welche nicht folgen, am Bach oder Wasser spielen, hinein und bringt sie dann als kleine Kinder anderen Müttern wieder.

In deutschen Gegenden bringt der Storch die junge Bevölkerung. Auch in böhmischen Bezirken hört man manchmal seinen Namen in diesem Zusammenhang, aber selten. Hier spielt auf diesem Gebiet die Hauptrolle der Rabe oder eigentlich die Rabin. Man hört oft die Mutter zu ihren neugierigen Sprösslingen sagen: „Der Nachbarin hat die Rabin einen Buben (oder Mädchen) gebracht. Sie warf das Kindlein durch den Rauchfang in die Stube, direkt unter die Bank. Darüber ist die Frau so erschrocken, dass sie krank liegt." Das eigentümliche Geschrei der Raben ist den böhmischen Kindern eine Bestätigung dieser Wahrheit. Im bekannten krá-krá glaubt das Kind die böhmischen Worte kvám, kvám (zu euch, zu euch) zu hören. Ist es ein Kind, das gern noch länger alleiniger Liebling der Mutter bleiben möchte, ruft es dem schreienden Vogel weinerlich zu: Ach né knám! (Ach, nicht zu uns!) Andere dagegen, welche die Rabin schon mit Geschwister beschenkt hatte, rufen: „Die Rabin fliegt, Bringt die Kindlein, Wir haben sie, Doch verkaufen sie nicht, Um zwei Gulden." Als ich noch klein war, erzählte man mir, dass die Kinder in einem kleinen Bach, Jalovina genannt, der durch eine Vorstadt von Melnik fliesst, unter einem Stein wachsen.

Otto Lauffer

Lebens- und Schicksalsbäume

Schicksalsbäume

Der volkstümliche Begriff der Schicksalsbäume und der Lebensbäume gehört in den grossen Kreis der Vorstellungen, nach denen es dem Menschen möglich ist, das eigene Schicksal abzulesen aus mancherlei Erscheinungen in der Umgebung, die in solchem Falle als irgendwie bedeutungsvoll angesehen werden. Mitbestimmend war dabei andererseits die Meinung von der grossen Einheit in der Natur, in der das Werden, Wachsen und Vergehen alles Lebendigen, der Menschen wie der Tiere und der Pflanzen, nach gleichen Gesetzen sich vollzieht. Der „Schicksalsbaum" ist durch bestimmte, noch näher zu besprechende Bindungen zu der Entwicklung eines einzelnen Menschen in Beziehung gesetzt. Sein Leben verläuft in den gleichen Bahnen wie das des Menschen. Dadurch wird der Schicksalsbaum zugleich zum Orakelbaum. Ein paar Beispiele sollen zeigen, was hier gemeint ist. Zuerst nehmen wir ein solches aus älterer Zeit, das für uns nicht nur als Tatsachenbericht, sondern ebenso auch als Zeugnis aus vergangenen Tagen von Bedeutung ist. Der Strassburger Münsterprediger Geiler von Kaisersberg hat im Jahre 1508 in einer Predigtreihe über die Ameise eine Geschichte erzählt: Als Molber, ein Schuhmacher zu Basel, ein neues Haus bezog, wählte jedes seiner drei Kinder sich im Garten einen Baum. Die Bäume der beiden Mädchen Katharina und Adelheid brachten, „als der Glentz (Lenz) hereinstach", weisse Blüten hervor, die deuteten auf ihren künftigen Beruf als Nonnen. Der des Bruders Johannes trug eine rote Rose. Er ward Predigermönch in Prag und fand als Märtyrer durch die Hussiten seinen Tod.

Inhaltlich noch eingehender und für den ganzen Vorstellungskreis noch umfassender ist die Geschichte einer Linde, die in unserer Zeit aus deutschwendischen Kreisen berichtet wird: „Mal waren Eheleute, die kriegten ein Söhnlein. Und desselbigen Morgens, wie es geboren war, fand der Vater unterm Bett ein Lindenpflänzchen aufgegangen. Das nahm er behutsam heraus und pflanzte es mitten auf dem Hofe wieder ein. Und die Linde (wendisch lipa) wuchs mit dem jungen Sohn um die Wette. Und wie er nun in das Alter kam, dass er heiraten konnte, da blühte die Linde im Jahre vorher zum erstenmal. Und jedesmal, wenn eine Kindtaufe im Hause war, blühte sie das Jahr vorher. Wie jedoch die Leute keine Kinder mehr bekamen, blühte auch die Linde nicht mehr. Im Dorf aber waren niederträchtige Buben, die wurden alles dessen gewahr und wollten eines Nachts die Linde wegschneiden, schnitten auch den Stamm etwas an, aber der grosse Hofhund verjagte sie dabei. Und von selbiger Stunde erkrankte der junge Wirt und war so lange krank, bis der Stamm der Linde wieder zuheilte. Nach langen Jahren nun, als der Mann graue Haare kriegte, kriegte auch die Linde trockene Äste. Und im letzten Lebensjahr des Mannes war nur ein Ast noch grün von der Linde, und wie er gestorben war, vertrocknete sie gänzlich. Und von der Linde hat der Hof nachher seinen Namen Lipoj bekommen, und später vom Hof das ganze Dorf Leipe, Lipoj, bei Hoyerswerda." Von der Geburt bis zum Tode begleitet die Entwicklung des Baumes das Leben des zugehörigen Menschen, und in diesem Sinne wird der Baum als „Schicksalsbaum" oder auch als „Lebensbaum" des betreffenden Menschen bezeichnet. Die Beziehungen, die dabei zwischen dem Baum und dem Menschen bestehen, sind die der Lebensgemeinschaft im Sinne einer Art von Doppelgängertum.

Es ist allgemein bekannt, dass die Sitte, bei der Geburt des Kindes einen Baum zu pflanzen, weit verbreitet und schon in der antiken Welt geübt ist. In seinen „Denkwürdigen Kuriositäten" schreibt J. C. Männling im Jahr 1713: „Viele pflanzen an dem Tage, wann ein Kind gebohren, einen Baum, woraus sie des Kindes Gedeihen und Wachsen wollen erkennen." Als Goethe am 28. August 1749 zu Frankfurt a. Main geboren war, da pflanzte am gleichen Tag der Grossvater einen Birnbaum in seinem Garten vor dem Bockenheimer Tore. Dazu eine Stelle, die sich in Hebels Schatzkästlein findet: „Wenn ich mir einmal so viel erworben habe, dass ich mir mein eigenes Gütlein kaufen und meiner Frau Schwiegermutter ihre Tochter heiraten kann, und der liebe Gott bescheert mir Nachwuchs, so setze ich jedem meiner Kinder ein eigenes Bäumlein, und das Bäumlein muss heissen wie das Kind, Ludwig, Johannes, Henriette, und ist sein erstes eigenes Kapital und Vermögen, und ich sehe zu, wie sie mit einander wachsen und gedeihen und immer schöner werden."

Nach dem Zeugnis von Rochholz ist der Geburtsbaum im Aargau in der Regel ein Obstbaum, und zwar unterscheidet man dabei insofern nach den Geschlechtern, als rein äusserlich „der" Apfel einem Knaben und „die" Birne einem Mädchen zugewiesen wurde, eine Unterscheidung, die sich ebenso in der Steiermark in Alt-Aussee findet, wo das Ausschütten des ersten Badewassers je nachdem unter einem Apfel- oder unter einem Birnbaum erfolgt. Von den Lausitzer Wenden hat schon im Jahre 1782 Hortzschansky berichtet: „Den Badewisch, worauf das Kind beim Baden gelegen, stecken einige auf den Zaun, andere auf einen Kirsch- oder Pflaumenbaum, gewöhnlich aber auf den ersteren, und zwar bei einem Knaben so hoch als möglich, damit er mit der Zeit zu hohen Ehren gelange, die Mädchen aber eine schöne Farbe und gute Stimme zum Singen bekommen. An anderen Orten steckt man den Badewisch im Walde, und zwar an einem Wege, wo drei Grenzen zusammenstossen, welches wider die fallende Sucht helfen soll. Ja, wenn das Kind krank wird, vergisst die Mutter nicht, oft zu dem Badewisch zu laufen und nachzusehen, ob der Ast, woran er befestigt ist, verdorret oder noch grün sei. Ist letzteres der Fall, so hat sie alle Hoffnung des Lebens."

Hierzu hat in allerneuster Zeit Schneeweis in den wendischen Ortschaften Lohsa und Schleife den Volksbrauch festgestellt, nach dem durch sechs Wochen hindurch, also vor der Aussegnung, solange Mutter und Kind als unrein gelten, das Badewasser stets, und zwar nach Sonnenuntergang, unter denselben Obstbaum geschüttet, nach der Aussegnung aber auch der dem Kinde beim Baden untergelegte Strohwisch, den man nach jedem Bade ins Fenster legt, an denselben Baum gehängt wird. Dieser Baum bekommt den Namen des Kindes, und man glaubt, dass das Kind so gedeihen werde wie der Baum. Auch vom Baum erhofft man reiche Früchte. Badewasser und Badewisch bilden hier das magische Bindemittel zwischen Mensch und Baum. In anderen Gegenden ist es statt dessen die Nachgeburt, die diesem Zweck dient. In Pommern wird sie an die Wurzeln eines jungen Obstbaumes gegraben, damit das Neugeborene ebenso rasch wie der Baum wachse. Wir wollen an dieser Stelle gleich einschalten, dass diese letztbesprochenen Arten bezeichnenderweise wie für die Menschen so auch für die Haustiere gelten. In Nochten in der Lausitz hat man früher das Kalb – beim Abgewöhnen – nach dem Anbinden mit einem Handtuch abgewischt und dieses dann an einen Baum gehängt, damit das Kalb so gedeihe wie der Baum. In der Provinz Hannover hängt man die Nachgeburt des Pferdes in einen Baum, meist eine Eiche, sonst in Obstbäume. Man bringt sie in den höchsten Wipfel, denn je höher, je grösser wird das Pferd.

Kehren wir zum Menschen zurück, so gibt es in Deutschland nicht nur bei der Geburt, sondern auch sonst noch Gelegenheiten, bei denen das Schicksal eines Baumes an das eines Menschen gebunden wird. Bei der Hochzeit pflanzt in thüringischen Orten das Brautpaar zwei junge Bäumchen, an die sich der Glaube knüpft, das Eingehen des einen oder des andern bedeute das baldige Sterben des einen oder des andern von den Eheleuten. Ebenso pflanzte bei Muskau ein jedes Brautpaar am Morgen des Hochzeitstages zwei Eichen, aus deren weiterem Gedeihen dann auf das Schicksal der Menschen geschlossen wurde. Es mag sein, dass hiermit auch die für den niederdeutschen Bereich bezeugte Sitte gleichzustellen ist, nach der im „Brautwinkel" oder auf der „Brautkoppel" und „Brutlochskoppel" ehedem durch die Brautpaare zwei Bäume gepflanzt wurden.

Eine sehr merkwürdige Bindung zwischen Mensch und Baum begegnet uns noch da, wo wir sehen, dass ein Baum für die Frau, die ihn als Alp oder als Mahr drücken muss, zum Sympathiebaum wird. In Schlesien kennen wir eine solche Geschichte von einer Weide. Die ging ein, und gleichzeitig schwand auch die Gesundheit der Frau dahin, und wie der Mann die ganz verdorrte Weide abhacken konnte, da musste er seine Frau zu Grabe tragen. Dass umgekehrt auch das Leben des Baumes an das des Menschen gebunden ist, dass man bei einem Todesfall den Bäumen, die der Verstorbene gepflanzt hat, die Trauerbotschaft überbringen muss, wenn sie nicht eingehen sollen, dass nach dem Glauben z.B. des bergischen Volkes der Baum, an dem sich jemand erhängte, ebenfalls verdorren muss, soll hier nur kurz in Erinnerung gebracht werden. Von dem heiligen Baum bei Nauders, über den J. V. Zingerle näher berichtet hat, herrschte der Glaube, der Baum blute, wenn man darein hacke, und der Hieb gehe in den Baum und in den Leib des Frevlers zugleich, der Hieb dringe in beide gleich weit ein, und Baum- und Leibwunde bluten gleich stark, ja die Wunde am Leib heile nicht früher, als der Hieb am Baum vernarbe. Ganz umschrieben ist der Begriff des Schicksalsbaumes aber immer erst dann, wenn man zugleich feststellt, dass er nicht nur in Verbindung mit einzelnen Menschen, sondern auch mit grösseren Gruppen, mit Familien und selbst mit Städten und ihren Bürgerschaften auftritt. „Die Stadt Zürich" – sagt Rochholz – „schien ehemals ihren Bestand an das Leben jener Lindenbäume geknüpft zu haben, die von jeher auf der dortigen Pfalz an der Limmat, jetzt Lindenhof genannt, stehen. Als man dieselben 1571 eines Neubaues wegen von ihrem Standorte um einige 30 Schuh weiter entfernt verpflanzen musste und sie so an Stricken, Ketten und Stützbalken vorwärts bewegte, setzte man, um die Arbeiter zur äussersten Behutsamkeit anzueifern, drei Knaben zugleich in die Wipfel der wegwandernden Bäume." In Norddeutschland ist es in der Stadtsage von Lübeck ein Rosenstrauch, der als Schicksalsbaum erscheint. Aus der Zeit um 1200 wird uns dort der Glaube bezeugt, die Stadt werde so lange frei bleiben, als der Rosenbaum an der Marienkirche grüne und blühe. Man kann glauben, dass nach dieser Richtung eine Durchsicht der örtlichen Sagensammlungen auch sonst noch Belege zutage fördern würde.

Im übrigen sieht man an diesen Beispielen, worauf wir auch sonst noch hätten hinweisen müssen, dass es nicht immer nur Bäume sein müssen, die als Sympathiepflanzen gelten. Im südlichen Deutschland wird das erste Badewasser des Neugeborenen an manchen Stellen unter einen Rosenstrauch geschüttet, und man meint, dass das Kind dann recht schöne rote Backen bekomme. In Mecklenburg wird das Taufwasser über einen Rosenstrauch gegossen, „dem Kinde zur Gesundheit". In Schlesien wird das erste Badewasser entweder unter einen jungen Obstbaum, der dadurch zum Schicksalsbaum wird, oder unter einen Rosenstrauch gegossen. In Schweidnitz giesst man es auf grünen Rasen, damit das Kind gedeiht. In der Gegend von Posen pflegen die jungen Mädchen Myrtenbäumchen zu pflanzen, um aus deren Gedeihen auf ihr Leben zu schliessen. So stecken in Niederösterreich bei der Hochzeit die Gäste den erhaltenen Rosmarinzweig in die Erde, wo er sich meist bald einwurzelt. Es sind dieselben Gedankengänge wie sie uns in den Grimmschen Märchen (Nr. 85) begegnen. Da sagen die „Goldkinder" beim Abschied zu ihrem Vater: „Die zwei goldenen Lilien bleiben hier, daran könnt Ihr sehen, wie's uns geht: sind sie frisch, so sind wir gesund; sind sie welk, so sind wir krank; fallen sie um, so sind wir tot." Tatsächlich werden die Lilien dann zu Schicksalsgenossen der Märchenhelden.

Kehren wir zu den Bäumen zurück, so sehen wir, dass dabei für ein und dieselbe Landschaft wohl eine Gleichartigkeit bestehen kann, dass im übrigen aber, genau wie das auch bei den Kinderherkunftsbäumen der Fall ist, alle möglichen Baumarten als Schicksalsbäume gelten. Eine gewisse Vorliebe scheint für die Obstbäume zu bestehen. Dabei ist in Pommern allgemein von einem jungen kräftigen Obstbaum die Rede. In der Vordereifel muss es ein Apfelbaum sein. Für den Aargau und für die Steiermark haben wir den Unterschied zwischen Apfel und Birne je nach den Geschlechtern schon kennengelernt. Bei den Wenden war es im 18. Jahrhundert ein Kirsch- oder ein Pflaumenbaum. Man erzählt aus der Kriegszeit 1914-1918, dass ein Kraichgauer Bauer sah, wie die Pappel, die er bei der Geburt seines Sohnes gepflanzt hatte, vom Blitz zerspellt wurde. „Mein Bub ist tot!" sagte er, und tatsächlich kam die Nachricht, dass der Sohn gefallen sei.

In Muskau begegnet die Eiche als Schicksalsbaum. In Pommern pflanzt man bei der Geburt eines Knaben eine Eiche, im Kreise Lauenburg bei der Geburt eines Mädchens eine Linde. Schliesslich muss auch noch erinnert werden, dass die Weide, die Birke, die Kiefer und die Eiche von Kühnau als Alp- oder Mahrbäume nachgewiesen sind.

Kinderherkunft aus Bäumen

Unter allen volkstümlichen Gedankenkreisen ist kaum einer, der so natürlich und so naheliegend wäre wie derjenige, der sich mit dem Entstehen, dem Leben und dem Vergehen des Menschen selber beschäftigt. An erster Stelle steht dabei, ganz einfach entwicklungsmässig gedacht, die Frage nach der Herkunft der Kinder, und es ist bekannt, dass die Antwort hierauf im volkstümlichen Sinne drei verschiedene Herkunftsbereiche anzugeben pflegt, indem sie entweder eine Herkunft aus einem Felsen oder Stein oder eine aus dem Wasser oder endlich eine solche aus einer Pflanze und besonders aus einem Baum annimmt. Wir erkennen ohne weiteres den höchst merkwürdigen Unterschied der Anschauungen, je nachdem man den mit der Geburt verbundenen Ursprung des Lebens aus dem Stein oder aus der Bewegung des Wassers oder endlich aus der lebendigen Pflanze ableitet. Bei der Vorstellung der Kinderherkunft aus Bäumen sprechen wir, um dieses zur Verständigung vorauszuschicken, von „Kinderbäumen". Hiermit nicht zu verwechseln sind die in Glauben und Brauch völlig anders gearteten „Geburtsbäume". Die „Kinderbäume" sind dem Bauern entstanden aus der naturverbundenen Vorstellung von der Einheit alles organischen Lebens, einerlei ob es sich dabei um Pflanzen, Tiere oder Menschen handelt. Es ist durchaus richtig, wenn man in diesen Zusammenhängen von einer Wesensgleichheit zwischen Baum und Mensch gesprochen hat, einer Anschauung, deren Träger – Bauern, Hirten und Jäger – sich selbst als ein Stück der sie umgebenden Natur fühlten. Es ist in anderen Zusammenhängen eingehend über die Vorstellung der „Allbeseelung" besonders im Verhältnis von Mensch und Tier gesprochen worden, hier handelt es sich um dieselbe Vorstellung im Verhältnis von Mensch und Pflanze.

Einsam erscheint der „Kinnerboom" von Knesebeck in Osthannover. Von dieser Eiche wird erzählt, dass dort einmal eine Taufgesellschaft gerastet und schliesslich den Täufling liegen gelassen habe. Gehen wir nach Westfalen. Zwar wird dort meist von Brunnen oder Teichen als den Herkunftsorten der Kinder gesprochen, aber auch von Bäumen ist die Rede. Im südlichen Westfalen ist schon im Jahre 1855 der Flusslauf der Volme, also die Nordsüdlinie von Hagen über Lüdenscheid, als eine Grenze angegeben, von der aus im Westen meist gesagt wird: Die Kleinen kommen aus einem hohlen Baum. In Gummersbach ist es eine alte hohle Linde, aus welcher die Hebamme sie holt; in Halver eine alte hohle Buche; in Kückelhausen eine dicke hohle Eiche, ebenso in Gevelsberg, wo die Tante – das ist die Hebamme – die Kleinen aus dem Wald bei Olthoff oder im Eichholz bei Frielinghausen holt. Für die Bergischen Lande hat vor allem Schell uns nähere Mitteilungen gegeben. Sowohl Quellen, aus denen die Kinder kommen, wie auch

Kinderbäume gibt es dort viele: „Gräfrath (Kinderbusch und Kinderbrunnen); eine Kindereiche stand bei Waldbröl; in Elberfeld war der Rommelspütt; in Gummersbach steht eine Kinderlinde; in Lieberhausen holt man die Kinder aus hohlen Buchen, ebenfalls in Hülsenbusch, in Wittlaer (Weiden), Windhagen bei Ägidienberg (Buchen am Asberg), in Herkenrath aus hohlen Buchen, anderswo aus Erlen, Birnbäumen usw." In der Gegend, in der sonst die Kinder aus der Gezelinquelle stammen, lässt man sie auch aus dem hohlen Stock kommen. Damit bezeichnet man ausgehöhlte, riesige Baumstümpfe in der Nähe jener Quelle. Ebenso holt man die Kinder in Kronenberg bei Elberfeld aus hohlen Bäumen oder auch allgemein aus dem Wald.

Ähnliche Angaben berichten über Altessen und seine Umgebung. Auch dort gab es verschiedene Kinderbrunnen. Am geläufigsten war jedoch den Leuten die Vorstellung, die Kinder kämen aus einem hohlen Baum, wobei man entweder ganz allgemein an eine hohle Eiche, Esche, Weide u.a. dachte oder einen ganz bestimmten Baum im Sinne hatte. In Wilsum bei Bentheim werden die Kinder von den Bäumen geschüttelt. Von der Kinderherkunft aus Bäumen spricht man im allgemeinen in Bersenbrück und in Meppen. In der Gegend von Lingen sagt man, die Kinder wüchsen auf der Spitze der Eichen, daher hole sie der Storch. Im nördlichen Teil von Melle sollen nur die Jungen von Bäumen kommen, die Mädchen dagegen aus einem Teich. In Ostfriesland und in mehreren Gegenden Hollands ist es allgemeiner Volksglaube, dass die neugeborenen Kinder aus einem alten, grossen hohlen Baum tief in einem grossen Wald kommen, und man braucht den Ausdruck „Kinder aus dem hohen Baum holen" für „Kinder zur Welt bringen". Für die Rheinlande haben wir einen einschlägigen Hinweis aus Köln. Dort wurden Buchenstümpfe bei einer Quelle genannt. In der Eifel sagt man, dass die Kinder „us den Boum" kommen, sonst aber auch aus dem Wasser oder aus Höhlen. Aus dem Elsass berichtet Stöber, dass die Kinder entweder aus dem Brunnen geschöpft oder von den Bäumen geschüttelt werden. Auch in Baden sind die beiden Vorstellungen der Herkunft der Kinder aus dem Wasser und aus Bäumen die am weitest verbreiteten, woneben die Alemannen des Schwarzwaldes und der Alpen auch Kindertröge in und unter den einzelnen Felsklötzen kennen. Besonders im und am südlichen Schwarzwald findet Meyer die Herkunft der Kinder aus Wald und Baum, ebenso wie auch aus Höhle und Stein. „So holt die Hebamme sie aus dem Walde bei Wettelbrunn (Staufen), aus einem hohlen Baum bei Schopfheim, Reich und Tegernau, aus einer mächtigen Tanne, der Tetitanne d.i. Kleinkindertanne, bei Marzell."

Reichlich fliessen die Quellen für die Schweiz. Dort „kommen die Kinder aus Bäumen oder Sträuchern hervor, den sog. Kindlibäumen." Als Beispiel wird das Bruderholz bei Basel genannt. In Menzingen war früher auch ein solcher Baum. Er musste aber umgetan werden, und jetzt holt man deshalb die Kinder aus einer Kiste in Maria Einsiedeln. Im Luzerner Gebiet kommen die Kinder meist aus irgendeinem morschen hohlen Baumstrunk, aus „einem hohlen Stocke" im Wald. Dort ebenso wie im Kanton Appenzell und in Vorarlberg langt der hl. Nikolaus die Kinder von einem Baum herunter und bringt sie den Eltern. Für den Aargau hat Rochholz schon aus dem Jahre 1664 einen Kindlibirnbaum als Grenzmarke festgestellt. Im Wallis aber besteht der Glaube, dass die Kinder in Ivrea (ehemals

Eporedia) auf den Bäumen wachsen und dort auf dem Markt verkauft werden, infolgedessen der Ausdruck „den Ivreaweg, nach Ivrea gehen" soviel bedeutet wie: der Entbindung entgegensehen.

Aus Tirol haben wir mannigfach wechselnde Berichte. In Gossensass gelten die Baumwurzeln als Aufenthaltsort der Kinder. In Bruneck werden sie aus dem grossen hohlen Eschenbaum geholt, der bei dem Schiessstand steht, oder sie rinnen auf dem Wasser daher. In Meran sagt man: die Kinder wachsen auf der Mut, einem Berg, an den Bäumen und werden von der Hebamme ins Tal getragen. Viel genannt ist der heilige Baum bei Nauders, ein uralter Lärchenbaum, „aus dessen Nähe niemand Bauholz oder Brennholz zu nehmen wagt, bei dem zu schreien oder zu lärmen bis in die letzten Jahre für himmelschreienden Frevel galt. Er soll bluten, wenn man hineinhackt, und der Hieb dringt zugleich ebenso weit in den Leib des Frevlers wie in den Baum. Vom heiligen Baum holt man die Kinder, besonders die Knaben." In jedem Lärchenzapfen dieses heiligen Baumes erblicken die Kinder künftige Geschwister und werfen deshalb nicht danach. Eine Wiener Redensart heisst: „Die Kinder vom Hollerbaum herabbeuteln". Im übrigen erzählt man in Niederösterreich, dass die Kinder auf einem Baum wachsen, der weit im Meer steht, und dass sie in einer Schachtel an einer Schnur an dem Baum hängen. Sind sie gross genug, so reisst die Schnur, und die Schachtel schwimmt durchs Wasser, bis sie aufgefangen wird. In Siebenbürgen spricht man von der Herkunft der Kinder vom Himmel, aus der Erde, aus dem Wasser, aus einem Graben oder unter einer Brücke, aber auch aus Bäumen, aus einer Weide, Eiche oder aus einem hohlen Baum. Im Bistritzer Bezirk bringt die Hebamme das Knäblein wie auch in anderen siebenbürgisch-sächsischen Gemeinden vom knorrigen „Bérm" (Birnbaum), das Mädchen vom schlanken „Pelzm" (Zwetschgenbaum).

Bei einer solchen auffallenden landschaftlichen Verbreitung der Kinderbäume liegt der Gedanke nahe, dass die sonst in Glaube und Brauch gelegentlich hervortretende Bevorzugung bestimmter Baumarten auch in diesem Fall beliebt sein könnte. Wir sehen aber nicht, dass dies zutrifft, und so hat auch Schell, indem er feststellt, dass im Bergischen bald Eichen, Linden oder Buchen, bald Weiden oder Erlen als Kinderbäume auftreten, sich dahin ausgesprochen, dass dieser Wechsel seinen Grund ausschliesslich in der durch die lokalen Verhältnisse bedingten Eigenart der Wälder haben dürfte. Das hindert nicht, dass immer wieder besondere Baumarten genannt werden. Die Linde, die z.B. in Menslage bei Bersenbrück begegnet, hat vor allem einen vielgenannten Vertreter bei Nierstein. „Da haben die Frauen aus der ganzen Gegend die Kinder her. Wenn man das Ohr an die Erde legt, hört man, wie die, Kleinen unter der Erde jubeln und schreien." Es liegt dabei, wie man sieht, zugleich eine Vermischung mit der Vorstellung von der Kinderherkunft aus der Erde vor, ebenso wie im Fall der Weidenbäume des öfteren auch mit diesen Bäumen zugleich der daneben liegende Teich erwähnt wird. Buchen werden wiederholt genannt, in Westfalen und in Köln, ebenso aber auch in Oberbayern, wo sie unter dem Namen der Margaretenbuchen erscheinen, da die heilige Margarete die Patronin der Schwangeren ist. Die Esche spielt ihre besondere Rolle in Bonn. Dort wuchsen früher die Kinder auf dem einst vielgenannten Eschenbäumchen, das am Ende der Koblenzer Strasse stand. Auch in Tirol erscheint die Esche als Kinderbaum, während uns ebendort der „heilige Baum" von Nauders bereits als Lärchenbaum begegnet ist. Von den Obstbäumen haben wir den Birnbaum in der Schweiz und in Siebenbürgen als Kinderbaum angetroffen, im letzten Fall ausdrücklich als Ursprungsbaum der Knaben, daneben die Zwetschge als den der Mädchen. Man sieht daraus zugleich, dass mindestens gewisse landschaftliche Vorbehalte gemacht werden müssen, wenn allgemein gesagt worden ist, dass es der Apfelbaum sei, der das männliche Prinzip, dagegen der Birnbaum, der das weibliche verkörpere. Unterschiedslos holt der Storch die Kinder vom Apfelbaum in Achterberg bei Bentheim. Als Geburtsbaum im eigentlichen Sinne hat Marzell für manche Gegenden Deutschlands den Holunder bezeichnet. In der Trierer Gegend ist der Buchsbaum unter dem Namen „Palmbaum" der Geburtsbaum, aus dem die Kinder entstehen und von der Hebamme abgeholt werden. Ebenso wird auch für einzelne Orte in Belgien bezeugt, dass die Kinder aus dem Buchsbaum kommen. Es handelt sich in diesem Fall offenbar um eine landschaftliche Besonderheit, dasselbe gilt schliesslich auch von dem Rosenstrauch, der als Kinderbaum in den hessischen Bezirken eine Rolle spielt. In Eberstadt und in Jugenheim an der Bergstrasse findet man die Mädchen in Rosenblättchen, die Knaben in wilden Dornrosen. In Lixfeld im hessischen Hinterland werden die kleinen Kinder unter einem weissen Rosenbusch hervorgeholt.

Näher eingehen müssen wir noch auf eine Sondererscheinung, die uns in den niederdeutschen Küstengebieten Nordwestdeutschlands entgegentritt und zum Nachdenken auffordert. Auf der Elbinsel Finkenwärder sagt man den Kindern, wenn sie nach ihrer Herkunft fragen, sie seien im grünen Kohl gefunden, ebenso im benachbarten Altenwärder, wo daneben auch die Petersilie genannt wird. In Vogelsang und in Garlstorf bei Bleckede heisst es: „Der Storch hat das Kind in den grünen Kohl gelegt, und Mutter hat es hereingeholt." Dasselbe hören wir aus Sarrel bei Friesoythe und aus dem Saterland. Wir suchen hier nach einem Zusammenhang und erinnern uns dabei, dass der Glaube, die kleinen Kinder würden im Garten in einem Kohlkopf gefunden, allgemein in der französischen Schweiz, in Frankreich, Belgien und Holland verbreitet ist. Aus Belgien, wo übrigens nach dem Kinderglauben die Mädchen auch aus Rosmarinbüschen erwuchsen, berichtet Wolf: „So holt man dort die Knaben aus Kohlhäuptern, wie andere wollen, diese aus rotem, die Mädchen aus weissem Kohl." In denselben Zusammenhang gehört es auch wohl, wenn man im wallonischen Belgien scherzweise sagt, dass die Neugeborenen aus dem Garten des Pfarrers geholt werden.

Soweit im deutschen Bereich die Pflanzenherkunft der Kinder überhaupt in Frage kommt, handelt es sich um Büsche und vor allen Dingen um Bäume. Wenn dabei, wie wir sahen, bald diese, bald jene besondere Baumart genannt wird, so ist das schon eine spätere Aufspaltung des ursprünglich einheitlichen Grundgedankens. Eine weitere Aufteilung ist dann schliesslich noch dadurch erfolgt, dass man in den verschiedenen Landschaften ganz bestimmte Bäume als Ursprungsbäume der Kinder bezeichnete. So gewannen die schon erwähnten Einzelbäume, die Linde zu Nierstein, die Tetitanne des Schwarzwaldes, der heilige Baum von Nauders und die Esche beim Schiessstand von Bruneck ihre besondere Bedeutung. Ihre Zahl lässt sich beliebig vermehren. So haben wir etwa für Westfalen aus der Gegend von Altenessen nähere Berichte: „An dem alten Rathause in Altendorf (Essen-West) stand vormals eine schon geborstene alte Eiche. Zu ihr gingen die Kinder gern hin, und eines sagte dann zum anderen: Da kriegt unsere Mutter alle Kinder raus. In Rellinghausen und Bergerhausen glaubte man, die Kinder kämen aus dem Schellenberger Busch, und hier habe es wieder einen bestimmten, durch irgendwelche Besonderheit vor den anderen auffallenden Baum gegeben, an dem man die kleinen Kinder piepen hörte, die nach der Hebamme verlangten. Und auf einem Hofe in Huttrop war ein alter Nussbaum ein solcher Kleinkinderbaum; wenn im Herbst der Sturmwind seine Blätter schüttelte, dann sagte ein alter Hausöhm zu den Kindern, die dort waren: Hört ihr, wie sie (nämlich die kleinen Kinder) da schreien? Da kommen sie her!" In vielen Fällen wird noch besonders hervorgehoben, dass der Baum hohl sei.

Elard Hugo Meyer

Pflügebräuche

I

Ackerbau wurde neben Viehzucht schon in der sogenannten Steinzeit betrieben, und die indogermanischen Völker kannten ihn schon in ihrer Urgeschichte. Seine älteste Form war die der Bodenbestellung mit der Hacke, sein Haupterzeugnis, wie es scheint, der Hirse. Dann erst folgte der Ackerbau mit Pflug und Rind, und als wichtigste Feldfrucht wurde Getreide, Gerste und Spelt gewonnen.

Gleich dem Schiff wird der Pflug gern als ein lebendiges Wesen aufgefasst. Plutarch, leitet den Namen der Pflugschar von Schwein ab, da doch der Rüssel des erdaufwühlenden Schweins die Erfindung des Pflugs veranlasst habe. Irisch socc (franz. soc) bedeutet Pflugschar und Schweinsschnauze; in manchen Gegenden Deutschlands heisst der leichte Pflug Schweinsnase, in England pigs nose. Man gedenkt der serbischen Tierfabel, in der das Schwein mit seiner Schnauze das Feld aufackert. Der Römer nannte die gebogene Spitze der Pflugschar Zahn und das Streichbrett Ohr. Im Mittelalter „begriff" man den Pflug bei dem „Horn", der stiva, die im Althochdeutschen auch geiza, keiza wie noch im Aargau heisst. Wie im angelsächsischen der Pflug sich als ein reissendes Tier darstellte, so wurde er in Loevenich (Reg. Köln) „Wolf" genannt. Bei seiner ersten Ausfahrt auf das Feld begoss ihn die Hausfrau mit Wasser und sprach: „Der Acker feucht, Wolf aber nass, füllt sich Scheuer und Fass." Und um keinen Zweifel zu lassen, wurde er dort auch ausserhalb dieses Spruchs als Wolf bezeichnet, und der Bonner Pflug heisst Hundspflug. Ein lettisches Rätsel schildert den Pflug als einen Bären, der mit Eisenschuhen am Fusse auf dem Feld sitzt.

Das Hauptzugtier des Pflugs war im Altertum das Rind. Hesiod (Op. V 405) fasst als die Grundlagen des bäuerlichen Daseins auf: „Erstens ein Haus und zweitens eine Frau und drittens ein Pflugrind." Gerade als pflügendem Tier wurde dem Ochsen besondere Ehre und Sorgfalt bei den Alten zu teil. Demeter wurde auf einem Stier sitzend abgebildet. Das Pferd spielt beim germanischen Pflügen eine Nebenrolle. In den deutschen Bergländern verrichten noch heute meistens Ochsen die schwere Arbeit und schreiten stattlich und gemessen, oft sechs oder acht, an den hohen Alpenlehnen dahin, selbst über das Betzeitgeläute hinaus. Man soll den Pflugtieren die Arbeit möglichst erleichtern; darum ist auch das quälende Doppeljoch, das zwei Ochsen vorn eng zusammenfasst, immer mehr dem Einzeljoch gewichen. Wenn aber ein Bauer von Absam in Nordtirol starrsinnig noch an der alten Jochart festhielt, so drohte man ihm, er käme in die Hölle.

Wir wenden uns zu den pflügenden Menschen, die alle das Pflügen als eine heilige Handlung betrachteten und es deshalb mit sinnvollen Gebräuchen umgaben. In Indien sind die ältesten Gottheiten Ackergottheiten, namentlich die des Gewitters und des Regens, und sie machten sich wohl die Herrschaft um den Akker streitig. So wird der regenspendende Himmelsgott Varuna durch Indra verdrängt, der im Gewitter weit mächtiger die umschlossenen Wolkenströme rinnen lässt als jener. Er ist der Sohn des Dyaus, des Himmels, und der Prithivi, der Breiten, d.i. der Erde. Regengebete werden zu all diesen drei Göttern und dem eigentlichen Regengott Pardschanja gesendet.

In Griechenland war der erste Pfluggang eine religiöse Handlung, an der vor allem Zeus und Demeter beteiligt waren. Legte der Böotier im Herbst, wenn der Kranich schreit, die Hand an den Pflug, so betete er zum Zeus Chthonios und zur reinen Demeter um schwere Feldfrucht (Hesiod, Op. 462). Das Gebot des Sämanns zu Demeter war nach Arrian noch in der hadrianischen Zeit allgemeiner Brauch. Zeus Chthonios ist aber hier ein Gott nicht der unterweltlichen Erdtiefe, sondern des breiten Ackerbodens. Weil er diesem als Gewittergott befruchtenden Regen spendet, heisst er Ombrios oder Hyetios der Regner, Ikmaios der Befeuchter, Epikarpios der Fruchtbringer. Im Dezember brachte man in Attika dem ackerbauenden Zeus Georgos eine Pankarpie, ein zusammengekochtes Allerlei von Früchten, und die Athener beteten noch in der römischen Kaiserzeit bei Dürre: „Regne, regne, lieber Zeus, auf das Ackerland und die Felder der Athener". Das charakteristische Opfertier der Demeter war an zahlreichen Orten das Schwein, als Symbol der Fruchtbarkeit, dessen auf den Altar gelegte Reste nach Hause genommen und mit der Saat vermischt wurden. Wie im Kult ist Zeus dann auch im Mythos mit Demeter verbunden. Als er erfuhr, dass sie auf dreimal geackertem Saatfeld mit Iasion liebend vereinigt war, erschlug er diesen voll Eifersucht mit seinem Blitz.

Der ländliche attische Demeterkult, der in Eleusis später eine so merkwürdige Wendung zur Ethik und zur Mystik nahm, kämpfte mit einem städtischen Dienst der gleichartigen agrarischen Athena, der in der Landeshauptstadt zu einer immer höheren politischen Bedeutung aufstieg. Nach den meisten Zeugnissen lehrte Demeter den Stier einspannen und den Boden ackern; nur Servius nennt Athena die Erfinderin des Pfluges. Das Schwanken zwischen beiden Göttinnen beleuchten am hellsten die attischen Proerosien oder Vorpflügungen, die das Zeichen zur Aussaat gaben. Am 12. Skirophorion zog die Priesterschaft von der Akropolis herab, um im Vorort Skiros beim Heiligtum der Athena Skiras, an der heiligen Strasse nach Eleusis, die erste Pflügung zum Gedächtnis der ersten und ältesten Aussaat vorzunehmen. Die zweite fand bei Eleusis auf dem rharischen Feld statt, nach der eleusinischen Sage dem ältesten Ackerfeld, zum Gedächtnis des Triptolemo, d.h. des ersten Dreimalpflügers, den Demeter mit Ackerfrucht und Ackergerät ausstattete und auf einem geflügelten Drachenwagen aussandte, um aller Welt die eleusinischen Mysterien mitzuteilen. Mag nun die attische Pfluggöttin Demeter oder Athena heissen, immer ist Zeus, und zwar der Regenzeus, an ihrer Feier beteiligt. Denn bei der Skirophorionprozession trugen die Teilnehmer das Zeuswidderfell, das zwar für ein Sühnemittel galt, ursprünglich aber, wie im altertümlicheren Brauch der Hirten am Pelion, zum Regenzauber benutzt wurde. Zeus Meilichios erhielt auch wahrscheinlich im athenischen Vorort Agra neben der hier als „Mutter" verehrten Demeter Opfer, und wie in Skiron und in Eleusis scheint Zeus auch beim dritten Pflugfest in Athen die Ehren der Ackergöttin geteilt zu haben, denn eine Sesselinschrift redet von einem Priester des Zeus teleios buzyges, d.h. des Vollenders (der Saaten) und Stieranspanners. Mit der Demeter eng verbunden erscheint zumal im attischen Kult die Erdgöttin Gäa. Beide Göttinnen hatten dicht an der Burg von Athen ein gemeinsames Heiligtum. In eine Erdspalte bei Olympia warf man der Gäa jährlich einen Brei von Weizenmehl und Honig. Eine attische Inschrift erwähnt ein gemeinsames Heiligtum des Zeus Meilichios, der Ge und der Athene. In dem ihr gewidmeten homerischen Hymnus heisst sie die Allmutter.

Wie sehr sich auch bei Virgil und Varro die römischen Ackergötter häufen, Himmel und Erde in der Fassung von Jupiter, Terra oder Tellus und Ceres (Dea Dia) sind die drei Hauptackergottheiten, denen dann bald altitalische, bald griechische Götter und Dämonen oder auch moderne Vergöttlichungen abstrakter Begriffe, wie Bonus Eventus, beigesellt werden. Ihre Zahl ist aber noch stärker durch die von Priestern ausgeklügelten Sondergötter vermehrt worden, die den einzelnen Handlungen der Menschen, auch der pflügenden und säenden, vorstehen. Die allerwichtigste Aufgabe fiel dem latinischen Pflug zu, wenn er die allererste Furche um einen zur Anlage einer Stadt bestimmten Raum zog. Nachdem der Mundus, auch Cereris Mundus, eine Grube im Mittelpunkt des ausgewählten Platzes ausgegraben und mit allerlei Feldfrüchten gefüllt war, spannte nach altem Brauch der Gründer der Stadt einen Stier und eine Kuh von weisser Farbe an einen mit eherner Pflugschar versehenen Pflug, jenen rechts nach aussen, diese links einwärts, darauf achtend, dass alle Schollen nach innen fielen. Denn die Scholle bezeichnete den Zug der Mauer, die Furche den Graben. Wo aber zu profanem Aus- und Eingang ein Tor sein sollte, hob er den Pflug aus dem Boden und trug ihn über die Stelle hinweg.

Lehrreich ist auch das litauisch-lettisch-preussische Heidentum. Gingen die Litauer zum Pflügen oder Säen, so beteten sie zum Laikpatis oder Flurenherrn, die Letten zur Laukamaat oder Flurenmutter. Bei der Ackerbestellung riefen jene den Erdbestreuer Zemberys, und den Durcharbeiter (Pflüger?) Pergubrius, einen Frühlingsgott an, dem ein Priester am Georgstag (23. April) ein Opfer brachte. Dabei pries er ihn als Bringer des Grüns in Feld und Wald, fasste mit den Zähnen ein Biergefäss, trank es ohne Unterstützung der Hände aus und warf es nach der Leerung rückwärts über den Kopf. Nachdem es aufgehoben und wieder gefüllt war, tranken alle Teilnehmer der Reihe nach daraus und sangen dem Gott ein Lied. Über Regen, Unwetter und Dürre waltete aber der Donnergott Perkunas, Perkuns, der also das Schicksal des Ackers in der Hand hatte. Wenn er donnerte, trug der Bauer auf seinen Schultern mit entblösstem Haupt eine Speckseite über den Acker und bat um Gottes Gnade. Die alten Preussen fielen bei Gewitter auf die Knie und beteten: „Geh an uns vorüber", und noch bis ins 17. Jahrhundert opferten die Letten bei Dürre dem Perkuns. Auf einem Waldhügel schlachteten sie ihm eine junge Kuh, einen Bock und einen Hahn, alle drei von schwarzer Farbe, und schenkten ihm zuerst einen Becher Bier ein, den sie dreimal um ein Feuer trugen und dann austranken mit der Bitte, Perkuns möge Regen herabgiessen. Aber neben diesen Ackergöttern, die vielleicht ursprünglich in einem Donnergott zusammengefasst waren, genoss die litauische Göttin Zemyna, Erde, oder Zemynele, Erdchen, ein so hohes Ansehen, dass nach Praetorius noch um 1700 die Spende an sie bei allen feierlichen Gelegenheiten dem Trinken vorausging. Sie heisst die Blütenspenderin und wurde noch 1866 in einem Lied angefleht, Äcker und Wälder zu segnen. Ihr Hauptfest fiel in den Dezember und hiess Sabarios, d.h. Zusammenschüttung, nämlich aller Getreidearten, aus denen dann die kreisrunden Festkuchen und das Festbier hergestellt wurden. War das Bier fertig, so goss der Hausvater von diesem dreimal auf den Spund des Tönnchens und betete zur Zemynele, die Blüte des Getreides zu segnen, und zu Gott. Nach einem weiteren Gebet für Haus und Hof und einem Vaterunser des Hausvaters hoben er und sein Hausgesinde die Hände zum Gebet auf: „Gott und du, Zemynele, wir schenken dir diesen Hahn und Henne, nimm sie als Gabe mit gutem Willen." Zemyna, die bei den Letten Semmes mate, Erdmutter, hiess, hatte zum Bruder den Zemepatis oder Erdherrn, dem der Wirt ebenfalls im Dezember, zur Zeit des kürzesten Tages, oder auch bei Unwetter im Herdhaus Hahn und Henne opferte; jeder Teilnehmer drückte vor dem Essen sein Brot an die Erde. Man möchte vermuten, dass die beiden Dezemberfeste, eines der Zemyna und das andere des Zemepatis, ein einziges, beiden gemeinsames bildeten, wie ja in beiden Hahn und Henne die Opfertiere sind und in dem einen neben der Göttin Gott angerufen wird, in dem des Zemepatis das Brot an die Erde gedrückt, also der Erdgöttin geweiht wird.

Der Gott aber, dem ein gleiches Opfer bei Unwetter dargebracht wurde, muss ein Wettergott, also Perkunas, gewesen sein. Diese Annahme wird bestätigt durch den Namen des ihm geweihten kürzesten Tages; denn die Letten nannten im 17. Jahrhundert den Christ-Abend Bluckvakar, Blockabend, weil sie dann mit lautem Geschrei einen Block herumzogen und darauf unter Tanz und Gelage verbrannten. Diese Weihnachtsblockfeier ist bei den Südslaven, Germanen und deren italienischen und französischen Nachbarn weit verbreitet. Aber der Klotz oder Wurzelstock wurde nicht unversehrt und durch Opferspenden ungeehrt umhergeschleift, sondern mit allerlei Getreide und Wein oder Bier, Öl, Weihwasser oder Salz und Wassser beschüttet und bis auf einige Reste verbrannt. Seine Asche, Kohlen und vom Feuer nicht verzehrte Stücke wurden in Haus und Hof verteilt oder auch über den Acker gestreut, um Schutz und Segen zu bringen. Das älteste Zeugnis für diese Sitte finde ich aus dem Beginn des 8. Jahrhunderts, in dem das alemannische „effundere super truncum frugem et vinum" bekämpft wird. Als ein Fest des Donnergotts habe ich den germanischen Yuleblock- oder Christbrand aufgefasst. Darum tritt auch an die Stelle des Donnerholzes der Donnerstein und wird wie dieses mit Spenden bedacht. Zur Julzeit, und zwar am Donnerstag, werden im skandinavischen Norden Donnersteine mit Butter gesalbt oder in Bier gebadet und geehrt.

II

Ein altes Zeugnis schildert ausführlich den ersten Pfluggang. Es ist dies eine angelsächsische Ackerbusse mit der Überschrift: Dies ist die Busse (das Heilmittel), wie du die Äcker bessern kannst, wenn sie nicht wachsen wollen oder wenn ihnen ein unziemliches Ding angetan ist durch Zauberei: „Nimm von den vier Seiten des Landes vor Tagesanbruch vier Rasenstücke und merke, wie sie zuerst standen. Nimm dann Öl, Honig, Hefe, von jedes Viehes Milch, das auf dem Lande ist, von jedes Baumes Art, die auf dem Lande gewachsen ist, ausser von harten Bäumen, von jedem namhaften Kraut, die Glappan [Kletten?] allein ausgenommen. Und tue dann heiliges Wasser darauf und tröpfle dann dreimal auf den Platz der Rasenstücke und sprich dann diese Worte: Crescite, wachse, et multiplicamini und vermannichfaltige, et replete und erfülle die Erde in nomine patris usw. und sprich Pater noster ebenso oft. Dann trage die Rasen zur Kirche, und der Messpriester singe vier Messen darüber und wende das Grüne gegen den Altar. Dann bringe die Rasen vor Sonnenuntergang auf ihren Platz im Acker zurück. Vier aus Ebereschenholz gefertigte Zeichen Christi (Kreuze) beschreibe an jedem Ende mit den Namen Matthäus, Markus, Lukas und Johannes. Lege das Christuszeichen unten ins Loch und sprich dann: Crux Matthaeus, crux Marcus usw. Nimm dann die Rasen und setze sie darauf und sprich dann neunmal diese Worte: Crescite und ebenso oft Paternoster. Und wende dich dann ostwärts und beuge dich neunmal demütiglich und sprich dann diese Worte: Ostwärts stehe ich und bitte für mich um Gnaden, bitte ich den herrlichen Herrn, bitte ich den grossen Herrn, bitte ich den heiligen Himmelreichswart, die Erde bitte ich und den Oberhimmel und die milde santa Maria und des Himmels Macht und Hochbau, dass ich möge diesen Zauberspruch mit des Herrn Hilfe mit den Zähnen eröffnen festen Sinnes, erwecken diese Gewächse uns zu weltlichem Nutzen, erfüllen diese Erde mit festem Glauben, verschönen diese Feldrasen, wie der Prophet sprach, dass der fände Gnade auf Erden, der Almosen austeilt reichlich nach des Herrn Willen.

Wende dich dreimal sonnenläufig, strecke dich der Länge nach hin und zähle her die Litaneien und sprich dann: Sanctus, sanctus, sanctus bis zu Ende. Dann singe das Benedicite mit ausgebreiteten Armen und das Magnificat und das Pater noster dreimal und empfiehl es zu Lob und Ehren Christus und sancta Maria und dem heiligen Kreuze und zu Ehren dem, der das Land besitzt, und allen, die ihm untertan sind. Dann nehme ein Mann von einem Bettler unbekannten Samen und gebe ihm zweimal soviel, als er von ihm nimmt, und bringe alles Pfluggerät zusammen und bohre in den Pflugbaum ‚stor' Styrax, Gummiharz und ‚finol' Fenchel und geweihte Seife und geweihtes Salz und lege dann den Samen auf des Pfluges Rumpf und spreche:

> Erce, Erce, Erce, Erdenmutter,
> es gönne dir der allwaltende ewige Herr
> wachsende, sprossende Äcker,
> kräftige und erstarkende
> Schöpfungen, diese glänzenden Saaten,
> die breiten Gerstensaaten,
> die weissen Weizensaaten
> und alle Erdensaaten.
> Es gönne ihm der ewige Herr
> Und seine Heiligen, die im Himmel sind,
> dass sein Gut sei gefriedet gegen aller Feinde jeden,

dass es geborgen sei gegen aller Übel jedes,
die Zauberei durch das Land säen mögen.
Nun bitte ich den Waltenden, der diese Welt erschuf,
dass da sei kein so geschwätziges Weib und kein so kräftiger Mann,
der verwandeln könnte diese gesprochenen Worte.

Dann treibe der Mann den Pflug (die sulh) vorwärts und schiesse (schneide) die
erste Furche mit den Worten:

Heil sei dir, Mutter der Menschen,
sei du wachsend in Gottes Umarmung,
mit Nahrung (Futter) gefüllt den Menschen zu Nutze.

Nimm dann jeder Art Mehl, und ein Mann backe einen Laib von der Breite der
inneren Handfläche und knete ihn mit Milch und heiligem Wasser und lege ihn
unter die erste Furche mit den Worten: Acker, voll der Nahrung für das Men-
schengeschlecht, hell blühend, du werde gesegnet durch den heiligen Namen, der
den Himmel erschuf, und diese Erde, auf der wir leben. Der Gott, der diese Grün-
de machte, gönne uns wachsende Gabe, dass uns der Körner jedes komme zu Nutzen. Dann sprich dreimal: Crescite in nomine patris – benedicti, Amen, und das
Pater noster dreimal." (Grimm, D. Myth. 2, 1185)
Diese Musterstücke einer Verschmelzung heidnischen und christlichen Brauches, das etwa um das Jahr 1000 aufgezeichnet wurde, verlangt eine gründliche
Erläuterung. Die Vorschrift zerfällt in zwei Teile, deren erster die eigentliche Ak-
kerbusse, der andere den ersten Pfluggang behandelt. Beide Handlungen sind in
einen reichen Rahmen offenbar sinnvoller und zum Teil feierlicher Formen und
Formeln gespannt und reizen zur Nachfrage nach ihrer Bedeutung und Herkunft.
Jeder merkt sofort, dass sich darin heidnische und christliche Symbolik vielfach
gemischt und durchdrungen haben; aber das Mischungsverhältnis ist in den Ein-
zelbräuchen ein sehr verschiedenes. Die aus den vier Seiten des Ackers ausgesto-
chenen Rasenstücke vertreten den ganzen Acker. Auch die Beschüttung der Rasenstücke mit denjenigen guten Stoffen, die man dem Acker zu verdanken hat, ist
ein leicht verständliches Stück: Man erstattete der Erde wieder, was man ihr ent-
nahm. Mit dem dazu getröpfelten Weihwasser, das bei fast keiner Benediktion
fehlen durfte, und mit dem alten Segensspruch der Genesis „Crescite" usw., dem
Paternoster und dem Messgang dringt nun immer unbehinderter christliches Wesen ein. Wie der ausgestochene Rasen werden nun auch manche ausgegrabenen
Kräuter, so z.B. das Sinngrün, die Betonica, der Alant in die Kirche gebracht und
auf den Altar gelegt, damit Messen darüber gesungen werden. In christlicher Zeit
tritt an die Stelle des segensreichen Elements die segensreiche heiligste Stätte der
Kirche, der Altar, dem man die grüne, der Befruchtung bedürftige Seite des Ra-
sens zuwendet. Diese verkirchlichte Symbolik spricht noch heute aus dem Glauben, z.B. der badischen Ortschaft Raithenbuch und Aftholderberg, dass man Regen erwarten dürfe, wenn der Priester am Altar ein grünes Messgewand trage. Der
Messgesang erschallt statt des alten Zauberliedes. Das nun folgende erste angelsächsische Gebet ist wie die drei anderen im breiten Stil der ags. Poesie gehalten

und bedient sich auch fast durchwegs regelrechter Langzeilen. Es klingt fast durchwegs christlich und zieht noch dazu eine lange Schleppe lateinischer Kirchengebete hinter sich her. Aber ganz kann auch dieses erste Gebot seinen Zusammenhang mit dem Heidentum nicht verleugnen, indem es sich selber „gealdor" d.h. Zauberspruch nennt, da doch die Kirche in Älfriks Homilien 1, 476 verbot, Kräuter mit einem „galdor" zu besingen statt sie mit Gottes Worten zu segnen. Und man glaubt, auch abgesehen von der Ostwärtsstellung des Betenden, noch heidnischen Nachklang daraus zu vernehmen, dass er nicht nur Gott und Maria, sondern auch die Erde und den der ältesten germanischen Dichtung eigentümlichen „upheofen" (alts. upphimil, ahd. ufhimil) bittet.

Die meisten der bisher erwähnten Bräuche haben ein kirchliches Gepräge: Das Karsamstagsläuten und das Karsamstagsfeuer oder angezündete zu Lichtmess geweihte Kerzen, geweihtes Wasser und Salz und geweihter Speck, endlich das Kreuzzeichen und das Gebet segnen gleichsam den ersten Pfluggang ein. Dennoch ist all dies nur später in christlicher Zeit übergestrichener Firnis, durch den die alten Formen überall hindurch scheinen. In diesem älteren Geleise bewegt sich noch vor kurzem an vielen Orten nicht nur der erste Pfluggang, sondern das in einzelnen Gegenden diesem noch vorangehende feierliche Pflugumziehen. Die Ausrüstung des ags. Pfluges mit Harz, Fenchel, Seife und Salz wird noch vervollständigt durch eine ganz eigenartige Gabe: Von einem Bettler genommener unbekannter Same, der ihm durch eine doppelte Samengabe zu ersetzen ist, wird auf den Pflug gelegt. Das ruht auf alter Anschauung. Der Acker soll jeder Samenart gerecht werden, daher wird auch unbekannter Same, der von einem Bettler stammt, mit auf den Pflug gelegt, wie in Indien nicht nur der Sämann, sondern auch eine „andere Person" drei Handvoll Korn auf den Stein des Kornsackes legte. Daraus mochte sich der Glaube entwickeln, dass gebettelte Dinge wie Brot, Mehl, Wein, Geld sogar Federn, als auch beschenkte Bettler Glück bringen. Wurde im Lüdenscheidschen beim Viehkauf ein Bettler mit dem „Gottesheller" beschenkt, so brachte das dem Vieh Gedeihen.

Nun hebt ein zweites Gebet an die Erdenmutter mit dem dreimaligen dunklen Anruf Erce an. Wie im vorigen Gebet die christliche Maria im Verein mit dem Himmelsherrn wirksam gedacht wird, so in diesem die heidnische Erdenmutter mit dem allwaltenden Herrn. Dieser soll ihr reiches Wachstum gönnen und des Ackerbesitzers Hof gegen allen Zauber schützen. Da nun bricht wieder alte Anschauung in dem Schluss des Segens hervor, worin um Schutz gegen Zauber eines boshaften Weibes gefleht wird. So warf noch im 19. Jahrhundert der Bauer bei Verden an der Aller die erste Handvoll Samen über die linke Schulter mit dem Spruche: „Das segne Gott und kein altes Weib, das hexen kann." Beim Ziehen der ersten Furche mit dem geweihten Pflug ertönt der Heil- oder Willkommruf an die Folde (Erde), der Menschen Mutter. Sie soll wachsen in Gottes Umarmung, mit Nahrung gefüllt den Menschen zu Nutze. Folde wird zum Opfer gerufen, einem aus jeder Mehlart gebackenen, mit Milch und Weihwasser durchgekneteten Laib Brot, der in die erste Furche gelegt wird. Häufig wird der Wasserguss, der die Befruchtung versinnbildlicht, entweder bei der Ausfahrt oder bei der Heimfahrt des ersten Pfluges an diesem selber oder an den Pflügen und den Pflugtieren vorgenommen und zwar oft von Frauen. Im oberbayrischen Landgericht Neumarkt schütteten die Mägde den im Frühjahr zuerst ins Feld fahrenden Knechten Wasser über den Kopf, damit „der Acker nicht zu trocken werde", und umgekehrt die Knechte den Mägden, wenn diese zum erstenmal das Gras mähten. Beides auch in Taus. Um Züllichau (Brandenburg) begossen die jungen Mädchen den Führer des ersten Pfluges im Frühjahr mit Wasser, im Oderbruch ihn samt seinen Pferden. Zwischen Lommatzsch und Meissen, ähnlich im Bautzenschen begossen die „Weibsen" die „Mansen", damit diese flink seien. Und auch um Leipzig besorgte die Frau in dieser Weise den ersten Pflüger, der Mann die erste Graserin, damit sie nicht „lass" würden. Im Oberamt Mergentheim wurde der zur ersten Saat ausfahrende Ackermann von seiner Liebsten von irgend einem Winkel her mit Wasser begossen.

Noch häufiger ist die Begiessung bei der Heimfahrt vom ersten Pflügen. Aus Litauen wird sie schon um 1670 bezeugt. Sie bedeute, dass Gott zu rechter Zeit der Saat genug Wasser geben wolle. In Westfalen wurden die Knechte bei ihrer Rückkehr vom ersten Ackergang von den Frauen und diese, wenn sie zum erstenmal im Garten umgegraben hatten, von jenen mit Wasser beschüttet. Das Begiessen erstreckte sich in Dreba bei Neustadt an der Orla auf den Pflug, den Ackermann und den Zugochsen. Bei Bedheim in Hildburghausen bespritzte die ganze Familie den Heimkehrenden, damit er das Jahr über fleissig sei. Ähnlich in Strehla bei Dresden und im Riesengebirge, hier aber wieder, damit die Feldfrüchte nicht durch Dürre litten. Am Abend des ersten Sätages fand bei Glatz das „Baden" des Gesindes statt, das heisst, man begoss sich gegenseitig, während im Egerland der heimkehrende Pflug „bat't" wurde. Darnach sollte bald Regen fallen. Beim ersten Viehaustrieb aber erhielt von den Mägden der Schäfer im Riesengebirge bei Süssenbach seinen Guss, wie in Gerstungen und in Ostpreussen. Das berührt sich mit dem weitverbreiteten Brauch, den laubverhüllten Pfingstl, Wasservogel usw. in einen Bach oder Brunnen zu werfen. Bei der Heimkehr wurde der erstmals Pflügende auch im niederbayrischen Hofdorf begossen, bei Köslin, damit er treu und fleissig oder auch der Acker fruchtbar sei; ebenso zwischen Marienwerder und Riesenburg in Preussen von der Bäuerin oder Magd. Das musste sich diese aber auch, wenn sie zuerst im Frühjahr Vesper auf das Feld brachte, von den Pflügern gefallen lassen, um im Sommer frische Munterkeit zu zeigen. Auch in der Gegend von Straubing, von Saatz. Von Leipzig wurde das erste Pflügen in dieser Weise ausgezeichnet, im voigtländischen Bad Elster liess sich sogar der Bauer samt Vieh und Pflug besprengen, in Wunsiedel wurden alle drei gehörig begossen, „um die Saat zu begiessen". In hessisch Alsfeld und Netra-Eschwege glaubt man den Akkerer dadurch gegen Mücken und Stechfliegen zu schützen. So innig sind schliesslich die Begriffe des Regens und des Pflügens oder Eggens miteinander verknüpft, dass im Boizenburgischen (Brandenburg) der Landmann nicht mit den Eggen das Dorf entlang schleppen darf, weil es sonst schwer regnet. Der Gedanke der Befruchtung des Ackers, der am kräftigsten die Wasserbegiessung des Pflügers durch Frauen ausdrückt, fand eine zartere Form in dem Kuss, den in badischen Dörfern bei Bonndorf eine Jungfrau dem Pflüger beim ersten Ackern gab. So erklärt sich auch, dass sich die Wirtin in Litauen, wenn sie schwanger ist, mit einer Gabe von dem vom ersten Pflügen heimgekehrten Pflüger losmachen kann, der seine anderen Begiesserinnen ins Wasser wirft. Es gehört auch in diesen Vorstellungskreis der Brauch von Kirchenhall in Württemberg, dass der Bauer bei der Flachssaat, auf dem Pflug sitzend, den von der Bäuerin gebrachten Eierkuchen verzehren muss.

Die Germanen feierten wie die Griechen ein Vorpflügefest, das bei ihnen in den Beginn des Jahres, von den Zwölften bis zu Ostern, fiel. Bevor man den Pflug dazu hervorholte, hütete man ihn ganz besonders sorgsam. Eine Pflugschar wurde nach einem bayrischen Merkzettel für die Beichte vom Jahre 1468 zu Weihnacht unter den Tisch gelegt, offenbar den für die Frau Perchta mit Speise und Trank besetzten Perchtentisch, damit die Göttin den Pflug segne. Bei dem dann folgenden feierlichen Pflugumziehen spielen wie beim wirklichen Pfluggang Wasser und Feuer und die Teilnahme beider Geschlechter die Hauptrolle, offenbar in demselben Sinne. Um Neujahr, Fastnacht oder Ostern wurde in Deutschland, England und Dänemark der Pflug umgeführt. In England zog man ihn im Beginn des Jahres um ein Feuer, damit es einem wohl erginge im folgenden Jahr, nach einem Zeugnis aus dem Jahre 1493. Oder die Burschen zogen den „Narrenpflug" von Hof zu Hof, um Gaben zu empfangen. Der daraus gewonnene Ertrag war zur Unterhaltung einer Kerze in der Kirche, des „Plow light", bestimmt. In Süd- und Mitteldeutschland wurden nach Berichten des 15. und 16. Jahrhunderts, namentlich zu Fastnacht, Jungfrauen von Burschen vor den Pflug gespannt, den sie in einen Bach oder in die Donau zogen. Oder sie führten einen „feurinen Pflug", auf dem ein Feuer angemacht war, so lange um, bis er in Trümmer fiel. In Ulm und anderen Orten wurde dieser Pflug auch durch eine Egge oder ein Schiff oder einen Schiffsschlitten ersetzt. Wasser und Feuer wirken vereint, wenn siebenbürgische Mädchen bei anhaltender Dürre nackt eine Egge in den Bach tragen und sich auf sie setzten und auf allen vier Ecken derselben ein Flämmchen unterhalten. Die Zeit des ersten Frühlingsackerns scheint in Süd- wie Norddeutschland ziemlich dieselbe zu sein. Am Josefstag (19. März) soll in Buchholz bei Freiburg i.B. der faulste Bauer den Pflug im Felde haben, in Pommern sagt man zwar: „Gertrud (17. März) geit Egg un Ploog rut", nennt aber erst den 25. März, Maria Verkündigung „Ploog Marien". Selbst im rauheren Ostpreussen wird an diesem Tag die erste Furche gezogen, auch von den polnischen Masuren, die ihn auch noch zum ersten Weidaustrieb benutzen und deshalb „Maria matka otworna", die öffnende Maria, nennen. Man richtete sich auch nach der Blüte eines Baumes: „Blüht der Hagedorn, baut man jedes Korn", sagt der Niederbayer. Dann säte man auch im badischen Busenbach (Ettlingen) früher die Gerste.

Wie über dem Pflugland der anderen Völker waltet über dem der Germanen ein Himmel und Erde bedeutendes Götterpaar, ein Gott und eine Göttin. Ihre heidnischen Namen kommen freilich in unmittelbarem Verband mit dem Pflügen nur ausnahmsweise zum Vorschein, sie werden gewöhnlich durch christliche ersetzt, schon in der angelsächsischen Ackerbusse durch den des Himmelsherrn und der Maria. Aber an anderen Stellen dieses alten Segens wird doch noch die Erdenmutter angerufen oder die Folde, die den alten, auch indischen Namen der Erdgöttin bewahrt. Der allwaltende Himmelsherr vertritt den heidnischen Gewitter- und Regengott und somit den Hauptackergott Donar. An seinem Tag, dem Donnerstag, geht nach wiederum heidnisch-christlicher Anschauung unser Herrgott am liebsten über Land. Starkes Donnern macht die Erde am Brenner „rogel", d.h. weich und mürbe. Thors Julkuchen, die in Bocksform gebacken werden, mischt man im Norden unter das Saatkorn, und sie werden bei Aussaat von den Arbeitern und den Pflugtieren verzehrt.

Die Erdgöttin aber hiess Frau Perchta, Holda, Harke, je nach den Landschaften. Perchta herrschte in Süddeutschland und in Thüringen. Im fruchtbaren Saaltal ackerte Frau Perchta unter der Erde mit ihrem Pflug, während ihre Heimchen die Fluren bewässerten. Als sie das Land verliess, schleppten die Heimchen einen Pflug hintendrein. Zerbrach er, so zimmerte sie daran, oder ein Wagnermeister half ihr, so dass goldene Späne herabfielen. In Bayern segnete sie die zur Weihnachtszeit unter ihren Tisch gelegte Pflugschar mit Fruchtbarkeit, während sie den Leuten, die am Altjahrs- oder Dreikönigstage nicht „Zemmede", Klösse und Hering, gegessen hatten, mit ihrer Pflugschar den Leib aufschnitt. Nördlicher heisst Frau Perchta Frau Holda oder Holle, die gerade wie sie als Schützerin des Flachsbaues erscheint, indem auch sie in den Zwölfnächten umfährt und die faulen Spinnerinnen bestraft. Derselbe Zug kehrt bei Frau Harke oder Herke wieder, die ihren Hauptsitz in der Mark und der Provinz Sachsen hat. In Heteborn drohte man: „Frau Herke kommt!", wenn um Bartholomäi der Flachs eingebracht wurde, bei Torgau sagte man am Bartholomäustag: „Nun hat die Herke gezogen, nun müssen wir's Winterkorn einbringen, sonst verdirbt's." Die kleinen märkischen Rüben verpflanzte sie in die Umgegend von Havelberg und fliegt in Gestalt einer Taube durch die Luft, um, wohin sie kommt, die Felder fruchtbar zu machen, und man mag auch aus dem weitverbreiteten Zug der Niedecker Sage, der sich in der Havelberger Gegend an Frau Harke knüpft, wie sie als Riesin einen Bauern samt Ochsen und Pflug in ihre Schürze nimmt, den Charakter einer Schutzgöttin des Pflügens erschliessen. Es heisst ausdrücklich, dass Frau Harke mehr in als über der Erde hause, und in der Tat war sie auch eine unterirdische und unterweltliche Göttin gleich der Ackergöttin Demeter.

Hinter diesen Gestalten tut sich aber ein älterer Hintergrund auf. Da wird im Frühling die Göttin Nerthus von Rindern über Land gefahren, zwar nicht auf einem Pflug, aber doch, wie es bei weiterer Fahrt angemessener war, auf einem Wagen und schliesslich, wie jene süddeutschen Jungfrauen beim Pflugumziehen, ins Wasser gebracht. Und wie diese zu ihrer Fahrt statt des Pfluges auch ein Schiff benutzen, so fuhr auch in Süddeutschland eine der Nerthus wahrscheinlich entsprechende, von den Römern Isis genannte Göttin auf einem leichten Schiff daher. Mit dem Pflug ausgestattet ist aber die nordeuropäische Gefjon, die Geberin, die das fruchtbare Seeland lospflügt und durch ihren Namen in Verbindung steht mit den auf den römischen Inschriftsteinen verehrten germanischen Gabiae oder Alagabiae, die auch die Litauer als Gabiae und die Kelten als Ollogabiae verehrten. Es waren gütige Spenderinnen der Flur, in der späteren Sage landschenkende Fräulein oder Frauen, die zum Teil auch noch mit dem Pflug das Land umzogen. Durch die erste Furche sonderte die freigebige Göttin das Gemeindeeigen aus, und in jedem Frühling oder Vorfrühling wurde ihre Umfahrt auf dem Pflug von Jungfrauen nachgebildet, die mit dem Bad im segensreichen Nass endete.

Es ist nun Zeit, aus dem vorgelegten Material allgemeine Schlüsse zu ziehen. Die Ackergottheiten treten paarweise auf, in einem oder in zwei Paaren. Freilich sind diese Paare nicht immer scharf voneinander geschieden und nicht immer in allen Gliedern vollständig erhalten. Am klarsten fassen die Inder den Himmelsgott Dyaus und die Erdgöttin Prithivi in dem Dual Dyavaprithivi zu einem fest verbundenen Paar zusammen. In Griechenland vereint Zeus die Eigenschaften des Dyaus, Indra und Pardschanja in sich, er ist Himmelsgott und er steht mit der Allmutter Erde (Gäa) in innigem Bund. Der Landmann ruft ihn beim Pflügen als Chthonios samt der Ackergöttin Demeter an, die mit der Athene den Pflügen vorsteht. Wie Indra fährt er blitzend in das gepflügte Feld der Demeter. In Rom ist Jupiter so umfassend wie der griechische Zeus, und neben ihm wirken beim Pflügen gleich der Mutter Gäa und der Demeter die Tellus oder Terra Mater und Veres. Sein Stein schafft Regen.

Die Litauer verehren beim Pflügen einen Fluren- oder Erdherrn und eine Flurenmutter, die auch in dem Donnergott Perkunas und der Mutter Zemyna oder Erde wieder erscheinen. In christlicher Fassung heissen sie Gott und Zemyna. Derselben Fassung begegnen wir in der angelsächsischen Ackerbusse, in der die Gebete den Himmelsherrn und die Erdenmutter, die Mutter der Menschen, Folde, anrufen. Im Himmelsherrn scheint Donar zu stecken, dessen Stein bei der Aussaat dieselbe befruchtende Kraft hat wie jener indische Saatstein und der Regenstein Jupiters. Frau Perchta, Holda und Harke sind die alten Ackergöttinnen, von denen die erste auch selber den Pflug führt.

Kurt Ranke

Rosengarten

Rosengarten ist ein Name, ein Begriff, dem eine ganze Reihe von wissenschaftlichen Disziplinen ein sehr berechtigtes Interesse entgegen bringt. Der Orts- und Flurnamenforscher kennt ihn als ungemein häufige Bezeichnung für Wiesen und Äcker, Täler und Höhen, Einzelsiedlungen und Dörfer, städtische Strassen und Plätze. Der Vorgeschichtler weiss, dass so in vielen Gegenden Deutschlands alte Grab- und Kultstätten genannt wurden. Dem Rechtshistoriker begegnet Rosengarten als Stätte der Gerichtsbarkeit und ihrer Vertreter, dem Volkskundler als landschaftlicher Name für Friedhöfe und für Plätze, auf denen Frühlings- und Sommerspiele abgehalten werden, dem Kulturhistoriker als mittelalterliche Bezeichnung für Frauengassen und für Strassen, in denen unehrliches Gewerbe getrieben wurde. Der Germanist schliesslich versteht darunter in erster Linie die beiden mittelhochdeutschen Heldensagen vom König Laurin und vom Rosengarten zu Worms, in denen wunderbare Orte gleichen Namens eine bedeutsame Rolle spielen.

Rosengärten als Begräbnisstätten

Die Bezeichnung Rosengarten für den Bestattungsort muss einst im gesamten deutschen Sprachgebiet bekannt gewesen sein. Noch heute tragen in der Schweiz älteste und neue Kirchhöfe diesen Namen. So gibt es deren in den Kantonen Aargau, Bern, Luzern und Solothurn. Lütolf kennt im einzelnen noch solche zu Bärtischwil bei Rotenburg, zu Chilpel, bei Sempach und zu Römerswil, in Grossdietwil und Meierskapell. In Zürich hiess früher der Kirchhof im Kreuzgang des Frauenmünsters und in Basel und Bern heissen noch heute die Friedhöfe Rosengarten. Auch in Kärnten, in der Steiermark, im Allgäu und in Bayern ist der Name gebräuchlich. Daneben tritt vereinzelt Bedeutungseinschränkung auf, so wenn um Fürstenfeldbruck in Bayern die Begräbnisstätte für kleine Kinder, in Schlesien diejenige für Nichtkatholiken Rosengarten genannt wird. Im Kanton Luzern heissen Rosengärten vor allem Friedhöfe von besonderer Heiligkeit und Heilkraft. Wer für sein Weh zum Rosengarten in Bärtischwil wallfahrtet und dort einen Haselzweig opfert, wird geheilt. Für Mittel- und Norddeutschland ist der Name in dieser Bedeutung vorläufig nur aus der älteren Zeit nachweisbar. Der früheste

Beleg stammt aus den Gesta episcoporum Leodinensium.[1] Rösnig im Kirchspiel Prohnsdorf, Holstein, heisst 1249 „rosen". Neben den Bezeichnungen Rosenthal, vallis Rosarum, für das Dorf Rosenthal im pfälzischen Kreis Winnweiler erscheint im 14. Jahrhundert auch die Form „Rosen". Rosental im sächsischen Amt Löbau wird 1362 auch „Ros" genannt. Die Kölner Rose ist also eines der frühesten Zeugnisse unseres Bereiches. Sie ist auch deshalb von besonderem Interesse, weil sie am Ufer eines Flusses gelegen war, worüber unten eingehender zu sprechen sein wird.

Erheblich später sind die folgenden Rosengarten-Friedhöfe bezeugt. Vor dem Lüneburger „Rotentore", durch das die „Rotestrasse" führte, lag der „Rote Kirchhof", der häufiger auch „Rosengarten" genannt wurde. Die gleiche Bezeichnung gab es im alten Bremen. Der Garten, an der Westseite des alten Steffenskirchhofs gelegen, war vermutlich ein Teil desselben. Das 1723 auf einer Karte genannte Rosenfeld der Herrlichkeit Krefeld ist identisch mit dem schon früher genannten „jüdischen Friedhof". Da mit „Judenkirchhof" sehr häufig die Reihengräber der vorchristlichen Zeit bezeichnet werden, liegt die Vermutung nahe, dass auch hier Zusammenhang zwischen Wort und Sache und Kontinuität besteht. Die Rosengärten in Marburg (Hessen) und zwischen Nazza und Hallungen im Amtsgerichtsbezirk Thal (Thüringen) sollen früher ebenfalls Friedhöfe gewesen sein.

Auffällig ist ferner die häufiger zu beobachtende Nachbarschaft von Rosengärten und Friedhöfen, die sich oftmals aus einer ursprünglichen Lokaleinheit entwickelt haben mag. So wird in Worms 1339 ein Rosengarten bei einem Kirchhof erwähnt: in unmittelbarer Nähe der „Rosengassen" (prope Sanctum Michahelem). In Lübeck hiess der 1460 erwähnte „Rosengharde" „by dem Rosengorde sunte Johannis", gehörte also vermutlich zum alten Friedhof von St. Johannis. In Hamburg führte die alte Rosenstrasse in ihrer ganzen Länge an einem Friedhof vorbei. In Glückstadt ist der „Rosengang" ein kurzes Strassenende zwischen Kirchplatz (dem allgemeinen Kirchhof) und dem einstigen Festungswall. In Weinheim führte das Rosengässchen am alten Domhof vorbei, in Iglau die Rosengasse zum alten Friedhof und in Freiburg i.Br. das „Rosgässelin" zum Oberrieter Tor und Friedhof. Der alte Friedhof in Feuerbach liegt an der Rosenstrasse und der Rosenwinkel in Zerbst am ehemaligen Friedhof der fürstlichen Stiftskirche.

Schliesslich sei auf die zahlreichen gereimten Grabschriften und die Volkslieder hingewiesen, in denen des Friedhofs als eines Rosengartens gedacht wird.[2] Man wird sich des Gedankens nicht erwehren können, dass in manchen dieser Verse und Lieder ein wirklicher Rosengarten gemeint ist. Dass in diesen Fällen sekundäre Etymologie und Bedeutungsübertragung vorliegt, beweisen nicht nur die oben erwähnten eindeutigen Belege für den Friedhofsnamen, sondern vor allem die ungemein häufig zu beobachtende Sitte, mit Rosennamen die vor- und frühgeschichtlichen Begräbnisstätten zu bezeichnen, wo also reale oder fiktive Beziehungen zu der Blume nicht vorausgesetzt werden dürfen. Dabei bleibt natürlich die Frage offen, ob nicht noch manche der heutigen Rosengarten-Friedhöfe auf prähistorischen Grabfeldern liegen und die alte Sitte einfach in Name und Anwendung fortsetzen. Bemerkenswert ist jedenfalls, dass der Rosengarten genannte mittelalterliche Friedhof bei Krefeld auf einem römischen Grabfeld lag, und vom Friedhof an der Feuerbacher Rosenstrasse ist festzustellen, dass er über einem alten alemannischen Reihengräberfriedhof angelegt ist. Zusammenhang zwischen altheidnischen und christlichen Begräbnisplätzen, d.h. die kontinuierliche Besetzung dieser Orte, hielt sich nachweislich vielerorts bis in das hohe Mittelalter, und zum Mindesten zwingt doch auch das im folgenden angeführte erdrückende Material zu der Annahme, dass zwischen der heutigen Bezeichnung und den prähistorischen und frühgeschichtlichen Kultstätten irgend welche kausalen, vermutlich auch kontinuierlichen Beziehungen bestanden haben müssen.

So wird in der Schweiz manchen altheidnischen, in Wäldern gelegenen Grabfeldern, der Name Rosengarten gegeben. Am Rosenberg im Amt Adelsheim (Baden) liegen frühe fränkische, auf dem Rosenberg bei Elvenstätten alemannische Gräber. Der Rosengarten in der Markung Untertürkheim birgt Gräber der alemannischen Frühzeit, und Rosenau und Rosenberg bei Heilbronn liegen auf einem ausgedehnten vorgeschichtlichen Gräberfeld. Die Rosenstrasse in Feuerbach stösst an einen Friedhof, der über einem alten alemannischen Reihengräberfeld liegt. Verschiedene Rosengärten des Taunus, besonders die am Altkönig, weisen Steinwälle und Hünengräber auf. Von einigen gleichnamigen hessischen Orten bemerkt Kolbe, dass sie mit Ringwällen umgebene Begräbnisstätten seien. Für die ursprüngliche Lage des Wormser Rosengartens kommt nach Christ's Forschungen nur die Gegend des älteren Nonnenstifts Mariamünster und der ihm 1253 inkorporierten Cäcilienkirche mit der Meinhartskapelle samt dem ausserhalb von Worms gelegenen sogenannten „Heidenkirchhof" in Frage.

Vielleicht sind in diesem Zusammenhang auch die Fluren „Russland" am Schabenberg bei Mainzlar (Kr. Giessen) auf einem Hügelgräberfeld, die „Russenkuhle" in Sammenthin (Kr. Arnswalde) auf einem Gräberfeld mit Bronze- und Eisenzeitfunden, der „Russenberg" in Kerwienen (Kr. Heilsberg) auf einem Gräberfeld und die „Russenhusche" in Rehberg (Kr. Elbing) auf einem vorgeschichtlichen Begräbnisplatz zu erwähnen, da „Rosen"-Orte in der Volksetymologie häufiger zu „Russen"-Orten geworden sind, wobei allerdings nicht übersehen werden darf, dass das Gros der Belege aus dem Osten Deutschlands stammt, wo die Russen die Stelle der Heiden, Hunnen, Hünen, Juden usw. übernommen haben können, die anderorts als Urheber solcher prä- und frühhistorischen Grabstätten und -felder angesehen werden.

Zahlreiche niederrheinische Rosenfluren bei alten römischen und germanischen Grabanlagen weisen Rütten und Steger nach. Bei Xanten gibt es einen Hof Rusegade, in dessen Nähe ein römisches Grabfeld liegt. Ferner gibt es noch die Höfe Röshof, Rosenhof und Röschen. Einen Rosengarten gibt es auch in Neuss an der Römerstrasse am Obertor. Hier wie an den genannten Stellen in Xanten sind römische Grabstätten in der Nähe. An der Römerstrasse westlich Calcar liegen die Höfe Rosenboom und Rosskamp; nicht weit findet sich ein grosses römisches Leichenfeld. Beim Gut Rosendahl nördlich der Römerstrasse zwischen Calcar und Cleve wurden ebenfalls römische Gräber aufgedeckt. Wenige Minuten vom Rosenhof am Gocherberg nördlich von Goch wurde ein vorgeschichtliches Grabfeld angeschnitten. Ein zweiter Rosenhof, zwischen Goch und Uedem, stösst direkt an das viele hundert Grabhügel umfassende Grabfeld von Kalbeck an, von dem ein Teil den Namen „Rosenheide" führt. Ein dritter Rosenhof in dortiger Gegend liegt unmittelbar westlich des durch seine reichen römischen und fränkischen Funde bekannten „Totenhügels" in der Gemeinde Keppeln (Kr. Cleve). Dicht bei einem fränkischen Gräberfeld in Hülm (Blatt Goch) steht ein Roshof. Zwischen Wankum und Herongen in der Nähe der römischen Heerstrasse, wo auch Grabfunde gemacht wurden, heisst ein Gelände „Rosendahl". Bei der Ortschaft „Rosenthal" (Kr. Heinsberg) liegt ein vorgeschichtliches Gräberfeld. Herr Stampfuss in Hamborn teilt uns mit, dass bei Spellen (Blatt Wesel) eine Flur „Rosengarten" unmittelbar bei vorgeschichtlichen Grabhügeln liegt. Eine Stelle bei Altenrath heisst östlich von Köln, wo vorgeschichtliche Grab- und Siedlungsfunde gemacht wurden, „Im Rusegade".[3]

Nicht minder häufig sind die jütischen, nieder- und ostdeutschen Rosengärten Träger vorgeschichtlicher Bestattungsanlagen. Der Rosengarten vor dem Johannistor in Osnabrück lag über einem heidnischen Begräbnisplatz, wie ein noch im vorigen Jahrhundert dort vorhandenes Hügelgrab und zahlreiche Urnenfunde bezeugen. Im Oldenburgischen gibt es südöstlich von Wildeshausen einen Rosengarten, in dessen unmittelbarer Nähe sich zahlreiche Urnenhügel, das sogenannte Pestruper Gräberfeld, befinden. Der Flurname wird schon im 14. Jahrhundert erwähnt. Meyer kennt in der gleichen Gegend noch neun weitere, meist unter Steindenkmälern gelegene Rosengärten. Unweit der Pippinsburg, einem mächtigen Doppelringwall, findet sich ein alter Ringwall Rosenburg, der von zahlreichen Gräbern umgeben ist. Ebenso liegen die Rosengärten im Kreis Harburg, bei York (Buxtehude), bei einem Hof im Amt Dornum und bei Güdow in Lauenburg inmitten vieler Hünengräber und Urnenhügel. In der Lüneburger Heide werden die Flachhügelgräber noch heute allgemein Rosenhügel genannt, obwohl bei den meisten keine Spur von wilden Rosen zu finden ist. Man scheut sich, darauf zu treten. Reich an Gräbern der Stein- und Bronzezeit ist ein Holm im Rosborgsee westlich von Viborg und vor allem die nächste Umgebung von Roskilde in Jütland. Das Gut Rosental im Kreis Soltin (Brandenburg) lag auf einem vorgeschichtlichen Gräberfeld. Bei Naumburg a.S. findet sich unweit einer Reihe von grossen Steindenkmälern ein Rosental. Im Rosental von Krakow wurden Funde eines ausgedehnten alteisenzeitlichen Urnenfeldes gemacht. Eine alte Begräbnisstätte scheint auch der Rosengarten von Lübtow, Kreis Pyritz (Pommern), gewesen zu sein. Von ihm berichtet Schmidt, dass er eine Stelle inmitten eines Ackers nahe der Sallentinschen Grenze gewesen sei, die mit Gestrüpp bedeckt war.

Bei einer intensiven Durchforschung würde sich vermutlich das Material bedeutend vermehren lassen. Immerhin weist die stattliche Zahl der vorgeführten Belege auf einen wesensmässigen und vor allem sehr alten Zusammenhang zwischen den Grabanlagen und ihren Bezeichnungen. Natürlich erhebt sich sofort die Frage der Kontinuität, die bei dem Fehlen jeglicher Verbindungsglieder und Anhaltspunkte wissenschaftlich unlösbar erscheint. Trotzdem lässt die weite geographische Verbreitung auf ein hohes Alter der Sitte schliessen. Zudem haftet die Tradition oft an Grabstätten, die seit langem nicht mehr als solche erkennbar sind (so sicher bei den alten Flachgräberfeldern), wo der Name also vermutlich in frühe vorchristliche Zeiten zurückreicht, in denen diese Friedhöfe noch in Gebrauch und ihre Bezeichnung als Rosengärten üblich waren. Wie dem auch sei, Rosengarten ist in Süddeutschland ein von alters geläufiger Name für den Friedhof gewesen, und dass er es in früheren Zeiten auch in Nieder- und Mitteldeutschland war, beweisen die zahlreichen Grabschriften und Volkslieder sowie vor allem die mittelalterlichen Reste dieser Sitte. Auf den vorchristlichen Charakter der Bezeichnung weist schliesslich der Brauch, alte vor- und frühgeschichtliche Grabstätten Rosengarten zu nennen. Diese ebenso häufige wie markante Verbindung von Wort und Sache ist zu bezeichnend, als dass hier Zufall oder späte Entlehnung von christlichen Friedhofsnamen angenommen werden könnte. Schon die gemeinsüdgermanische Verbreitung lässt ja vermuten, dass wir es mit einer sehr alten Sitte zu tun haben.

Rosengärten als Rechtsstätten

Interessanter und variationsreicher sind die Rosengärten in ihrer Funktion als Rechtsorte. Diesen Namen tragen z. B. häufig die alten „Freiheiten", also Asylorte mit früher Immunität, die nach H. Meyer auf die Freiung der germanischen Ding- und Kultstätte zurückgehen. Schon 1292 kommt in Frankfurt a.M. ein Haus „zum Rosengarthin" vor, das „infra plateam frythof et vicum Glauburgergazze" auf dem Markt liegt. Die Lage auf dem Zentrum des städtischen Gemeinwesens lässt bei diesem Friedhof nicht an eine Begräbnisstätte, sondern eher an eine alte Freiung, einen befriedeten Raum denken. In Nürnberg lag das „Rosenbad" neben der alten „Freyung". Auch diese Nachbarschaft wird kein Zufall, sondern auf den Rechts- und Asylschutz der mittelalterlichen Badestuben und ihre hieraus zu verstehende lokale Anlehnung an die alte Immunitätsstätte zurückzuführen sein. In Königsberg kommt im Jahr 1595 ein Wilhelm Kettenheimer um Schankerlaubnis für seinen auf der altstädtischen „Freiheit im Rosgarten" gelegenen Garten ein. Der Rosengarten bei der Burg Wildenstein in der Schweiz ist ein mit einer hohen Mauer umfriedeter Raum, der früher als „Freiplatz" diente. Bemerkenswert sind ferner der Rosengarten im Weiler „Freithof" der Gemeinde Finkenberg im Zillertal und der 1407 genannte Rosengarten bei der „Friedburg" westlich Xanten, eine rings von Wasser umgebene Stelle.

In diesen Bereich gehört auch die Hamburger Rosenstrasse, die 1326 zuerst genannt wird und die in ihrer ganzen Länge an einem Kirchhof vorbeiführt, der 1352 der „neue Kirchhof", 1373 der „wüste Kirchhof", 1384 der „Kirchhof der Vertriebenen" heisst. Auf der anderen Seite dieses Platzes lag die Strasse der Verbannten, später „Rakkerstrasse" genannt. Der Platz zwischen beiden Wegen scheint demnach in jener Zeit und wahrscheinlich schon weit früher eine Asyl- oder Freistätte für Verbannte gewesen zu sein, die unter die Aufsicht des Scharfrichters gestellt war. Diese charakteristische Nachbarschaft finden wir auch in Zerbst vor, wo der Friedhof der fürstlichen Stiftskirche St. Bartholomaei, die „Schlossfreiheit" und der „Rosenwinkel" aneinander grenzten und früher eine lokale Einheit gebildet haben. Die gleiche Bedeutung wie das Hamburger cimiterium exulum mag schliesslich auch das Nürnberger Rosental gehabt haben, das früher „Elende Gasse" oder „der Elenden Gasse" genannt wurde, wobei „Elend" im ursprünglichen Sinne als Fremde, Exil, Verbannung, Friedlosigkeit aufzufassen ist. Freistätten scheinen auch die Rosenmühlen gewesen zu sein, deren es eine grosse Zahl in

Deutschland gibt. Mühlen, die sogenannten Bannmühlen, waren häufig mit Sonderfrieden, vor allem mit Asylrechten ausgestattet, so dass ein bedeutungsmässiger Zusammenhang mit den Rosengarten-Freistätten auf Grund der gleichen Benennung nicht von der Hand zu weisen ist. Synonyme Entsprechungen, wie zum Beispiel die „Freimühlen", scheinen diese Annahme zu stützen. Und schliesslich hat die Bezeichnung Rosengarten für das Asyl auch den Bedeutungsgwandel dieser Institution von der Rechtsstätte zum Platz, an dem man bei Krankheit oder im Alter geborgen ist, also Hospital oder Altenstube, durchgemacht. Im Basler Land nennt man daher einen Ort, an den man sich im Alter zurückzieht, einen Rosengarten, und in Salzwedel heisst eine bescheidene Hospitalstube seit älterer Zeit der Rosengarten.

Überhaupt ist lokaler Zusammenhang zwischen den Rosenorten und alten geistlichen und weltlichen Spitälern häufiger zu beachten, was m.E. darauf hinweist, dass die Kirche in ihren karithetischen Institutionen diese alten Asyltraditionen übernahm und fortsetzte. So hiess die Rosengasse in Zürich ehemals „weite Spitalergasse". In Strassburg wurde der 1298 zum ersten Mal erwähnte Rosengarten 1322 „gesselin dodurch man get in den Rosengarten", 1427 „Spittalhof" und 1580 wieder „Rosengartengasse" genannt. In Passau lag in der Rosenau (1345 in der Rosenstrasse) das Armenhaus, das frühere Spital der Leprosenkranken. Hier kann allerdings an Verballhornung aus (Lep)rosenau gedacht werden. Der Rosengarten in Salzwedel zwischen der Burgstrasse und der Bocksbrücke ist noch heute als Spital in Erinnerung. In Braunschweig wird der alte Rosenhagen 1392 „by des spettales brugge", 1487 „by unser leven frowen", 1512 „by sunte Egidien merkede", 1566 „Hospitalstrate", 1567 „Rosenhagen" genannt.[4] In diesen Zusammenhang gehört auch die häufige Nachbarschaft von Rosenorten und Beginenhäusern. In Stettin lag das Beginenhaus am Rosengarten, in Stargard wird der Rosenberg am oberen und unteren Ende von der grossen und kleinen Beginenstrasse begrenzt, in Strassburg gibt es 1465 ein „domus Beginarum" mit dem Namen Rosengarten. Doch ist in diesen Fällen, vor allem wo es sich um geistliche Institutionen handelt, eine gewisse mystizistische Tendenz in der Namengebung in Rechnung zu stellen, die wahrscheinlich auf die Benennung der Gottesmutter und ihres Sohnes sowie des Paradieses als Rosengarten zurückzuführen ist.

Vor allem wurden aber die Stätten der beratenden und ausübenden Gerichtsbarkeit, daneben ungemein häufig auch ihrer Exekutoren, des Henkers, Stockmeisters, Büttels, Schinders usw. Rosengarten oder ähnlich genannt. Der bisher früheste urkundlich bezeugte Rosengerichtsplatz dieser Art ist der Ort „Rosmalen" in der niederländischen Provinz Brabant, der 815 als rosmella, rosmalla (mlat. mallus < ahd. mahal, mâl = Gerichtsstätte) erwähnt wird, dessen Name aber sicher viel älter als die erste urkundliche Fixierung zu datieren ist. Ihm entsprechen in Name, Sache und Alter die Stellen Rosmel (1266 Rossemelle) bei Battice, Kr. Verviers (Lüttich) und Roussemeau (1150 Roussemellus) bei Marsangy (Dép. Yonne). Aber auch die folgenden Stätten erweisen sich, obgleich sie der Zufall der literarischen Überlieferung erst aus jüngerer und jüngster Zeit bezeugt hat, durch ihre Anlage, ihre Bodenfunde, ihre Nachbarschaft mit bedeutsamen Örtlichkeiten und nicht zuletzt eben durch die Verkopplung von Rechtscharakter und Rosennamen als alt und den eben genannten nordwestfränkischen Rosengerichtsorten in Ansehen und Bedeutung zum mindesten als ebenbürtig.

So war der Rosengarten von Krüsow (Kr. Pyritz, Pommern), neben dem der „jerichtsstên" liegt, eine alte Gerichtsstätte, wie die volkstümlichen Namen „dat jericht" und „blodbaj" für diesen Ort bezeugen. Gleichem Zweck diente der Rosengarten an der Kreisgrenze von Pyritz bei Arnswalde. Auf dem Rosenberg bei Grossbehringen (Thüringen) liegt die Flur „Der breite Stein" (früher befand sich dort ein grosser, tischförmiger Stein, wie sie an Gerichtsstätten häufig zu finden sind). Zu diesem Ort führen von Reichenbach und Craula zwei wirtschaftlich vollkommen sterile Wege. Höchstwahrscheinlich handelt es sich auch hier um einen alten Rechtsort. Im Rosengarten an der Strasse Lemgo-Bentrup vermutet Gregorius die Stelle, an der das Gaugericht zu Heiden abgehalten wurde. Zu Rosenthal bei Peine befand sich ein altes Landgericht; 1487 wurde hier ein Holtding, 1589 eine Friedloslegung abgehalten. Das Gericht der Vogtei Apen (Oldenburg) fand beim „Rosenbaum" in Godensholt statt. Beim „Rosenfeld" östlich der Idsteiner Strasse befand sich das Gericht und der Galgen der Stadt Wiesbaden. Die benachbarte Flur heisst noch heute „Der Königsstuhl". Im Rosengarten des Viertel Kreut bei Terlan in Tirol stand das alte Berggerichtshaus. In Churwalchen (Graubünden) hiess früher der Galgenhügel auch „Rosenhügel".[5]

Besonderes Interesse heischt ein Richtplatz des Kreises Pyritz in Pommern, der sogen. „Hochberg" bei Reichenbach und Schönwerder, auf dem eine Stelle der „Rosepohl" genannt wird. Da Seen, Teiche, Moore, Sümpfe, Flussufer, Bachgründe usw. sehr häufig mit Rosennamen belegt werden, sei mir über diese merkwürdige Sitte, die kaum mit der Blume in Einklang gebracht werden dürfte, ein kurzer Exkurs gestattet.[6] Warum vor allem Moore, Brüche, sumpfige Teiche und Quellen Rosennamen tragen, ist schwer zu deuten. Wenn nicht volksetymologische Umdeutung aus mhd. rozze, Flachsröste, zu roezen, rozen, faul werden oder got. raus, mndl. ros, ahd. ror, Rohr, Binse vorliegt, wird man vielleicht, mit allem Vorbehalt, an Kontinuität zu der germanischen Sitte, Verbrecher im Moor zu versenken, denken müssen. Solche direkten Sumpfgerichtsorte waren wahrscheinlich die Stellen „Malbrouck" bei Amiens (= mallus, mahal, Gerichtsstätte im Bruch), „Momalle" (1034 mosmella) im Kanton Borgworm bei Lüttich (= mallus am Moos, Moor), „Mormal" (im 12. Jh. mormal silva) im Kreis Avesnes und „Mormal" bei Marbais (Brabant). Grenzgewässer spielen auch beim Rechtsbrauch der Grenzbegehung, zum Beispiel beim Stossen in den Bach, eine Rolle. Häufig lagen auch die Beschreiungen für den peinlichen Gerichtstag an bzw. sogar in Flüssen und Bächen, so bei Rödelsee „am breiten Stein am Bach", bei Niedertheres mitten auf dem Main, bei der Wüstung Enzlar in einem Bach usw. Hängt es damit zusammen, dass so viele Rosengärten am Wasser gelegen sind?[7]

Mit Recht weist man darauf hin, dass, wie die Gerichtsstätten, auch die Orte für die Totenbestattung gern in die Nähe eines heiligen Gewässers gelegt wurden, und ebenso war bei den Küstenvölkern die Flutgrenze sowohl Richtplatz als auch Stätte der Bestattung. Im Mittelalter wurden diese alten sakralen Orte zu verpönten Stätten ehrlosen Begräbnisses, wie ja auch aus der alten kultischen Bestattungsform sich die poenale Anwendung im Rechtsverfahren entwickelte. Moorbestattung ist uns daher aus dieser Zeit vor allem bei Heimatlosen, Hingerichteten, in neuerer Zeit auch von Selbstmördern überliefert. Man vgl. dazu die Flurnamen „Totenpfuhl" bei Urweiler, „Totenbach" bei Bettingen, beide im Saarland, die wohl mit Unrecht zu taub, tot, unergiebig, unfruchtbar gestellt werden. Denn alte Grabhügel und -felder direkt an Bächen und Flüssen bzw. in deren Überflutungsgebiet sind nicht selten und wären vermutlich viel zahlreicher, wenn sie nicht so häufig fortgeschwemmt wären. Bekannt sind vor allem der Gunzenlee am Lech, die Hallstattgräber im Schmiechtal, im Brenztal bei Schneitheim, im Kochertal bei Griesbach usw. Damit hängen vermutlich auch die zahlreichen Sagen von Fürstenbegräbnissen in einem Bach oder Fluss zusammen, so etwa das Grab Alarichs am Busento, das Grab des Hunnenkönigs im „Tranbach" bei Birkenfeld, das Grab Attilas im See bei Reichersberg in Oberösterreich oder im Bach bei Bründlau. Es scheint mir nach all dem möglich, auch die angeführten „Rosen-" Sumpf- und Wasserorte mit einem der beiden Bereiche in Verbindung zu bringen und sie entweder als Rechtsorte oder als Begräbnisstätten, vielleicht sogar als eine lokale Kombination beider zu deuten.

In dem alten Rosengarten von Naumburg a.S. lag das Gefängnis und die Büttelei mit dem öffentlichen Frauenhaus vereinigt. Hier übte der Rat die niedere Gerichtsbarkeit aus. Der Rosengarten in Salzwedel bestand aus einem Gewölbe unter und neben dem Steintor, in dem mehrere Gefängniszellen enthalten waren. In Groningen hiess das Gefängnis Rozendaal „Op de Rozendaal zitten" bedeutete also soviel wie sich im Gefängnis befinden. In Luzern diente ein Turm mit dem Namen Rosengarten als Kerker. Vielleicht ist in diesem Zusammenhang auch eine thüringische Redensart zu erwähnen: Von einer kalten, ungemütlichen Stube sagt man dort, man sitze darin wie in einem Rosengarten, was wohl bedeuten mag, dass man in ihr wie in einem kalten und feuchten Gefängnis friere.

Merkwürdig berühren in diesem Zusammenhang die sagenhaften Berichte von den Rosengärten auf dem Agstein zwischen Mauten und Ips in Österreich und vor der Burg Rotheck im Breisgau. Von dem ersteren wird erzählt, dass hier einst der Räuber Schreckenwald gehaust und die Vorüberziehenden beraubt habe. Die Unglücklichen seien auf dem steilen Felsen in einen engen Raum eingesperrt worden, wo sie entweder verschmachten oder sich freiwillig in den Abgrund stürzen mussten. Dieser Kerker hiess das „Rosengärtlein". Gleiches berichtet die badische Sage. Auch hier war der Burgherr ein grausamer Mann, der die Leute aus seinem Dorf quälte, wie es ihm sein böser Wille eingab. Bisweilen gefiel es ihm, einen Dorfbewohner zu sich aufs Schloss zu laden und trefflich zu bewirten. Nach der Mahlzeit führte ihn der Schlossherr in den Zimmern der Burg umher und zuletzt in den „Rosengarten", der den Fels zierte, da wo dieser jäh in einen tief gelegenen See abstürzte. Dröhnend wurde hinter dem Gast eine eiserne Tür zugeworfen und der Unglückliche blieb den Qualen des Hungers überlassen, bis er sich in der Verzweiflung über den Rand des Felsens hinunter in den See stürzte. Ich kann in den Bezeichnungen dieser Felsengefängnisse keinen Volkshumor sehen, sondern setze sie mit der Gepflogenheit in Verbindung, den Kerker seinem rechtlichen Charakter gemäss Rosengarten zu nennen. Andererseits weist aber Fuchs darauf hin, dass diesen Namen oft hochgelegene Plätze vor allem bei mittelalterlichen Burgen, aber auch Felsplatten mit weiter Sicht führen, von denen er annimmt, dass sie Orte für Höhenfeuer, Gottesurteile oder ähnliche sakrale Rechtsvollstreckungen gewesen seien. Solche Rosengärten befinden sich etwa bei Burg Wildenstein in der Schweiz, Burg Fridnau bei Zizers in Graubünden, Burg Lörrach in Baden usw. Ferner wird so ein Felsenvorsprung in der sächsischen Schweiz genannt. Auch der Salomonsfelsen bei Kronstadt in Siebenbürgen besitzt ein derartiges „Rosengärtchen", in dessen Nähe von den Rumänen der Vorstadt auf Ostern ein altes Reiterfest der Burschen gefeiert wird. Auch bei dieser Beziehungsetzung wäre aber der kultisch-rechtliche Charakter des Ortes das primäre, namenbestimmende Element.

Ungemein häufig und von besonderem Interesse für die Kulturgeschichte sind nun vor allem die Rosenorte, die nach den auf oder bei ihnen wohnenden Exekutoren der Gerichtsbarkeit, dem Henker, Schinder, Büttel usw. benannt sind. In Lüneburg lagen die Büttelei, die Wohnung des Scharfrichters, das Gefängnis und die Folterkammer in der Rosenstrasse. Sie sind auch heute noch dort zu sehen. Ähnliche Fälle sachlicher und lokaler Zusammengehörigkeit finden wir allerorten. In der Rosengasse zu Frankfurt a.M. lag das Haus des Henkers. Im Naumburger Rosengarten wohnte der Büttel. In Passau war die Rosengasse der „Lodergasse" (= Luder, Aas) mit dem alten Hofstall, der später auch als Gefängnis diente, benachbart.[8]

Neben der ausübenden Gerichtsbarkeit, der Obhut über die Gefängnisse, dem Schinderhandwerk usw. oblagen dem Henker, Büttel oder Stockmeister als Organen der polizeilichen Gewalt die Aufsicht über die „unehrlichen Leute", die entweder freiwillig in ihre Nähe und damit unter ihren Schutz zogen oder die von Rats wegen aus Gründen der Disziplin dort angesiedelt wurden. So kommt es, dass Strassen und Häuser, in denen solches Volk wohnte, häufig mit Rosennamen belegt sind, was jedoch nicht auf das Wesen dieser asozialen Elemente als namenbildendes Faktum, sondern auf die ursprüngliche Rechtstendenz ihrer Siedlungsstätten zurückzuführen ist. Am auffälligsten tritt das bei den Frauenhäusern und den Gassen der gewerbsmässigen Unzucht zu Tage. Man hat oft vermutet, dass diese Bezeichnungen von dem Wesen der Rose als Blume der Liebe herrühre. Die Rose war ja schon früh nach orientalischem Vorbild Repräsentantin und der Rosengarten dementsprechend Paradies der Liebe aller Schattierungen von der hohen Minne bis zur leichtfertigen und berufsmässigen Hingabe. Diese Auffassung wird in ihrer mystischen und satirischen Doppelsinnigkeit das ganze Mittelalter hindurch in Wort und Lied, in Sage und Brauch gepflegt. Ich erinnere nur an die Redensarten: „Rosen brechen", „in die Rosen gehen", „auf Rosen gebettet sein" usw., die bald ein unbeschreibliches, übersinnliches Glück, bald sehr handfeste, reale Gegebenheiten veranschaulichen sollen. „Jungfräulein soll ich mit euch gahn In eueren Rosengarten?" fragt man im Volksliedton des 16. Jahrhunderts, und mit aller Deutlichkeit zeigen die Lieder vom „Stolzen Dirnlein" oder von der „Maid vom Rosenthal" den obszönen Sinn mancher Rosenorte.

Trotz dieser bedeutsamen Rolle der Rose in der mittelalterlichen Liebessymbolik wird die Benennung der Frauengassen kaum auf diese Auffassung zurückzuführen sein. Die Ansiedlung von Dirnen an solchen Orten ist, wie schon gesagt, sekundär. Ursprünglich war, wie aus den angeführten und den folgenden Beispielen eindeutig hervorgeht, Rosengarten der Ort, an dem das Gefängnis und die Büttelei lagen und in dem der Scharfrichter, Schinder oder andere Vertreter der peinlichen Exekutive bzw. der ordnenden Gewalten wohnten. Hier werden auch

die unehrbaren Weiber angesiedelt und unter die Aufsicht der genannten Rechts-
personen gestellt. So wohnten die Dirnen in Stettin in der Büttelgasse, in Breslau
in der Neuen Gerbergasse, die daneben auch Henckergässel, Venus- oder Huren-
berg genannt wurde.[9] Die „frewdevollen" Rosengassen verdanken ihre Namen
demnach weder einer humoristischen Umschreibung der dort herrschenden moralischen Zustände noch einer mehr oder minder sinnigen und gemütvollen
Volkserotik, sondern gehören, wie die anderen echten Rosenorte, in den Bereich
der alten Rechtsstrassen. Wort und Sache treten nun in dieser charakteristischen
Verbindung so häufig auf, dass einige Beispiele zur Kennzeichnung genügen mögen. In Biel, im Kanton Bern, hiess das bekannteste öffentliche Haus „Rosengarten". Das Domizil der freien Frauen in Frankfurt a.M. war der „grosse Rosengarten". Hier, wie anderorten, zum Beispiel in Nîmes, hiessen die Freudenmädchen
selber die „Rosen". Im „Rosengarten" zu Naumburg a.S. (1314 in rosenario) lag
das öffentliche Frauenhaus „Zum Storchen", in dem auch der Büttel wohnte. In
Lüneburg wird 1577 ein Haus in der „vico rosarium alias in fornificulorum (=
forniculorum, Huren) platea nominata" erwähnt. In Lebus wohnten die „gelüstigen
Fräulein" in der Rosenstrasse an der Mauer, in Friedland i.B. hiess die Rosengasse
auch „Gasse der lüsternen Fräulein".[10]

Schliesslich ist ganz allgemein anrüchiges Volk in den Rosenstrassen angesiedelt worden oder hielt sich, durch das Ungewöhnliche und die Verrufenheit dieser
Orte angelockt, freiwillig dort auf. So hiess die gegenwärtige Sterngasse in Erfurt
bald Diebs-, bald Rosengasse. In Freiberg in Sachsen wurde das Rosental früher
Bettelgasse, in Nürnberg eine Strasse gleichen Namens der „Elenden Gasse" genannt. In Passau lag das Armenhaus in der Rosenau, einer Strasse im ältesten Teil
der Innenstadt. Die Rosenstrasse in Frankfurt a.O. wurde seit je von der ärmsten
Bevölkerung bewohnt und war daher, ähnlich wie die Breslauer Rosengasse auf
dem Elbing, in mehr als in einem Sinne berüchtigt.[11]

War Rosengarten oder -strasse demnach der Ort, an dem das Recht gesprochen
oder vollzogen wurde und an dem die Exekutoren samt den unterstellten asozialen
Elementen wohnten, so wäre es verwunderlich, wenn nicht auch die Richter selbst
bzw. ihre ausführenden Beamten Namen der gleichen Wortform getragen hätten.
In dem auf historischen Tatsachen beruhenden Roman „Der Henker von Bernau"
von A. v. Czibulka (1937) heisst der Scharfrichter im Volksmund „Rosen-
schelm".[12] So bleibt das Faktum, dass die alten Orte der Rechtspflege und ihrer
Ausübenden ungemein häufig Rosennamen tragen. Freiheit, Gericht, Richt- und
Ratsstätte deckten sich ja in den Anfängen städtischer Entwicklung räumlich noch
meistens und setzten so kontinuierlich die Einheit von Kult-, Gerichts- und Freistätte fort. Schon früh wurde aber das Hochgericht vom Marktplatz getrennt und
unmittelbar vor eines der Tore oder noch weiter hinaus in die städtische Gemarkung verlegt. Ebenso verwies man den Wirkungsbereich und die Wohnstätte des
Henkers oder Stockmeisters gern in abgelegene Gassen und Winkel, etwa an die
Stadtmauer oder hinaus in die Stadtflur in die Nähe der Blutgerichtsstätte. Der
Grund für diese Trennung lag vielleicht in einer Art Tabuierung des Blutrichter-
amtes. Mehr noch hat aber meines Erachtens der Kampf der Kirche gegen den
alten heidnisch-kultischen Strafvollzug zur Unehrlichmachung dieses Gewerbes
und damit zur Verlegung von den Plätzen des öffentlichen Lebens beigetragen.

Soweit nicht überhaupt die alte Tradition in Raum und Name fortgesetzt wurde, muss sich aber auch in diesen Zeiten der Trennung das Bewusstsein erhalten haben, dass man früher die Stätten der Blutgerichtsbarkeit, der Dingversammlungen und der öffentlichen Rechtshandhabung Rosengarten oder ähnlich genannt hat. Nur so erklären sich die gleichen Bezeichnungen für die verschiedenartigen Rechtsorte. Und nur aus dieser Kontinuität ist auch die ungemein häufige Anwendung solcher Namen auf die Stätten der Gerichtsbarkeit zu verstehen.

Noch deutlicher tritt die germanische Wurzel dieser Sitte zu Tage, wenn der Rosengarten in seiner urtümlichen Bedeutung als Begräbnisstätte gleichzeitig Rechtsort ist. Schon oben stellte ich die Hamburger Rosenstrasse und den Zerbster Rosenwinkel, der mit dem ehemaligen Friedhof der Stiftskirche St. Bartholomaei und der Schlossfreiheit eine lokale Einheit bildete, in diesen Bedeutungsbereich. Klarer und eindeutiger erscheint die Identität in Schweizer Quellen. In der Offnung des Zürcherischen Städtchens Nossikon aus dem Jahr 1431 heisst es: „Die urtheil söllend gân gen Gryfensee in den rosgarten (Friedhof) und die söll ein Herr entscheiden". Hier ist die räumliche Übereinstimmung von Toten- und Gerichtsstätte ebenso handgreiflich wie in Solothurn, wo man mit Rosengarten den offenen Platz bezeichnete, „der zwischen dem Beinhaus und der Seitentür der Kirche (St. Ursenmünster) sich an die letztere anlehnt und ein unregelmässiges Viereck von 43° und 44° mittlerer Länge und Breite bildet. Dieser Hofraum erhielt seine historische Bedeutung, weil früher jährlich, je am Johann Baptistentage, Räte und Bürger sich hier versammelten, um die Ämterbesetzung und die Aufnahme ins Bürgerrecht vorzunehmen, bis später diese Verhandlung des Solothurnischen Gemeinwesens in den Garten der Barfüsser verlegt wurde". Lütolf bemerkt dazu: „Hier haftet der Brauch an uralter Kultstätte. Im Jahr 870 stand, wie der Vertrag zwischen Karl dem Kahlen und Ludwig dem Frommen belehrt, das St. Ursenmünster schon, und zwar auf einem Boden, der, wie die ausgegrabenen Altertümer andeuten, bereits den Heiden als Opferplatz gedient hatte". Hier scheint man also tatsächlich die lokale und damit bedeutungsmässige Identität der beiden Funktionsstätten kontinuierlich bis in früh- und vorgeschichtliche Zeiten zurückverfolgen zu können. Ähnliche Verhältnisse wird man noch bei manchen der früher genannten Rechts- und Totenorte voraussetzen dürfen. Der Osnabrücker Rosengarten, der den Bürgern zu Rats- und Versammlungszwecken diente, war auf einem heidnischen Friedhof angelegt.

Rosengärten als Spiel- und Festplätze

Gleich häufig und bedeutsam wie die behandelten Gruppen sind die Rosengartenspiel- und festplätze, die am bekanntesten durch die beiden mittelhochdeutschen Epen vom Rosengarten zu Worms und vom Rosengarten des Königs Laurin geworden sind. Der Wormser Rosengarten ist ein schöner Anger, eine Meile lang und eine halbe breit, der von einem seidenen Faden umhegt ist. Eine wunderbare Linde steht in ihm, in deren Zweigen kunstvoll geschnitzte Vögel, Nachtigallen und Lerchen sitzen, deren Stimmen freudenreich ertönen, wenn der Wind sie bewegt. Hier, in diesen Gärten, messen sich Dietrich von Bern und seine Kämpen, von Kriemhild herausgefordert, mit den rheinischen Recken in blutigem Streit. Dem Sieger gebührt ein Kuss von Kriemhild und ein Rosenkranz. Die Berner erweisen sich als siegreich. Der Dichter spielt mit dem Rosenbegriff: Nach Rosen reiten die Berner aus, in die Rosen sprengen sie zum Speerstechen, in die Rosen waten sie mit blanken Schwertern, in den roten Rosen fechten und siegen sie, in den Rosen liegen die Gefallenen, um der Rosen willen sind die Recken erschlagen, durch Rosen und Blumen eilen die fürbittenden Frauen. Aber diese Bilder sind völlig formelhaft, ohne organische Beziehung zur Örtlichkeit verwendet. Auf die Besonderheit der Kampfstätte als Rosengarten wird kein Wert gelegt. Fehrle stellt fest, dass in der Handschrift A einer fünfmaligen Erwähnung des Namens Rosengarten über vierzigmal die Bezeichnung Garten und noch weit mehr Plan, Anger usw. gegenüberstehen. Deutlich dringt noch der alte Charakter der Spiel- und Versammlungsstätte durch.

Ebenfalls um die Mitte des 13. Jahrhunderts entstand das Gedicht vom Rosengarten des Zwergenkönigs Laurin in Tirol. Er ist, wie der Wormser, mit einem Seidenfaden umgeben; wer ihn zerreisst, wird von Laurin an Hand und Fuss gestraft. Wieder sind es die Berner, die zum Streit aufbrechen, den Garten zerstören und nach wechselvollem Kampf den König schliesslich besiegen. Sie werden in den Berg geladen, in dem die Zwerge hausen, und Künhild die geraubte Schwester Dietleibs, eines der Mannen Dietrichs, als Königin residiert. Laurin macht die Helden trunken, lässt sie fesseln und einkerkern. Aber Künhild befreit sie, und in neuen Kämpfen wird Laurin und sein Gefolge besiegt. Sie müssen Frieden geloben und Künhild freigeben. Textkritische und motivgeschichtliche Fragen sowie die Probleme der gegenseitigen Abhängigkeit dieser beiden Epen brauchen uns im Rahmen unserer Forschungsrichtung nicht zu interessieren. Ebenso müssig sind Erörterungen über das Vorkommen von wirklichen Rosengärten, vor allem vor der Abfassung der beiden Gedichte, in Worms und Tirol. Von Bedeutung ist für uns nur der einzige gemeinsame Faktor der beiden sonst verschiedenen Erzählungen, eben die genannten Plätze in ihrer Anlage und ihrem Zweck. Diese Korrespondenz sowie die gelegentlichen Anklänge an den brauchtümlichen Volks- und Festplatz deuten darauf hin, dass den Dichtern solche Stätten bekannt gewesen sein müssen, entweder, weil solche am Ort, an dem sie die Sage lokalisiert hatten, bestanden oder weil sie sie aus eigener Anschauung oder vom Hörensagen anderorten kennengelernt hatten. Denn dass diese Orte reine Phantasieprodukte gewesen seien, nach deren Vorbild man erst die anderen, wirklichen Rosengärten geschaffen hätte, ist bei der Menge alter und neuer Rosengärten wie auch bei ihrer urtümlichen Bedeutung als Kultstätte nicht gut denkbar. Man hat das Rosengartenproblem häufig von den beiden Dichtungen her aufzurollen versucht, deren Inhalt und Wesen zum Ausgangspunkt auch für die Deutung der gleichnamigen Kult-, Rechts- und Totenstätten genommen wurde. Ich halte diese Methode, wie schon angedeutet, nicht für fruchtbar. Jene epischen Orte sind nichts anderes als stilisierte Rosengärten, wie sie, ihrem besonderen Zweck entsprechend, in grosser Zahl auch anderorts in den Städten und auf dem Lande vorhanden waren, und können dementsprechend auch nur als solche, ohne das literarische Gewand, gewertet werden. Sie sind aber ein Beweis dafür, dass in der Mitte des 13. Jahrhunderts Turnier- und

Spielplätze Rosengarten genannt wurden, und dass diese Sitte so allgemein gewesen sein muss, dass sie in den verschiedenen Heldensagen Eingang fand.

Nicht viel jünger als die beiden literarischen ist der erste urkundlich greifbare, wirkliche Spiel- und Versammlungsplatz in Rostock bezeugt, der 1288 zum ersten Mal als „(h)ortus rosarum" genannt wird. 1311 wird in diesem Rosengarten die Verlobung Markgraf Waldemars mit der Tochter Markgraf Hermanns gefeiert. Die Stadt hatte ihre Tore geschlossen, da sie bei dem gegen sechstausend Mann starken Gefolge der zwanzig anwesenden Fürsten wegen ihrer Sicherheit fürchtete. Ein Jahr später hielt König Erich III. von Dänemark ebenda ein Turnier ab. Wie Rostock hatte auch Wismar im Mittelalter einen Vergnügungsort „rosetum", Rosengarten, wo Tänze und Spiele stattfanden. Auf dem Schweriner Rosengarten, der vor dem einstigen Mühlentor lag, hielt im Mittelalter die Bürgerschaft ihre Waffenübungen ab und die Zünfte veranstalteten hier ihre Umzüge, Spiele und Tänze. In Reval lag ein von einer hohen Mauer umgebener, erhöhter Platz gleichen Namens, mit weitem Blick über die See. In seiner Mitte stand eine Linde, deren Äste durch Träger gestützt und um die Bänke gestellt waren. Wenn die Kaufleute ausfahren wollten, wurden sie vorher von den Angehörigen und den Bürgern auf den Rosengarten geführt und dort die „verdelach" (das Fahrtgelage) unter dem grünen Baum getrunken und in allen Freuden gesungen und getanzt. Die Zentralstellung und die sorgsame Pflege der Linde weisen auf ihren Rechtscharakter als Mittelpunkt des Versammlungs- und Ratsplatzes. Diese Annahme wird durch Berichte bestätigt, nach denen die Bürger hier in Freud und Leid zusammenkamen, d.h. Feste feierten und zu ernstem Rat zusammentrafen. Einen in vielem ähnlichen Rosengarten hat auch Riga besessen: 1405 wird er zum ersten Mal erwähnt. Auch er hat am Wasser gelegen und ist von einer Mauer (Bollwerk) umfriedet gewesen.[13]

Der Rosengarten in Hannover neben dem „Schützenwall" war Eigentum der Schützengesellschaft, die auf ihm ihren „Papaghoienboom" stehen hatte. Hier wurde in den Jahren 1393 und 1395 das Spiel von „der tavelrunne" (Motive der Artussage) aufgeführt. In diesem Zusammenhang mögen auf Grund ihrer Nachbarschaft und Lage auch der Frankenhäuser Rosengarten neben dem „Schützengraben", der „Schützenplatz" in Augsburg am Rosenauberg und das Rosental in Altenburg, das heute noch einen Teil der alten Wehranlage im „Schiessgraben" der Schützengesellschaft birgt, Erwähnung finden. Berühmt war auch der Rosengarten zu Osnabrück, der alter Fest- und Ratsplatz der Bürger war. In einem Gedicht auf den Aufrührer Lenethun (1488) wird von ihm berichtet. Von Bedeutung für uns ist, dass hier ein Festplatz zu Ratsversammlungen benutzt wurde. Da diese Tatsache in dem Gedicht keineswegs als ungewöhnlich hingestellt wird, kann man vermuten, dass der Vorgang nicht einmalig, sondern der Rosengarten ständige Spiel- und Ding- bzw. Ratsstätte gewesen ist.

Eine „Pfingstwiese" vermutet Gregorius im Rosengarten bei Lieme (Lippe). Vor den Toren der Stadt Soest lagen die Rosenplätze, auf denen oder in deren unmittelbarer Nähe die altüberlieferte Ulrichsmesse am 4. Juli im Anschluss an die Einweihung des Patroklimünster (1166) gefeiert wurde. Bis vor kurzer Zeit wurde hier noch der Schafmarkt abgehalten. Auch der Rosengarten unter dem „Reddeberholz" bei Wernigerode scheint ehedem Versammlungs- und Spielplatz gewesen zu sein, worauf noch der heutige Name „Lustberg" hindeutet. Interessant ist ein jütischer Rosengarten im Amt Hörup, der schon 1474 als Rosgardh, 1683 als Rosgardmai erwähnt wird (dänisch „mai" bedeutet 1. Mai, 2. bildlich Maien, Birkenlaub, 3. Maifest). Diese letzte Bedeutung zur Erklärung heranzuziehen, scheint mir im Rahmen der gleichnamigen deutschen Frühlingsspielplätze angebracht zu sein. Aus Mittel- und Süddeutschland nennt Meyer ohne nähere Belege mehrere Rosengärten aus alter und neuer Zeit, die ebenfalls Spielen, vor allem solchen aus dem Jahreskult, gedient haben sollen. Solche Plätze waren oder sind noch zu Mainz, Gernsheim, Worms, Lampertsheim, Mannheim, Durlach, Strassburg usw. vorhanden. In Rorschach (St. Gallen) heisst noch heute ein öffentlicher Spielplatz Rosengarten. In dem Rosengarten zu Amorbach im bayrischen Odenwald feiern die Winzer ihr Urbansfest. Auf dem Durlacher „Rosengärtle" sollen im Mittelalter Ritterspiele stattgefunden haben. Auf dem unmittelbar angrenzenden Turmberg hat im 12. Jahrhundert eine Burg des badischen Markgrafen gestanden. Der Wormser „Grosse Rosengarten" war im Mittelalter eine Rheininsel, auf der rechten Uferseite lag das „Bürgerfeld", auf der linken, die einst mit dem heute rechtsrheinischen Rosengarten zusammenhing, die Festwiese (Kieselswiese) der Stadt. Verbunden waren alle drei Orte durch die uralte, über den Rhein führende „Nibelungenstrasse". Auf dem „Rosenfeld" in Wiesbaden, östlich der Idsteiner Strasse und dem „Rosenköppel" in der Gemarkung Wiesbaden-Frauenstein sind im Mittelalter und auch noch später Volksfeste abgehalten worden. In Eisenach lag der Rosengarten vor dem Georgentor. Hier wird noch heute zu Lätare eine Fichte mit einer Sommerpuppe aufgestellt. Viele Buden mit Brezeln, Kuchen usw. stempeln dieses Rosengartenfest zu einem wichtigen Jahresereignis. Das Okkershäuser Gehölz bei Marburg (Hessen) heisst Rosengarten. Es war alter Brauch, dass die Schüler Marburgs zur Frühlingszeit, bewaffnet und mit Birkengrün geschmückt, in feierlichem Zuge nach diesem Rosengarten wanderten. Hier fand ein Fest statt, dessen Hauptbestandteil in einem sinnbildlichen Scheinkampf, wohl einer Erinnerung an das alte brauchtümlich dargestellte Winter-Sommerringen, bestand. Zum letzten Mal wurde dieses Rosengartenspiel im Jahr 1809 abgehalten. Dass es sich nicht um kindliche Spielerei, sondern um einen in den Augen des Volkes altehrwürdigen Fest- und Kultbrauch handelte, beweist, dass die hessische Hauptwache im Marburger Rathaus und die Wache am Barfüssertor vor dem Zuge unter das Gewehr trat und präsentierte. An der Nord- und Westseite des Festplatzes war auch ein alter steinerner Ringwall gelegen, was auf die urtümliche Bedeutung der Stätte weisen mag.

Erinnerungen an die Rosengärten und ihre Bedeutung für die Gemeinschaftsfeste sind vielleicht noch in den verschiedenen Namen von Volks- und Kinderspielen mit dem Bestimmungswort „Rose" erhalten. Mit Sicherheit ist dies von dem Rosengartenspiel anzunehmen, das in einer Langensalzaer Ratsrechnung vom Jahre 1381 erwähnt wird. Jacobs erschliesst daraus ein Spiel, das den Inhalt der Rosengartenepen zur Vorwurf gehabt habe. Aber diese Annahme ist durch nichts gerechtfertigt. Das Spiel vom Rosengarten mag vielmehr als typisierte Bezeichnung der allerseits bekannten Spiele auf ihm in den Bereich der oben genannten Frühlings- und Pfingstveranstaltungen (Sommer-Winterkampf, Schützenfest, Ring- und Rolandreiten usw.) gestellt werden. Denn dass solche Spiele den Namen des Platzes annehmen, auf dem sie stattfinden, ist recht geläufig. Ich erinnere nur an das Rolandreiten, das unter dem Roland auf dem Marktplatz (so z.B. in Magdeburg) abgehalten wurde und daher den Namen erhielt, oder an das Kakspiel, das nach dem Kak, dem Pranger, benannt wurde, der ebenfalls in älterer Zeit auf dem Markt stand.

So mögen auch die nachfolgenden Spiele als solche, die ursprünglich im Rosengarten abgehalten wurden, aufzufassen sein. In der Gegend südlich von Fürstenwalde bis nach Wendisch-Buchholz feiert man ungefähr um Johannis das sogenannte „Hutschiessen" oder den „Rosenbaum". Es wird ein Mast aufgerichtet, an dem sich Wimpel, Kranz und Krone befinden. Auf ihm werden Tücher und dergleichen befestigt und danach geklettert. Beim „Rosenbaum" erhält der beste Kletterer einen Blumenstrauss an den Hut. Nach anderen Berichten wird auch um den „Rosenbaum" getanzt. Die Tänzerinnen erhalten abends den Baumschmuck, die Tänzer zerschneiden den Baum und verteilen seine Zweige unter sich. Die Sitte ist auch in der Niederlausitz bekannt; der „Rosenbaum", der am Johannisfest aufgerichtet wird, ist eine hohe, bei den Wenden mit einer Fahne verzierte Stange, an welcher in verschiedener Höhe Kränze mit Tüchern, Würsten, Semmeln usw. befestigt sind. Je höher einer klettern kann, umso grösser ist sein Lohn. Zum Schluss folgt Tanz um den Baum und in der Schenke. In der Merseburger Gegend heissen Baum und Fest „Rosenstock". In Sachsenburg machen die Kinder zu Johannis den sogenannten „Rosenstock". Am Abend sperren sie die Strasse mit einer Leine und hängen Kränze aus Birken und Blumen an; dabei setzen sie die Birken vor die Häuser und stellen einen grossen Baum auf, um den getanzt wird. Wer die Strasse passieren will, zahlt etwas; davon werden Ausgaben für Musik und Birken beglichen. Anderer Art ist der „Rosenbaum" in einigen westfälischen Gegenden: in Thalhausen bei Beverungen zum Beispiel ziehen die Mädchen am Johannistag in aller Frühe auf die Weide. Die zuletzt Angekommene wird bekränzt und geneckt. Wenn sie heimkehren, trägt jemand den „Rosenbaum", eine mit Kränzen behängte Tanne. Auf halbem Weg werden sie mit Musik abgeholt und Sprüche gesprochen.

Die oben erwähnte Sitte des Absperrens und Einhegens kommt auch anderorten in Mitteldeutschland vor. In der Goldenen Aue wurde von der Jugend früher, stellenweise wohl auch noch heute, zu Johannis ein Sommerfest gefeiert, das den Namen „Rosentopf" führte. Dabei wird von Maien ein runder Platz abgesteckt und es werden die Maien mit Kränzen, Blumengewinden und Schnüren von bunten Papierschnitzeln verbunden und umhegt. Dann wird um die in der Mitte stehende Maie fröhlich getanzt. Zu Kölleda in der Grafschaft Beichlingen war es noch um die Mitte des vorigen Jahrhunderts Sitte, dass am Johannistag die Mädchen mit Blumengewinden die Strasse sperrten, um von den Vorbeigehenden kleine Gaben zu heischen. Solche Girlanden hiessen „Rosentöpfe". Beachtenswert ist ferner, dass die veranstaltenden Gemeinschaften solcher Frühling- und Sommerspiele zuweilen selber „Rosengarten" oder ähnlich genannt werden. So heissen in süddeutschen und rheinischen Gegenden die Mädchen und zuweilen auch die Burschenschaften des Dorfes „Rosengärten". Im Kirchspiel Lunden (Norderdithmarschen) gab es früher eine Vereinigung junger Leute, die „Rosengill" (Rosengilde). Ihr Hauptzweck war das jährliche Sittengericht und die Veranstaltung des Ring-

und Rolandreitens. Eine „Rosengilde" gibt es noch heute in Neumühlen-Dietrichs-dorf bei Kiel. Sie veranstaltet das jährliche Schützenfest. Wer denkt nicht an die Rosengärten neben den Schützenplätzen?

Mag diesen Spiel- und Gemeinschaftsbezeichnungen mitunter, vielleicht erst in sekundärer Etymologie und Bedeutungsverschiebung, auch die „Rosen-", d.i. „Blumen- und Sommerlust", der Begriff des „Rosenmondes", die sentimental-erotische Auffassung der Mädchenschaft als „Blumengarten", oder andere Ge-fühlsmomente zum Vorwurf gedient haben, die Übereinstimmung mit Wort und Sache Rosengarten ist zu gross, als dass nicht urtümliche Zusammenhänge ver-mutet werden dürften. Künssberg hat ja gezeigt, wie stark Recht und Sitte im Volks- und Kinderspiel Nachhall gefunden haben. So ist es durchaus möglich, dass sich in den mit Maien und Schnüren umhegten Bezirken des festlichen Jah-resspieles, in der Rosenbaum genannten Mai- und Johannisstange, die als Wahr-zeichen dieser Feststätte diente, oder schliesslich in der Rosengilde, die die typi-schen Feste der niederdeutschen Jungmannschaft, das Ring- und Rolandreiten und das Schützenfest veranstaltete, Erinnerungen an den einstigen Ort ihrer Aufführ-ung und Wirksamkeit, eben die alte Spiel- und Rechtsstätte Rosengarten erhalten haben. Und wenigstens in einigen Fällen tritt in der Tat das urtümliche Element dieser Rosenspiele stärker zu Tage, so etwa wenn im Wendischen der „Rosen-baum" als Träger der Vegetationskraft unter die Feiernden verteilt wird (Teilen des Vitalträgers, z.B. des Lebensbaumes, des Weihnachtsklotzes, der letzten Gar-be, des Brautschleiers, das Essen des geteilten Gottes usw. sind uralte Transplan-tationsmotive), oder wenn im Beeskower Kreis auf den 10 m hohen, mit Girlan-den und Kränzen geschmückten „Rosenkranz" ein Adler und eine rote Fahne an-gebracht sind (die Symbole der königlichen Herrschaft und der Blutgerichtsbar-keit), oder wenn es schliesslich in alten holsteinischen und rheinischen Reigen-tanzspielen von den in der Mitte stehenden Mädchen heisst: „De Jungfer sitt im Rosengarden", (der Kinderkreis um den Rosengarten als letztes Relikt der alten Kult- und Dingstatthegung).

Auf urtümliche Verhältnisse und ein dementsprechendes hohes Alter weisen im übrigen auch die Funktionshäufungen, wie sie etwa beim Osnabrücker Rosengar-ten als Spiel-, Bestattungs-, Versammlungs- und Rechtsort, beim Marburger Ro-sengarten als Festplatz und Friedhof, beim Rostocker und Revaler als Feier- und Rechtsstätte und in der Zentrallage des Wernigeroder Rosengartens zwischen „Lustberg", „Diebessteig" und „Galgenberg" zu Tage treten. Die lokale Gemein-samkeit dieser drei Ausdrucksformen des sozialen Lebens: Feier, Recht und To-tenkult, ist auf jeden Fall vorchristlich, dass wir daraus allein schon Rückschlüsse auf die literarisch erst spät fixierten mittelalterlichen Rosengartenspielplätze zie-hen können, sowohl hinsichtlich ihres vermutlichen Alters wie auch ihrer entarte-ten Isolierung zum Tummelplatz sommerlicher Festfreuden. Denn es wäre doch zum mindesten verwunderlich, wenn zwei dieser organisch zusammengehörigen Bedeutungsgruppen in frühgeschichtliche Zeiten zurückzuverfolgen sind, während ausgerechnet die dritte und sicher nicht die unwichtigste erst im hohen Mittelalter entstanden sein sollte.

Wald- und Grenzfluren

Die grösste Gruppe machen hierbei die Rosengartenwälder aus, für die eine Reihe von Beispielen gegeben werden soll. In der Nähe des Dorfes Patsch in Tirol heisst ein früher ganz bewaldeter, jetzt zum Teil in Wiesen verwandelter, oben abgeplatteter Hügel Rosengarten. Auch in Kärnten gibt es ein Waldstück Rosengarten. Den gleichen Namen tragen ein Ort im Forst Rauenzell, eine Stelle im Forst Ahrberg und ein Waldgelände bei Geisfeld. Kr. Bamberg. Im Aargau gibt es gleich zwei Wälder dieses Namens; der eine liegt bei Küttigen auf dem Löhren, der andere bei Kölliken. Von dem ersten berichtet die Sage, dass in ihm Schätze verborgen seien. Einen Rosenwald gibt es ferner im Kanton St. Gallen und einen Roset benannten waldigen Hügel im Thurgauischen. Weiter nördlich liegen im Badischen in der Gemarkung Bruchsal ein Wald Rosengarten, bei Nohfelden, Wolfersweiler in Birkenfeld ein Rosenwald und ein Forst gleichen Namens im Nassauischen bei Ruppertshain, Amt Königstein.[14]

Das Alter dieser Wälder ist in den meisten Fällen natürlich nicht nachzuweisen, wenn aber in den frühesten Urkunden des Zürcher Frauenmünsterstiftes bereits eine Schwammendinger Waldflur Rosengarten, 834 ein Rosehart als Grenzforst der Langer Mark, 888 ein Roseloh im Saargebiet, oder 1284 ein „siluam dictam wlgariter Rosinwald" bei Frauenburg am Haff erwähnt werden, so deutet das zum mindesten auf das hohe Alter dieser Namengebung und damit auf die Möglichkeit kontinuierlicher Überlieferung in Wort und Sache auch bei den erstgenannten Orten hin. Diese Bezeichnungen eines Waldstückes sind bedeutsam. Einmal, weil sie mit den schon eingangs abgelehnten Deutungen der Rosengärten als dornenbewachsene Grabhügel, überhaupt als rosenbewachsene Grundstücke oder als gerodete Landstrecken, als Eisgletscher, Kalkbrennereien usw., aber auch als Rossweiden kaum in Einklang zu bringen sind. Zum andern aber, weil sie vorzüglich in unsere Bedeutungsgruppen eingereiht werden können und damit an die geübte Sitte erinnern, die Toten in Wäldern, oft bei alten Kultstätten, zu beerdigen und dort auch Gericht abzuhalten. Beide Bräuche sind gut und alt bezeugt.

In der bekannten Heppenheimer Markbeschreibung von 795 wird ein Gerichtsort als „placitum in eadem silva ad tumulum qui dicitur walinehoug" bestimmt. Es handelt sich also um einen Grabhügel, ahd. houg, anord. haugr, im Wald. Schliesslich sei noch an die berühmte Dingstätte der Friesen, den Upstalboom südwestlich von Aurich erinnert, die, wie die Urnenfunde zeigen, eine alte Grabstätte gewesen sein muss. Wie noch Chronisten des 16. Jahrhunderts zu berichten wissen, lag sie früher in einem ausgedehnten Wald. Der Brauch ist auch bei den benachbarten Slawen und Balten bis in das hohe Mittelalter, zuweilen bis in die neuere Zeit geübt worden. Die heidnischen Böhmen begruben bis ins 11. Jahrhundert ihre Toten in Wäldern; die Litauer und Zemaiten kannten die Sitte noch im 15., die Letten sogar noch im 17. Jahrhundert. Ähnlich wird auch die Totenwelt als Wald gedacht.

Diese Zeugnisse werden durch Bodenfunde, durch die heutige Lage einer Unzahl von Grabhügeln und schliesslich durch alte und neue Flurnamen bestätigt. In Unterlunkhofen ist ein ganzer Waldfriedhof entdeckt worden. In der Nähe von Anspach bei Gunzenhausen (Altmühl) liegt ein Hügelgräberfeld in einem uralten

Eichenwald. Zahlreiche Hügelgräber auf alten Waldfluren weisen Kunkel für Oberhessen, Rademacher auf den Bergischen Höhen zwischen Sieg und Wupper und Schmidt im pommerschen Kreis Pyritz nach. Ebenso enthält der alte Sachsenwald viele Grabstätten: Steinkisten, Hügelgräber und Urnenfelder, und in den Wäldern zwischen Sonderburg und Hörup auf Alsen liegen ca. 70 durchweg unversehrte, bald flache, bald höhere, zum Teil mit Resten von Steinsetzungen umgebene Grabhügel, die wohl der Bronzezeit angehören.

Ebenso verbreitet wie die Sitte der Waldbestattung war der Brauch, an diesen Orten Gerichtsversammlungen abzuhalten. Man vermutet solche Waldgerichtsstätten schon in der „silva sacra" der suevischen Semnonen, in dem altsächsischen „locus marklô secundum flumen Wiseram", vielleicht unweit Hoya bei Markennah und dem Heiligenloh gelegen, oder in dem „harahus", in dem der Franke seine Eide schwur. Beweiskräftiger sind alte Rechtsflurnamen wie etwa die niedersächsische Gerichtsstätte im Forst „Malloh" (mallus im loh, Wald) in der Nähe von Ehra, der fränkische „mormal silva" (mallus im Moorwald) des 12. Jahrhunderts im Kreis Avesnes oder schliesslich der Ortsname Heurtemal (1101 Hartamala, mallus im hart, Wald) bei Dangeau. Alte Waldgerichtsplätze waren der schon erwähnte hessische „walinehoug" oder der friesische „Upstalboom". Der öffentliche Dingplatz des Speiergaues heisst in den Urkunden des 9. Jahrhunderts „Lutramesforst". Noch heute erhaltene Waldgerichte befinden sich im Stumpfwald bei Eisenberg und bei den „Neun Steinen", einem von einem Steinkranz umhegten Waldflecken in der Nähe des Laubershofes bei Hettenleidelheim. Trautliebersdorf, Kr. Landeshut (Schlesien), besitzt eine der besterhaltenen deutschen Gerichtsstätten, einen im Wald gelegenen Steintisch, der oben zugehauen und von neun sesselartigen Steinstühlen umgeben ist, von denen drei mit Rückenlehnen versehen sind. Schliesslich seien noch die zahlreichen in Wäldern gelegenen Galgen, zum Beispiel bei Pfungstedt, Grosssteinheim a.M., Kirchbrombach i.O., Naunstadt a.T. usw. erwähnt.

Dass die Verehrung der göttlichen Mächte durch Opfer und kultische Feste bei den Germanen vor allem an Wälder und Berge geknüpft war, ist uns aus zahlreichen alten Berichten und durch die Bodenforschung hinreichend bekannt. An diesen heiligen Stätten fanden auch die Sakralfeiern des öffentlichen und privaten Lebens: Rechtssprechung, Volksversammlung, Initiation, Eheschliessung usw. statt; hier wurden auch die Toten bestattet. In diesen Bereich sind auch die angeführten Rosengarten-Wälder einzubeziehen. Als Stätten von sakraler Bedeutung werden sie in die germanische Zeit hineinragen und dort ihrem eigentlichen Sinn als kultische Rechts- und Totenorte gedient haben. Und wenigstens für einen dieser Plätze ist diese Vermutung zur Gewissheit geworden, für die Unter-Lunkhofer Waldgräber, die noch heute im Volksmund und in der Sagenüberlieferung Rosengarten heissen. Durch die Laubfunde in den Hügeln ist erwiesen, dass zur Zeit ihrer Anlage dort Wald gestanden haben wird.

Überraschend häufig sind ferner die Rosengärten, die unmittelbar an alten Stammes-, Gau- oder Gemarkungsgrenzen liegen. Am frühesten belegt ist der 747 in der Cartula St. Bonifatii erwähnte Rosberg, ein zum Hauntal steil abfallender Hügel, der in einer Markbeschreibung der Kirche zu Margartenhaun (Fulda) vom Jahr 1093 als Grenzpunkt genannt wird. Heute heisst der Hügel „Rosskuppe", aber die volkstümliche Annahme, „dass der Berg von wilden Pferden, die sich in der Urzeit dort aufgehalten hätten, seinen Namen erhalten habe, ist schon darum unhaltbar, weil sich diese in wiesenreichen Talgründen und nicht auf steiler Bergeshöhe zu tummeln pflegen". Nicht viel jünger ist der schon oben erwähnte Grenzforst Rosehart der Langer Mark, der übrigens nicht nur politische Grenze ist, sondern auch zwei in sprachlicher wie somatischer Hinsicht vollkommen verschiedene Bevölkerungen scheidet. Sehr merkwürdig ist der Rosengarten bei Sangerhausen, der an der Grenze des Helmgaues und des Friesenfeldes, also an der alten Stammesgrenze zwischen Thüringen und Sachsen liegt. Interessant sind die Namen der anrainenden Fluren: er selbst erstreckt sich auf der Höhe des „Butterberges", nach Westen hin liegt der „Himmelsstein" und der „Korbeshügel". Die Stelle zwischen der Spitze des Butterberges, der Butterkippe oder -kuppe und dem Rosengarten heisst das „Stübichen". Die Lage zwischen diesen mythisch anmutenden Namen gibt ihm ein kultisch-heidnisches Gepräge. Nicht weit entfernt liegt östlich des Dorfes Pölsfeld am „Himmelsweg", südlich des nahen „Weissen Steines", ein weiterer Grenzflur Rosengarten. Auch hier ist unfern eine alte und bedeutsame Grenze, nämlich die des Hosgaues, des Friesenfeldes und des Amtes Sangerhausen gegen den Mansfelder Gebirgskreis. Ebenso liegt die schon oben genannte Waldflur Rosengarten bei Drebsdorf an der Grenze des Amtes Sangerhausen gegen die Grafschaft Stolberg-Rossla. Der thüringische Rosengarten südöstlich von Laucha ist Grenzmark der Fluren von Hirsch- und Burkersrode am linken Ufer des allermeist trockenen Steingrabens. In der Nähe finden sich die Fluren „Baumgarten", „Hinter dem heiligen Garten", „Himmelreich" und „Vor dem Drachenwinkel". Das Dorf, dessen Bewohner noch manche alten Sitten kennen, führt im Volksmund den Namen „Drachendorf" oder „Drachennest".

Der schon erwähnte Waldfriedhof bei Unterlunkhofen liegt am rechten Ufer der Reuss, die hier Oberalemannien von Kleinburgund, Zürich vom Aargau trennt. Ein Rosenacker ist Markungsgrenze zwischen Obernschreez und Unternschreez (Mistelgau, südwestlich von Bayreuth). Der Rosengarten auf der Markung Gesees (Bayreuth) ist Grenze zwischen den Höfen Eichenreuth und Hohefichten. Die Alzeyer Flur Rossloch (1387 nach dem Roslachen) ist Grenzflur gegen Heimersheim.[15] Die Zahl dieser Belege liesse sich vermutlich um ein Beträchtliches vermehren, wenn bei den einzelnen Rosengärten nachgeprüft werden könnte, ob sie an solchen alten Grenzen gelegen haben. Doch genügt die immerhin überraschende Zahl der genannten Orte, um sie als eine charakteristische Erscheinung der Flurnamengebung anzusehen und sie, ihrer Eigenart als Rechts- und Totenstätte gemäss, mit dem entsprechenden Wesen der Grenze in Einklang zu bringen.

Eingangsorte und Wegfluren

Sehr beachtenswert sind auch die Rosenorte, die am Eingang von Burgen, Kirchen oder vor den Toren der Städte und Dörfer liegen. Rosengarten wird der Eingang der früheren Burg Fridnau bei Zizers (Graubünden) genannt. Eine Stelle gleichen Namens liegt vor dem Eingang zur Burg bei Lörrach (Baden). In Kaufbeuren liegt das sehr alte Gasthaus „Zur Rose" am Eingang in die Curtis, dem fränkischen Königshof. Vor der Burg Wildenstein in der Schweiz befindet sich der Freiplatz Rosengarten. Paradies oder Rosengarten heissen vielfach auch die Vorhallen alter Stiftskirchen. Zahllos sind die Friedhöfe, Rechtsorte und Spielplätze gleichen Namens hart vor oder zuweilen sogar in den Toren der mittelalterlichen Städte. In Schwäbisch Hall liegt die „alte Rose" im inneren Langenfelder Tor, der ältesten staufischen Stadtumgrenzung, in Salzwedel der Rosengarten (das Gefängnis) im Steintor, in Reval der Rosenhof an der Ratspforte. Der Rosengarten in Breslau lag vor dem Taschentor, in Eisenach vor dem St. Georgentor, in Neuss vor dem Obertor, in Lemgo vor dem Neuen Tor an der Westseite des Steinweges, in Osnabrück vor dem Johannistor, in Soest vor dem Schültinger Tor, in Lüneburg vor dem Rotentore, in Itzehoe vor dem Delftor, in Schwerin vor dem Mühlentor, in Stettin vor dem Passowschen Tor, in Stargard vor dem Pyritzer Tor. In Bremen wird 1298 vor dem Ostertore ein Rosental und vor dem heutigen Bischofstor eine Rosenstrasse, in Breslau im 15. und 16. Jahrhundert vor dem Taschentor eine Rosengasse erwähnt. In Einbeck lag das Rosenthal am Altendorfer Tor, in Leipzig vor dem Ranischen Tor, in Hildesheim der Rosenhagenkomplex (drei kleine Parallelgassen) am Almstor, in Wien die Rosenau vor dem Schottentor (hier stand ja auch der Galgen), in Freiburg i.B. das Rosgässelin am Schneckentor, dem späteren Katzenturm und in Friedland i.B. die Rosengasse am Armsündertürmel.

Mögen einzelne dieser Stellen, vor allem solche aus dem Rechtsbereich, ihre Lage der bürgerlichen Abneigung gegen die allzuenge Nachbarschaft mit der peinlichen Exekutive verdanken, so geht doch der grössere Teil, vor allem die Friedhöfe, Spielplätze und Rechtsstätten sowie die genannten Burgeingänge und Kirchenvorhallen in ihrer Lokalisation und Benennung auf eine Sitte zurück, deren Wurzeln in den Totenglauben und Rechtsbrauch reichen, ich meine die Gepflogenheit, Gericht am Eingang abzuhalten und die Toten unter der Schwelle oder an der Grenze zu bestatten. Die Toten als lebende Glieder der Familien- und Sippengemeinschaft im Haus oder inmitten der Siedlung oder als mächtige Schützer unter der Schwelle und vor dem Tor, den Orten, wo der Verkehr der Innen- mit der Aussenwelt vor sich geht, das ist der Sinn dieser Bestattungsart. Und durch die enge lokale Bindung an den fest umschlossenen Lebensraum der Nachkommen ist ihre aktive Teilnahme am Recht und an den festlichen Gegebenheiten als den integrierenden Bestandteilen menschlichen Gemeinschaftslebens, am Wohl und Wehe des ganzen Geschlechtes gesichert. In diesem Zusammenhang haben unsere Rosengärten, vom Familienkult und Hausgericht zur städtischen und staatlichen Gemeinschaftsinstitution erweitert, die alte Tradition wenigstens in Ort und Name bis weit in Zeiten erhalten, in denen man sich des einstigen Grundgedankens nicht mehr bewusst war.

Rosenfluren liegen ungemein häufig auch an alten Heer- und Handelsstrassen, was sicher nicht auf Zufall, sondern auf bewusste Ortswahl zurückzuführen ist. Denn wie die Grenze und der Eingang stehen auch die alten vor- und frühgeschichtlichen Wege der Bronze- und Eisenzeit mit Rechts- und Totenbrauch in engstem Zusammenhang. Die Sitte, die Toten an den Heer- und Handelsstrassen zu bestatten, ist bei den Germanen in solch evidentem Masse geübt worden, dass man oft den Verlauf dieser Wege nach den daran aufgereihten Grabhügeln bestimmen oder ergänzen kann. So liegen an den „Königs-" oder „Ochsenwegen" Jütlands und Schleswig-Holsteins, an den „Grasigen Wegen" Südwestdeutschlands, den westfälischen und fränkischen „Hel(l)wegen", den mitteldeutschen „Rennwegen" und „-steigen", an den „Heer-", „Heiden-", „Königs-" und „Dietwegen" oder wie diese alten Fernstrassen noch heissen mögen, zahllose Grabhügel und -felder.

Manche dieser alten Strassenrosengärten liegen bei heidnischen Kult- und Festplätzen oder scheinen selber solche gewesen zu sein. Über den Rosengarten bei Wildeshausen am „Folcweg" urteilt Wille: „Starken Eindruck machte auf mich die Entdeckung einer alten germanischen Kampfbahn (?), die sich bei dem Pestruper Gräberfeld, nur durch eine Landstrasse von den Urnenhügeln getrennt, befindet. Es ist der sogenannte ‚Rosengarten'. Der vielleicht schon aus der Bronzezeit stammende sehr gut erhaltene Festspielplatz, oberhalb des Flusses am Huntetal schön gelegen, hat die Form eines antiken, ovalen Amphitheaters von ungefähr 140 Meter Länge und 100 Meter Breite. Das Oval ist von einer etwa sechs Meter breiten Rennbahn und den ansteigenden Plätzen für die Zuschauer umgeben. Die Spuren, die ich vorgefunden habe, stellten deutlich den Charakter einer solchen Stätte heraus, so dass kaum ein Zweifel daran entstehen kann." Interessant ist auch das „Rosental" an der Kreisgrenze Ballenstedt-Badeborn. Nördlich benachbart sind ihm die sogenannten „Gegensteine", ein Stück der bekannten „Teufelsmauer", die parallel dem Harzrand verläuft. Diese Gegensteine sind, wie mir ein Vorgeschichtsforscher jener Gegend mitteilt, vorgeschichtliches Siedlungsgelände. Reste von neun parallelen Wällen um diese Steine scheinen auf den kultischen Charakter des Platzes als alte Fest- und Feierstätte zu deuten.[16]

Kultstätten

In unserer Untersuchung waren wir schon mehrfach auf Rosengärten gestossen, die durch Bauten vorgeschichtlicher Art, zum Beispiel Steinsetzungen, Rennbahnen, Ringwälle usw. ausgezeichnet waren. Besonders die letzteren sind ziemlich häufig, und ich stehe nicht an, ihre Namen mit dem urtümlichen Wesen dieser „Volksburgen" in Verbindung zu bringen, zumal die neuere Forschung glaubt, diese Anlagen auch mit germanischem Kultwesen in Zusammenhang bringen zu können. Für diese Annahme spricht, dass auf manchen von ihnen Dingstätten, auf anderen ausgedehnte Friedhöfe frühester Zeiten, bei einigen auch heidnische Kultanlagen nachgewiesen werden konnten. Zu den Rechtsorten vergleiche man etwa die „Schanze" von „Gerichtstetten" bei Buchau in Baden aus dem keltischen Spätlatène, die, nach dem Flurnamen zu urteilen, den germanischen Nachfolgern als Dingplatz gedient hat, oder der Ringwall „Tretenburg" zwischen Gebesee und Tennstedt in Thüringen, der bis ins 12. Jahrhundert Sitz eines hohen Landgerichtes für Thüringen war. Grabfelder, Hügelgräbergruppen usw. wurden auf dem Otzenhauser Steinring bei Trier, auf den grossen Ringwällen der Schwäbischen Alb bei Indelhausen und Upflamör, der „Heidenschanze" bei Sievern, Kr. Geestemünde, dem „Michaelsberg" bei Untergrombach (Bruchsal), der „Koberstadt" am nordwestlichen Abhang des Odenwaldes unweit von Langen und dem „Wurtgarten" am Burgberg in Elme (Braunschweig) freigelegt. Kultstätten konnten auf dem Ringwall von Lossow, südlich Frankfurt a.O., wo Unverzagt gegen 500 Opfergruben aufdeckte, oder auf der „Heidenmauer" bei Bad Dürkheim a.d.H. wahrscheinlich gemacht werden, wo neben Grabstätten und Depotfunden der Bronzezeit auch alte Zeichnungen und Kultsymbole (Sonnenrad, Pferd, Mann mit Lanze, zwei weitere menschliche Figuren mit erhobenen Armen) sowie auffallende Ortungsbeziehungen nachgewiesen werden konnten. Mit der Einführung des Christentums wurden auf vielen dieser Plätze oder in ihrer unmittelbaren Nähe Kapellen, Klöster oder Pfarrkirchen errichtet, was wiederum auf ihren heidnisch-kultischen Charakter weisen mag.

Häufig hat sich die Heiligkeit dieser Stätten kontinuierlich bis ins volkstümliche und kirchliche Brauchtum unserer Tage erhalten. So wurden Ringwälle verschiedentlich zum beliebten Ziel von Wallfahrten, bei denen, wie bei anderen kirchlichen Festen, zum Beispiel der Kirchweih, an Volksvergnügungen und Volksbelustigungen kein Mangel war. Buschan hat eine Reihe von eindringlichen Beispielen zu diesem Brauchtumskomplex gesammelt: So zieht am dritten Oster- und am Himmelfahrtstag das Volk von jeher nach dem „Frauenberge" bei Sondershausen hinaus, auf dem eine längst verschwundene Kapelle „zu unserer lieben Frauen" stand und eine vorgeschichtliche Schicht von Scherben und Schlacken bei den Ausgrabungen zutage getreten ist, um sich hier zu vergnügen. Das gleiche tut die Bevölkerung von Hainrode in Thüringen zu der durch vorgeschichtliche Mauern zu einem Ringwall gestempelten und von Sagen umwobenen „Hasenburg"; die von Sangerhausen zu der ebenfalls durch einen vorgeschichtlichen Wall gekennzeichneten „Bäumelburg", auf der bis in die Mitte des vorigen Jahrhunderts Kirchmesse abgehalten wurde. Die Bevölkerung von Breslau zu der ebenso beschaffenen Schanze von Oswitz, die des Südharzes am Himmelfahrtstag zu der von einem vorgeschichtlichen Wall umgebenen „Grasburg" auf dem alten Stollberg, wo in frühen Zeiten eine Kapelle errichtet wurde und damals auch die üblichen Volksfeste stattfanden, die aber später wegen ihrer unchristlichen Form verboten wurden, was auch im 13. Jahrhundert für die durch einen Wall geschützte „Numburg" am Kyffhäuser wegen ihrer unzüchtigen Kirmesfeier der Fall war. Die Bevölkerung von Questenberg zieht zu der Anhöhe gleichen Namens, wo ebenfalls auf dieser aus der Vorzeit stammenden Wallburg am 3. Pfingsttag alljährlich ein grosses Volksfest mit der feierlichen Bekränzung des Questenbaumes nach altüberlieferten Förmlichkeiten sich vollzieht; die Bevölkerung von Gödewitz im Rheinland pilgerte am Morgen des Himmelfahrtstages nach dem sogenannten „Bierhügel" um ein Volksfest zu begehen und vor allem ihr Bier hier und nicht wie sonst auf dem Dorfanger zu trinken. Was die erwähnte Numburg betrifft, so kennen wir eine darauf bezügliche Sage, wonach am Himmelfahrtstag „ein hoher heiliger Herr auf einem von Böcken gezogenen Wagen die Burg besuchen komme; daher dürfe an diesem Tag kein Mensch sie betreten". Bei der „Steinkirche" in Scharzfeld in der Nähe von Bad Lauterbach liegt auf der höchsten Stelle des Berges eine frühmittelalterliche Wallanlage, in der die Dorfjugend alljährlich das Osterfest durch Abbrennen des althergebrachten Feuers feiert. Eine Reihe von regelmässig aufeinanderfolgenden Brandschichten weist auf das hohe Alter des

Brauches. Schliesslich wird bei Willigt in der Nähe von Schwerte ein kleiner Ringwall von der Bevölkerung der umliegenden Ortschaften als Verlobungsplatz und allgemein als Ort für Feierlichkeiten benutzt.

Solche vorgeschichtlichen Wallbauten finden wir bei zahlreichen unserer Rosengärten. Der Rosenstein bei Heubach (Schwaben) weist Ringwälle aus der Hallstattzeit mit Resten einer mittelalterlichen Burg auf. Am Rosenberg in Oberhessen dicht an der kurhessischen Grenze sind Reste einer alten Ringburg festgestellt worden. Verschiedene Rosengärten des Taunus, besonders die am Altkönig, weisen Steinwälle auf. Der Rosengarten bei Marburg liegt an einem riesigen Ringwall auf dem Bergrücken zwischen Ockershausen und Wehrhausen. Der Sophienberg bei Gesees (Kr. Bayreuth), an dessen Fuss ein Rosengarten liegt, trägt Reste vorgeschichtlicher Befestigungsanlagen. Beim Rosental nördlich Ballenstedt am Harz befinden sich die „Gegensteine" mit neun Ringwällen. Der Rosengarten von Hultrop liegt am „Römerwall". Bei Rosenthal-Altoschatz haben sich grosse vorgeschichtliche Abschnittswälle gefunden. Das „alte Schloss" bei Lieberose östlich vom Spreewald ist eine alte umwallte Volksburg. Bei Rosenfelde, Kr. Regenwalde (Pommern) und bei Gross-Rossin, Kr. Stolp, befinden sich alte Burgwallanlagen. Nach Strahlmann soll auch der Pestruper Rosengarten bei Wildeshausen an der Hunte gegenüber dem grossen Gräberfeld ein alter Ringwall gewesen sein. Unweit der Pippinsburg bei Bremerhaven liegt eine alte Volksburg Rosenburg.

Mehrere dieser Orte weisen Beziehungen zum Toten-, Rechts- und Jahreskult auf. Bei der Bremerhavener Rosenburg, beim Marburger und Wildeshausener Rosengarten und bei verschiedenen gleichbenamten Volksburgen des Taunus finden sich zahlreiche Gräber; auf dem Marburger Rosengarten wurden noch bis in das 19. Jahrhundert hinein Volksfeste gefeiert; an alten Grenzen liegen der hessische Rosberg und das Rosental bei Ballenstedt. Irgendeine dieser Beziehungen wird auch bei den anderen Rosengärten angenommen werden können. Zum mindesten werden diese alten Ringwälle als Volks- und Versammlungsplätze unter dem Frieden des Gaues oder Stammes gestanden haben, unter dem gleichen Frieden also, der auch der Ding- und Feststätte ihren sakralen Charakter gab. Ähnliche Verhältnisse werden wir auch bei den anderen vor- und frühgeschichtlichen Rosenkultstätten voraussetzen dürfen. Interessant ist wegen seiner Funktionshäufungen der Osnabrücker Rosengarten. In ihm stand früher inmitten eines Steinkreises ein Monolith, in dem Hungerland ein Sonnenheiligtum vermutet. Der sagenumwobene Karlstein mit seinen Relikten früher Kultübungen.(Opfermulden, Hufeisen usw.) ist Mittelpunkt des Harburger Rosengartens, der auch durch seine reichen Grabfunde hervorgetreten ist. Bei diesem Stein feierten früher die „Kiepenbauern" ihr Gelage. Der Rosengarten östlich der Pyritzer Kreisgrenze bei Arnswalde besitzt ebenfalls einen alten Opferstein. Nordwestlich von Roben bei Gera liegt der Rosenhof, eine Feldmarkung, angrenzend ein Gehölz, in dem sich ein kreisrunder, mit einem versumpften Wallgraben umgebener Erdhügel, das „Schlösschen", befindet. Dieser Platz scheint ein Opferhügel gewesen zu sein, wie Ausgrabungen erwiesen haben. Ein grosser Opferplatz mit Altären und kultischem Zubehör wurde bei Rosbjerggaard nördlich von Hobro in Jütland gefunden.

Liess sich in diesem Falle das urtümlich-sakrale Wesen mehrerer Rosengärten aus ihrer Identität oder Nachbarschaft mit altheidnischen Orten wahrscheinlich

machen, so kann im weiteren ihr alter Bedeutungsgehalt durch das mythisch an-
mutende Flurnamengut ihrer unmittelbaren Umgebung erhellt werden. Obwohl
mit aller Vorsicht an die Deutung solcher Namen gegangen werden muss, ist es
doch in mehr als einem Sinne merkwürdig, dass unsere Rosengärten häufig an
Fluren mit kultisch-teophoren Namen oder mit Jenseitsbezeichnungen liegen. So
finden wir das Gandersheimer Rosental einem „Hellberg", den Lindauer Rosengarten bei Ascheberg (Holstein) einem „Hellberg", das Rosenmoor in Arpsdorf
bei Neumünster einem „Hellsîk", den Rosenhof bei Jacobshagen, Kr. Saatzig
(Pommern) einer „Hölle", den Rosenhof im Dorf Padenstedt desselben Kreises
einem „Hellhörn", das Roosbrook im Kirchspiel Ostenfeld bei Husum einem
„Hilli Pusch" oder „Hilli Brook", den Rosenort unweit Graal in der Rostocker
Heide dem „Heiligen See" und dem „Hexenreigen", den Rosenhügel im Fichtel-
gebirge einem „Höllenberg" benachbart. Meyer erwähnt auf rheinisch-westfälischer Grenze ein Rosental neben einem „Hellberg" und einer „Sandhelle". Im
Schaumburgischen liegt ein Rosenthal am Nesselberg bei der sagenreichen „Pa-
schen-" oder „Osterburg" unter dem „Mömekenloch" und der „Himmelstür". Ne-
ben dem Rosengarten in der Flur Hirschrode südlich Laucha gibt es die Fluren
„Baumgarten", „hinter dem heiligen Garten", „Himmelreich" und „vor dem Drachenwinkel". Auf Naumburger Flur schliesst an das Rosental ein „Paradies".
Westlich von Sangerhausen liegt auf der Höhe des „Butterberges" ein Rosengarten
östlich des „Himmelssteiges". Unweit davon befindet sich auf der westlichen
Seite des Sachsengrabens ein Rosengarten am „Korbeshügel" oder „Wihaug". Der
Rosengarten von Pölsfeld liegt am „Himmelsweg" unweit des „Weissen Steines".
Nördlich vom Weg Wildeshausen-Huntlose liegt an der Hunte, der „Wiekau" (der
geweihten Au?) benachbart ein Rosengarten. Bei Delitzsch ist dem Rosenthal ein
„Heiligbrunn" (aus dem das Osterwasser geholt wird) und ein „Hain" unmittelbar
benachbart. Auf den Rosengarten von Thambach in Thüringen führt ein „Har-
chenstieg", wie im Rosental auf rheinisch-westfälischer Grenze ein „Harkenstiel"
(wohl volksetymologische Umdeutung aus „Harkenstieg") liegt.

Verschiedene haben in Untersuchungen über die Beziehungen der Flurnamen
zur Vorgeschichte darauf hingewiesen, dass Helle, Hölle, Himmel, Paradies usw.
häufig Bezeichnungen für vorgeschichtlich bedeutsame Plätze, vor allem für Hügelgräber und Urnenfelder sind. Die genannten Hell-Örtlichkeiten brauchen daher
auch in unserem Falle nicht als Halden oder steile, schluchtige Abhänge gedeutet
werden, sondern können mit Totenbestattung und Heroenkult in Verbindung stehen. Auch die angeführten Himmelsfluren mögen keine Bezeichnung für kirchliches Gelände, sondern für alte heidnisch-kultische Plätze sein, worauf schon die
Nachbarschaft mit den folgenden mythisch oder rechtlich anmutenden Namen
weist: Im „Mömekenloch" neben der „Himmelstür" wohnen die Unterirdischen,
was, wie bei dem Schätze hütenden Bewohner des „Drachenwinkels", Beziehungen zu altem Totenglauben und -ritus vermuten lässt. Der „Himmelsstein" auf
dem „Butterberg" und der „weisse Stein" am „Himmelsweg" weisen auf rechtlichen Charakter dieser Stätten. Schon Sichart leitete den Flurnamen „Himmelsstein" über hemalstein von hegemalstein her. Diese Deutung ist nicht ohne weiteres von der Hand zu weisen. Carnoy führt mehrere westniederfränkischen Orte,
zum Beispiel Emael, im 8. Jahrhundert Aimala, 1331 Heimala (Kr. Tongern, Lim-

burg) und Himale, Briastre (Kr. Kamrich, Dép. Nord) auf heimal > hegemal zurück, und Petri kennt ein ndl. heimael, Gerichtshof. Eine volksetymologische Umdeutung von hegemal über hemal, himal zu himmel liegt also durchaus im Bereich des Möglichen. Der „Korbeshügel" oder „Wihaug" (= ahd. wîch houg) ist der heilige, der geweihte Hügel. Die „Harkenstiege" sind die Wege zu dem der Göttin Harke, Herke oder Erke geweihten Platz („Frau Harke", eine der Perchta oder Frau Holle verwandte göttliche Gestalt).

Es wäre verwunderlich, wenn sich bei dieser alten und reichen Verknüpfung mit Recht und Tod, mit Spiel und Mythus nicht auch die Sage unseres Stoffes bemächtigt hätte. Und in der Tat sind zahlreiche Rosengärten mit volkstümlichen Erzählungen verbunden, die wiederum im Totenglauben und -brauchtum wurzeln. Vor allem handelt es sich um Sagen von unterirdischen Schätzen: der Rosenberg von Hohenleipa an der sächsisch-böhmischen Grenze enthält eine schöne Kapelle mit unsäglichen Schätzen. Am Karfreitag um Mitternacht öffnet sich der Eingang. Auch im Rosengarten zu Küttingen auf dem Löhren, im Rosenberg bei Windisch-Kamitz (Sachsen), im Rosenberg bei Sulzbach und unter der Rosenburg bei Müllheim im Markgräfler Land sollen Schätze verborgen sein. Auf dem Rosenberg bei Kronach in Oberfranken soll sogar ein Tempel gestanden haben, an dessen Altar als grösstes Heiligtum ein Schwert hing, das unbesiegbar machte. Daneben kommen Sagen von den Toten im Berg, von Zwergen und Riesen, von der weissen Frau oder den drei Fräulein, vereinzelt auch vom wilden Jäger, vor: Im Rosenock der Kraninger Alpen soll ein Kaiser mit einem grossen Heer schlafen. Der Berg ist hohl und birgt einen grossen Saal, dessen Decke von vier mächtigen Goldsäulen getragen wird. Im Rösberg bei Corvey sitzen Soldaten, die verwünscht sind. Im Rosengarten bei Brackwede (Bielefeld) befindet sich ein grosser paradiesischer Garten, in dem Zwerge wohnen. Wen erinnert das nicht an den Tiroler Rosengarten des Königs Laurin? In dem Felsen, der vor der Steinrospe (= Rosapa, Rosbach) liegt, ist eine Höhle, das „Zwergenloch", in dem Unterirdische wohnen, die das Vieh der Umgegend hüten und dafür Essen bekommen. Im „Mäumekenloch" über dem Rosenthal der Schaumburg wohnen Zwerge, die in freundschaftlichem Verkehr mit den Menschen stehen und ihnen das Bier brauen. „Uellerkens" bevölkern auch den Rosenberg im Kreis Saatzig (Pommern). Auf dem Rosenstein von Heubach, einer alten Ringburg, haust ein kleines weisses Fräulein. Aus einer Höhle dieses Berges werden die Kinder geholt. Auf der Rosenau im Siebengebirge stand eine Burg, in deren unterirdischen Gängen ein Ritterfräulein verschwunden sein soll. Auf dem Rosenberg bei Sulzach hausen drei Fräulein. In einem unterirdischen Gang wird ein Schatz von einem schwarzen Hund bewacht. Bei Müllheim im Markgräfler Land, wo jetzt „Schlossmatten" und „Schlosslehohle" ist, war vordem, dem von Blumegg gehörig, das Schlösschen Rosenberg. Hier wurden von drei in Kriegszeiten geflüchteten Jungfrauen Schätze vergraben, die von einem Geist bewacht werden. Auf der Roseninsel im Würmsee bei Starnberg befinden sich Überreste einer sehr alten Kirche, unter deren Hochaltar schwarze Erde mit Kohlen und Urnentrümmern liegen. Auf dieser Insel sollen vor undenklichen Zeiten drei Fräulein gewohnt haben, welche sehr fromm waren. Zahlreiche Rosenberge oder -burgen sollen von Riesen erbaut worden sein, so zum Beispiel der Rosenberg am Rosenbach in der Oberpfalz, das Schloss Rosenberg bei Sulzbach, die sagenhafte Burg am östlichen Abhang des Rösenberges usw.

Kontinuität

Wenn bei den letzten kleineren Bedeutungsgruppen die Zusammenhänge auch nur vermutet werden konnten, so steht doch eindeutig fest, dass eine ungemein grosse Zahl von Rosengärten ursprünglich Grabstätten, Gerichtsorte oder Spiel- und Festplätze waren, ja, dass nicht selten diese Funktionen noch heute an ihnen haften. Weisen aber alle drei hinsichtlich ihrer Bedeutung differenzierten Sach-gruppen den gleichen und sicher sehr alten Namen auf, so ist auch anzunehmen, dass sie in einem gemeinsamen urtümlichen Vorstellungsbereich wurzeln. Das zeigt sich ja zuweilen noch in der Funktionshäufung mancher dieser Orte, so, wenn der Osnabrücker Rosengarten, der gleichzeitig Spiel-, Versammlungs- und Ratplatz der Bürger war, auf einer alten Begräbnisstätte lag, oder wenn die Rosen-garten-Friedhöfe zu Greifensee (Kt. Zürich), Oberlunkhofen (Kt. Aargau) und Solothurn zur Beratung und Rechtsprechung dienten. Die Hamburger Rosenstras-se hat ihren Namen vermutlich von dem Friedhof, an dem sie vorbeiführte, der wiederum alte Freistätte war, und der Zerbster Rosenwinkel bildete in ähnlicher Weise mit dem alten Stiftskirchhof und der Schlossfreiheit eine lokale Einheit. Vielleicht gehen auch die zahlreichen Rosengärten vor den Toren der Königshöfe, Burgen, Städte und Dörfer auf die Tendenz zurück, die Gerichts- und Totenstätte als ideologisch zusammengehörig an die Eingänge der menschlichen Siedlungen und besonders ihrer ordnenden Gewalten zu plazieren. Eine Kombination von Rechts- und Feststätte waren dagegen der Revaler und der Neustädter Rosengar-ten, was im übrigen auch bei den zahlreichen Rats-, Versammlungs- und Feststu-ben „Rose", zum Beispiel in Oldenburg, Bremen, Lübeck, Königsberg, Frederiks-borg usw. zutreffen mag. Der Marburger Rosengarten schliesslich, der noch in letztvergangener Zeit Ort alter Frühlingsspiele war, ist vordem ein Friedhof gewe-sen und schliesst durch seine Verbindung von Fest- und Totenstätte den Kreis der erschlossenen Bedeutungsgehalte.

Räumliche Übereinstimmung von Gerichts- und Totenkultstätte ist von frühen Zeiten an bis in das hohe Mittelalter hinein vielerorts nachweisbar. Für das Hand-gemal, die germanische Sippengerichtsstätte, hat H. Meyer nachgewiesen, dass es mit dem Ahnengrab zusammenfällt, als solches einen notwendigen Bestandteil des Edelhofes bildete und sich hier die Glieder des altfreien Geschlechtes durch Eid zu ihrer Freiheit und ihrer Abkunft zogen. Auf dem Odalshougr, dem Grabhügel der Vorfahren, pflegten die nordeuropäischen Könige und Adelsbauern zu sitzen und Gericht abzuhalten oder Rechtshandlungen wie Erbantritt, Hochzeit, Verkauf, Flur- und Grenzentscheidungen usw. vorzunehmen. Am bekanntesten sind ja die Königsgräber zu Jellinge, die aus den Grabhügeln der dänischen Königsahnen, Gorm und Thyra, bestehen und die von einem Kranz von fünfzig bearbeiteten Steinen umgeben sind, an denen noch heute der Name „Thingstein" haftet. Nicht minder angesehen waren die Königsgräber von Uppsala, die Dingstätte der schwedischen Könige waren. Auf allen drei Hügeln fanden bis zur Neuzeit neben den Königswahlen auch Gerichtsverhandlungen statt. Noch 1520 bis 1530 hielt Gustav Wasa seine wichtigsten Zusammenkünfte und Beratungen dort ab.

Bei den Südgermanen waren gleich berühmt der Upstalsboom südlich von Aurich in Ostfriesland, ein Grabhügel, auf dem sich der Dingplatz der friesischen Gaue befand, und der auf der Stammesgrenze von Bayern und Schwaben gelegene Gunzenlee, der Grabhügel des Alemannenherzogs Cunzo aus dem 6. Jahrhundert, der wichtigsten Dingstätte des Herzogtums Schwaben, die unter den Staufern sogar Stätte des Königsgerichtes wurde. Ähnliches gilt von den zahlreichen weiteren Lee-Orten Südwestdeutschlands, etwa dem Birtinlee auf der Markung Rottenburg, der Dingstätte der Gaugrafen der Bertholdesbaar und des Sülchgaues, vom Rauhenlehen nördlich des Dorfes Ertingen, dem Dingplatz des Eritgaues, vom Ringenlee südlich von Ertingen, der im Mittelalter Gerichtsort der Sippe südlich von Ertingen war, und von den zahlreichen Rechtsstätten „auf dem Leo" (1367), „uf dem Lewen" (1363), „auf dem Leebühel" usw. im Oberamt Leonberg.

Andere mittelalterliche Gerichtsstätten auf oder bei vorgeschichtlichen Gräbern bestanden zum Beispiel in Rottenheim (Württemberg), in Heppenheim an der Bergstrasse, in Evessen (Braunschweig), Bergen (Landkreis Celle), zu Uelzen an der Ilmenaubrücke, in Dötlingen (Oldenburg), Bardahl bei Bremen, auf dem Hünengrab im „Dingholz" der Querner Markung in Angeln, am „Lindenhügel" von Kindleben bei Gotha, am „Stein" zwischen Blankenburg am Harz und Langenstein, auf dem „Hoseckenberg" bei Dittfurt, bei der Gerichtslinde zu Neinstadt (Kreis Quedlinburg) usw. Den gleichen Zusammenhang erweisen Rechtsnamen, die solchen alten Begräbnisstätten häufiger eigen sind. Eines der bekanntesten Gangräber Schleswig-Holsteins ist der „Denghoog", der Dinghügel bei Wenningstedt auf Sylt. Bei Sonderburg (Nordschleswig) befindet sich inmitten von Hügelgräbern der „Dinghoj". In Bjolderup (Amt Apenrade) gibt es einen Flurnamen „Tinggrav". Auf dem „Ratsberg" in der Nähe von Pinneberg (Holstein) ist ein ganzer Friedhof mit zahlreichen Urnen freigelegt worden. Auf dem „Richtberg" bei Derenburg (Kr. Halberstadt) wurden Hockergräberfunde gemacht. Der „Gerichtsberg" in Schlochau (Pommern) lag über einem Gräberfeld mit zahlreichen Skeletten und Urnen.[17]

Diese urtümliche Einheit von Rechts- und Totenstätte findet in der christlichen Zeit ihre Fortsetzung in der Sitte, das Gericht oder Massnahmen rechtlicher Art auf dem Friedhof abzuhalten oder vorzunehmen. Man kann in dieser sicher nicht freiwilligen Übernahme des alten Brauchtums einen Hinweis auf seine Bedeutsamkeit im Kulturgefüge erblicken, denn ohne Zweifel hätte die Kirche bei unwichtigen und leicht zu beseitigenden Paganismen ihre bekannte Assimilationspolitik nicht zur Anwendung bringen brauchen. Die Kontinuität dieser Sitte ist an Hand zahlreicher Altertümer von früher bis in die heutige Zeit zu verfolgen. Der jetzt noch vorhandene „Gerichtsstein" auf dem Kirchhof von St. Georgen bei Bruneck in Tirol wird schon 861 als „in publico placito prope ecclesiam St. Georgi" erwähnt. Ähnliche alte Rechtsanlagen und -sinnbilder sind mehrfach bezeugt und zum Teil noch vorhanden. Auf dem Friedhof von Langenleuba (Oberhain) stand die „Gemeindebank" auf dem Kirchhof, ebenso in Eberswalde die „gehägete Bank", wo die öffentlichen Angelegenheiten verhandelt und das Recht in Kriminal- und Zivilsachen gesprochen wurde. In Ockenheim (Rheinhessen), Breitenbrunn i.O., Burgerroth bei Aub, Evessen bei Wolfenbüttel, Alfeld an der Leine, Plön in Holstein, Nortorf bei Kiel und anderen Orten tagte das Gericht unter einer Friedhofslinde, dem typischen Wahrbaum der Gerichtsbarkeit.[18] Zweifellos wird die Eigenart des Kirch- und Friedhofs als der natürlichen sonntäglichen Versammlungsstätte vor und nach dem Gottesdienst stark zur rechtlichen und beratenden Nutzung dieser Örtlichkeit beigetragen haben. Aber ebenso werden die christlichen Friedhöfe, ob mit oder ohne Billigung der Kirche, auch die heidnisch-kultische Identität von Toten- und Gerichtsstätte kontinuierlich bis in die Neuzeit bewahrt haben und erst eine fortschrittliche Rücksichtnahme auf die sensiblen Nerven und das sanitäre Sekuritätsbedürfnis der ehrbaren Bürger, die ja auch den Totengarten aus dem unmittelbaren Lebensbereich der Siedlungsgemeinschaft verwies, wird diese alten Malstätten aus ihren Beziehungen zum Volksrecht verdrängt und zu einer Neuordnung der lokalen Verhältnisse geführt haben.

Noch markanter aber offenbart sich, wenigstens für unser Denken und Fühlen, der primäre heidnisch-sakrale Charakter dieser Stätten in ihrer Verwendung als Fest- und Spielplatz. Ich erinnere nur an die Verbote der Kirche gegen die Tänze auf den Friedhöfen oder in den Kirchen, die ebenso vergeblich waren, wie sie mit konstanter Hartnäckigkeit wiederholt wurden. Trotz allen Widerstandes der klerikalen und weltlichen Obrigkeit hielt das Volk bis in die letztvergangene Zeit zu der alten Tradition, seine Feste des Lebens und des Jahreskreises mit den Toten zusammen zu feiern. Noch zu Anfang des 15. Jahrhunderts laufen die „Schodüvel" in Braunschweig zu Weihnachten auf den Friedhöfen herum. In Leipzig werden in der Zeit des dreissigjährigen Krieges Schwerttänze auf den Kirchhöfen veranstaltet. Arnkiel berichtet in seiner „Cimbrischen Heyden-Religion" von einem Bergfriedhof im Kirchspiel Hallen (Telemarken, Norwegen), dass auf ihm am Michaelisfest Kirmes und grosse Versammlungen abgehalten worden seien. Der Pastor zu Dissen (Westfalen) beklagt sich 1717, dass die Dorfbewohner am 1. Ostertag einen Rundgang um den Friedhof machen, dabei singen, lachen und springen und allerlei ärgerliches Wesen treiben. Im 17. und 18. Jahrhundert tanzten die Mädchen auf Föhr und in Eiderstedtischen zu Weihnachten und Neujahr auf oder vor dem Friedhof und noch im vergangenen Jahrhundert waren die Friedhöfe in den Vierlanden Versammlungsort der Jugend zu ausgelassenstem Scherz und Spiel, während in der Eifel die „Mädchenversteigerungen" am Kirchweihfest noch heute auf dem Friedhof stattfindet. An manchen Orten ist es bis heute geübter Brauch, zu Palmsonntag Leckereien und zu Ostern Eier auf den Gräbern der Verstorbenen zu verscharren und sie von den Kindern suchen zu lassen. In anderen Gegenden, zum Beispiel in Makedonien, werden die Sommer- und Winterkämpfe, wie sie den Rosengartenspielen zu Grunde liegen, noch in letzter Zeit auf den Friedhöfen aufgeführt.

Daneben hat sich, vielleicht in zeitloser Kontinuität, die Sitte erhalten, diese Feste an den vorchristlichen Begräbnisstätten, vor allem auf den grossen, die Landschaft beherrschenden Hügelgräbern abzuhalten. So veranstaltete Welf VI. im Jahr 1173 auf dem Gunzelee grosse Pfingstspiele. Ein Hügelgrab namens Lebern ist der Belustigungs- und Festplatz des Zürcher Städtchens Bülach und wird dort Frôlewern oder Volewern geheissen. Bei Born am ehemaligen Limes wird auf alten Grabhügeln am Himmelfahrtstag alljährlich ein Fest gefeiert, bei dem sich Buden und Tanzmusik finden. Eine Wallfahrt mit Fest und Spiel macht die Bevölkerung von Suhl am Trinitatisfest zum „Heidengrab" am Fuss des Döllberges. Auf dem Steinberg bei Scharzfeld in der Nähe von Lauterbach im Harz liegt eine mittelalterliche Wallanlage und über Kulturschichten der Spätstein- und frühgermanischen Eisenzeit ein Gräberfeld von 120 Skeletten des 8.-13. Jahrhunderts. Hier feiert die Dorfjugend alljährlich das Osterfest durch Abbrennen eines Feuers. Die gleiche Sitte herrscht auf den Hügelgräbern der Osterholzer Mark im Lüneburgischen und auf dem mittleren der drei Königshügel zu Alt-Uppsala. Auf den nordfriesischen Inseln und in Schleswig-Holstein brennen auf den grossen Hügelgräbern zu Lichtmess und Petri-Stuhlfeier die Biiken- oder Beekenfeuer. Im Hessischen und Fränkischen versammeln sich die Bauern mancher Gegenden zu ihren Maifesten auf alten Grabhügeln wie dem Lippersgrab und dem Bürgelberg in Hessen oder dem Leeberg im Ansbachischen.

Heute erinnern an dieses alte Brauchtum meist nur noch die volkstümlichen Namen solcher Gräber. Zahlreiche „Tanzberge" und „-steine" werden als alte Hügel- oder Steingräber nachgewiesen. Das Harsefelder Königsgrab im Kreis Stadte wird „Osterberg", ein Hügelgrab im Kreis Bernburg a. Saale bei Dröbel „Pfingstberg" genannt. In Westfalen und Hannover führen viele solcher altehrwürdigen Stätten die Namen „Oster-", „Paske-" oder „Paschberg". Aber nicht nur die grossen Gemeinschaftsfeiern des Jahreslaufes, sondern auch die Feste des menschlichen Lebens finden an den Grabstätten der Ahnen statt. Am Handgemal erfolgte die Eheschliessung. In der isländischen Saga von Gunnlaug Schlangenzunge werden zum Beispiel Werbung und Ehevertrag auf dem Grabhügel beim Hof Thorsteins abgehalten. Auf dem Gunzenlee feierten 1126 Heinrich der Stolze mit Gertrud, der Tochter Kaiser Lothars und 1197 Philipp von Schwaben mit der griechischen Kaisertochter Irene ihre Hochzeit. Die zahlreichen „Brautsteine", „Brauttänze", „Brautfeierhügel" usw. sind vorgeschichtliche Grabhügel und Steingräber, die ihren Namen von dem uralten Brauch tragen, an ihnen die Ehe zu schliessen. Und noch bis in die letzte Zeit haben sich Reste dieser Sitte erhalten. Bei den Siebenbürger Sachsen tanzten die Knechte, während das Brautpaar in der Kirche getraut wurde, auf dem Friedhof den „Wärbungk", den Werbetanz. Auf den Färöern tanzte noch im vorigen Jahrhundert nach dem Hochzeitsgottesdienst die ganze Gemeinde auf dem Kirchhof und sang alte Heldenlieder. In Braak (Kr. Bordesholm) schliesslich geht noch heute das Gefolge mit der Braut dreimal um ein altes Hünengrab, den „Treppenberg" herum. Auch hier, wie überhaupt ganz allgemein bei der Verbindung sozialer oder brauchtümlicher Funktionen mit solchen alten Grabhügeln ist es nicht die geoplastische Bedeutsamkeit dieser Anlagen, die zu ihrer Wahl geführt hat, sondern die Tradition uralten Totenkultes, die die Nachkommen hiess, ihre Feste an den Ruhestätten der Ahnen zu begehen.

Hier bleibt noch die Aufgabe, die räumliche Identität von Gerichts- und Festplatz zu erörtern, die, wie wir ja schon beim Osnabrücker Rosengarten und letzthin auch beim Gunzenlee sahen, in älterer Zeit etwas durchaus Gewöhnliches gewesen sein muss. Auf den lokalen Zusammenhang der Dingstätten mit Orten kultischer Bedeutung ist genügend hingewiesen, so dass hier nicht näher darauf eingegangen zu werden braucht. Spiele und Feste sind aber, ebenso wie Gerichtsverhandlungen, an solchen Stätten bis in die neueste Zeit gepflegt worden.[19] Am ersten Sonntag im Mai wird auf der „Ehrenbürge" bei Forchheim, einem alten Dingplatz, seit frühen Zeiten ein Fest gefeiert. Noch heute stecken sich zahlreiche Besucher einen Platz mit Ruten und Schnüren als ihren „Hegebezirk" ab. Am Jodutestein in Paderborn wird Lätare ein Volksfest begangen. Viele Galgenstätten sind Orte alter Volksbelustigungen. Bezeichnend stand die Hochgerichtsstätte von Friedberg (Hessen) auf der „Pfingstwiese", auf der am ersten Pfingsttag ein Volksfest gefeiert wurde. Auf dem Platz vor dem Galgen in Visby (Gotland) wird noch heute alljährlich das Walpurgisfeuer abgebrannt. Im übrigen sei nur auf die überall bekannte Sitte hingewiesen, unter der Linde auf dem Dorfplatz, dem Thie, der Schranne, der Dingstätte, der Warf oder wie die örtlichen Rechtsstätten heissen, den Rechtsobliegenheiten wie den Festtagsfreuden nachzugehen. So hielten noch im vorigen Jahrhundert die Bauern in Bischhausen (Landkreis Göttingen) auf dem zwischen Schule und Kirche liegenden Tie nicht nur die durch Trommeln des „Bauermeisters" angekündigten Gemeindeversammlungen ab, sondern feierten dort auch das Pfingstbier und andere Sommerfeste. Ebenso wird der Tie des Dorfes Wolfsberingen (Gotha) bei Hochzeit und Kirmes benutzt. Dementsprechend werden die alten Gemeinde- und Rathäuser, aber auch die Versammlungsplätze im Freien, im Mittelalter „Theatrum", „Tanzhaus", „Tanzdiele", „Spielhaus", „Spielbaum", „Spielgarten" und ähnlich genannt.[20]

Ursprünglich sind natürlich nicht, wie nach dem angeführten Material vermutet werden könnte, nur je zwei der drei genannten Funktionen lokal gepaart gewesen. Wir sahen ja schon beim Osnabrücker Rosengarten und beim Gunzenlee, dass sie sowohl Grabstätte wie auch Rechts- und Festplatz waren. Gleiche Übereinstimmung ist von frühester bis in die Neuzeit immer wieder nachweisbar. Man denke etwa an den Thorsberger Kultplatz, dessen Zentralpunkt ein altes, noch heute erhaltenes Hügelgrab mit Bautastein war und der wohl gleichzeitig Dingstätte gewesen ist, zumal dort bis 1676 das Ding der Schliesharde tagte. Verwandt ist der Platz in Alt-Uppsala, wo die drei grossen Königshügel vereint mit dem Dingplatz Ort kultischer Handlungen und Jahresspiele waren, wie ja noch heute auf dem mittleren von ihnen das Osterfeuer abgebrannt wird. Ähnliche Sitte bezeigt schon die Gongu-Hrolfssaga, nach der Jarl Thorgnir auf dem Grabhügel seiner Gemahlin in der Nähe seiner Burg Gerichtsverhandlungen zu führen und Spiele zu veranstalten pflegte. Noch aus dem 18. Jahrhundert ist uns ein hübscher Bericht über diese alte und gemeinübliche Brauchtums- und Funktionshäufung erhalten: „In Wolfsbehringen bei Waltershausen (Thüringen) befindet sich mitten im Dorf am Kirchhof auf einem kleinen Hügel ein mit Linden besetzter Platz, rundum mit grossen Steinen eingefasst. Man heisst ihn gemeiniglich den gemeinen Anger, auch das Mahl. In desselben Mitte unter der Hauptlinde ist ein grosser Stein als Tisch, gerad wie ein Heydnischer Opferstein aufgerichtet, den vier kleinere Steine als Füsse tragen. Hier hält die Gemeinde ihre Versammlung, öffentliche Beratschlagung und Ansagung oder stehen im Ring. Die herrschaftlichen Verordnungen werden durch den Schulmeister abgelassen, aber auch die feyerlichen Hochzeits- und Kirms-Tänze gesprungen, wo man sich Paarweise in einem einfachen Dreher zentrum den mittleren Baum und Stein fortwälzt." Ähnliche Verhältnisse sind für den Ort Milz in Thüringen bezeugt, wo früher im Herbst gleichzeitig Kirmes und Gericht auf dem Friedhof abgehalten wurden.

Den gleichen Bräuchen begegnen wir im Totenkult sowie bei der Hegung der Festplätze. Die Einfriedung der Hügel- und Steingräber durch einen Steinkranz ist so häufig, dass sie a priori zur Grabanlage gehört zu haben scheint. Ebenso finden wir die Hegung durch Bänder wieder. Schon die germanische Opfer- und Kultstätte war mit einem Faden oder einer Kette (so z.B. in Uppsala) umzogen. Erinnerungen hieran mögen die Fäden sein, mit denen die Rosengärten der mittelhochdeutschen Epen oder, im neueren Brauchtum, die Spielplätze der „Rosenspiele" eingehegt sind. Am gebräuchlichsten scheint der Umgang um die Grabstätte gewesen zu sein. Er begegnet schon bei den vorchristlichen Germanen, Römern, Griechen und Indern, und in neuerer Zeit wird allein im engeren heimatlichen Bereich aus Jütland, Ostfriesland, Oldenburg, aus dem Hunsrück, der Altmark, Niederlausitz, Priegnitz, aus Siebenbürgen und anderen Gegenden berichtet, dass die Angehörigen und das ganze Trauergefolge nach der Bestattung in feierlichem Zuge dreimal um das Grab wandeln.

Dieser rituelle Umgang ist nicht von den anderen Formen der Grabeinfriedung (Steinsetzung, Bänder, Zäune usw.) zu trennen und gehört, als Analogieform der Ding- und Kultplatzhegung, zum grossen Brauchtumskomplex der rechtlich begründeten Totenpflege. Dabei ist diese Brauchtumsidentität keineswegs Zufall. Sie geht konform mit der oben dargelegten uralten Identität der Toten-, Kult- und Rechtsstätte. Sie findet ihre Bestätigung in der Teilnahme der Toten an den verschiedenen Rechtsinstitutionen der Lebenden. Sie liegt begründet in der starken rechtlichen Fundierung der Totenpflege, von der sie, wie das Darbringen von Speisen, Wärme, Licht, Spielen, Lachen, Tanzen usw., nur ein Teil ist. Und durch sie ist schliesslich überhaupt erst der Name „Friedhof" für die Totenstätte als umhegter, gefriedeter Ort verständlich.

Der sprachliche Bezirk

Es ist hier der Ort, uns eines auffallenden Faktums bei der vergleichenden Untersuchung der deutschen Rechtsaltertümer zu entsinnen, nämlich der evidenten Ähnlichkeit der „Rosen-" mit den „Roten-Orten". Beide sind vornehmlich in den rechtlichen und kultischen Bereichen beheimatet. Beide gleichen sich lautlich soweit, dass zuweilen sogar Kontaminationen der Wortformen vorkommen. Und beide wurzeln schliesslich, um das Ergebnis dieser Untersuchung kurz vorauszunehmen, im gleichen Sinngehalt. Auf die symbolische Bedeutung der roten Farbe im Rechtsbereich und vor allem in der Bezeichnung einzelner Gerichtsstätten und -orte ist von anderer Seite genügend gewiesen worden, ohne dass jedoch die merkwürdige Parallelität zu den Rosenorten erkannt worden wäre. Sie sei mit wenigen Beispielen hier veranschaulicht.

Die städtischen „Rosenstrassen" entsprechen in ihrer rechtlichen Bedeutungsvielfalt den „Roten Strassen". In Göttingen führt die „Rote Strasse" zum Markt, auf der „Rotenstrasse" in Lüneburg vor dem „Roten Tor" vermutet man die alte

Gerichtsstätte vor der Erbauung des neuen Rathauses im 14. Jahrhundert.[21] Die „Rosentore" und „Rosengärten" vor den Toren finden ihr rechtsgeschichtliches Äquivalent in den Gerichten an den „Roten Toren" oder „Türen". In Erfurt tagte das Gericht vor dem „Roten Tore", in Frankfurt a.M. vor der „Roten Tür" der Bartholomäuskirche am Markt.[22] Die zahlreichen „Rosenhöfe" erinnern an die „Roten Höfe", man vergleiche etwa den alten Reichs- und Amtshof „Rothenhof" bei Unterbibbert an der Hochstrasse von Nürnberg nach Rothenburg; die „Rosenhäuser" an die „Roten Häuser", wie zum Beispiel das älteste Vogthaus der Stadt Zürich hiess, vor dessen Freiung der abwesende Verbrecher verschrien wurde; die „Rosensteine" an die „Roten Steine", so an den „Rodenstein" in der Frankfurter Neustadt, der Gerichtsstein war, oder an das Süddinkerner Freigericht am „Roten Stein". Die „Rosenberge" haben ihre Parallelen in den „Roten Bergen". An einem solchen Ort bei Gelliehausen befand sich an der königlichen Heerstrasse von Göttingen nach Heiligenstadt die Uslarsche Richtstätte. An der Königsstrasse von Duderstadt nach Northeim lag die Geleitsgrenze auf dem „Roten Berge".[23] Neben diesen reichen rechtlichen Beziehungen finden sich auch solche heidnisch-kultischer Art. Wie die alten Volksburgen häufiger „Rosengarten" genannt wurden, finden wir im Wald Korholm bei Nordborg Flaekke, Amt Sonderburg, einen Ringwall „Rödegaard" und am Übergang des „Helweges" über die Weser eine Ringburg auf dem „Roten Brink". Aus den mittelalterlichen „Rolanden" hat H. Meyer für die germanische Kult- und Gerichtsstätte den Namen „Rotes Land" erschlossen. Der ursprünglich nur lokal bestimmte Name dieser Sakralbezirke sei auf ihr Wahrzeichen, den Ding- und Ahnenpfahl, übertragen worden und an dessen Weiterentwicklung zum mittelalterlichen Rechtssinnbild der königlichen Banngewalt haften geblieben. Solche figürlichen Kultpfähle finden sich auch auf alten Rosenorten. So hat man in „Roos" in Holderness (Nordengland) bei der Reinigung eines Teiches ein Schiff mit Holzmännern und bei „Rosbjerggaard" nördlich von Hobro in Jütland inmitten einer Opferstätte die Überreste einer Holzfigur gefunden, die auf einem Steinhaufen stand. Besteht nun die Deutung Meyers dieser Figuren als Urbilder der mittelalterlichen Rolande zu Recht, und nach meiner Meinung ist an ihr nicht zu zweifeln, so zeigen der angelsächsische und der jütische Fund, dass hier an einem „Rosen"-Ort eine Kultstätte, vielleicht verbunden mit einem Dingplatz, bestand, deren Wahrzeichen solche, aus einem Pfahl oder einem Stück Holz roh herausgeschnittene Figuren, vielleicht eben die Urformen der mittelalterlichen Rolande waren, wodurch wiederum ein bedeutungsmässiger Zusammenhang zwischen den Rosen- und den Roten Orten eruiert werden könnte.

Wenn wir uns also der ursprünglichen Bedeutung des Wortes Rosengarten zuwenden, werden wir vermutlich auf eine etymologische Vorform stossen, die einerseits den verschiedenen Örtlichkeiten in ihrer urtümlichen, räumlichen und bedeutungsmässigen Gemeinsamkeit gerecht wird und sich andererseits dem Sinn des „Roten Landes" oder der anderen „Roten Orte" gleich oder zum mindesten ähnlich erweist. Die Etymologie von ros = rot kann als gesichert angesehen werden. Nehmen wir das Grundwort „gart" in seiner ursprünglichen Bedeutung als „Umfriedigung", „eingehegter Platz", „Hof" hinzu, so ist „ros(en)gart" der seinen Namen von der roten Kultfarbe tragende, umfriedete Sakralbezirk, der mit der

Totenstätte und dem ihm seit ältester Zeit identischen Gerichtsplatz räumlich zusammenfällt.

Die Bedeutung des Wortes erweist sich also der des „roten Landes" gleich und zwar durch die angesetzte Etymologie, die dem vielseitigen und im Grunde doch einheitlichen Wesen dieser Orte nach meiner Überzeugung gerechter wird als die bisher versuchten Erklärungen und weiterhin durch die oben erwähnten realen Beziehungen auf Grund gemeinsamer Kultwahrzeichen und äquivalenter Namenkomposita. Eindrucksvoll wäre es natürlich, wenn für die Bezeichnung des gleichen Ortes beide, die Rosen- und die Roten-Wortformen nebeneinander belegbar wären. Aber aus sehr begreiflichen Gründen sind solche sprachlichen Parallelverbindungen kaum nachweisbar, einmal, weil für den gleichen Bezirk sicher nur ein Name gebräuchlich war, zum andern, weil vermutlich doch ein bedeutungsmässiger Unterschied zwischen dem „roden land" und dem „rosgart" bestand, was allein schon durch die verschiedenen Grundworte und ihre quantitativ differenzierten Begriffsinhalte zum Ausdruck gebracht wurde. Meines Erachtens liegt der Unterschied darin, dass das „rode land" ursprünglich die Stätte des Königsgerichtes oder -bannes war, während der „rosgart" Kult- und Dingplatz der Landgemeinde oder, im kleineren Rahmen, des Dorf- oder Sippenverbandes war. In diesem Sinne halte ich Wort und Sache „rosgart" allerdings für bedeutend älter als das „rode land", worauf neben der archaischeren Form des ersten Wortes und der lokal-niederdeutschen Beschränkung des zweiten vor allem auch die alte Funktionstrias der Rosenplätze weist, die bei den roten Orten bei weitem nicht in dieser urtümlichen und organischen Verbundenheit und Einheit hervortritt wie bei der ersteren. Immerhin ist vielleicht bemerkenswert, dass der „Rote Kirchhof" in Lüneburg auch „Rosengarten", das „Rosebrook" im Kreis Rotenburg bei Bremen 1184 „Rodesbroke", der „Roesberg" bei Bonn 1372 „Rodensberch", das Rosdahl, Rossdahl in der Gemeinde Jössen (Kr. Minden) 1657 „Rodesdalle", 1705 „uffn Rohes Dahl", die Rosenstrasse in Uelzen im Mittelalter auch „Rode(n)strate" oder das uralte „Rodinkirche" bei Köln 290 auch „Roze" oder „Rotkiriche" heissen. Sehr aufschlussreich sind ferner solche Querverbindungen in fremden Sprachbereichen. Die westniederfränkischen Orte „Rosmalen" in Brabant und „Rosmel" bei Battice im Kreis Verviers (Lüttich) stehen im Bestimmungswort eindeutig zu ros = rot, während „Roussemeau", 1150 „Roussemellus" bei Marsangy (Dép. Yonne) im Grundwort mit den beiden vorigen Namen auf das gleiche, aus dem fränkischen mahal, mâl entlehnte und latinisierte mallus, im Bestimmungswort aber auf romanisch rousse, rot zurückzuführen ist.

Ergebnisse

Rosengarten heisst also nach unserer Erkenntnis der Kultplatz, der durch die Verehrung des Ahnen- und Heroengrabes besonders sakriert war und auf dem die Toten bestattet wurden. An dieser Stelle fanden die Versammlungen der Sippe oder, im grösseren Verband, des Gaues, Stammes, der Landschaft statt. Hier wurde das Recht gesprochen und die kultische Handlung bei Festen des Lebens (Initiation, Hochzeit) und des Jahres (Frühlings- und Sommerspiele) vorgenommen. Der urtümliche Sinn als roter Garten ist im sprachlichen Bezirk der historischen Überlieferung nicht mehr erkennbar, da rosgart schon früh, eben auf Grund der erörterten Sinnentleerung, mit der Rose in Verbindung gebracht wurde. Dieses Schicksal teilt der Name mit vielen anderen Ortsbezeichnungen wie zum Beispiel den Hundeplätzen, die begrifflich und etymologisch zum grossen Teil auf den „hunt", den Hundertschaftsführer und -richter zurückzuführen sind. Auch hier ist der ursprüngliche Sinn schon früh verloren gegangen und lautliche und bedeutungsmässige Anlehnung an den Tiernamen, entweder an die deutschen Formen Hund, Röde oder deren latinisierte Transkriptionen vorgenommen worden.

Was aber ist der urtümliche Sinn dieser Stätte, d.h. was können wir aus ihrer und ihres Namens Eigenart für die Kultur, für die Vorstellungswelt unserer Altvorderen erschliessen? Wichtigste Grundlage für Erkenntnisse dieser Art scheint mir die nominale und lokale Einheit der funktional scheinbar so verschiedenen Anlagen zu sein. Dieser Identitätskomplex kann nur in einem auch im geistigen Bereich vorhandenen Gefühl für die notwendige Zusammengehörigkeit der drei im Gemeinschaftsgefüge eines alten Volkes so eminent wichtigen Wirkungs- und Kulturformen beruhen. Wesentliche Einsicht in diese sakral-sozialen Untergründe der heidnischen Rosengärten wird uns vermutlich schon eine religionshistorische Interpretation des Namens gewähren. Der bestimmende Faktor in den Namenkomposita und damit selbstverständlich auch im Wesen der Sache ist der Farbbegriff rot. Dieser bzw. seine symbolischen Verwendungen müssen also im sozialen und religiösen Erleben unserer Vorfahren eine solche bedeutsame Rolle gespielt haben, dass sie geeignet schienen, den hervorragendsten Stätten des Volkes den Namen zu geben. Nun ist rot seit alters und heute noch bei vielen Völkern als Farbe der Sonne, des Feuers und des Blutes Träger jener immanenten Kräfte, die diesen Erscheinungen nach ihrer Auffassung eignen. Daher die ungeheure Bedeutung dieser verbreitetsten indogermanischen Farbbezeichnung im Glauben, im Brauch, im Recht, in der Magie, in der Medizin, in den kultischen, kathartischen und apotropäischen Riten. Mir scheint, dass das Wesen des Roten- oder Rosengartens in der orendistischen Bedeutung des roten Blutes als Lebensprinzip und damit als der höchsten sakralen Spende an die Götter, Mächte und Toten liegt. Die Stätte des Blutopfers, der Blutgerichtsbarkeit und des Totenkultes, dessen urtümlich wichtigste Sakrifizien in der Darbietung des Leben tragenden und erhaltenden Blutes an die Verstorbenen bestanden haben, wird ihren Namen eben der zentralen Stellung dieser Opfergabe zu verdanken haben.

Eine weitere Voraussetzung liegt im Wesen der Verstorbenen, in ihrem Willen zur Partizipation und in der Neigung der Lebenden, sowohl diesem Begehren nachzukommen, wie auch aus sich heraus die intensivierten Kräfte der Toten für ihre Belange einzusetzen. Recht und Kult, am Totenort lokalisiert, zeugen ja schliesslich nicht nur von der subjektiven Fürsorge der Nachkommen, sondern stehen damit auch unter dem Schutz der Verstorbenen, so wie der Sakralort unter der Schirmherrschaft der betreffenden Gottheit steht, der er geweiht ist. Begehren nach den Wesensäusserungen des Lebens auf der einen, nach dem numinösen Wirkungsvermögen der Toten auf der anderen, Hilfsbereitschaft und der Wille eines Füreinandereinstehens auf beiden Seiten, scheinen die treibenden seelischgeistigen Motive zu diesen lokalen Funktionsballungen gewesen zu sein. Dabei ist es vielleicht nicht mehr in jedem Falle angebracht, von den Toten als von den Lebenden zutiefst Verschiedenen zu sprechen. Leben und Tod sind nur Formvarianten des Daseins, die sich bedingen und die eine in die andere übergehen. Die Toten sind häufig nur in andere Umstände und Verhältnisse versetzte Lebende. Beiden eignet im wesentlichen die gleiche Kraft, deren zwei Erscheinungsformen sich in den polaren Existenzmöglichkeiten manifestiert. In manchen Glaubensschichten kann sogar von der Welt der Toten als vom Urbereich allen Seins gesprochen werden, in das alles geht und aus dem alles kommt. Daher der Glaube an eine ewige Wiedergeburt, daher die Vorstellung, dass die Lebenden von dort kommen, wohin die Toten gehen, daher die chthonischen Mächte sowohl als Toten- wie als Fruchtbarkeitsgötter.

Horst Kirchner

Menhire in Mitteleuropa

Die Menhire in Mitteleuropa

Die Verbreitung der Menhire in unserem Erdteil ist keine zufällige. Diese Feststellung gilt nicht nur von den atlantischen Hauptgebieten ihres Vorkommens, sondern sie trifft auch zu für die Verhältnisse an der Peripherie. Den mitteleuropäischen Befunden kommt dabei infolge der guten Durchforschung dieses Raumes, worin seit ältester Zeit wichtige kulturelle und ethnische Kraftfelder sich überschnitten, besondere Bedeutung zu. So mag es denn immerhin sinnvoll und erlaubt sein, den mit Gestalt und Idee des alteuropäischen Menhirs verbundenen Fragenkreis, dessen bisherige Behandlung vornehmlich die stärker ins Auge fallenden westeuropäischen Tatbestände zugrunde gelegt hat, einmal von diesem Randgebiet her anzugehen, dem es entgegen einer hier und da anzutreffenden Auffassung durchaus nicht an vergleichbaren Erscheinungen mangelt. Dass auch ein solcher Versuch immer wieder wird gen Westen abschweifen müssen, erklärt sich aus der höchst bezeichnenden Struktur des Verbreitungsbildes.

Wenn besonders die ältere Forschung zumeist geneigt war, einen Zusammenhang der Steinsetzungssitte mit der endneolithischen Glockenbecherkultur anzunehmen, so dürfte dies nicht nur im Hinblick auf die vorstehend umschriebenen Verbreitungstatsachen kaum noch länger statthaft sein. Für die im Anschluss an Wahle und Sprockhoff hier vertretene Auffassung vom westeuropäisch-megalithischen Charakter dieses Denkmäler- und Ideenkreises bedeutete es keine Überraschung, als im Jahre 1939 aus einem anscheinend beigabenlosen „Steinpakkungsgrabe" in der mitteldeutschen Monolithenprovinz eine stelenartige Steinplatte zutage trat, die wegen ihrer figürlichen Gravierung (durch Nase und Mund flüchtig angedeutetes Gesicht über vierfachem Hals- und Brustschmuck) von grösstem Interesse ist. In den zum Teil sogar rundplastischen „statues-menhirs" aus den Landschaften an der unteren Rhone und westlich davon in den Cevennen sowie in den entsprechenden Flachreliefs in einigen der künstlichen Grabgrotten des Marnegebiets, dazu in ähnlichen Darstellungen an den Wandsteinen mancher nordfranzösischen „allées couvertes", sind ihre Vorbilder zu finden. Auch an den Golf von Genua sind derartige Skulpturen gedrungen, wo sie bis in die Eisenzeit hinein weiterleben, steht doch durch die Inschriften auf einzelnen von ihnen fest, „dass sie nicht vor der Zeit der Verbreitung des etruskischen Alphabets nach dem Norden gearbeitet sein können".

In der vorliegenden Arbeit sind unter monolithischen Denkmalen, wenn nicht anders bemerkt, stets nur anikonische Menhire verstanden, wie sie auf mitteleuropäischem Boden so gut wie allein vorkommen. In Westeuropa, namentlich in der Bretagne und auf den britischen Inseln, finden sich solche bekanntlich nicht selten zu langen Reihen (Alignements) oder zu Kreisen (Cromlechs) vereinigt, um von noch anderen Möglichkeiten ihrer Vergesellschaftung hier abzusehen. Weiter ostwärts fehlt dergleichen, wenn es auch ein paar Hinweise gibt, die mit dem einstigen Vorhandensein von ähnlichen Gruppierungen in unserem Gebiet rechnen lassen. So war in Lothringen die erst zu Beginn des vorigen Jahrhunderts zerstörte Alberschweiler „Kunkel" ursprünglich von zwei weiteren, kleineren Steinsäulen flankiert, und die Stelle, wo bei Dölau, Saalkreis, sich jetzt nur mehr die eine „Steinerne Jungfrau" erhebt, heisst noch auf einer Karte aus der Zeit um 1840 „Die drei Steinernen Jungfrauen".

Steinerne Jungfrau von Dölau/S.; Höhe 5,50 m

Auf dem Odilienberg im Elsass aber waren bis ins 18. Jahrhundert sogar sechs Monolithen, im Kreis um eine Vertiefung im Fels gestellt, zu sehen, die – vielleicht ein echter Cromlech – überdacht eine kleine Kapelle, den „Heidentempel", bildeten, dessen Christianisierung die Legende auf den hl. Leodegarius, Bischof von Autun, zurückführte. Zu diesen mehr oder weniger sicher bezeugten gesellen sich auf westdeutschem Boden noch eine Anzahl fraglicher Mehrfachvorkommen, wie etwa jene gegen 1850 ausgegangenen „Reihen von hohen, aufgerichteten, säulenförmigen Steinen" bei Wesermünde, eine um 1790 beseitigte Steinsetzung angeblich von westeuropäischer Art in Oberhessen oder die ebenfalls seit langem verschwundenen Steinkreise mit einem Monolithen in der Mitte, die ältere Beschreibungen aus Nordwestdeutschland erwähnen. Einige mitteldeutsche Steingruppen, bei denen es sich zum Teil um Nagelsteine handelt, gehören, da eine schon vorgeschichtliche Bedeutung hier nirgends erweislich ist, kaum in diesen Zusammenhang.

Das Material der Steine spiegelt im allgemeinen die örtlichen Gegebenheiten wider. Eine eingehende Untersuchung der rheinhessischen Monolithen hat ergeben, dass sie fast ausnahmslos aus der Umgebung ihrer Standorte stammen, so dass von einem Hergeholtsein aus weiter Entfernung bei ihnen nicht die Rede sein kann, und dasselbe wird ausdrücklich auch mit Bezug auf den Sandstein der Steine von Blieskastel und Rentrisch sowie von dem Senon-Quarzit der Menhire von Benzingerode gesagt.

Während in der Bretagne Steine von sieben und mehr Meter Höhe keine Seltenheit sind, handelt es sich bei den mitteleuropäischen Vorkommen in der Regel um sehr viel bescheidenere Male. So sind die wenigsten rheinhessischen Steine höher als zwei Meter; lediglich die Monolithen von Ober-Saulheim, Hessloch, Gumbsheim, Nierstein und Eppelsheim, die bis zu drei Meter aus dem Boden herausragen bzw. -ragten, überschreiten hier dieses Mass. Ungefähr in denselben Grenzen bewegen sich die Zahlen im Trierer Bezirk, wo das Fraubillenkreuz, ein christianisierter Menhir auf der Ferschweiler Hochfläche, mit etwa 3,50 Meter sichtbarer Höhe führt. Recht ansehnliche Monolithen erheben oder erhoben sich am Hochrhein (Tiengen), im Elsass (Sulzmatt, Meisenthal), in Lothringen (Alberschweiler, ausgegangen), in der Rheinpfalz (Esthal, ausgegangen) und vor allem im Saarland, das in dem sieben Meter hohen Gollenstein bei Blieskastel den grössten mitteleuropäischen Langstein besitzt, dem der benachbarte Spillstein von Rentrisch nur wenig nachsteht. Überdurchschnittliche Stattlichkeit eignet auch manchen kurhessischen Steinen (Wolfershausen, Langenstein), während in Mitteldeutschland die Steinerne Jungfrau von Dölau bei Halle alle anderen an Grösse übertrifft. In Böhmen erreicht der Steinerne Mann von Klobouk eine Höhe von 3,40 Metern.

Wenn die volkstümliche Meinung, dass diese Denkmale ebensotief im Boden sässen, wie sie über ihn emporragen, natürlich auch nur eine Fabel ist, so war es bei dem Gewicht solcher Steine doch selbstverständlich unerlässlich, sie sorgfältig zu fundamentieren. Bei seiner Untersuchung des 2,30 Meter hohen Kindsteins von Unterwiddersheim vermochte man festzustellen, dass dieser „70 cm tief im Boden sass auf einem künstlich hergestellten pflasterartigen Unterlager, rings mit sog. Lungsteinen und Basaltbrocken verkeilt"; und „durch untergekeilte Steine gestützt" war auch der aus ortsfremdem Dolomitkalk bestehende Menhir von Dauborn, Kr. Limburg. Entsprechende Nachforschungen am Attiswiler Freistein führten auf ein „Sicherungssteinbett von Kreisform". Auf einem „gepflasterten Boden" ruht der Rentrischer Monolith, nach dem Ergebnis einer schon 1781 vorgenommenen Nachgrabung, die seinen unsichtbaren unteren Teil auf ungefähr 5 Fuss bestimmte, das ist ein Drittel seiner sichtbaren Höhe. Für den Blieskasteler Gollenstein wurden früher 7,5 Fuss dafür angegeben, was bei der Grösse des Steines wohl glaubhaft erscheinen konnte, jetzt jedoch in 1 Meter berichtigt werden muss. Besonders französische Forscher haben sich wiederholt um eine Rekonstruktion des Arbeitsvorganges bei der Erstellung von Menhiren bemüht; ihre Überlegungen vermitteln, zusammen mit ethnographischen Beobachtungen in Gebieten lebender Megalithkultur, eine anschauliche Vorstellung von den in diesem Zusammenhang wissenswerten Einzelheiten technischer Natur. Nicht zuletzt ergibt sich daraus, dass der für die Fortbewegung und Aufrichtung solcher Male benötigte Kraftaufwand bei geschickter Anwendung einiger einfachster Gesetze der Mechanik, wie sie zweifellos bereits dem neolithischen Menschen geläufig waren, und im gut geleiteten Zusammenwirken einer grösseren Menge sich durchaus in den Grenzen des Leistungsmöglichen hielt.

Die drei Kunkeln von Alberschweiler; Höhe der mittleren war etwa 7 m

Während eine durch grobes Behauen erfolgte rohe Zurichtung des als Naturgeschenk vorgefundenen oder eigens zum Zweck der Steinerrichtung vom gewachsenen Fels abgesprengten Blocks, etwa in annähernd vierkantiger oder prismatischer Form, nicht allzu selten festgestellt ist, legen nur wenige der mitteleuropäischen Menhire durch ihre regelmässigere Gestalt die Annahme einer weitergehenden Bearbeitung nahe. Noch am ersten wird man an eine solche bei den oben schon einmal erwähnten obelisken-, spindel- oder walzenbeilförmigen Steinen denken dürfen, unter denen sich der drei Meter hohe Monolith von Gumbsheim und der mit seinem in der Erde steckenden Teil 2,40 Meter messende Lange Stein von Eilsleben, ein Quarzitsandstein, durch ungewöhnlich sorgfältige Abarbeitung der Oberfläche auszeichnen, die beidemale mit einem pickelartigen Werkzeug aus hartem Stein erfolgt sein dürfte. Der aus verkalktem Kieselkonglomerat bestehende rheinhessische Monolith ist erst vor einem Menschenalter entdeckt und wieder aufgerichtet worden; falls er, wie anzunehmen steht, bereits im frühen Mittelalter vergraben wurde, geht die gute Erhaltung bei ihm auf denselben Umstand zurück wie bei jenen allerdings kleineren Steinsäulen, die als sogenannte Grabmenhire namentlich aus linksrheinischen Hügelgräbern der vorrömischen Eisenzeit bekannt sind und oftmals noch deutlich sichtbar die Spuren des Scharriereisens zeigen: An Steinen, welche durch Jahrtausende der Witterung unserer Klimazone ausgesetzt waren, kann das Fehlen entsprechender Anzeichen – die sich bei genauerer Betrachtung gleichwohl hier und da noch nachweisen lassen möchten – kaum verwundern. Eine beabsichtigte Zurichtung des Monolithen nach dem Vorbild der menschlichen Gestalt, wodurch diese Steine freilich aus der Reihe der anikonischen Menhire ausscheiden und den Charakter von sog. Menhirstatuen annehmen würden, ist für den „menhir anthropomorphe" in der kleinen St. Hubertus-Kapelle zu Bassecourt im Jura sowie für einen merkwürdig geformten moselländischen Stein, die Trittenheimer Eselstrapp, vermutet worden (Im ersten Fall ist es nur der Umriss, der gewisse Ähnlichkeit mit einem menschlichen Oberkörper hat; im zweiten wollte P. Steiner auf der Oberseite des jetzt am Boden liegenden Steines dazu noch die Andeutung rinnenartig eingearbeiteter Arme sowie des als Leibesmitte betonten Nabels erkennen). Nachträgliche Umgestaltungen einzelner Monolithen stehen zumeist mit dem gelegentlich unternommenen Versuch einer Christianisierung dieser Male in Zusammenhang, wofür weiter unten noch einige Beispiele zu nennen sein werden.

Auch bei partiellen Einarbeitungen in den Stein ist zwischen solchen primären und sekundären Ursprungs zu unterscheiden. Zu den ersteren sind – sofern man den zeitlichen Rahmen dabei nicht zu eng spannt, indem sich natürlich kaum noch entscheiden lässt, ob sie wirklich bis in die Zeit der Steinerrichtung zurückgehen und allein in dieser entstanden sind – diejenigen Rillen und Näpfchen zu zählen, über welche bei der Behandlung der an manche Menhire geknüpften brauchtümlichen Überlieferungen mehr zu sagen sein wird. Auch die beiden wie ineinandergeschoben wirkenden Winkelzeichen an dem Langen Stein von Berga im Kreis Sangerhausen, worin wir, sollten sie tatsächlich mit ihm zeitgleich sein, schematische Darstellungen des aus dem westeuropäischen Megalithikum wohlbekannten Axtsymbols erblicken möchten, würden dann hierher gehören. Inwieweit es sich bei den ungleich mehr ins Auge fallenden figürlichen Skulpturen, die zwei andere mitteldeutsche Menhire aufweisen, um eine bereits vormittelalterliche Ausstattung des Steines handelt, ist auch deshalb schwer zu sagen, weil ja die Möglichkeit besteht, dass hier nachträglich ältere Darstellungen umgestaltet worden sind. In den meisten Fällen gehen derartige spätere Eingriffe und Zutaten wieder auf die Verchristlichung unserer Denkmale zurück, mit der vom einfachen Kreuzeszeichen oder der für die Aufnahme eines Heiligenbildes bestimmten Nische bis zum flächenbedeckenden Reliefschmuck allerlei Symbole und Bedürfnisse des neuen Glaubens sich dieser Steine bemächtigten.

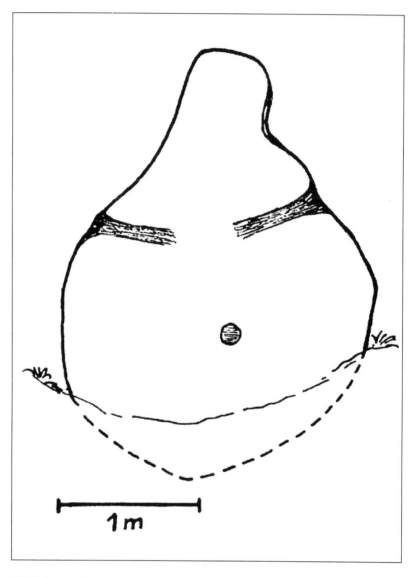

Menhir in Menschenform mit „Nabel", Trittenheim, Kr. Trier: Eselstrapp. (nach P. Steiner)

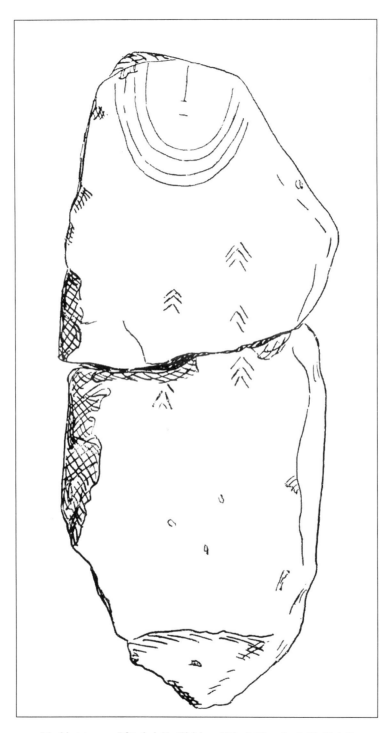

Menhirstatue von Pfützthal, Kr. Eisleben, Höhe 0,70 m. (nach Th. Voigt)

Versetzungen vom ursprünglichen Standort sind besonders im Zuge der Separation oder im Zusammenhang mit Strassen- und Wegbauten im vorigen und in diesem Jahrhundert gelegentlich erfolgt; auch als Denksteine haben vor allem in den Jahren nach dem ersten Weltkrieg einzelne Menhire ihren Platz gewechselt, indem sie etwa als Gefallenendenkmäler auf dem Friedhof Aufstellung fanden. Hatte das antiquarische Interesse einer früheren Zeit durch eine den Namen des Steines nennende Aufschrift zuweilen noch ausdrücklich auf ihn hingewiesen, so begnügt sich die heutige Denkmalpflege damit, gefährdete Steine zu sichern (durch Einfriedung ihres Standorts, durch Versetzung an eine andere Stelle oder durch Überführung ins Museum), umgesunkene aufzurichten und zerstörte nach Möglichkeit wiederherzustellen. Als bedeutendste Massnahme dieser Art sei hier nur der im Jahr 1951 erfolgte Wiederaufbau des grössten mitteleuropäischen Menhirs, des Gollensteins bei Blieskastel, erwähnt, den das Konservatoramt für das Saarland durchgeführt hat. Eine gewisse Vorstellung von dem Umfang des Verlustes, wie er nicht anders als die grossen Steingräber auch diese Gattung megalithischer Denkmale im Lauf der Zeit betroffen hat – die an manchen von ihnen sichtbaren Keillöcher, welche von dem Versuch einer Sprengung herrühren, reden da eine deutliche Sprache –, vermag die grosse Zahl der auf jetzt nicht mehr vorhandene derartige Steine zurückgehenden Flur- und Forstnamen in allen Menhirlandschaften zu geben, wenn sich diese leider auch nur sehr bedingt für die Ermittelung der ursprünglichen Verbreitungsdichte monolithischer Erscheinungen auf mitteleuropäischem Boden heranziehen lassen. Der hierdurch wenigstens in groben Umrissen angedeuteten beträchtlichen Einbusse steht auf der anderen Seite eine im ganzen freilich kaum ins Gewicht fallende Mehrung des Bestandes an aufgerichteten Steinen gegenüber, ist es doch in den letzten Jahrzehnten wiederholt geschehen, dass sichere Menhire, die solange im Erdboden vergraben lagen, wieder entdeckt und von neuem aufgestellt wurden. Gelegentlich erfährt die Statistik der Menhire wohl auch dadurch noch geringen Zuwachs, dass ein bisher nicht weiter beachteter Monolith, der vielleicht schon seit Jahrhunderten umgestürzt auf dem Boden ruhte, wo Erdreich und Vegetation ihn den Blicken mehr oder weniger entzogen, als Menhir erkannt wird.

Die geistige Welt des megalithischen Grosssteingrabes

In unverkennbarem Gegensatz zu den verschiedenen spätneolithischen Einzelgrabkulturen Ost-, Nord- und Zentraleuropas, in denen der Herrichtung der letzten Ruhestätte nur ein mässiger Arbeitsaufwand gewidmet wird und wo man offenbar auch keinen Totenkult im strengen Wortsinn einer Totenpflege, kein Aufrechterhalten der Gemeinschaft zwischen Lebenden und Toten, sondern nur eine mehr immaterielle Verehrung der Ahnen kennt, die deren Andenken durch Spiele, Lieder und Gedächtnismähler bei den Nachkommen wachzuhalten sucht, hat sich von Irland bis Ägypten eine Welt von Vorstellungen ausgebildet, die allein um den Gedanken vom wirklichen Weiterleben des Toten kreist. Während deshalb im kontinentalen Herrschaftsbereich des neolithischen Einzelgrabes der tote Leib ein

Rest ohne Bedeutung ist, der nicht selten auf jede Weise von der Welt der Lebenden abgesperrt und aus dem tätigen Dasein ausgeschlossen wird, bleibt an den mediterranen und atlantischen Küsten des Erdteils die Auffassung des Menschen als einer leiblich-geistigen Einheit bestimmend. Die Folge davon ist ein Kult, der den Toten bewusst in die lebendige Gegenwart einbezieht. Letzten Endes ist dieser namentlich von O. Spengler stark betonte und hier in enger Anlehnung an seine Formulierungen beschriebene Gegensatz wohl in dem tiefgreifenden Unterschied bäuerlich-sesshafter und nomadischer Lebensformen begründet: Wandernde Nomaden oder Halbnomaden, als die wir uns die Träger jener Einzelgrabkulturen („Streitaxtkulturen") zum Grossteil vorzustellen haben, verlieren schon rein räumlich rasch den Kontakt mit ihren Toten.

Ihren sinnfälligsten Ausdruck findet die Vorstellung leiblicher Unsterblichkeit und die daraus entspringende Totenpflege im Grosssteingrab als dem unvergänglichen festen Haus, das die Toten der Sippe für ihr Fortleben nach dem Tod aufnimmt, fiel doch letzteres nach dieser Anschauung „ganz stofflich mit der massiven Unzerstörbarkeit des steinernen Grabbaues zusammen". Die Ansicht, die in solchen Anlagen „wuchtschwere Bann-Gehäuse" erblicken zu müssen glaubt, durch welche sich die Lebenden vor einer dämonischen Wiederkehr der gefürchteten Toten zu sichern gesucht hätten, vermag bei unvoreingenommener Prüfung kaum zu bestehen. Nach einer besser begründeten Annahme wären die Megalithgräber vielmehr bevorzugte Kultorte gewesen, an denen die lebende Generation mit ihren darin beigesetzten und hier über den Tod hinaus fortwirkend gedachten Ahnen in segenbringende Verbindung treten konnte. Denn „wie die Sippe im Leben eine Einheit bildet, so setzt sich diese Einheit auch zwischen Lebenden und Toten fort", weshalb das Ahnengrab mit der in ihm aufgespeicherten Fülle an Macht und Erfahrung zugleich der gegebene Mittelpunkt für allerlei Rechtshandlungen, insbesondere natürlich für solche sippenrechtlichen Charakters, ist. (Meier, Ahnengrab und Rechtsstein, p. 131. In diesem Zusammenhang verdient die Tatsache Beachtung, dass die anthropologische Untersuchung des erhaltenen Skelettmaterials verschiedentlich eine ausgesprochene Familienähnlichkeit der in demselben Magalithgrab Bestatteten ergeben hat.) Von der vergleichenden Völkerwissenschaft sind derartige Vorstellungen bei vielen alten Pflanzervölkern nachgewiesen, deren Zeremonialleben zu einem grossen Teil auf diese Aufrechterhaltung der Gemeinschaft mit den verstorbenen Ahnen gerichtet war: „Keine Feldbestellung, keine Hochzeit, aber auch keine Reifezeremonie für die heranwachsende Jugend kann stattfinden, ohne dass man sich auf irgendeine Weise mit den Verstorbenen in Verbindung setzt. Sie zählen nicht nur weiterhin zur Gemeinschaft der Lebenden, man muss sogar den Eindruck gewinnen, dass sie der wichtigere Teil der Gemeinschaft sind." Den denkbar grössten Gegensatz hierzu bildet aber jene distanzierte Jenseitsvorstellung, wie sie sowohl im griechischen Hades wie in der germanischen Hel Gestalt angenommen hat, wo die Toten kraftlose Schatten sind, die mit der Erinnerung an sie ins Nichts versinken.

Als greifbare Tatbestände, die sich im Sinne des oben Gesagten ausdeuten lassen, werden etwa manche der Feuer anzusprechen sein, die nach Ausweis der in zahlreichen Megalithgräbern angetroffenen Kohleschichten und Rauchschwärzungen zur Zeit ihrer Belegung darin gebrannt haben müssen. Bekanntestes Beispiel ist der Befund im Denghoog auf Sylt; hier liegt die sorgfältig gebaute Feuerstelle vor der Ostwand der ovalen Grabkammer, von deren für Bestattungszwecke dienendem Teil sie durch platte Steine sauber abgetrennt ist. Auf die Einwirkung von Opferfeuern hat man es auch zurückgeführt, dass in den dänischen und niederländischen Ganggräbern die erhaltenen Knochenreste und Beigaben in vielen Fällen angesengt oder sonst mehr oder weniger von den Flammen gezeichnet waren: „Der Umstand, dass die verbrannten Schichten oft stellenweise, an verschiedenen Plätzen und bisweilen in verschiedener Höhe vorkommen, zeigt deutlich, dass in den Stuben, welche lange Zeiten hindurch als Begräbnisstätte in Benutzung gewesen sind, öfter, vielleicht sehr oft Feuer angezündet worden sind, und nur so wird erklärlich, wie das Feuer zufällig nach und nach einen so grossen Teil des Grabinhalts angreifen konnte." Grabungen auf den britischen Inseln haben wiederholt Hinweise auf solche rituellen Feuer erbracht; aber auch die „Aschenschicht" in der Vorkammer der grossen Kiste westeuropäischer Bauart von Züschen bei Fritzlar wurde bereits von den Ausgräbern als der Überrest von hier den Toten dargebrachten Brandopfern gedeutet, während andere derartige Feuerstellen und Brandspuren eher profanen Ursprungs sein oder – ausserhalb des nordeuropäischen Bereichs – von ersten Brandbestattungen in diesen Kammern herrühren mögen. Mit den Feuern, die aus irgendwelchen Gründen in den Steingräbern gebrannt haben, dürfen jene nicht verwechselt werden, die in England gemachten Beobachtungen zufolge bisweilen schon vor deren Errichtung auf der alten Oberfläche entzündet worden waren und die wohl die Aufgabe hatten, den für die Anlage des Grabes bestimmten Platz zu reinigen, dies vielleicht auch im rituellen Sinn, sind ihre Spuren doch hier und da mit solchen von augenscheinlichen Opfergruben vergesellschaftet.

Kann es für die bisher beschriebenen Befunde noch zweifelhaft scheinen, ob sie wirklich von einer über den Bestattungsakt hinaus fortgesetzten Totenpflege im Sinne einer Wärmung des erkalteten Leichnams oder seines Hauses zeugen, so dulden die mit den steinernen (Wasser-)Becken in manchen iberischen und irischen Kuppelgräbern gegebenen Hinweise auf rituelle Waschungen kaum eine andere Erklärung; die Darbringung von Badewasser im griechischen Toten- und Heroenkult, literarisch wie archäologisch wohlbezeugt, ist also nur ein Nachhall megalithischer Sitte. Eindeutiger noch belehrt uns die folgende Beobachtung: In dem Hügel eines Riesensteingrabes bei Ziesendorf unweit Rostock stiess der Ausgräber in etwa einem Meter Abstand von der Kammerwand auf einen Schacht von 0,45 Meter lichter Weite, der „aus überfaustgrossen Steinen gebildet war und gleich unter der Oberfläche des Hügels beginnend bis 0,75 Meter hinabreichte; neben ihm lag noch eine Steinplatte, die wie ein Deckel auf die Öffnung passte." Zwar lieferte der Schacht keine Funde, die über seine Zweckbestimmung hätten Aufschluss geben können, aber wer erinnerte sich bei seiner Beschreibung nicht der trichterförmigen Opfergruben, bothroi genannt, auf antiken Heroengräbern oder auch des sogenannten Hohlaltars über dem vierten mykenischen Schachtgrab: Einrichtungen für einen regelmässigen Kult am geschlossenen Grab, die in den Spendegefässen auf den Gräbern im athenischen Kerameikos ebenso wiederkehren wie bei den Gräbern auf dem Forum Romanum oder solchen frühhellenistischer Zeit am kimmerischen Bosporus. In der Regel wird es sich dabei um flüssige, das heisst um Trankspenden (Blut, Öl, Honig, Milch, Wein, Wasser) gehandelt haben, wie sie ja auch jener neolithische Befund von Mecklenburger Boden nahelegt: „Die Leichtigkeit und Anspruchslosigkeit der Darbringung, das Versickern in die Grabeserde, das eine Annahme des Opfers vortäuschen mochte, haben die Sitte unzweifelhaft begünstigt." Als Hinweis auf einen fortdauernden Totendienst der Megalithiker darf es vielleicht auch gewertet werden, wenn einzelne Kammern sich durch besonderen Reichtum an Keramikfunden auszeichnen; nur ein Teil davon mag als wirkliche „Beigabe" mit einer bestimmten Bestattung zusammen eingebracht sein, während das übrige wohl von späteren Opferniederlagen stammt. Über diejenigen zwei oder drei Ahnengenerationen zurück, die der Opfernde selbst noch gekannt hatte, dürfte dabei die Pietät der Nachfahren sich allerdings kaum erstreckt haben, hat die Untersuchung solcher Sippengrüfte doch immer wieder ergeben, dass ältere Bestattungen in ihnen recht achtlos beiseite geräumt worden sind, wenn es für neue Platz zu schaffen galt.

Sicherer noch als durch Opfer und sonstige rituelle Vorkehrungen schien megalithischem Denken der Fortbestand leibhaften Daseins jedoch durch den Steinbau des Grabes selbst gewährleistet. Dies hat dann offenbar dazu geführt, dass man in den Steinblöcken der Kammer eine numinose Kraft wirksam wähnte, die von den Trägern heutiger Megalithkulturen in Übersee auf darin behauste Ahnen- und Totengeister zurückgeführt wird. Welcher Art die Vorstellungen waren, die hinter dem Glauben an die Heiligkeit vorgeschichtlicher Steingräber in unserem Erdteil gestanden haben, kann mit leidlicher Genauigkeit aus bestimmten Überlieferungen der europäischen Volkskunde gefolgert werden, denen ungeachtet ihrer Trümmerhaftigkeit in diesem Zusammenhang jedenfalls eine grössere Beweiskraft zukommt als jenen überseeischen Traditionen.

In seiner für den hier behandelten Gegenstand bedeutsamen Arbeit über die „auf beiden Seiten der Ostsee im deutschen wie im skandinavischen Raum, in Estland, England und Frankreich", aber auch in Indien, bekannten Brautsteine bezeichnet es J. Meier als „eine Umformung des ursprünglichen Brauches", wenn es sich, anders als in den germanischen Ländern, bei den entsprechenden französischen Überlieferungen „häufig nicht sowohl um die Schliessung einer Ehe als... darum handelt, dass Mädchen sich, um die Liebe eines Mannes zu gewinnen, oder Frauen, um sich in der Ehe Nachkommenschaft zu sichern, auf den Stein eines vorgeschichtlichen Grabes [den Deckstein eines Megalithgrabes] setzen, von ihm herabrutschen oder von ihm herunterspringen." Wir haben demgegenüber den ganz bestimmten Eindruck, dass gerade dieses letztbeschriebene französische Brauchtum die archaischere Vorstellung bewahrt hat, wenn gewiss auch Verlöbnis und Hochzeit schon in sehr alter Zeit am Ahnengrab gefeiert worden sind. (Die Zeugnisse dafür reichen bekanntlich bis weit in die geschichtlichen Jahrhunderte hinein und sind auch nicht auf das ehemalige Verbreitungsgebiet der Megalithkultur beschränkt: Auf dem berühmten „Gunzenlê" bei Augsburg, einem seit langem verschwundenen Grabhügel wohl der Hallstattzeit, fand noch am 25. Mai 1197 die Vermählung Philipps von Schwaben mit Irene, der Tochter des griechischen Kaisers, statt.) Übrigens trat die ältere Schicht noch unlängst hier und dort zutage: Wenn bei Virchow im Kreis Dramburg (Hinterpommern) kinderlose Ehepaare zur Neumondzeit den Deckstein eines heute nicht mehr vorhandenen Megalithgrabes bestiegen, durften sie mit Sicherheit auf Erfüllung ihres Wunsches rechnen; ja mancherorts galt das Megalithgrab geradezu als Herkunftsort der kleinen Kinder wie anderswo Quellen und Teiche (In Pommern galten verschiedentlich Schalensteine als derartige „Schwan- oder Adebarsteine").

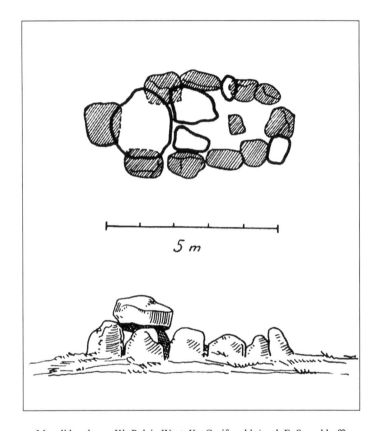

Megalithgrab von Kl.-Polzin West, Kr. Greifswald. (nach E. Sprockhoff)

Dass es sich bei dem weitverbreiteten Glauben an die fruchtbarmachende Kraft des Grosssteingrabes nicht, wie Meier will, um eine spätere Umdeutung, sondern wirklich um den entscheidenden Kern des Ganzen handelt, der die Bedeutung der sogenannten Brautsteine für und bei Eheschliessungen überhaupt erst verständlich macht, dies erhellt mit wohl hinreichender Deutlichkeit auch aus jenem Konzilsbeschluss, der es den Gläubigen verbietet, „d'aller perdre leur semence devant les pierres": Die sonstige Farblosigkeit der recht zahlreich in diesem kirchlichen Schrifttum enthaltenen Hinweise auf heidnischen Steinkult erfährt hier einmal eine Belebung, die das hohe Alter bestimmter Bräuche, wie sie namentlich aus der

Bretagne bezeugt sind, erkennen lässt. Anscheinend war es also ursprünglich vor allem die generative Potenz der im Megalithgrab fortlebend gedachten Ahnen, deren sich die Nachkommen für sich selbst zu versichern suchten und woran sie teilzuhaben wünschten. Daher die grosse Bedeutung der Kontaktmassnahmen in diesem Brauchtum, bei dem es immer wieder darauf ankommt, dass der oder die Hilfeheischende seinen (ihren) Körper mit den Steinen, in welche die „zeugende Energie des Toten" gleichsam für alle Zeiten eingezogen ist, in möglichst intensive, unmittelbare Berührung bringt; gewöhnlich geschieht dies, indem man sich auf sie setzt bzw. stellt (Brautsteine), sich an ihnen reibt oder auf ihnen hinabrutscht (Gleitsteine).

Möglicherweise haben auch die künstlich hergestellten Näpfchen in den Wand- und Decksteinen zahlreicher Megalithgräber ihren Ursprung in diesem Kontaktbedürfnis: Wer sich der Mühe ihrer Einarbeitung unterzog, glaubte damit wohl in besonderem Masse der Kräfte des geheimnisvollen Steines teilhaftig zu werden. Leider vermögen wir ja heute nicht mehr zu erkennen, ob es bei diesem Vorgang mehr auf den herausgeschabten Gesteinsstaub oder auf die dabei entstandenen Schalengruben ankam, die sein allein noch sichtbares Zeugnis sind. Aus dem Gemäuer mittelalterlicher Kirchen gebohrtes Steinpulver oder Ziegelmehl hat auf deutschem wie Schweizer Boden noch bis vor kurzem in der Volksmedizin Verwendung gefunden; ja, in das granitene Portalgewände der St. Gotthardskirche zu Brandenburg sind bei ihrem Bau zwei Sandsteinquader eigens eingefügt worden, „um dem Volke Gelegenheit zu geben, Rillen und Näpfchen auszuwetzen"! Auch in Frankreich „l'usage est ancien, et si aujourd'hui les poussières mélangées aux boissons proviennent, la plupart du temps, de tombeaux ou de statues de saints, il est vraisemblable qu'on les a aussi recueillies sur des mégalithes. Un fragment de grès rouge à Nohant-Vic, sanctifié sous le nom de saint Greluchon, est le reste d'un dolmen qui, jusqu'en 1789, fut adoré, gratté et avalé par les femmes stériles." Verschiedentlich hat man solche Steine sogar in Kirchen verbracht, um dem nicht auszurottenden Brauch wenigstens ein christliches Ansehen zu geben. Im Fall des „anthropomorphen" Menhirs von Bassecourt im Jura, der im Ruf ähnlicher Kräfte stand und deshalb ebenso behandelt wurde – „on a raclé la roche pour en détacher de la poussière qui a la vertu de guérir les maux d'oreilles" –, lässt es sich sogar wahrscheinlich machen, dass die St. Hubertus-Kapelle, deren Südwand zum Teil auf ihm ruht, eigens seinetwegen an dieser Stelle errichtet wurde, spätestens im 12. Jahrhundert. Schon J. Mestorf wusste aber: „Was heute Sympathiekur und Aberglaube heisst, war ehemals ein heiliger Akt."

Das Entscheidende ist wohl hier schon deutlich geworden: jene eigentümliche Doppelfunktion des megalithischen Grosssteingrabes, das als das feste Haus der Ahnen zugleich der unversiegbare Kraftquell ist, aus dem sich das Leben der Sippe im ganzen ebenso erneuert wie er jedes ihrer Glieder stärkt und kräftigt.

Die mitteleuropäischen Menhire in Glauben und Brauch

Wenden wir uns nunmehr wieder unserem eigentlichen Gegenstand zu, so verdient zunächst die Feststellung Beachtung, dass dieselben charakteristischen Vorstellungen und Gepflogenheiten, die wir mit dem Megalithgrab verbunden sahen, auch mit zahlreichen Langsteinen verknüpft sind. Die schon durch die im ersten Abschnitt dargelegten Verbreitungstatsachen begründete Annahme einer engen, inneren Zusammengehörigkeit beider Erscheinungen erhält damit eine weitere Stütze.

Abermals erweisen sich die klassischen Megalithlandschaften Frankreichs als besonders ergiebig. So wird von einer bretonischen Bäuerin versichert, dass sie nach dem Gang zum Menhir St. Cado (!), zwischen Lorient und Auray, übers Jahr einen kräftigen Jungen bekommen habe und danach noch mehrere Kinder; ebenso sei es aber allen Frauen ergangen, die diese „Wallfahrt" unternommen. Verschiedentlich werden solche Steine – bzw. das Marien- oder Heiligenbild, das in historischer Zeit an ihre Stelle getreten ist – an bestimmten Tagen von der Bevölkerung umschritten oder umtanzt; und auch diese Umwandlung „est souvent en relation avec l'amour et la fécondité", ohne dass dies freilich immer so deutlich wird wie bei dem Steintanz, den die jungen Burschen von Poubeau alljährlich zu Fastnacht beim Schein eines Strohfeuers veranstalteten „avec des gestes burlesques et obscènes, penem suam manu proferentes". Gewöhnlich sind es nur die Frauen, seltener beide Ehegatten, die der Wunsch nach Kindersegen, der zuweilen in durchsichtiger Weise verhüllt oder modifiziert erscheint, den Monolithen aufsuchen heisst. Wie bei den oben behandelten Braut- und Gleitsteinen kommt es dabei auch hier vor allem auf den unmittelbaren körperlichen Kontakt mit dem Wunderstein an: ein Zug, der in dem vergleichbaren mediterranen und überseeischen Brauchtum wiederkehrt.

Von mitteleuropäischem Boden sind uns immerhin zwei ausdrücklich als Kindsteine bezeichnete Menhire bekannt. So hiess der Lange Stein von Tiengen, Kr. Waldshut, früher auch Chindlistein, denn „aus seinem verborgenen Schosse holt die Amme in stiller Nacht die neugeborenen Kinder hervor"; und im Kindstein von Unterwiddersheim, Kr. Büdingen, hört man diese sogar „schreien, wenn man das Ohr an den Block legt", zu dem die Kindfrau den Schlüssel hat. Ob es sich bei dem Stein im Weichbild des Eifelstädtchens Prüm, auf dem kinderlose Frauen „niederzusitzen pflegten und dann fruchtbar wurden", um ein Denkmal der uns hier beschäftigenden Art gehandelt hat, wird kaum mehr auszumachen sein; an den Kegelstein bei Gaiss (Gem. Waldkirch), Kr. Waldshut, soll sich noch heutigentags ein entsprechendes Brauchtum knüpfen. Fruchtbarmachende Kraft wurde ehedem auch dem sogenannten Reichsapfelstein von Irlich im Neuwieder Becken zugeschrieben, der ursprünglich vielleicht ein Grab der jüngeren Hunsrück-Eifel-Kultur, also der frühen bis mittleren Latènezeit, in der Nachbarschaft bekrönt hat. Der Monolith, der über dem Boden etwa 1,20 Meter hoch ist, wird beschrieben als eine Säule aus grauem Sandstein, die als oberen Abschluss eine halbkugelförmige Verdickung aufweist, welche zwei wulstartige Ringe vom Säulenschaft trennen; in Irlich kann man deshalb die Ansicht hören, der Stein stelle das männliche Glied dar. Für die Beurteilung des Denkmals, das hinsichtlich seiner Gestalt im ausserklassischen Europa ja nicht allein steht, vielleicht nicht unerheblich ist, dass sich neben ihm, das von der Bevölkerung als alter Gerichtsstein mit Asylschutz betrachtet wird, früher die jetzt niedergelegte St. Georgs-Kapelle erhob.

Der Lange Stein von Tiengen, Kr. Waldshut; Höhe etwa 6 m

Ein vorgeschichtlicher Grabstein oder Menhir ist möglicherweise auch der (ausgegangene) „Wetzstein" von Kaltenwestheim an der Rhön gewesen. Der heute so genannte Stein, ein schlichter viereckiger Sandsteinpfeiler mit abgeschrägten Ecken, wurde erst um 1700 als Ersatz für jenen älteren errichtet, der nach der Sage eine Art Ehrensäule für die Frauen des Dorfes war, vom Landesfürsten diesen einst in dankbarer Anerkennung ihres beherzten Verhaltens in Kriegsnöten gewidmet. Wer etwa an diesem Stein „zum Schabernack oder Raillerie" sein Messer wetzen wollte, hatte im Falle der Entdeckung schimpfliche Bestrafung durch die Frauen des Ortes zu gewärtigen, die sich hierzu eine Stein-Schulzin wählten: „Sie verfolgen den Täter so lange, bis sie ihn erhaschen, da er denn... zum Wasser geführet und gebadet wird, er mag nun wollen oder nicht; wehrt er sich, so bekommt er noch Stösse dazu, und muss doch hernach diese Vexiererei mit einer Geld-Diskretion ablösen. Ihm wird überdies ein Strohkranz aufgesetzt und ein Bündel

Heu vorgelegt, und mit solchen Possen legitimieren die Weiber ihr vermeintes Privilegium bei mutwillig veranlasster Gelegenheit..." Auch an einen Menhir in der Nähe von Tournai, die „Pierre Brunehaut" bei Hollain, knüpft sich die Überlieferung, man dürfe ihn nicht als Wetzstein benutzen, würde die Spitze des Messers sich doch alsbald gegen den Frevler richten!

An der „Pierre Brunehaut" lässt genauere Betrachtung rillenartige Einarbeitungen erkennen. Dies könnte dazu verleiten, diese „Wetzsteine" – als „dem Ries' (Goliath) sein Wetzstein" werden im Volksmund auch die Monolithen von Rentrisch und Blieskastel, beide im Saarland, bezeichnet (auch die Menhire von Langenstein, Kr. Marburg, und Buttelstedt, Kr. Weimar, gelten in Volksmund und Sage als Wetzsteine) – noch in weiterführende Zusammenhänge einzureihen, die hier wenigtens angedeutet seien. Als typischer Ausdruck der Kontaktmagie sind Wetzrillen und Schleifspuren an Steinen und Felsen aus grossen Teilen der Erde bekannt; man wird kaum fehlgehen, wenn man sie in dasselbe Bedeutungsfeld verweist wie die Schalengruben, mit denen sie auf manchen Rundhöckern in der schwedischen Provinz Östergötland ebenso vergesellschaftet erscheinen wie an zahlreichen kirchlichen und profanen Bauwerken aus mittelalterlicher und späterer Zeit besonders in Mitteleuropa. Aber auch auf einem rheinhessischen Hohen Stein finden sich neben einer kreisrunden Vertiefung offenbar nicht-natürlichen Ursprungs „eigentümliche Zeichen, die Wetzmarken gleichen", und als in schräger Richtung eingehauene Streifen werden solche ferner in einer älteren Beschreibung des Langen Steins zu Martinshöhe (Rheinpfalz) erwähnt; sie gelten hier deren Verfasser geradezu als die „eigentlichen Abzeichen, die den Zweck des Steins zu seiner Zeit bezeichnet haben mögen". Von den stattlichen Menhiren des einen der beiden Cromlechs von Er-Lannic im Golf von Morbihan weist einer vier parallel verlaufende vertikale Rillen von je 0,27 Meter Länge auf; und von einem Monolithen des Alignements von Lagatjar (Finistère) hat man wegen seiner entsprechenden Ausstattung gemeint, er habe wohl „servi de polissoir, probablement à l'usage des instruments utilisés dans les cérémonies qui se sont déroulées à la période de l'ère monumentale". So mögen denn auch die „rainures d'aiguisage", die ein Menhir im Park von Meudon bei Paris an seinem geglätteten Oberteil zeigt, nicht so ganz „sans intérêt préhistorique" sein, wie der Berichterstatter glaubte.

An dieser Stelle sei eine scheinbare Abschweifung gestattet. Im Ruodlieb, dem volkskundlich wie rechtsgeschichtlich gleich aufschlussreichen lateinischen Epos eines Tegernseer Mönchs aus der ersten Hälfte des 11. Jahrhunderts, streicht der Bräutigam sein Schwert an der „piramis", ehe er sich durch Überreichung des Ringes der Braut vermählt. J. Meier hat in der schwer verständlichen Bezeichnung den Stein auf dem Ahnengrab, als der Ding- und Gerichtsstätte des Geschlechts, erkennen wollen. Er hätte dazu auf eine Grabstele verweisen können, die das Museum Gunzenhausen von einem Hügel der Hallstattzeit in Mittelfranken besitzt und deren oberes Ende mehrere längere oder kürzere, in spitzen Winkeln durcheinanderziehende Rillen aufweist, die zweifellos künstlich hergestellt sind. Und aus einem Hallstatthügel im Elsass stammt eine 1,90 Meter lange spindelförmige Sandsteinsäule ebenfalls mit rillenartigen Vertiefungen am abgeglätteten Ende sowie an der Stelle des grössten Umfangs, welche „paraissent avoir été appliqués à l'époque où le menhir ornait encore le sommet du tertre". Dem 16. und 17. Jahrhundert gehören Grabsteine mit „Schwerterrillen" von Hannover-Stadt und aus Thüringen an, die diese merkwürdige Zutat kaum von der Hand des Steinmetzen empfangen haben dürften. J. Meiers Deutung der Ruodlieb-Szene kann mithin einen hohen Grad von Wahrscheinlichkeit für sich beanspruchen, wenn die vorstehend zusammengestellten Befunde es uns auch denkbar erscheinen liessen, dass nicht der Stein auf dem Ahnengrab, sondern ein nichtsepulkraler Monolith der Schauplatz des feierlichen Geschehens war. Junge Mädchen, die zufällig mitansehen, wie der Langenstein bei Sulzmatt (Oberelsass) sich Karfreitag bei Mittagsläuten um seine eigene Achse dreht*, heiraten noch im Lauf desselben Jahres: R. Forrer wollte in dieser Überlieferung einen Hinweis darauf sehen, „que dans des temps lointains les mariages de la région se conclurent à l'ombre de ce monument". Bis ins 17. Jahrhundert hinein haben mancherorts die Eheschliessungen nicht im Kircheninneren, sondern „in facie ecclesiae" vor der Kirchentür („Brauttür"!) stattgefunden, worin es denn auch begründet sein mag, dass die grosse Mehrzahl aller Wetzrillen sich an den Portalgewänden älterer Kirchen findet. „Als Brauch der Burschenschaften bei Hochzeiten, um dem Brautpaar und sich selbst Glück in allen Lebenslagen zu verschaffen", war die Sitte des Messerschleifens am Kirchenportal in den Dörfern des Neuwieder Beckens noch vor zwei Generationen lebendig. Sollte etwa auch jener Wetzstein in der Rhön, der unsere Betrachtung auf diesen Seitenpfad gelenkt hat, ursprünglich eine solche „piramis" gewesen sein, ehe der alte Rechtsbrauch in der geschilderten Weise parodistisch entartete? In dem dem Missetäter aufgesetzten Strohkranz möchte dann vielleicht die Erinnerung an einen frühmittelalterlichen Hochzeiterschmuck bewahrt sein.

Zahlreicher als die mit linearen sind Menhire mit rundlichen Einarbeitungen, wie solche freilich auch auf natürlichem Wege zustande kommen konnten, indem durch Unstetigkeiten in der Zusammensetzung des Gesteins angelegte Hohlräume von der Verwitterung herausgearbeitet wurden. Nicht anders als das Wetzen des Messers oder Schwertes, womit schwerlich nur ein einfaches Schärfen der Schneide bezweckt war (in den meisten Fällen wäre das Gestein hierfür denkbar ungeeignet gewesen), stellte auch die Näpfchenbohrung eine besonders wirkungsvolle Berührung mit dem kraftgeladenen Stein dar, von der oben besprochenen Nutzung des so gewonnenen Steinstaubs ganz abgesehen. Ein derartiger Kontaktzauber liegt vielleicht auch zugrunde, wenn sich namentlich an mittelrheinische Monolithen die vielerorts bekannte Sitte knüpfte, Kinder mit dem Kopf an sie zu stossen, damit sie die im Stein sitzende (goldene) Glucke (mit ihren sieben Küchlein) gackern oder die in ihm eingeschlossene Fee (Muttergottes) spinnen oder die

---

* „La pierre qui tourne" ist eine im Französischen wiederholt begegnende Bezeichnung, die durch urkundliche Erwähnung einer „petra quae vertitur" bereits für das 13. Jahrhundert bezeugt wird. Auch im Trierer Bezirk drehen sich gewisse Menhire am Karfreitag um die Mittagszeit dreimal um sich selbst. Bei Daleiden, Kr. Prüm, heisst ein vielleicht hierher gehöriger Stein „Wendstein". Rechtsrheinische Monolithen, die sich allnächtlich oder zu bestimmten Zeiten drehen, sind der Hinkelstein von Nidda, Kr. Büdingen (Oberhessen), der Menhir bei Drahomischl, Kr. Saaz (Böhmen), und der Süntelstein bei Vehrte, Kr. Osnabrück. Beispiele sich drehender Steine (und Bäume!) ohne Menhircharakter (gewachsene Felsen, Grenzsteine usw.) bei K. Lohmeyer. Die Sagen von der Saar..., 1935, 73. 310. 322. 340. 347. Es ist sehr bemerkenswert, dass dieser Sagentypus auf mitteleuropäischem Boden offenbar nur in Menhirlandschaften vorkommt.

in (unter) ihm hausenden ungeborenen Kindlein schreien hörten. (In manchen französischen Menhiren hört derjenige, der das Ohr an sie legt, eine Glocke läuten oder das Meer rauschen.) Da diese Steine zu allen Zeiten gern genutzte Festpunkte bei der Markierung von Flur- und sonstigen Grenzen waren, hat man gemeint, das An-den-Stein-Stossen habe den Sinn gehabt, die Betroffenen recht nachdrücklich und für ihr ganzes Leben mit dem Grenzverlauf vertraut zu machen, denn „wenn auch im Laufe der Zeit der Stein verschwand, so erinnerte sich doch der Mann noch des Ortes, wo er als Junge den schmerzenden Schlag empfangen hatte". Nun ist aber der Brauch, Kinder als Gedächniszeugen bei Grenzbegehungen heranzuziehen und sie in der geschilderten oder einer ähnlichen Form mit dem Grenzmal in unliebsame Berührung zu bringen, auch für gewöhnliche Grenzsteine, die mit Sicherheit erst als solche gesetzt worden sind, vielfach bezeugt. Da verdient es denn besondere Beachtung, dass schon eine Autorität auf dem Gebiet der Rechtsvolkskunde wie E. v. Künssberg ohne Kenntnis der hier in Rede stehenden vorgeschichtlichen Steine die Möglichkeit erwogen hat, „es sei das ‚Stutzen‘ beim Grenzumgang ein Fruchtbarkeitsritus gewesen, der einen Bestandteil der rituellen Flurbegehung ausmachte und erst später habe man an den Gedächniszeugenbeweis gedacht". Falls es sich wirklich so oder ähnlich verhält, wie wir jetzt doch glauben möchten, hätte man sich also vorzustellen, dass es in den Dienst der Termination gestellte Menhire waren, an denen der als Kontaktzauber zu verstehende Brauch des Anstossens schon vordem gehaftet hatte, die hier als Vorbild dienten: Es muss auffallen, dass die bei v. Künssberg genannten Beispiele solchen „Stutzens" sich gerade in Megalith- und Menhirlandschaften, wie etwa in Hessen, zu häufen scheinen. Ein entsprechendes Brauchtum war übrigens in manchen Fällen auch mit dem Rechtsstein verknüpft, dessen Herkunft von dem Stein auf dem vorgeschichtlichen Ahnengrab J. Meier im ganzen überzeugend nachgewiesen hat. So musste am Hochgericht des Kölner Erzbischofs der Delinquent durch den Fronboten dreimal mit dem Rücken an den dortigen Blauen Stein gestossen werden, weil erst damit das gefällte Todesurteil Rechtskraft erlangte. Auch wenn zu Weissenheim am Berg (Rheinpfalz) die neuvermählten Gemeindebürger in feierlicher Handlung dreimal an den säulenförmigen Hochzeiterstein gestossen wurden, wodurch sie das Nutzungsrecht an den Gemeindewaldungen erhielten, war das Wissen um die dem geheimnisvollen Stein ursprünglich einmal zugeschriebenen Kräfte längst verloren gegangen, wie denn in aller Rechts- und Religionsgeschichte die Vorstellungen sich immer rascher wandeln als die Riten, in denen sie ihren sinnfälligen Ausdruck finden.

Gleichsam als die Schwundstufe der hier beschriebenen Ideen und Praktiken darf es betrachtet werden, wenn manche Menhire seit alters das Wallfahrtsziel von Kranken sind, die sich von ihrer Berührung oder Umwandlung Heilung erhoffen. Die sonst in diesen Denkmalen wohl verkörpert gedachte generative Potenz erscheint dabei etwas abgeschwächt, doch ist der Unterschied von den fruchtbarmachenden Steinen jedenfalls nur ein gradueller und der Übergang zu ihnen fliessend, indem derselbe Menhir (oder Dolmen) oftmals beides bewirken kann. Kranke, die im Département Aisne zu Füssen derartiger Menhire, die hier „Hautes-Bondes" heissen, schlafen, stehen des Morgens genesen auf, und auch das von solchen Monolithen abgelöste Gesteinspulver hat wieder heilende Kraft. Den zahlreichen westeuropäischen Beispielen dieser Art lassen sich die sogenannten Nagelsteine der mitteldeutschen Monolithenprovinz zur Seite stellen, wenn diese ihre Aufstellung auch nur zum Teil schon so früh erfahren haben werden; die Bezeichnung rührt von den eisernen Nägeln her, die hier und da bis in die Gegenwart in sie eingetrieben wurden. Da es sich bei dem Vernageln von Krankheiten um eine weitverbreitete Sitte handelt, die nicht auf Steine beschränkt war, ist anzunehmen, dass man sie erst nachträglich auf die betreffenden Menhire übertragen hat, die jedoch gewiss schon vordem im Ruf heilender Kräfte standen. Zuweilen blieb übrigens auch hier die vollere, ursprüngliche Vorstellung erhalten: Neuvermählte, denen es gelingt, einen Nagel in die „Steinerne Jungfrau" von Dölau bei Halle, den mit 5,50 Meter Höhe ansehnlichsten der mitteldeutschen Monolithe, zu treiben, können mit Sicherheit auf Nachkommenschaft rechnen. Wenn es sich nach einer anderen mitteldeutschen Überlieferung bei dem Einschlagen der Nägel um den Unschuldsnachweis eines zu Unrecht Angeklagten gehandelt haben soll, so scheint damit abermals die rechtsgeschichtliche Bedeutung unserer Denkmale auf, deren einige wie der Malstein von Maden bei Fritzlar, der Lange Stein von Tiengen im Klettgau, der gleichnamige Monolith bei Ober-Saulheim in Rheinhessen und die „Speckseite" bei Aschersleben nachweislich die Wahrzeichen mittelalterlicher Gerichtsstätten gewesen sind, wozu sie nach Lage, Gestalt und der ihnen seit alters von der Bevölkerung bezeigten Verehrung auch dort besonders geeignet erscheinen mussten, wo sie in keinem erkennbaren Zusammenhang mit einem Ahnengrab stehen, dessen sippenrechtliche Funktionen neuerdings wiederholte Würdigung erfahren haben. Die Bezeichnung anderer Menhire als Ort eines Asyl- oder Freiungsrechts (Attiswil, Kt. Bern: Freistein) und in Frankreich, als „pierre de serment" oder „pierre à jurer" weist in dieselbe Richtung. Das im dritten Jahrzehnt des 11. Jahrhunderts aufgezeichnete Northumbrische Priestergesetz aus York untersagt den Gläubigen ausdrücklich die Anlage umfriedigter heiliger Stätten um einen Stein, Baum oder Quell, und wiederholt steht in frühmittelalterlichen Konzilsbeschlüssen neben dem Verbot des Opferns an Steinen dasjenige des „votum solvere ad lapidem". Als Nachhall einstiger Rechtsfunktionen könnte es endlich auch zu verstehen sein, wenn der sagenumrankte Spitze Stein von Betteldorf bis zur Mitte des vorigen Jahrhunderts nach landläufiger Auffassung den Mittelpunkt des Kreises Daun bezeichnet hat: „Hier sammelten sich bis zur genannten Zeit die ausgemusterten jungen Männer des ganzen Kreises und wurden von dort aus unter militärischer Begleitung zu den Garnisonsorten gebracht."

Da wir später nicht mehr darauf zurückkommen werden, möge in diesem Zusammenhang noch einiger weiterer volkstümlicher Namen gedacht sein: als Ausdruck nichtgelehrter Vorstellungen, wie sie an unseren Steinen haften, dürfen sie immerhin eine gewisse Aufmerksamkeit beanspruchen, zumal sie diese anderwärts längst gefunden haben: Hoher, Dicker, Langen- oder Spitzstein bedürfen ebensowenig einer Erläuterung wie der nach der sattelartigen Einziehung seines Oberteils so genannte Sattelfels bei Obersteigen (Elsass) oder die zahlreichen Grauen, Weissen usw. Steine; auch nach ihrem Material und seiner spezifischen Beschaffenheit sind einige Steine benannt. Abgesunkene gelehrte Anschauungen einer älteren Zeit von Alter und Zweckbestimmung dieser Male spiegeln sich in Namen wie Götter-, Druiden-, Kelten-, Sonnen- oder gar Wodansstein, die schwerlich über das 18. Jahrhundert zurückreichen. Älter als sie sind Bezeichnungen, die solche Steine mit allerlei sagenhaften oder historischen Themen in Zusammenhang bringen. Neben den Heiden oder Hunnen – wobei mit den letzteren ursprünglich aber wohl eigentlich Hünen, d.h. Riesen, gemeint waren – sind es hier gelegentlich auch ganz bestimmte Gestalten und Geschehnisse, deren Gedächtnis sie im Volk wachhalten helfen. So wurden mehrere lothringisch-pfälzische Menhire schon im 14. und 15. Jahrhundert mit dem Namen Kriemhilds verbunden, während der Hoyerstein von Gerbstedt an den Mansfelder Grafen dieses Namens und die von ihm gelieferte Schlacht am Welfesholz (1115) erinnert. Ob der Steinerne Mann von Klobouk in Böhmen nebst seinen verschiedenen Namensvettern (z.B. Hundsfeld bei Kehl und Kaulbach, Kr. Kusel/Rheinpfalz) und die heute nicht mehr vorhandene Steinerne Frau von Hohenleina, Kr. Delitzsch, diese Namen ihrer Gestalt oder vielmehr einer jener Versteinerungssagen verdanken, wie sie ähnlich die Steinerne Jungfrau von Dölau bei Halle/S. zum Gegenstand haben, muss ebenso dahingestellt bleiben wie die Herkunft der Bezeichnung Sackstein, wo gleichfalls Aussehen und Sage als Taufpaten in Betracht kommen. Wahrscheinlich ist in solchen Fällen die Erzählung überhaupt erst durch die auffallende Form veranlasst worden. Teufels-, Hexen-, Feen- und Riesensteine gibt es auch unter den von Menschenhand errichteten Steinen eine ganze Reihe; zumeist stehen sie in Verbindung mit entsprechenden Sagen, unter denen der bekannte Typus der Steinwurfsage der meistvertretene ist. Sehr verschiedene Erklärungen haben die wiederholten Versuche gezeigt, das Namensrätsel des grössten aller mitteleuropäischen Monolithen, des Gollensteins bei Blieskastel (Saarland), zu lösen; jedoch auch die schon von J. Grimm in seinen Deutschen Grenzaltertümern mit herangezogenen Kunkel-, Spindel- und Spillsteine haben seitdem noch mehrfach zu etymologischen Überlegungen angeregt.

Der Standort eines Monolithen hat nur selten namengebend gewirkt, ungleich öfter verhalf umgekehrt das Denkmal jenem zu seinem Namen: Nach der bedauerlichen Zerstörung vieler solcher Steine in älterer wie jüngerer Vergangenheit sind die so gebildeten Flur- und Forstnamen jetzt ein gern genutztes Mittel, den ursprünglichen Bestand wenigstens annäherungsweise zu rekonstruieren. Nicht immer wird dabei freilich mit Sicherheit zu entscheiden sein, ob es sich bei einem nur mehr als Gewannbezeichnung fortlebenden Langen usw. Stein wirklich um einen Monolithen mit Menhircharakter und nicht etwa um einen inzwischen beseitigten gewachsenen Fels, um einen erratischen Block oder um einen erst in geschichtlicher Zeit zu irgendwelchen Zwecken gesetzten Stein gehandelt hat.

Wie in Frankreich, so sind auch auf mitteleuropäischem Boden in einigen Fällen sogar ganze Ortschaften nach dem bei oder in ihnen aufragenden Menhir benannt worden. Mit Sicherheit darf dies für das hessische Dorf Langenstein im Kreis Marburg gelten, dessen 1223 erstmals erwähnter Name als Dativus locativus zu verstehen ist, d.h. es musste „ein ganz bestimmter, allgemein bekannter einzelner Stein" damit gemeint sein: ohne Zweifel der gewaltige Menhir, der noch heute an der Kirchhofsmauer steht. Und sollte es ein Zufall sein, dass die Grundstücke, welche die Traditiones Eberbacenses im 13. Jahrhundert für die Gemarkung Steinheim im Rheingau verzeichnen, „prope lapidem magnum" gelegen waren? Die Namensform des ausgegangenen Ortes (der Stein ist nicht mehr vorhanden) weist hier zurück in die fränkische Zeit; dasselbe ist der Fall bei dem rheinhessischen Ortsnamen (Ober- und Nieder-)Saulheim, der im Lorscher Codex 763 und in den folgenden Jahren als „Sovvuilheim" u.ä. begegnet und den schon K. A. Schaab in seiner Geschichte der Stadt Mainz mit dem säulenartigen Langen Stein bei diesem Dorf in Verbindung brachte. Auch der mehrfach im Umkreis gesicherter Monolithvorkommen auftretende Ortsname Heiligenstein ist wohl in diesem Sinne gedeutet worden, doch handelt es sich dabei im Gegensatz zu den letztgenannten Beispielen lediglich um Vermutungen. Desgleichen wird sich kaum noch feststellen lassen, ob das in seiner ersten urkundlichen Erwähnung (742) „Neristein" genannte Nierstein seinen Namen wirklich dem 1891 in der Flur Neunmorgen ausgegrabenen mächtigen Kalksteinblock von über 4 Meter Höhe verdankt, der, als er noch aufrechtstand, eine weithin sichtbare Landmarke gewesen sein muss.

Geradezu die Bedeutung eines Gattungsnamens besonders für kleinere, im allgemeinen weniger säulen- als pyramidenförmige und plattige Steine kommt dem auf die Menhirlandschaften beiderseits des Mittelrheins beschränkten Ausdruck „Hinkelstein" zu. So vermerkt Durst allein aus Rheinhessen nicht weniger als 19 Beispiele für diese Bezeichnung, die damit selbst die Zahl der Langen Steine (bzw. der nach solchen genannten Flurparzellen) an Häufigkeit noch erheblich übertrifft. Als „hunkelnstein" u.ä. seit dem 14. Jahrhundert in dem genannten Raum bezeugt, ist der merkwürdige Name hinsichtlich seiner Deutung umstritten. Von noch weiteren Erklärungsversuchen abgesehen, wird er in dem dazu entstandenen Schrifttum einmal mit dem rheinfränkischen Mundartwort „Hinkel" (d.i. Huhn, besonders: kleines Huhn), zum andern aber mit mhd. hiune bzw. Hiune (Hüne, Hunne) zusammengebracht. Die verschiedenen Hühnersagen, wie sie, mit geringen Abwandlungen, nur aus dem Verbreitungsgebiet dieser Hinkelsteine überliefert sind, müssen offenbar ätiologisch verstanden werden, das heisst, sie sind wohl erst hinzugetreten, als der unverständlich gewordene Name nach einer neuen Erklärung verlangte. Gelegentlich war dann der so entstandenen Sage ein längeres Leben beschieden als jenem, so dass sie heute bisweilen eine Möglichkeit bietet, ehemalige Hinkelsteine, die diesen Namen inzwischen mit einem anderen vertauscht haben, als solche zu erkennen: Esthal, Kr. Neustadt/Haardt: Der Spitze Stein; Armsheim, Kr. Alzey: Heickstein; Kelsterbach a.M., Kr. Gr.-Gerau: Der Dicke Stein. Dass auch Bezeichnungen wie Hühner-, Gickel-, Gluck- oder Glokkenstein auf altes „Hinkelstein" zurückgehen, wird durch die verschiedentlich begegnende Gleichsetzung dieser Formen erwiesen.

Das vorliegende Kapitel über die Rolle unserer mitteleuropäischen Steine in Glauben und Brauch wäre unvollständig ohne einen Hinweis auf die „Christianisierung" vieler unter ihnen, durch die eine wie immer geartete kultische Bedeutung dieser Male schon in vorchristlicher Zeit zumindest nahegelegt wird. Dabei kann sich die Fortdauer alter Kulttraditionen ebenso in der fortgesetzten Nutzung des Denkmals selbst – dies in der Regel erst nach entsprechender Umgestaltung – wie auch, indirekt, in der aus psychologischen Gründen gebotenen Rücksichtnahme auf den altheiligen Stein oder seinen Standort äussern; letzterer erscheint dann als der gegebene Platz auch für Verrichtungen und Baulichkeiten des neuen Kultus. So hat schon W. Kolbe vermutet, dass durch den Langenstein an der Kirchhofsmauer in dem hessischen Dorf gleichen Namens „dem Kirchenbau der Platz hier bereits vorgeschrieben" gewesen sein möchte. Auch der auf französischem Boden in eine Kirchhofseinfriedung vermauert gefundene Menhir dürfte schon vordem an dieser Stelle gestanden haben, wie es mit Sicherheit für einen solchen in Le Mans (Bretagne) zu erweisen ist, der „in kluger Schonung alteingewurzelter Gefühle der Bevölkerung" sogar in das christliche Gotteshaus hineingenommen wurde. Ein ähnlicher Vorgang hatte sich in Gallien schon in römischer Zeit abgespielt, als um einen Menhir im Dépt. Loiret ein quadratischer Umgangstempel landesüblicher Bauart aufgeführt worden war, was an die Megalithen im Innern zweier Schweizer Kapellen denken lässt. In der Nachbarschaft des sagenumwobenen Menhirs im Schäfertal bei Sulzmatt (Oberelsass) errichtete man um 1500 eine Wallfahrtskapelle „Zu unserer lieben Frau"; und die nach Art eines Steinkreises um eine runde Vertiefung im Fels gestellten sechs Langsteine auf dem St. Odilienberg hat der Überlieferung nach bereits der Bischof Leodegar von Autun in jenen „Heidentempel" umgewandelt, der bis ins 18. Jahrhundert hinein wiederholt in Beschreibungen des Berges begegnet. Wieder in einer anderen Form lebt die Erinnerung an eine alte Heiligkeit von Platz und Denkmal fort, wenn „die drei Prediger der umliegenden Ortschaften bis in die neuere Zeit die Verpflichtung hatten, abwechselnd an diesem Stein jährlich eine Predigt zu halten".

Das Fraubillenkreuz von Nusbaum, Kr. Bitburg; Höhe 3,50 m

Im allgemeinen erachtete man freilich das Kreuzeszeichen oder ein Heiligenbild für ausreichend, die dem Stein zugeschriebenen Kräfte unschädlich oder vielmehr sie dem neuen Glauben dienstbar zu machen, hatte doch schon Theodosius II. im Jahr 426 den Bekehrern dieses Verfahren empfohlen. Muss es bei den an manchen Steinen festgestellten kreuzförmigen Einritzungen zumeist auch unentschieden bleiben, ob sie wirklich so entstanden sind, so sprechen andere Befunde dafür eine um so eindeutigere Sprache. Für die Aufnahme frommer Bildwerke bestimmte Nischen wurden nachträglich in die Steine von Puberg Kr. Zabern, Pellingen Kr. Saarburg, Ober-Saulheim Kr. Alzey, in den Gollenstein bei Blieskastel und in das sog. Fraubillenkreuz (bei Nusbaum Kr. Bitburg, auf der Ferschweiler Hochfläche) eingearbeitet, wobei das letztere – ein 3,50 Meter hoher Sandsteinkegel, den schon die älteste Erwähnung (1470) als „la grande croix" beschreibt und der damals auf der Grenze zwischen Nassau und Burgund stand – auch im ganzen durch die kreuzförmige Zurichtung seines Oberteils, die die Legende auf den hl. Willibrord von Echternach zurückführt, ein eindrucksvolles Zeugnis christlichen Glaubenseifers ist.

Wie erstaunlich lange diese „numina nomine vacantia" dem Volk ein Gegenstand ehrfürchtiger Scheu geblieben sind, kann das Beispiel des Breitensteins bei Meisenthal im Elsass lehren: Als er in Erfüllung eines Gelübdes ein gottgefälliges Werk zu stiften dachte, suchte sich ein vermögender Holzhändler noch im Jahr 1787 eben diesen Monolithen dazu aus, der nach den damals in ihn eingemeisselten Darstellungen seither auch als Zwölfapostelstein bekannt ist. Aus den Trümmern der von ursprünglich dreien allein noch übriggebliebenen einen Alberschweiler „Kunkel" aber wurde, als diese zu Beginn des vorigen Jahrhunderts ein Sturm umgeworfen hatte, ein Kreuz gefertigt. Am Breitenstein hat trotz seiner abseitigen Lage früher alljährlich zu Himmelfahrt ein vielbesuchter Markt stattgefunden, was nicht immer für den sakralen Charakter der Stätte spricht: Wohl überall auf der Welt sind unter archaischen Verhältnissen die Märkte vorzugsweise an die Plätze und Zeiten religiöser Feste gebunden. Wenn schliesslich manche unserer schönsten Menhire erst in neuerer Zeit wieder zutage gefördert worden sind, so darf man vielleicht auch in diesem Umstand einen Hinweis finden auf die Rolle, die sie einstmals gespielt haben. Im Jahr 658 wird der Klerus auf einem Konzil zu Nantes ausdrücklich angewiesen, solche Steine auszugraben und sie an Orte zu verbringen, wo niemand sie jemals wiederfinden könnte.

Menhire – Denkmale eines Phalluskults?

Die mit dem Steinkult vielerorts auf der Erde, z.B. in Indien und Melanesien, verknüpften Fruchtbarkeitsriten, könnten auf den ersten Blick als Stütze jener Auffassung erscheinen, der das ragende monolithe Steinmal vorgeschichtlicher oder rezenter Megalithkulturen überhaupt nichts anderes als der monumentale Ausdruck eines vermeintlichen Phalluskults ist. Vor allem die Gestalt dieser Monolithen hat immer wieder zu solchen Kombinationen verführt, welche jedoch übersehen, dass es neben mehr oder minder zylindrischen, konischen, „spindel"-

oder „walzenbeil"-förmigen in allen europäischen Megalithprovinzen nicht weniger zahlreich andersgeformte etwa in Platten- oder Pyramidengestalt gibt, auf die sich die genannte Deutung schwerlich anwenden lässt. Hätten die Träger des atlantischen Megalithikums in den Menhiren wirklich Phalli darstellen wollen, so wären sie gewiss auch bestrebt und imstande gewesen, dies durch eine entsprechende Zurichtung deutlich zu machen; tatsächlich beschränkt sich aber die Bearbeitung, wo eine solche überhaupt stattgehabt hat, fast überall auf die Beseitigung der störendsten Unebenheiten an der zur Aufstellung gelangten Rohform. Der „phallische" Eindruck ergibt sich dem Betrachter oftmals nur aus einer bestimmten Blickrichtung, wogegen derselbe Stein in anderen Ansichten ein davon völlig verschiedenes Aussehen hat. In diesem Zusammenhang sei auch darauf hingewiesen, dass von allen west- und mitteleuropäischen Langsteinen kaum ein einziger heute bei der umwohnenden Bevölkerung unter einem Namen bekannt zu sein scheint, der auf entsprechende Vorstellungen schliessen lassen könnte. Eingehend ist die in der Überschrift dieses Abschnitts aufgeworfene Frage schon wiederholt für den semitischen Steinkult erörtert worden, wobei der Streit insbesondere um die ursprüngliche Bedeutung der alttestamentlichen Masseben ging. Auf die europäischen Verhältnisse möchte am ehesten das Urteil H. Gressmanns übertragbar sein, wonach „die Massebe als Phallos sich wohl als Endpunkt, aber nicht als Ausgangspunkt einer Entwicklung der religiösen Ideen verstehen" lässt. Die Möglichkeit eines ähnlichen Bedeutungswandels wird man auch für die megalithische Welt des Westens nicht ganz ausser acht lassen dürfen; an der Schwelle zur Metallzeit oder später während dieser führt ein solcher hier und da tatsächlich zu vereinzelter Aufrichtung phallisch gemeinter und deshalb auch entsprechend gestalteter Steine. Für die bekanntesten unter ihnen, diejenigen in der Bretagne, ist der erst bronzezeitliche Ursprung gesichert. Einem ihrer besten Kenner, der eine phallische Interpretation der anikonischen neolithischen Menhire ausdrücklich abgelehnt hat, erschienen sie so sehr als Symbole eines neuen Kultes „plus réaliste que la vieille religion des grands mégalithes", dass er zu ihrer Erklärung an einen Zustrom fremder, und zwar ostmediterraner, Bevölkerungsgruppen dachte.

Zusammenfassend lässt sich sagen, dass jedenfalls die hier im Vordergrund stehenden west- und mitteleuropäischen Befunde nicht dazu berechtigen, im Hinblick auf die Sitte der Menhir-Errichtung von einem „phallischen Urwesen der Pfeiler- und Säulengestalt" zu reden, das, in dem „titanenhaft-männlichen Wesen der megalithischen Gesinnung" begründet, erst nachträglich durch den „aus dem Osten" eingedrungenen Kult des Mütterlich-Erdhaften ergänzt und bereichert worden sei. Wie es die auf Südtiroler Boden festgestellte Vergesellschaftung eines augenscheinlich phallischen Kultsteins mit einem zweiten „di carattere femminile" so eindeutig wie sinnfällig veranschaulicht, ist vielmehr die natürliche Polarität der Geschlechter in dieser megalithischen Steinverehrung auf einer höheren Ebene aufgehoben. Auch im Inneren einer sogenannten Tomba dei Giganti bei Norbello (Sardinien), die mit fast 12 Meter Länge eines der grössten derartigen Gräber ist, fanden die Ausgräber „due blocchi: l'uno, a forma di piramide tronca, con un segno mamillare rilevato; l'altro, trovato in posto al fondo della cella, per un rilievo di evidente carattere fallico". Solche Hinweise auf eine rituelle Vertretung beider Geschlechter stehen in der megalithischen Welt nicht allein da; ausserhalb ihrer mediterranen Provinzen begegnen sie besonders auf den britischen Inseln, deren megalithische Kulturgruppen das südliche Erbe ja noch in anderer Beziehung treulich bewahrt haben. So meint man hier etwa die Orthostaten rechts und links vom Eingang mancher Grabkammern nach ihrer Gestalt in männliche und weibliche unterscheiden zu können; und „clearly male and female symbols" sind danach auch jene Monolithen, die paarweise die sog. Avenue einfassen, welche die Steinkreise von Avebury, North Wiltshire, mit der als „The Sanctuary" bekannten kleineren Anlage auf dem Overton Hill verbindet. „Verehrung des Stammelternpaares in Monolithen" wird für die Träger des kanarischen Megalithikums angenommen, dem für die Erforschung der Megalithreligion offenbar besondere Bedeutung zukommt.

Stein mit konzentrischen Kreisen von Beckstedt, Kr. Hoya; Höhe 0,90 m

Mit einem einsinnig „männlichen Wesen der megalithischen Gesinnung" unvereinbar wäre auch die Vorstellung einer grossen Muttergottheit, wie sie für weite Bereiche der atlantischen Megalithkultur fundstoffmässig gesichert ist. In dem grossen Ganggrab von Soto in der südwestspanischen Provinz Huelva erscheint ihr Bild ebenso wie in den Vorkammern mancher der von Menschenhand hier in den weichen Kreidefels gehauenen Bestattungsgrotten des Marnegebiets oder in den „allées couvertes" des Seinebeckens; und auch bei den durchweg sehr schematisch gehaltenen Gravierungen auf zahlreichen Wandsteinen bretonischer und irischer Megalithgräber mag es sich wenigstens zum Teil, wie bei den so charakteristischen „signes scutiformes", um zum Symbol gewordene Stilisierungen desselben ursprünglich figürlichen Vorwurfs handeln. Wenn diese Darstellungen sich nicht selten auf die Angabe der Brüste oder des kaum jemals fehlenden Hals- und Brustschmucks beschränken, der dann „pars pro toto" steht, so wird man sich auf Grund bestimmter Beobachtungen an den Flachreliefs der Marnegrüfte vielleicht vorstellen dürfen, dass in solchen Fällen eine jetzt vergangene Bemalung das Werk des Steinmetzen einstmals noch in einigem Umfang ergänzt hat. In einem Ganggrab bei St.-Malo sind an zwei Orthostaten, die beide gewiss nicht zufällig zu einer besonderen (Kult-)Nische hinter der eigentlichen Grabkammer gehören, sogar je zwei Brüstepaare aus dem Stein herausgearbeitet, was an Beschreibungen der grossen Muttergöttin des Vorderen Orients (Ischtar, Anahita) erinnert, wo die Vierzahl der Brüste auf die ursprüngliche Kuhgestalt der Magna Mater zurückweist. Einzelnstehende Menhire mit derartigen Brüsten („menhirs mammelés") sind von Sardinien und Guernsey bekannt. Röder, der diesen alteuropäischen eine ganze Reihe ähnlicher Erscheinungen aus rezenten Megalithkulturen in Übersee (Madagaskar, Assam, Nias) an die Seite stellen konnte, hat sich unter dem Eindruck der an die letzteren geknüpften Vorstellungen dahin ausgesprochen, dass es sich hier nicht, wie zumeist angenommen, um die mehr oder weniger abgekürzte und stilisierte Darstellung einer weiblichen Gottheit des Todes, der Erde oder (bzw. und) der Fruchtbarkeit handele, sondern dass auch solche „Brüsteskulpturen wohl eher als Symbol der in den Steinen wohnenden Seelenkräfte, insbesondere der Lebenskraft, zu verstehen" seien. Wir möchten demgegenüber doch lieber an der konkreteren Deutung festhalten, die hierin sehr schön eine „divinité à la fois de la vie et de la mort" zu erkennen gemeint hat. Von den nicht selten rundplastischen sogenannten Menhirstatuen des südlichen Frankreich (Dépts. Aveyron, Gard, Hérault und Tarn), unter denen beide Geschlechter vertreten sind, weshalb sie gewöhnlich als Bilder der Verstorbenen aufgefasst werden, unterscheiden sich die in Rede stehenden Skulpturen vor allem durch ihre einheitlich weibliche Charakterisierung.

Nun findet sich jedoch in manchen Marnegrotten statt jener mütterlichen „divinité protectrice des tombeaux" die bildliche Wiedergabe einer geschäfteten Axt, in der man darum das Symbol der zugehörigen männlichen Gottheit erblickt hat. Diese Erklärung liegt um so näher, als auch die weibliche Gestalt zuweilen mit dem Bild der Axt verbunden wird, das für sich allein weiterhin auf armorikanischen Dolmensteinen und Menhiren begegnet. Für die in eine Art Beilschneide endigenden steinernen Frauenskulpturen aus einem portugiesischen Megalithgrab hat schon G. Wilke an die „uralten Beziehungen des Beils zu einer weiblichen

Fruchtbarkeitsgottheit" erinnert, deren bekanntester Ausdruck das Doppelaxt-Attribut der Grossen Göttin der minoischen Kultur ist. Letzten Endes wollen auch derartige symbolische Verknüpfungen des männlichen mit dem weiblichen Element nur immer dasselbe zur Darstellung bringen, was die oben beschriebenen Menhir-Paare von Algund und Norbello auf realistischere Art zu veranschaulichen streben: die polare Entfaltung des generativen Prinzips, dem diese megalithische Steinverehrung, die vom Grosssteingrab als dem unvergänglichen Mittelpunkt und Schoss der Sippe ihren Ausgang genommen hatte, in erster Linie galt.

Mit einer gewissen Überlegenheit der in chthonischen Tiefen wurzelnden weiblichen Komponente wird dabei zu rechnen sein, ja vielleicht wurde jene vorindogermanische Todes-, Erd- und Muttergöttin ursprünglich überhaupt als androgyn empfunden, wozu es unter den Vorstellungen, die alte mutterrechtliche Kulturen sich von dem göttlichen oder menschlichen Urwesen ihrer Kosmologie gebildet haben, genügend Parallelen gibt. Die Vorherrschaft männlicher Gottheiten dauert im megalithischen Westen unseres Erdteils erst seit seiner Indogermanisierung, die das hier bodenständige Gedankengut jedoch nur allmählich und unvollkommen zu überwinden vermocht hat. Im religiösen Weltbild der älteren Zeit wurde der männliche Partner der Grossen Göttin eher als die geringere Potenz gewertet.

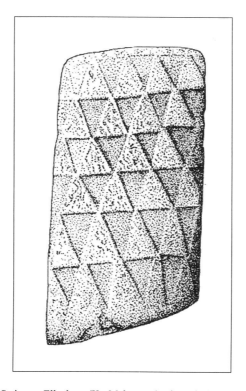

Stein von Ellenberg (Kr. Melsungen) mit Dreiecksreihen

127

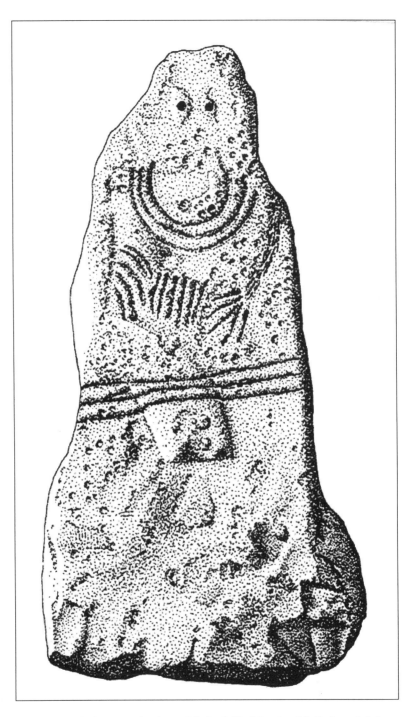

Dolmengöttin der Jungsteinzeit von Schafstädt (Kr. Merseburg) in Sachsen-Anhalt.
Höhe 0,94 m. Erkennbar sind Halskette, Gürtel und Kamm zwischen den Händen.

Nachleben und Weiterwirken des Menhirgedankens

1. Die Kelten. So grosse Unsicherheit hinsichtlich der Zuweisung des von der Sprachwissenschaft erschlossenen indogermanischen „Urvolks" an eine der hierfür in Frage kommenden neolithischen Kulturprovinzen noch immer besteht, darf soviel doch als sicher gelten, dass das atlantisch-mediterrane Megalithikum dabei jedenfalls auszuscheiden hat. Dieses veranschaulicht in seinem ganzen Umfang vielmehr eine ältere, vorindogermanische Schicht, weshalb auch die Parallelen, welche zu einzelnen seiner Erscheinungen sich beibringen lassen, „stark und tief und meist viel klarer in Räume und Völker hineingehen, die sicher niemals von indogermanischem Einfluss erreicht wurden. Und daran ändert auch nichts, dass indogermanisch gewordene Räume und Völker [in den Grenzen dieser altmegalithischen Welt] Gemeinsamkeiten zeigen, die man bisher immer auf ihr gemeinsames indogermanisches Erbe zurückgeführt hat. Was indogermanisch ist und was nichtindogermanisch ist, kann man vom Studium der historischen Indogermanenvölker her allein nicht herausarbeiten, denn diese sind ja nicht bloss indogermanisch, sondern das Produkt der Ineinanderlagerung von Vorindogermanisch und Indogermanisch." Auch wer D. Wölfels Anschauungen von der Schlüsselrolle der kanarisch-„weissafrikanischen" Megalithkulturen für das Verständnis des alteuropäischen Megalithikums nicht oder nur bedingt zu teilen vermag, wird solchen grundsätzlichen Erwägungen die Zustimmung nicht versagen können. Leider hat man nun aber gerade diese so bedeutsame Mehrschichtigkeit nicht selten übersehen, wie es mit Bezug auf unser gegenwärtiges Anliegen soeben wieder in den Arbeiten John Meiers über den Braut- und Rechtsstein geschehen ist. Es kann doch kaum ein Zufall sein, dass das Verbreitungsgebiet dieser volkskundlich und rechtsgeschichtlich gleich bemerkenswerten Erscheinungen, die richtig auch von Meier aus der Heiligkeit des Ahnengrabes erklärt werden, auf Räume beschränkt ist, die in der einen oder anderen Form an dem Erlebnis der Megalithkultur teilhatten. Sogar eine Einzelbeobachtung wie diese, dass der Brautsteinbrauch „auf deutschem Sprachgebiet von der Ostsee bis nach Frankfurt am Main zu gehen" scheint, und südlich davon erst „etwa bei Basel wieder einzusetzen", ist mit dem archäologischen Tatbestand, wie wir ihn im ersten Abschnitt geschildert haben, recht gut in Einklang zu bringen. Dennoch soll es sich hier um „Hochzeitsbräuche der indogermanischen Volksgemeinschaft" handeln, wobei der Umstand, dass die Sitte sich „bisher nur bei verhältnismässig wenigen Völkern des indogermanischen Sprachstammes, allerdings nördlich und östlich, nachweisen lässt", nach Meier „nicht zu sehr befremden" braucht: „Bei den ausfallenden Völkerschaften mag der Brauch im Laufe der Entwicklung verschwunden sein."

Nun wäre aber leicht zu zeigen, dass die Verbindung bzw. Identität von Ahnengrab, Gerichtsstätte und Versammlungsplatz durchaus keine indogermanische Besonderheit darstellt, und der Kult am (im) Grab vollends darf sogar eine im Grunde unindogermanische Sitte heissen; hier haben Schuchhardt und Spengler im wörtlichsten Sinne tiefer gesehen, wenn sie in diesem Zusammenhang immer wieder die Bedeutung des Substrats hervorhoben. Indogermanisches Sinnen und Trachten gilt vorzugsweise dem irdischen Diesseits, was Sorge um den Nachruhm freilich ebensowenig ausschliesst wie eine stellenweise hochentwickelte Ahnenverehrung zum Beispiel durch Lieder und Spiele. Nur sollte man in dieser keinen Totenkult im Sinne einer Totenpflege sehen, als die sie in Verkennung entscheidender Unterschiede oftmals beschrieben worden ist. Wenn gleichwohl in historischer Zeit mehrere indogermanische Einzelvölker echten Grab- und Totendienst üben, etwa indem sie dem Dahingegangenen am Ort der Bestattung Nahrung spenden oder auf eine andere sinnfällige Weise den Kontakt mit ihm zu wahren suchen, so geschieht dies teils in Nachahmung fremder Vorbilder, teils gibt sich darin der langsame Wiederaufstieg des bei der Indogermanisierung überwundenen Volkstums zu erkennen, dessen abweichende religiöse Anschauungen unterschichtlich ja immer weitergelebt hatten.

Nordwärts der Alpen sind es bezeichnenderweise vor allem die Kelten, deren eigentümliche Geisteshaltung in hohem Masse durch das vorindogermanische Erbe bestimmt scheint, das besonders ihren auf Grab und Jenseits bezüglichen Vorstellungen seinen Stempel aufdrückt. Andere indogermanische Teilvölker, deren Entstehung und Ausbreitung nicht – oder zumindest nicht in gleichem Umfang – altmegalithischen Boden zum Schauplatz gehabt hat, bieten in dieser Hinsicht ein sehr viel farbloseres Bild. Nicht nur fiel auch in der keltischen Welt das Stammesheiligtum vielfach mit einem (wirklichen oder mythischen) Ahnengrab zusammen, wie es für megalithisches Denken so bezeichnend ist, sondern – und dies ist für unsere Geschichte des Menhirgedankens von besonderer Bedeutung – auch dem Megalithwesen selbst war bei den historischen Kelten eine förmliche Renaissance beschieden, wenn ihr Interesse an diesen Denkmalen auch nur im Ausnahmefall zur Neuerrichtung derartiger Monumente geführt hat; im allgemeinen knüpfte es einfach an jene an, die man seit alters im Land vor Augen hatte, zumal diese gewiss als heiliger, das heisst wirksamer, galten. Am eindrucksvollsten vermögen den Zusammenhang eine Reihe von Beobachtungen auf der Insel Irland zu veranschaulichen, deren geographische Randlage ihren verschiedenen megalithischen Kulturgruppen zu einer ungewöhnlich langen Nachblüte verhalf, so dass hier die Kontinuität kaum je ganz abgerissen ist. Das von dem hl. Patrick im Jahr 435 zerstörte Nationalheiligtum „Cromm Cruaich" war sehr wahrscheinlich ein aus zwölf Monolithen bestehender megalithischer Steinkreis (Cromlech) mit Mittelpfeiler, letzterer nach der Beschreibung in der Vita des Heiligen mit Gold und Silber reich geschmückt; und mit Vorliebe weisen irische Sagen die der Bevölkerung wohlbekannten grossen Steingräber des Landes heidnischen Zauberpriestern und Gottheiten als scheu verehrten Wohnsitz zu. Zu solchen Überlieferungen stimmt vortrefflich, dass ein Teil der oft abgebildeten Gravierungen in dem Kuppelgrabe von New Grange erst in der vorrömischen Eisenzeit entstanden sein kann, der ausweislich ihrer im Latènestil gehaltenen Ornamentik auch die wohl als Zeugnisse magischer Praktiken zu wertenden Knochenplättchen aus Cairn H von Loughcrew angehören. Auf englischem Boden lässt sich für das gewaltige Stonehenge, dessen Anfänge zwar noch in das ausgehende Neolithikum zurückreichen, das seine endgültige Gestalt aber ebenfalls erst in den letzten Jahrhunderten vor Beginn unserer Zeitrechnung erhalten hat, fortdauernde kultische Nutzung bis zur angelsächsischen Einwanderung wahrscheinlich machen.

Auch auf dem Festland fehlt es nicht an Zeugnissen dafür, dass megalithische Anlagen „were still known and occasionally used right up to the time of the Roman occupation"; es sei nur an das gallorömische Dolmenheiligtum von Alesia erinnert. Menhire sind in Gallien noch in römischer Zeit von der einheimischen Bevölkerung verehrt worden, wie Inschriften oder Skulpturen an manchen von ihnen erweisen. Den schon länger bekannten Beispielen wäre jetzt der aufschlussreiche Befund von Triguères (Loiret) hinzuzufügen, wo ein anikonischer Menhir die Cella eines kleinen Umgangstempels beinahe gänzlich ausfüllte. Natürlich muss er nicht eigens als Kultbild für diesen Tempel herbeigeschleppt worden sein; er wird eher schon vorher als Mittelpunkt eines Kultbezirks unter freiem Himmel an dieser Stelle gestanden haben, und der Tempel wird später, als die Errichtung von Kultgebäuden Sitte wurde, um ihn herumgebaut sein.

Von einer nichtindogermanischen Vorbevölkerung übernommen, war der kultisch verehrte ragende Einzelstein noch den Kelten der Latènezeit so geläufig und bedeutsam, dass sie derartige Male auch dort errichteten, wo sie damit nicht wie in Westeuropa an eine bodenständige Tradition anknüpfen konnten. Aus der fruchtbaren mittelschlesischen Ackerbauebene südlich von Breslau sind seit langem einige monolithische Denkmale – der Kiefendorfer „Mönch", der Zobtener „Pilz" und die baumstamm- oder pfahlähnliche „Säule" ebenda – bekannt, die sich hier befremdlich genug ausnehmen. Die mit Vorbehalt geäusserte Vermutung, sie möchten aus der Keltenzeit des Landes stammen, gewinnt vor dem Hintergrund vorstehender Überlegungen stark an Wahrscheinlichkeit. Während es sich bei dem sogenannten Pilz um den Unterteil einer menschlichen Figur oder auch eines Pfeilers nach Art des Pfalzfelders handeln könnte, gemahnt der Mönch, ein mannshohes kegel- oder schachfigurenähnliches Granitgebilde mit wohl erst nachträglich zu seiner jetzigen Gestalt gelangtem Oberteil, nach Grundform und Grösse an wirkliche Menhire. Man geht kaum fehl, wenn man mit diesen Monolithen jene figürlichen Steinskulpturen vom nahen Zobtenberg zusammenbringt, die im Volksmund als „Bär" und „Striegelmühler Sau" bekannt waren. Schwerlich danken sie ihre Entstehung nur profanen Motiven, denn abgesehen davon, dass gerade Bär und Wildeber im keltischen Kult eine bevorzugte Rolle spielten, ist bis in den Beginn unseres Jahrhunderts an ihnen dieselbe Sitte des „Heidenwerfens" geübt worden, die den Obelisken aus dem Hunsrück an seinem früheren Standort auf der Kirchhofsmauer von St. Goar so ernstlich gefährdete, dass er von dort entfernt werden musste. Ihre nächsten Entsprechungen besitzen die schlesischen Skulpturen in rohen Steinbildwerken auf der Iberischen Halbinsel, die auch hier als Hinterlassenschaft einer keltischen Invasion aufzufassen sein werden.

2. Nordeuropa. Die vorstehend zusammengetragenen Zeugnisse für ein Fortleben des Menhirgedankens entstammen sämtlich keltisch gewordenen Räumen, aber auch in den Grenzen der nordeuropäischen Region fehlt es nicht an Hinweisen auf ein mehr oder weniger lebendiges Weiterwirken megalithischer Traditionen noch in nachneolithischer Zeit, wenn sich deren Nachweis hier auch merklich schwieriger gestaltet als etwa auf den britischen Inseln oder auf französischem Boden, wo zumindest bis hinein in die römische Zeit des Landes die Kontinuität anscheinend nie ganz abgerissen ist. Man wird daraus folgern dürfen, dass sich die angestammte Eigenart des megalithischen Substrats im keltischen Gewand jedenfalls stärker zu behaupten vermocht hat als in der nachmals germanischen Welt,

obgleich bekanntlich auch diese, ihren Götterhimmel nicht ausgenommen, die megalithische Grundschicht keineswegs verleugnen kann. Wieder sind es insbesondere Ahnenkult und Unsterblichkeitsglaube, die sich nur vor dem Hintergrund des Megalithwesens dem religionsgeschichtlichen Verständnis erschliessen. Wenn etwa in der alten, nordeuropäischen Literatur von Opferungen an heilige Steine die Rede ist, welche vielleicht zunächst den Sitz der Ahnengottheit bezeichnet haben, ja die ursprünglich wohl selbst Ahnengötter gewesen sind, oder wenn hier mancherorts noch heute Grosssteingräber bzw. natürliche Felsen als Herkunftsort der Neugeborenen gelten, so wird der schon vorindogermanische Charakter solcher Vorstellungen dadurch nicht in Frage gestellt, dass es zum Beispiel auf griechischem Boden Ähnliches gab, setzt doch eben der griechische Steinkult nur ältere, vorgriechische Überlieferungen fort. So gesehen erscheint aber auch die nordeuropäische Steinverehrung als ein Bestandteil jener letztlich in neolithischen Schichten wurzelnden „niederen" Mythologie, die sich unter und neben den seit der Bronzezeit vornehmlich den überirdischen Mächten zugewandten „höheren" Gottesvorstellungen späterer Jahrhunderte bis weit in die frühgeschichtliche Zeit hinein, in Resten sogar bis an die Schwelle der Gegenwart, behauptet hat. (Olrik-Ellekilde, mit Hinweis auf die noch vor kurzem in mittelschwedischen Gemeinden den Unterirdischen in den vom Volksmund als „Elfenmühlen" bezeichneten Schalensteinen dargebrachten Opfer. Wie schon die zusammengesetzten Personennamen vom Typus Thorstein, Freystein usw. (hierzu K. Maurer, Die Bekehrung des Norwegischen Stammes zum Christenthume II, 1856, 196 Anm. 31) erkennen lassen, haben diese beiden Schichten nordeuropäischer Frömmgikeit, die „niedere" und die „höhere", aber natürlich kein unabhängiges Leben geführt, sondern Vorstellungen der einen konnten mit solchen der anderen verschmelzen.)

Im Unterschied vom atlantischen Westen, der sich schon in neolithischer Zeit in dem hochragenden Menhir einen weithin sichtbaren Exponenten für sie geschaffen hat, bleibt die megalithische Steinverehrung in Nordeuropa zunächst auf das Steingrab selbst beschränkt, wobei sie vor allem an seinen Deckstein anknüpfen kann, der in zahlreichen Fällen wohl immer sichtbar und zugänglich war, so dass er sich als der gegebene Mittelpunkt von allerlei rituellen Praktiken erweisen mochte (Näpfchenbohrung, Brautsteinbrauch). Sogar im Ritual der nordeuropäischen Königswahl, der dänischen wie der schwedischen, spielte noch im Mittelalter der Stein auf dem Ahnengrab eine bedeutsame Rolle, indem die feierliche Setzung des erwählten Königs auf den Stein der Ahnen „die Überleitung der in diesem verkörperten Macht und Weisheit an den neuen Herrscher gewährleisten" sollte. Auch den entsprechenden iro-schottischen Gepflogenheiten liegt diese Vorstellung zugrunde, die sich bemerkenswerterweise noch in einem ganz anderen Bereich alter Megalithkultur, nämlich auf Madagaskar, findet.

Neben dem als Bestandteil einer megalithischen Grabkammer an seinen Platz gelangten Stein sind im alten Nordeuropa auch nicht von Menschenkraft bewegte Steine oder Felsen Gegenstand der Verehrung gewesen. Nur um solche kann es sich auf Island handeln: bei den Landnámabók, 225, genannten Gunnsteinen und ebenso bei jenem Stein, der von dem Bauern Kothran als Sitz seines Sippenschutzgeistes verehrt wurde (Kristnisaga, c. 2). Nur sehr bedingten Wert haben für die germanische Religionsgeschichte die kirchlichen Quellen, die von Steinverehrung auf deutschem Boden im frühen Mittelalter wissen. Teils wenden sie sich ohne Rücksicht auf spezifisch germanische Religionsverhältnisse in traditionellen Formeln gegen ein allgemeines „Heidentum"; teils gehen ihre Angaben auf ausserdeutsche, besonders südgallische Synodalbeschlüsse zurück, denen dann natürlich die dortigen Zustände zu Grunde liegen.

Zur Markierung des Grabes hat in Nordeuropa durch alle ur- und frühgeschichtlichen Zeiten bevorzugt der hölzerne Grabpfosten gedient, wie er heute schon durch zahlreiche Beobachtungen nachgewiesen ist. Wo dieser Pfahl, geschnitzt und bemalt, zum „Ahnenpfahl" wird, tritt er aus der Sphäre blosser Nützlichkeit heraus, um an der Heiligkeit der Grabstätte teilzunehmen. In dieser erweiterten Funktion vertritt er dann auch wohl den Stein, der megalithisch verwurzeltem Denken ursprünglich allein die Fortdauer des Toten zu gewährleisten vermocht hatte. Wenn noch in althochdeutscher Zeit das Grabmal mit einem Wort (avara) bezeichnet wird, das zu dem Verbum avaron, „erneuern", gehört, so kommt auch hierin mit der bekannten germanischen Vorstellung von der Wiedergeburt des Ahns im Enkel, das heisst im „kleinen Ahn", letztlich nichts anderes zum Ausdruck als die altmegalithische Unsterblichkeitsidee, wie sie im Brauch der Steinmitgabe bzw. Steinerrichtung zu archäologischer Greifbarkeit gelangt. Gerade dieser germanische Glaube an eine Wiederverkörperung in der Sippe ist gern als „gemeinsamer arischer Besitz" hingestellt worden, wobei man nur übersah, dass ihn ebenso die niemals indogermanisierten Träger afrikanischer Megalithkulturen kennen. Gleich der keltischen wird deshalb auch die germanische Altertumskunde und Religionsgeschichte neben der gewiss immer zuerst in Betracht zu ziehenden Möglichkeit indogermanischen Ursprungs der von ihr untersuchten Erscheinungen stets auch die Frage einer etwaigen vorindogermanischen Herkunft zu prüfen haben, für welche die megalithische Grundschicht zwar nicht die einzige, aber doch wohl die wichtigste Quelle darstellt.

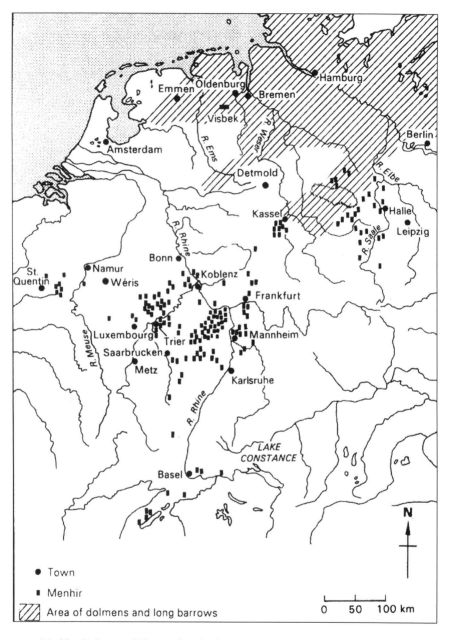

Menhire, Dolmen und Riesensteingräber in Nord- und Mitteleuropa. (nach A. Service)

Menhire, Hinkelsteine und Grabsäulen in der Rheinpfalz. (nach E. Christmann)

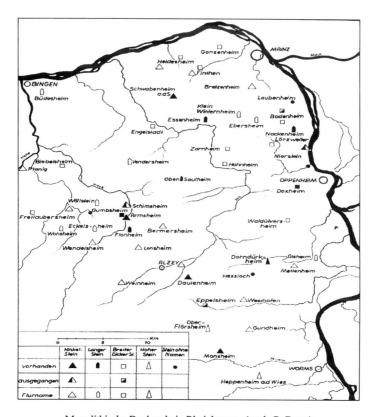

Monolithische Denkmale in Rheinhessen. (nach G. Durst)

135

Sibylle von Reden

Megalithkultur

Die eindrucksvollen Relikte der vorgeschichtlichen Megalithkulturen Europas: viele tausende urtümlicher Grabbauten aus mächtigen Blöcken und Platten, geheimnisvolle Steinsetzungen, die zu langen Reihen oder ringförmigen Anlagen geordnet in der Landschaft stehen, einzelne Monolithen (Menhire), die manchmal erstaunliche Masse erreichen, Ganggräber, deren Kammern von Bienenkorbkuppeln überwölbt werden, das Rundheiligtum von Stonehenge und die elliptischen Tempel von Malta, die von Giganten aufgetürmt scheinen, erregten seit dem Altertum allgemein abergläubische Scheu, aber auch die Wissbegierde der Gelehrten. Noch im 18. Jahrhundert hielt man solche Monumente allgemein für das Werk vorsintflutlicher Riesengeschlechter. In Deutschland und Holland heissen die Grosssteingräber daher bis heute „Hünenbetten". Zahlreiche Legenden brachten diese Zeugnisse einer mythischen Vergangenheit in Beziehung zum Teufel oder anderen dämonischen Wesen. Dunkle Erinnerung an ihre einstige Heiligkeit lebt bis heute in seltsamen Bräuchen – meist Fruchtbarkeitsriten – fort, die mit manchen von ihnen verbunden wurden.

Erst mit dem 19. Jahrhundert setzte sich langsam die Erkenntnis durch, dass die grossen Steinmale von Menschenhänden errichtet wurden. Zwischen 1840 und 1860 bürgerte sich die Bezeichnung „Megalithmonumente" ein, die von den griechischen Worten megas = gross und lithos = Stein abgeleitet wurde, und man begann von Megalithkulturen zu sprechen. Deren Deutung und Datierung aber führte noch jahrzehntelang zu wilden Spekulationen und romantischen Phantasien. In Frankreich und England herrschte damals die „Keltomanie". Es war unvermeidlich, dass man dort die Riesensteingräber, die oft Tischform haben und nach einem bretonischen Wort für Steintisch Dolmen genannt wurden, für Druiden-Altäre hielt und mit blutigen Opferhandlungen verband. Daneben blieb die „Ägyptomanie", die mit Napoleons Feldzug zum Nil begonnen hatte, nicht ohne Einfluss auf die Auslegung der Megalithmale. Schliesslich wurden auch die Römer, denen man u.a. die Konstruktion von Stonehenge zuschrieb, vielfach für ihre Schöpfer angesehen. Die megalithischen und die ihnen bautechnisch eng verwandten zyklopischen Strukturen im mediterranen Bereich erklärte man hingegen als Hinterlassenschaft der Phönizier, die damals für die Urheber der meisten vorgriechischen und vorrömischen Bauwerke an den Küsten und auf den Inseln des Mittelmeeres gehalten wurden. Immerhin gab es bereits vereinzelte Forscher, die das Studium der Megalithdenkmäler mit wissenschaftlicher Objektivität und empirischen Methoden betrieben. Ein Pionier auf diesem Gebiet war Nikolaus Westendorp aus Groningen in Nordholland, der sich an einem Preisausschreiben der Haarlemer „Gesellschaft der Wissenschaften" im Jahre 1808 mit einer Arbeit über die Hünenbetten seiner Heimat beteiligte. In Frankreich, England und Skandinavien erschienen die ersten grossen Publikationen über die Grosssteinkulturen erst in den sechziger und siebziger Jahren.

Gegen Ende des 19. Jahrhunderts, als die Altertumsforschung sich zu einer wissenschaftlichen Disziplin entwickelte, trat auch die Untersuchung der Megalithkulturen in eine neue Phase. Bestandaufnahmen ihrer Hinterlassenschaft in Frankreich, Grossbritannien, den nordeuropäischen Ländern, in Spanien, Portugal und auf den westmediterranen Inseln, systematische Ausgrabungen und vergleichende Studien führten im Lauf der ersten Hälfte des 20. Jahrhunderts zu einer umfassenden Kenntnis ihrer vielfältigen Erscheinungsformen in Europa und in anderen Erdteilen. Wir wissen heute, dass es ausser den Megalithmalen der Westhälfte Europas und der südwestlichen Küstenzone des Schwarzen Meeres auch im Kaukasus, in Israel und Jordanien, in Abessinien und dem Sudan, in Nordafrika, Persien, Belutschistan, Kaschmir, auf der Arabischen Halbinsel und in Südindien ähnliche Monumente gibt. In Korea und Japan kommen Riesensteingräber vor, in Assam und auf Sumatra Menhire, um von den ungeheuren Steinkonstruktionen der vorkolumbianischen Kulturen in Mittelamerika und im Norden von Südamerika ganz zu schweigen. Von den südindischen und den japanischen Gräbern wissen wir, dass diese etwa zwischen 200 v. Chr. und 50 n. Chr. und von 200 v. Chr. bis rund 700 n. Chr. erbaut wurden. Niemand denkt mehr an ein Volk von „Megalithikern" als Urheber aller dieser zeitlich und räumlich so weit auseinanderliegenden Denkmale, doch ist das Problem ihrer Entstehung, Datierung und Verbreitung gerade in Alteuropa noch keineswegs gelöst und hat in den letzten Jahren wieder neue, erregende Aspekte gewonnen.

Die oft verblüffende Ähnlichkeit und selbst Identität von Gräbern, Kultbauten und Anlagen aus Riesensteinen, die Wiederkehr bestimmter heiliger Zeichen, Idole und Rituale in Verbindung mit diesen innerhalb eines für prähistorische Verkehrsverhältnisse unendlich weiten Gebietes, das sich vom Nahen Osten bis in den hohen Norden Europas erstreckt, wurde von den meisten Gelehrten als Hinweis auf die allmähliche Verbreitung bestimmter religiöser Vorstellungen und eines mit diesen verbundenen Baustils gewertet. Kollektive Bestattung, ein dominierender Toten- und Ahnenkult, der eng mit der Verehrung der Grossen Erdmutter verbunden war und oft übermenschliche Anstrengungen im Dienst der Verstorbenen verlangte, denen durch ein unzerstörbares Grabhaus ewiges Leben gesichert werden sollte, scheinen die hervorragendsten Züge dieser Religion, die zur Entstehung der ältesten monumentalen Steinarchitektur der Welt führte. Wo aber stand die Wiege dieser Ideen? Im Osten mit seinen uralten Zivilisationen oder aber auf der Westhälfte unseres Kontinentes, wo die Megalithkulturen einen einzigartigen Aufschwung und eine Jahrtausende während Blüte erlebten?

Bretagne

Wenn sich die Datierung der Megalithkultur der Bretagne auf Grund der Baum-ring-Chronologie bewährt, kann man ihren Beginn noch vor dem Ende des 5. Jahrtausends ansetzen. Die frühesten Grabanlagen konzentrieren sich auf Inseln, Halbinseln und längs der Küsten der Bretagne. Dies und auch die Gravierungen von Schiffen weisen auf ein Seefahrervolk, das sich zunächst in Meeresnähe an-siedelte und seinen Totenkult und seine Bautechniken mitbrachte. Bedeutungsvoll ist auch die verschiedenartige Struktur gerade der ältesten Ganggräber. Diese Bauwerke, die stets mit einem Tumulus aus Erde oder Steinen (Cairn) bedeckt wurden, sind in der ersten Phase manchmal keine oder nur teilweise megalithische Konstruktionen und den Totenhäusern von Los Millares oder auch der Cueva del Romeral eng verwandt. Vorbilder dieser Bauweise finden sich mehrfach in den frühneolithischen Kulturen des Ostmittelmeerraumes, unter anderem in den Rund-häusern von Khirokitia auf Zypern, die zu Beginn des 6. Jahrtausends v. Chr. er-richtet wurden.

Ein Beispiel für die gleichzeitige Anwendung der verschiedenen Bautechniken ist der 85 m lange und 35 m breite ovale Hügel von Barnenez auf der Halbinsel Kernéléhen, der nicht weniger als elf Ganggräber mit rechteckigen und runden Kammern enthält.

Kennzeichnend für die Megalithkultur der Bretagne sind auch die mysteriösen Zeichen, die auf den Wand- und Deckplatten der Gräber eingemeisselt wurden. In einer schild- oder kochkesselartigen Form, die manchmal mit einem Strahlenkranz bekrönt oder auch mit farnkraut- und augenähnlichen Zeichen gefüllt wurde, ver-mutet man ein Symbol der Grossen Mutter. Daneben kommen konzentrische Halbkreise, aufgerichtete Schlangen, Beile, Krummstäbe, Joche, Wellen- und Zickzacklinien sowie Schiffe vor.

Neben ihren monumentalen Totenwohnungen errichteten die Urbretonen zahl-reiche Kultanlagen aus hochgestellten Steinen, die zu mehrreihigen Alleen (Alig-nements) und runden oder ovalen Umhegungen weiter Kultplätze geordnet wur-den. Häufig sind auch einzelne Menhire, die gigantische Masse erreichen können. Der grösste, der granitene „Feenstein" von spitzovaler Form, ist mehr als 20 m lang und wiegt rund 350 Tonnen. Heute liegt dieser sorgfältig behauene und ge-glättete Koloss zersprungen auf der Erde.

Stonehenge und New Grange

Die Diskussion um das prähistorische Rundheiligtum von Südengland, die Sto-nehenge, ist noch lange nicht beendet. Bis heute beherrscht sein gewaltiger Ring aus dreissig breiten, viereinhalb Meter hohen Pfeilern, die ursprünglich durch ei-nen fortlaufenden Architrav aus fast meterdicken Platten verbunden waren, von denen noch zehn erhalten blieben, die Landschaft. Die Architektur des Sanktuari-ums verrät eine verblüffende Kenntnis perspektivischer Wirkung, die Steinmetz-arbeit ist hervorragend. Der Hauptzugang im Nordosten wird von einem Menhir von 6 m Länge flankiert, der vielleicht ursprünglich ein Gegenstück hatte. Eine breite Prozessionsstrasse, an deren Beginn ein roher Sandsteinblock von 5 m Höhe steht, der älter als das Heiligtum ist, führt zum Eingang. Ein kleiner Ringwall, der den Megalithbau in einigem Abstand umgibt, begrenzt die sakrale Zone.

Seine Ausrichtung auf den Sonnenaufgang zur Sommersonnenwende steht wohl fest. Aber wurde diese Anlage tatsächlich als eine Art steinerner Sonne-Mond-Kalender entworfen, mit dessen Hilfe man sogar Mondfinsternisse vorhersagen konnte?

In der Umgebung der Stonehenge bezeugen die Longbarrows, die langgestreckten Hügelgräber aus dem Neolithikum, und die runden Grabtumuli der bronzezeitlichen Wessexkultur, dass das grosse Sanktuarium der Mittelpunkt einer altheiligen Zone war. Keine 30 km entfernt liegt ein anderes religiöses Zentrum der britischen Vorgeschichte, das Rundheiligtum von Avebury, ein gewaltiger Ringwall mit Graben, der einmal etwa 15 m hoch war und innerhalb eines weiten Steinkreises an seinem Fuss zwei kleine Steinringe umfasste. Zu Beginn des 18. Jahrhunderts enthielt der eine noch drei hohe, eng gruppierte Menhire. In der Nachbarschaft von Avebury, von dessen Rand ein doppeltes Alignement ausging, befinden sich weitere gigantische Monumente aus der Urzeit: der Silbury Hill, der gewaltigste künstliche Hügel aus der europäischen Vorgeschichte, der über 40 m emporragt und einen Durchmesser von etwa 180 m hat, und der West Kennet Barrow. Neue Ausgrabungen nach modernen Methoden zeigten in den fünfziger Jahren, dass er zugleich Mausoleum und Kultstätte war.

Die Bestimmung des berühmtesten Monumentes der irischen Megalithkultur, des Kuppelgrabes von New Grange, ist kein Rätsel, seine besonderen Kennzeichen aber werfen andere, nicht weniger erregende Fragen auf.

Das weithin sichtbare Totenmal, ein „Cairn" (Hügel) von 15 m Höhe und 90 m Umfang, der ursprünglich mit einer breiten Schicht auffallend heller Steine bedeckt und von einem Menhir bekrönt war, stand in einer heiligen Zone innerhalb eines Kranzes von fünfunddreissig Menhiren. Der Fuss des künstlichen Hügels wurde durch einen Ring aus länglichen Blöcken zusammengehalten, auf einigen fanden sich magische Zeichen, darunter Spiralen. Ein enger 20 m langer Korridor führt zur Hauptkammer, einem runden Raum von 6 m Höhe, den eine roh gefügte Bienenkorbkuppel aus grossen Blöcken deckt. Um diesen Mittelsaal sind drei kleine Seitengelasse kleeblattförmig angeordnet, in denen vermutlich bestattet wurde, während der zentrale Raum, in dem die ersten Ausgräber des Grabmales 1699 ein flaches Steinbecken fanden, um das acht konische Steine standen, Kult- und Opferhandlungen diente. Die Wand- und Decksteine des Grabbaues wurden mit vielen eingemeisselten Zeichen versehen, die vielleicht zum Teil die Augen der Totengöttin symbolisieren, die über den Verstorbenen wachen sollten. Konzentrische Kreise, sonnenartige Figuren und Spiralen stehen neben Rhomben, Zickzacklinien, Schlangenformen und anderen Mustern, die auch in bretonischen und mehr noch auf den portugiesischen Megalithdenkmälern vorkommen. Um Parallelen zu der Kleeblattform dieses und einiger anderer grosser Grabanlagen derselben Gegend und zu den Spiralmustern zu finden, muss man einige tausend Kilometer in südöstlicher Richtung zurücklegen und die megalithische Heiligtümer des maltesischen Archipels besuchen.

Nordeuropäische Megalithkultur

Die ersten Dolmen Dänemarks, deren Hügel manchmal vergangen sind, so dass sie wie gedrungene Pilze inmitten wuchtiger Block-Kränze in der flachen Landschaft Seelands hocken, wurden früher vielfach für die Urbilder der europäischen Grosssteingräber gehalten. Jütland, Schleswig-Holstein und die umliegende Inselwelt erscheinen im Neolithikum und der frühen Bronzezeit als ein Gebiet, in dem sich ungewöhnlich schöpferische Kräfte zusammenballten, deren Wirkungen sich im nordeuropäischen Raum weithin bemerkbar machten. Die Entwicklung der Steinkammergräber ging dort von Anbeginn eigene Wege und in der Töpferkunst, der Stein- und später der Metallbearbeitung wurden Leistungen von einmaliger Schönheit und höchster technischer Vollendung hervorgebracht.

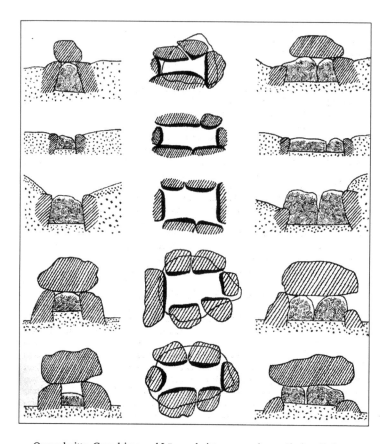

Querschnitte, Grundrisse und Längsschnitte von nordeuropäischen Dolmen

Dolmen von Brutkamp bei Albersdorf

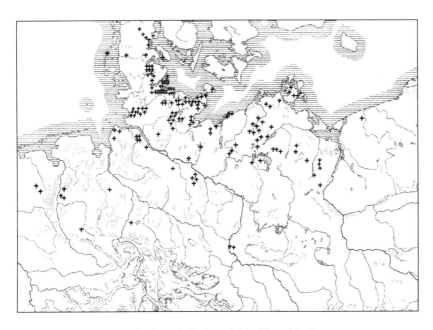

Verbreitung der Dolmen in Norddeutschland

Man hat Dänemark nicht nur das europäische Primat im megalithischen Grabbau, sondern auch die Erfindung der Keramik zugeschrieben. In den Muschelhaufen der Küstenkultur des Mesolithikums finden sich bereits spitzbodige Kochtöpfe, die in Spiralwulsttechnik hergestellt wurden, und flache Schalen aus Ton, die vermutlich Lämpchen waren. Das hohe Alter dieser Gefässe wird aber heute bezweifelt, da die Jäger- und Fischerstämme der jütischen Ufer ihr Nomadendasein nachweislich vielfach noch weiterführten, als andere Bevölkerungsgruppen bereits lange zu sesshafter bäuerlicher Lebensweise übergegangen waren. Die nordeuropäische Töpferkunst geht daher wohl, ebenso wie Ackerbau und Viehzucht, in Schleswig-Holstein und Jütland auf Einwanderer zurück, die noch in der ersten Hälfte des 3. Jahrtausends ankamen und eine charakteristische Tonware mitbrachten, deren Leitform grosse Becher mit trichterähnlichem Hals waren. Die mesolithischen Stämme dieser Gebiete hatten ihre Verstorbenen ohne allzuviele Zeremonien beigesetzt; die Neuankömmlinge aber legten sie in Erdgruben, über denen oft Hügelchen aufgeworfen wurden, und gaben ihnen Geräte, Keramik und Schmuck ins Jenseits mit. Ähnliche Bestattungsbräuche und den Trichterbechern verwandte Gefässe wurden in Ostdeutschland und Polen bis an den Oberlauf der Weichsel festgestellt.

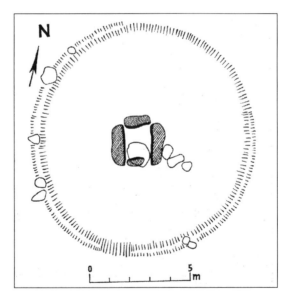

Dolmen im Rundhügel von Rolfsen, Kr. Winsen a.d.L.

In einer späteren Phase dieser Trichterbecher-Kultur, deren Urheimat, wie jene der bandkeramischen, weit entfernt im Südosten gelegen haben mag, begann man auf Seeland neben den einfachen Erdgräbern steinerne Kisten von etwa zwei Meter Länge und einem halben Meter Breite und Höhe aus vier Blöcken mit einem Überlieger zu konstruieren. Runde oder längliche Hügel – die letzten werden Hünenbetten genannt –, die mit grossen Randsteinen eingefasst wurden, deckten diese gutgebauten Gräber. Ihr Boden wurde mit einem Belag aus gebranntem Flint versehen, die Wände dichtete man sorgfältig mit kleinen Platten und neigte ihre Blöcke leicht nach innen, damit sie dem Druck des Decksteines leichter standhielten.

Die Beigaben in diesen Rund- oder Langdyssen, wie sie in Dänemark heissen, verraten keine Wandlung der einheimischen Kultur, wohl aber eine zunehmende Entfaltung. Neben der oft schön gearbeiteten und wickelschnur- und tiefstich-verzierten Keramik mit Trichterbechern, Kragen- und Kugelflaschen und Ösenkruken fanden sich darin fein ausgeführte dünn- und dicknackige Flintbeile, Knauf- und vielkantige Äxte und Keulen aus Grünstein und reicher Bernsteinschmuck: lange Ketten aus Rohstücken oder zylindrischen Perlen in mehreren Reihen, die durch gelochte Querstücke auseinandergehalten werden, und schwere honigleuchtende Anhänger mit zarter Musterung.

Die frühen Steingräber enthielten nur wenige Leichen. Bald wuchsen diese kleinen Konstruktionen aber zu stattlichen Stuben mit einem Einstieg über einen halbhohen Wandstein an der Schmalseite und schliesslich zu imposanten polygonalen Kammern. Die Hügel wuchsen mit ihnen zu Höhen von 4 bis 5 Metern bei Durchmessern von 20 bis 25 Metern. Die Hünenbetten erreichten später manchmal erstaunliche Dimensionen mit Längen bis zu 130 Metern. Gewöhnlich waren sie nicht breiter als 6 bis 10 Meter, bei Munwolstrup gibt es aber einen Langhügel, der 18 Meter breit und mit einem 3 Meter hohen Rand aus schweren Blöcken eingefasst ist. Öfter lagen mehrere Kammern unter solchen Dämmen, manchmal aber auch nur eine einzige.

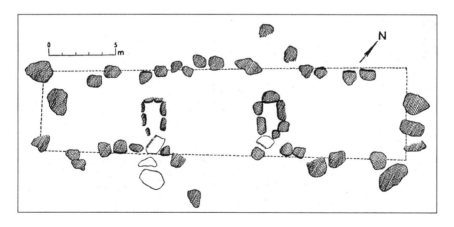

Hünenbett von Futterkamp, Kr. Plön

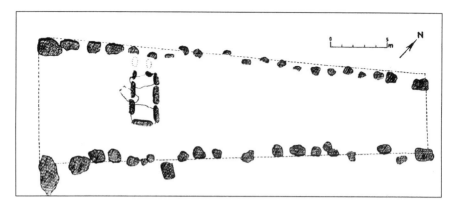

Trapezförmiges Megalithgrab von Dwasieden, Rügen

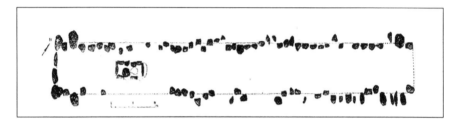

Rechteckiges Megalithgrab Visbeker Braut, Ahlhorner Heide, Oldenburg

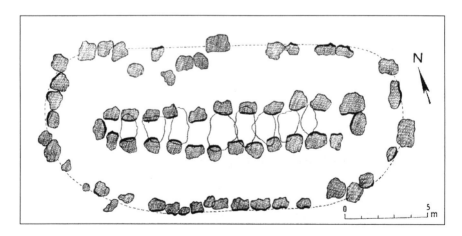

Ovales Megalithgrab von Hüven, Kr. Hümmling

Obwohl die ersten Steingräber fast sicher nicht das Werk neuer Einwanderer waren, mag ihre Entwicklung doch durch Vorstellungen und Gedanken mit angeregt worden sein, die von aussen kamen. Ihre ältesten Formen finden sich nicht umsonst in Meeresnähe, an der jütischen Ostseeküste und auf den dänischen Inseln. Der Seeverkehr in diesem Bereich muss damals bereits lebhaft gewesen sein. Einbäume, Flösse, vielleicht auch Fellboote waren wohl seit dem Mesolithikum in Gebrauch. Der Ostseebernstein, der wegen seiner Schönheit und vermutlich auch als Träger magischer Kräfte mehr als Gold geschätzt wurde, und der hochwertige nordeuropäische Flint werden sehr früh Händler angelockt haben. Perlen und eine Schmuckplatte aus Kupfer in einem Erdgrab aus der Dolmenzeit zeigen, dass bereits damals fremde Ware und damit auch ausländische Ideen nach Dänemark gelangten.

Für das Aufkommen neuer religiöser Vorstellungen spricht auch ein Fund in einer Siedlung der ältesten Steingräber-Kultur bei Troldebjerg auf Langeland. Hier, wie in anderen Niederlassungen dieser Epoche, kam neben Rundhütten ein 60 Meter langes Gemeinschaftshaus aus Pfosten und mit Lehm verputzten Flechtwänden zutage, das in viele kleine Räume, jeder mit eigenem Eingang nach aussen, aufgeteilt war. In einer Grube innerhalb dieses Gebäudes wurden ein Tongefäss und ein Beil entdeckt, das wie im bretonischen Hügel von Le Manio mit der Schneide nach oben stand. Auch unter Opferniederlegungen, die sich vor allem in Mooren fanden, kamen neben Geschirr, Bernsteinperlen und Tierknochen zahlreiche, oft prachtvoll gearbeitete Beile zutage. Die Verehrung dieses Kultsymboles war also zu jener Zeit bereits bis nach dem Norden Europas gelangt.

Bedeckte Grabanlage von Nemerow bei Neubrandenburg

Vom dänischen Kerngebiet aus wanderten die kleinen Urdolmen und später die grossen steinernen Totenhäuser über Schleswig-Holstein an der Ostseeküste entlang bis Stettin und nach Rügen. Südlich der Elbe gelangten sie bis nach Hannover. Auch in Südschweden verbreiteten sich die Megalithgräber; besonders im Bereich der Mündung des Götaelf wurden grosse Prachtbauten errichtet.

Um 2000 v.Chr. begann mit den ersten Ganggräbern im Norden Jütlands und auf den Inseln längs seiner Flanken eine neue Phase des nordeuropäischen Megalithikums, in der es, zweifellos durch kulturelle und religiöse Einflüsse von aussen befruchtet, einen glänzenden einmaligen Aufstieg erlebte. Neben den polygonalen Dolmen tauchten ovale Kammern mit Korridor auf, in denen bis zu hundert Leichen bestattet wurden. Man kann in ihnen wohl mit Sicherheit die Wahrzeichen der Ausbreitung des westeuropäischen Totenkultes sehen, dessen Sendboten nach Jütland über den englischen Kanal gelangten oder dort auch im Verlauf jener Kolonisationsbewegung ankamen, die über die äusserste Spitze von Schottland hinab in die Nordsee geführt hatte. Während die rundlichen dänischen und schwedischen Ganggräber mit ihren langen Korridoren und gelegentlichen Seitenkammern südwesteuropäischen Vorbildern treu blieben, entwickelte sich in Norddeutschland ein eigener Typ des Megalithgrabes mit ausserordentlich langen Kammern, die in einzelnen Fällen Dimensionen von 30 Metern erreichen, und ganz kurzen, in der Mitte ihrer Längsseite angesetzten Gängen. Solche T-förmigen Konstruktionen gibt es allerdings gelegentlich auch in Nordschottland.

Die Zeichen der Verbindung mit den Britischen Inseln und noch entfernteren Gestaden mehrten sich in der Ganggrabzeit. In einem Hortfund von Bygholm in Jütland kamen neben vier steinernen Flachäxten drei kupferneSpiralarmreifen und ein Kupferdolch mit Mittelrippe zutage, der südportugiesischen Typen entspricht. Später erschienen auch die ersten Goldsachen und lunulae irischer Art.

Die Keramik erreichte mit seinen monumentalen, klar gegliederten Gefässen, deren geometrische Tiefstichverzierung weiss, vielleicht auch rot inkrustiert wurde, einen ersten Höhepunkt. Es kommt dann zu kleinen Kunstwerken von anmutigsten Formen, deren dichte Muster mit Stempeln aus dem Rand der Herzmuschel oder Zahnstöcken eingedrückt wurden. Die Feinheit und Regelmässigkeit der Dekorationen, der tadellose Brand dieser feinwandigen Trichterbecher, Krüge und Amphoren mit breiten Henkeln, der orientalisch wirkenden hochfüssigen dänischen „Fruchtschalen", der kleinen Töpfe und Näpfe lassen diese tiefbraune, glänzendpolierte Tonware zu den geschmackvollsten und raffiniertesten Erzeugnissen prähistorischer Töpferkunst gehören.

Gegen Ende der Ganggrabkultur wurden kunstvoll geformte Doppeläxte angefertigt, die mehr als Zeremonial- denn als Kampfgeräte wirken. In der letzten Phase der Ganggrabkultur erscheint das Eulengesicht der Grossen Göttin mit den Strahlenaugen auf den Tongefässen, deren verschwommen gewordene Formen und gröbere und flüchtigere Verzierung das unaufhaltsame Hinwelken der wunderbaren Blüte der nordeuropäischen Megalithkultur verraten.

Bereits in der älteren Ganggräberzeit war der nordeuropäische Raum durch den Einbruch kampfgewohnter beweglicher Reiter- und Hirtenvölker erschüttert worden, die wahrscheinlich in verschiedenen Wellen aus den Schwarzmeergebieten bis hinauf nach Skandinavien vorstiessen. Ihre Hauptwaffe waren Streitäxte, die meistens mehr oder weniger an Nachen erinnern. Die zahlreichen gespaltenen Schädel bei den späteren Bestattungen der Ganggräber, die Pfeil- und Lanzenspitzen, die man noch in den Skeletten steckend fand, bezeugen harte Kämpfe mit den Eindringlingen. Ein Teil der Steingraberbauer Norddeutschlands mag vor ihnen bis in das Emsgebiet und nach Nordholland ausgewichen sein.

Die Invasoren kannten keine kollektiven Megalithgräber. Sie setzten ihre Toten einzeln in Erdgruben bei und gaben ihnen hohe geschwungene Tonbecher, Streitäxte und grosse flache Bernsteinscheiben oder, wenn es Frauen waren, lange Perlenketten mit. Wo sie aber die einheimische Bevölkerung überwältigt hatten, drangen sie wohl auch in deren Ganggräber ein, warfen die Gebeine ihrer Erbauer hinaus und benützten die alten Totenhäuser für ihre Bestattungen. Während die älteste nordeuropäische Megalithkultur, durch die Invasion der Streitaxtvölker geschwächt, allmählich ihrem Ende zuging, erlebten ihre Ableger in Nordwestdeutschland und Holland einen kräftigen Aufschwung.

Auf der Ahlhorner Heide liegt inmitten eines Rahmens aus hohen Buchen wie ein verendetes und in den Grund gesunkenes Riesentier, das langsam wieder zu Erde und Rasen geworden ist, der „Visbecker Bräutigam". Die 115 Meter lange Einfassung aus schweren Blöcken, deren glatte Seite nach aussen gekehrt wurde, konnte den langen Flachhügel in 4000 Jahren nicht vor dem Auseinanderfliessen bewahren. An seinem östlichen Schmalende ragt ein auffallend hoher, dreieckig zugespitzter Block aus der Umrandung empor, der legendäre Bräutigam, der hier in Stein gebannt die Totenwache hält. Die Grabkammer, für die der enorme Damm aufgeworfen wurde, ist heute an seinem Westende hervorgetaucht. Sie wirkt mit ihren zehn Metern Länge ganz klein innerhalb dieser Anlage. War sie nur als erstes einer Folge von Totenhäusern gedacht, in denen die Nachfahren eines Geschlechtes später Platz finden sollten? War sie das Mausoleum eines Fürsten, dessen Grösse durch das gewaltige Hünenbett bezeugt werden sollte?

Unweit des Visbecker Bräutigams heben sich im grünen Schatten des stillen Waldes die bemoosten Blöcke von fünf weiteren Megalithgräbern der rechteckigen Form mit kurzem Gang aus dem Boden. Der „Opferstein" scheint mit seinem einzigen gigantischen Überlieger noch fast ein Dolmen.

Die Gegend um Osnabrück mit ihren lieblichen Höhen und breiten Tälern, in denen die grossen Einzelhöfe unter alten Eichen stehen, muss in der Megalithzeit ebenfalls dicht und vielleicht in ähnlicher Weise wie heute von Bauern besiedelt gewesen sein. Unmittelbar am Stadtrand liegen noch die „Teufelssteine", ein schönes Ganggrab unter Kiefern, in ihrem sandigen ovalen Hügel und auf einer Anhöhe, an deren Fuss der Gretscher Bach als träges dunkles Wasser zieht, wölben sich hohe Baumkronen über den „Hermannsteinen".

Der Zug ins Überdimensionale, der die Grab- und Sakralbauten der letzten Phase der Grossstein-Architektur kennzeichnet, macht sich auch in den späteren Hünenbetten des Emslandes und Nordhollands, den letzten Ausläufern der nordeuropäischen Megalithkultur, bemerkbar. Auf dem Hümmling bei Werlte blieb das heute längste Ganggrab Deutschlands erhalten, eine ost-westlich ausgerichtete, 27 Meter messende Konstruktion mit ganz kurzem Zugang an der Südseite, auf der 14 wuchtige Überlieger ruhen.

Fast ebenso imposant sind die Hunebeden in den holländischen Provinzen von Drenthe und Groningen, von denen es noch 54 gibt. Die Jahrtausende haben auch ihre von Blöcken umrandeten Oval-Hügel, soweit sie nicht durch innere Einbauten gefestigt waren, vergehen lassen. Sie gleichen jetzt mit ihren plumpen tonnenschweren Wand- und Decksteinen braunen Urwelt-Monstren, die in einer Ebene, die flach und endlos wie das Meer ist, gestrandet sind als Relikte, die der zurückflutende Strom der Zeit vergessen hat. Das Licht fällt von allen Seiten durch die weitauseinanderstehenden Blöcke, die an der Innenseite geglättet sind und einmal durch Trockenmauerwerk zu undurchdringlichen Wänden verbunden waren. Die kurzen Eingänge an den Längsseiten erinnern mit ihren hochgewölbten Überliegern manchmal an ungeschlachte Trilithenportale. Im Inneren zeigt das Kopfsteinpflaster welche Sorgfalt man auf diese Totenhallen verwendet hatte.

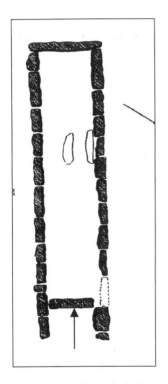 

Steinkisten mit „Seelenloch" von Züschen bei Fritzlar (links) und dem Pariser Becken

Der grosse Kreis der Megalithkulturen, der die Völker über Meere und Länder hinweg durch gemeinsame religiöse Ideen zu einer mystischen Einheit verbunden hatte, schliesst sich im oberen Emsgebiet, in dem die rohen nordeuropäischen Ganggräber aus schweren Steinklötzen mit den Abkömmlingen der eleganten westeuropäischen Allées couvertes zusammentrafen. Die emsländischen Nachbildungen dieser Galeriegräber scheinen provinziell vergröberte Ausgabe der schmalen 20 und sogar 30 Meter langen, halbversenkten Steinkisten Westfalens und Hessens, die mit ihren dünnen Platten, den abgeteilten Vorräumen und durchlochten Türsteinen unmittelbar an die Totenhäuser des Pariser Beckens erinnern. Ein Widerschein der fernen Symbolwelt Iberiens leuchtet noch im zarten Schattenspiel gravierter Linien auf, die die Wände der grossen Galerie von Züschen bei Fritzlar bedecken, in Zeichen, die an stilisierte Hirschgeweihe oder Farnkraut gemahnen. Daneben gibt es schematische Darstellungen pflügender Rinder.

Steinzeichnungen von Züschen, Kr. Fritzlar (nach Boehlau und Gilsa)

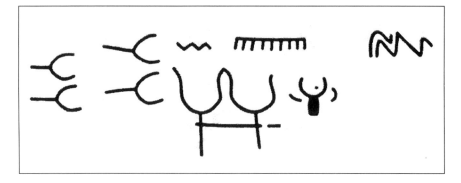

Symbolzeichen auf einem Wandstein des Steinkammergrabes von Warburg (Kr. Höxter) in Nordrhein-Westfalen: Rinder, Wellenlinie, Zickzacklinie und Kamm. (nach K. Günther)

Sehr viele Tote, manchmal an die 200, wurden in diesen west- und mitteldeutschen grossen Steinkisten beerdigt, mit denen die Entwicklung der Megalithgräber in diesem Raume endete. Die letzten wurden vermutlich um die Mitte des 2. Jahrtausends gebaut und dann noch lange benutzt. Vielleicht waren sie Kollektivgräber ganzer Siedlungen, während die Ganggräber den Sippen als Erbbegräbnisse dienten.

Der im nordeuropäischen Bereich nie heimisch gewordene Menhirgedanke fasste dafür in Mitteldeutschland Fuss, wo heute noch einzelne Langsteine vorkommen. Ortsnamen und Überlieferungen verraten, dass es einmal viel mehr solche Male gab. Auch in Osnabrück stand anstelle des heutigen St.-Johannis-Totenhofes einst ein pyramidenartiger, 8 Meter hoher Block in einem Steinkreis und bei Lingen befand sich eine ähnliche Anlage nahe einem Megalithgrab. Der rätselhafte Süntelstein bei Osnabrück, der als dreieckig zulaufender flacher Block mehrere Meter hoch in einer Waldlichtung emporragt, mag vielleicht zu solch einer Kultanlage gehört haben.

Gegen Ende des Neolithikums kam der nordeuropäische Raum langsam zur Ruhe. Das Volk der Riesensteingräber trat zurück, nachdem es viele Jahrhunderte lang dort Kulturträger gewesen war. Der Ansturm der Streitaxtleute mag indirekt zur weiten Verbreitung der Megalithkultur nach Ost- und Westdeutschland beigetragen haben, die wohl teilweise das Werk verdrängter und geflüchteter Gruppen war. Die Kräfte der ersten Kolonisatoren der jütischen Halbinsel aber wurden durch solche Abwanderungen sicherlich gemindert. In der Übergangsphase vom Neolithikum zur Metallzeit war das Einzelgrabvolk wahrscheinlich bereits zur Herrenschicht der nordeuropäischen Länder und Inseln geworden. Der Einbruch der Streitaxt- und Einzelgrabvölker überwältigte die alte Kultur und Religion des Megalithikums; auch die Invasoren wurden aber in diesem Geschehen gewandelt. Die mediterrane Urwelt, die vom Kult der Toten, der Erdmutter und des Stiergottes geistig geformt war, begegnete jener halbnomadischen Reitervölker aus dem Osten mit ihren männlichen kriegerischen Gottheiten. Im nordeuropäischen

Mythos vom Kampf der Göttergeschlechter der Vanen und der Asen lebt noch die Erinnerung an diesen Zusammenprall.

Zu Beginn der Bronzezeit, um die Mitte des 2. Jahrtausends, waren alle äusseren und inneren Kämpfe beendet und die verschiedenartigen Stämme und Kulturen zu einer Einheit verschmolzen. Die Vanen, die Toten- und Fruchtbarkeitsgottheiten des Megalithikums, hatten sich mit den Asen versöhnt und wurden nun gemeinsam verehrt. In den auf uns gekommenen germanischen Mythen treten die Asen gleichzeitig als Himmelsgötter wie Odin und Thor auf, merkwürdigerweise werden sie aber auch als die Totenseelen, die mit den Winden die Lüfte durcheilen, bezeichnet. Eine späte Verschmelzung verschiedener Vorstellungen mag darin sichtbar werden, bei der die vergöttlichten Ahnen der Riesensteingräber-Epoche sich mit den himmlischen Gottheiten der Streitaxtvölker vermischt hatten.

Mit der Vorherrschaft der Einzelgrableute trat der alte Brauch der Kollektivbestattung in den Hintergrund. Die langen Steinkisten westeuropäischer Art waren die letzten Massengräber, gleichzeitig und danach kamen teilweise kleine Steinkisten auf, die nur eine Leiche enthielten. Das Fortwirken der alten Totenverehrung manifestierte sich in der Bronzezeit aber im gewaltigen Wachstum der Tumuli, der sorgfältigen Beisetzung der Verstorbenen in einem Baumsarg, den wertvollen Beigaben. In den geheiligten Hügeln oder auf den Deckplatten der alten Megalithgräber wurden häufig Nachbestattungen vorgenommen.

Die Macht der Grossen Mutter der Lebenden und der Abgeschiedenen war auch in der älteren Bronzezeit noch nicht erloschen. In einem Tumulus aus dieser Epoche bei Beldorf im Kreis Rendsdorf kam ein aufrecht gestellter, oben verjüngter Langstein zutage, auf dem neben Grübchen das zerfallene, aber unverkennbare Schema der weiblichen Menhirstatuen Westeuropas in eingemeisselten Linien zu sehen ist. Davor lag eine Platte, auf der wieder Näpfchen und eine Fusssohlenform eingearbeitet sind, wie sie in der Bretagne und in England auf den Wänden von Megalithgräbern erscheint, gleich einem Altarstein. So thronte die alte Dolmengöttin, umgeben von ihren heiligen Zeichen auch damals noch in geheimnisvoller Verborgenheit unter der Erde.

Der megalithische Steinkult aber ging in einem magischen Tun weiter, das sich gerade in der Bronzezeit verbreitete: in der Näpfchenbohrung. Die ältesten heute bekannten Schälchen fand man neben einer spätpaläolithischen Bestattung in einer Höhle der Dordogne in den Fels getieft. Die rätselhaften Male standen dort offenbar in Beziehung zum Totenkult. Seit der Urzeit wurden solche Näpfchen dann im Orient und in Europa immer wieder auf den Steinen von Megalithgräbern, in Grüften und Heiligtümern, auf Felsblöcken und Menhiren eingearbeitet. Ihre kultische Funktion steht wohl ausser Zweifel, ihre Bedeutung aber bleibt dunkel. Sie mag ebenso vielfältig gewesen sein wie jene der Menhire. Man hat die Schalen, die von kleinen Grübchen bis zu recht grossen Vertiefungen variieren, mit der sakralen Feuerbohrung in Verbindung gebracht und mit dem Bohren des Schaftloches der heiligen Axt, obwohl sie weit älter sind, als deren Verehrung. Auch als Behälter für flüssige Opfer wie Blut oder Milch wurden sie angesehen, obwohl sie sich oft an der Unterseite der Deckplatten von Riesensteingräbern finden oder an senkrechten Flächen. In diesen Fällen war eine solche Bestimmung jedenfalls ausgeschlossen.

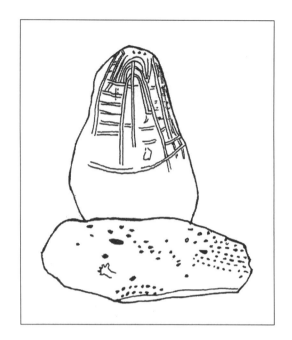

Dolmengöttin von Beldorf, Kr. Rendsdorf (nach E. Maringer)

Schalen- und Zeichenstein von Klein-Meinsdorf, Kr. Plön

Wenn sich Näpfchen von Kreisen oder Strahlen umgeben auf den Blöcken von Megalithgräbern finden, mag man sie wohl als Symbole der Augen der Totengöttin oder der Sonne verstehen. Auf der Innenfläche eines Überliegers, der eine Steinkammer bei Bunsoh deckte, kamen neben Schälchen vierspeichige Sonnenräder, Hände mit verlängerten Strahlenfingern und Fussbilder zutage, die alten Hieroglyphen neben jenen des Sonnenkultes der nordeuropäischen Bronzezeit. Die Grübchen und Schalen mögen aber nicht immer heilige Zeichen gewesen sein, sondern oft auch die zurückgebliebene Spur eines magischen Tuns, eines Kontaktzaubers, der am Kultstein geübt worden war, oder der Ausschabung von Steinstaub, dem man besondere Kräfte zuschrieb. Häufige Rillen, Wetz- und Schleifspuren zwischen den Näpfchen deuten in die gleiche Richtung. In der Eisenzeit mehrten sich die Schalensteine im alten Dolmenbereich noch einmal auffallend auf Urnenfriedhöfen und auf Äckern. Mag sein, dass sie dort die Fruchtbarkeit der Felder fördern sollten.

Der weit in die Dämmerung der Vorzeit zurückreichende Brauch der Näpfchenbohrung und das Wissen von der magischen Kraft dieser Zeichen bewahrten sich bis in unser Jahrhundert in seltsamen Sitten, die sicherlich Hinweise auf prähistorische Vorstellungen enthalten. In die Grübchen eines Schalensteines bei Ekkernförde legten die Vorbeigehenden gerne Geldstücke und das gleiche geschah in Südschweden, wo die Näpfchen „Elfenmühlen" heissen. Dort schmierte man auch Fett oder Honig in die Vertiefungen. In Frankreich wurde der aus bestimmten Steinen von Megalithgräbern geschabte Staub von unfruchtbaren Frauen eingenommen. Es sei auch der Wetterzauber der bretonischen Seemannsfrauen an dem Kuppelgrab von Quiberon erwähnt.

Der Volksglauben um die Näpfchen war so tief eingewurzelt, dass die Kirche ihn notgedrungen in ihren Schutz nehmen musste. So kam es zu den vielen Schalen in den Mauern mittelalterlicher Gotteshäuser. Steinstaub, der aus Kirchenmauern stammte, spielte in Deutschland und in der Schweiz eine wichtige Rolle in der Volksmedizin. So kam es dazu, dass man beim Bau der St. Gotthardskirche zu Brandenburg eigens zwei Sandsteinquadern in das Portalgewände fügte, an denen die Bevölkerung Näpfchen und Rillen auswetzen konnte. Die Näpfchenbohrung und das Wetzen von Messern an Kirchenportalen fand besonders bei Eheschliessungen statt und sollte dem Brautpaar Glück bringen. Der Steinstaub aus solchen Schalen sollte ein Mittel sein, das den jungen Eheleuten Kindersegen sicherte.

Wie die magische Ausstrahlung des heiligen Steines, des unzerstörbaren Behältnisses der durch den Tod freiwerdenden Lebenskraft der Verstorbenen, in Jahrtausenden nicht vergessen wurde, so erhielt sich im nordeuropäischen Raum die Erinnerung an den Axtkult der Urzeit auch nach dem Ende der Megalithkultur und bis in die moderne Zeit im Volk. Er war sicherlich älter als der Einbruch der Streitaxtleute, wie der Fund von Troldebjerg zeigte. Bernsteinanhänger in Doppelaxtform schmückten meterlange Halsketten; in einem Opferfund von Hordum in Thy kamen 5 grosse Bernsteinäxte mit Schaftloch zutage; auf einem Schalenstein von Schülldorf bei Rengsburg fand sich die Darstellung einer geschäfteten Axt, die den bretonischen gleicht. Der germanische Donnergott Thor mit dem Eisenhammer mag dann das Erbe des altmediterranen Stiergottes angetreten haben.

In den nordeuropäischen Bauernhäusern aber wurden die prähistorischen Stein-äxte noch bis heute, genau wie in der Urzeit, mit aufgerichteter Schneide unter dem Flur oder der Schwelle vergraben, um Unwetter und Blitzschlag abzuwehren, und das Vieh musste gegen Unbill und Verzauberung über ein Beil gehen. Auch die Ahnung von einer zeugenden Kraft lebte in merkwürdigen Hochzeitsbräuchen fort. So bekam die Braut einst einen Hammer in den Schoss gelegt und noch im 20. Jahrhundert legten die Esthen ein Beil unter das Ehebett, um kräftige Nach-kommenschaft zu erhalten.

So scheinen die Spuren der für das frühe Europa entscheidenden Epoche der Riesensteingräber, in der die Alte Welt zum ersten Mal von Palästina bis Skandi-navien vom Strom einer neuen Religion verbunden wurde, untilgbar in den Land-schaften und Seelen der Völker eingegraben, obwohl der Sinn der alten Male ver-gessen ist und die Menschen ihr einst für die Ewigkeit gebautes Werk vielfach selbst wieder vernichtet haben. In den letzten 150 Jahren, in denen die Scheu, die zuvor noch oft die legendenumwobenen Hünengräber und Schalensteine Deutsch-lands geschützt hatte, allmählich der Sachlichkeit des Zeitalters der Technik wich, wurden 80 bis 90 Prozent der Monumente, die bis dahin der Natur und den Jahr-tausenden getrotzt hatten, von Menschenhand zerstört. Nur etwa 900 Gräber ent-gingen der Vernichtung. In Dänemark blieben mehr – fast 4000 – erhalten und in ganz Europa mag es noch höchstens ein halbes Hunderttausend Megalithmale geben, einen Bruchteil jener Legion gewaltiger Steine, die einmal die schöpferi-sche Antwort des frühen Menschen auf sein Geschick der Sterblichkeit waren.

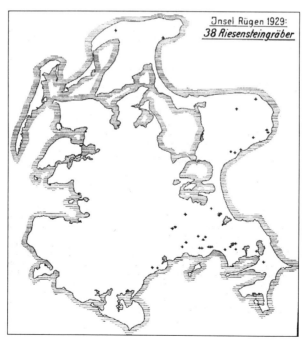

Anzahl und Verbreitung der Riesensteingräber
auf der Insel Rügen im Jahr 1829 und 1929

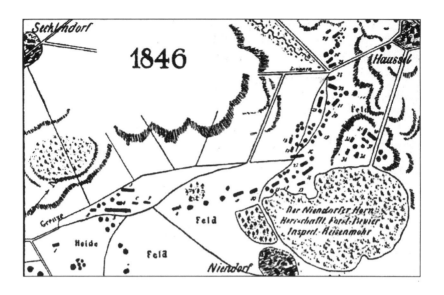

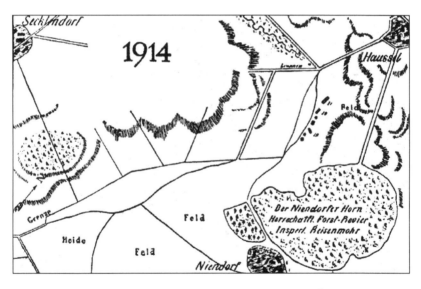

36 Megalithgräber zwischen Nindorf-Haassel und Secklendorf (Kr. Ülzen) lagen 1846 teilweise fast geschlossen in einem Bogen aneinandergereiht (oben), davon existierten 1914 noch drei Megalithgräber (unten)

II. Neuere Forschungen

Kurt Derungs

Brautstein und Ahnenstätte

I

Eines der interessantesten Phänomene der europäischen Volkskunde ist der sogenannte Brautstein zusammen mit dem Rechtsstein. Ihre Verbreitung ist gesamt-
europäisch recht gut belegt, und auch für die deutschen Gebiete besitzen wir zahlreiche Stätten und Hinweise auf diesen frühen Steinkult. Eine bis heute einmalige
Publikation erschien 1944 mit umfangreichem Material unter dem Titel „Ahnengrab und Brautstein" von John Meier, der seinen zweiten Band 1950 mit dem Titel
„Ahnengrab und Rechtsstein" herausgeben konnte.[1] Da die Kenntnis besonders
des ersten Buches noch ungenügend ist, sei hier auf den Reprint von 1996 mit dem
Titel „Der Brautstein" hingewiesen. Sowohl der Brautstein als auch der Rechtsstein sind nämlich Schlüsselthemen für die Bedeutung megalithischer Grabanlagen, Steinkreise, Dolmen und einzelner Kultsteine, da sie die isolierte archäologische Betrachtung aufheben und diese verbinden mit der Volkskunde, mit Brauchtum und Festen, mit Ortsnamen und Sagenforschung. Nur durch dieses interdiszi-
plinäre Vorgehen – was ich Landschaftsmythologie[2] nenne – erhalten wir tieferge-
hende Einsichten in das Wesen dieser alten Kultstätten. Dazu kommt als theoreti-
scher Hintergrund die moderne Matriarchatsforschung[3], die erst eine systematische Einordnung der volkskundlich-archäologischen Einzelphänomene erlaubt
und diese in einen logischen Zusammenhang setzt.

Trotz der Materialfülle fehlen nämlich den erwähnten Büchern von John Meier
der innere Zusammenhang von Brautstein und Rechtsstein sowie die präzise zeitliche Zuweisung der besprochenen Grab- und Kultstätten, die er vereinfachend
und in seiner Zeit als indogermanisch einstuft. Heute aber ist es möglich, die ursprüngliche Form und Verwendung der Braut- und Rechtssteine in die Jungsteinzeit und der folgenden Bronzezeit einzuordnen, also in die Zeit der verbreiteten
Megalithanlagen in ganz Europa. Horst Kirchner und andere erkennen die Anfänge des europäischen Megalithikums in einer vorindoeuropäischen Zeit, die weit-
räumige Kontakte und Einflüsse aus dem Mittelmeergebiet besitzt. Beispielsweise
steht der Brautstein bei Estavayer am Neuenburgersee (Schweiz) in Beziehung zu
den jungsteinzeitlichen Wohnstätten am Seeufer und zur Kult- und Ahnenstätte
von Yverdon. Letztere kann in einen Zeithorizont von 4500 bis 4000 v.u.Z. datiert
werden mit weiterer Nutzung der Steinstätte bis ca. 1500 v.u.Z. Dass noch im 19.
und 20. Jahrhundert der Brautstein bei Estavayer im volkskundlichen Hochzeitsbrauch seine Verwendung findet, bezeugt eine lange Kontinuität des Kultplatzes,

die kulturgeschichtlich in dieser Region zu Gesellschaften des Genfer- und Walli-sergebietes und diese wiederum nach Aosta und Ligurien (Italien) weisen.[4]

Mit dem Braut- und Rechtsstein gelangen wir zu einer jungsteinzeitlichen Me-galithkultur mit einer Gesellschaft von Ackerbäuer/innen und einer sesshaften Lebensweise. Im Sozialen erhalten wir eine mutterrechtliche bzw. matriarchale Gesellschaftsform mit einer Ahnen- und Ahninnenverehrung zusammen mit ei-nem festen Wiedergeburtsglauben. Dies bezeugen Brauch und Grabstätten mit einer umsorgten Totenpflege. Im praktischen Festkalender (Jahreszeitenrituale), den man mit einem Bauernkalender oder einem Kirchenfestkalender vergleichen kann, werden hauptsächlich Frühlings-, Sommer-, Herbst- und Winterfeste gefei-ert, also die regenerativen und zyklischen Kräfte der Naturvorgänge, was wir aus den astronomischen Ausrichtungen der Grab- und Kultstätten erschliessen können. Diese regenerativen Kräfte in der Natur, im Kosmos und in der Gesellschaft, ver-körpert in der Frau, führen zu einem zyklischen Ritual oder mythologischen Kult-drama mit einem jahreszeitlichen Muster von Wachsen, Blühen, Welken und Wiederkehren.[5] Regeneration und Zyklus in der Natur und im Kosmos werden symbolhaft als weibliche Schöpfung gesehen. Wir erhalten eine matriarchale My-thologie mit einer Ahnin/Göttin, die aus sich selbst heraus die Welt erschaffen hat und später von einem männlichen Partner begleitet wird. Dies erhalten wir aus der Mythenforschung, der Sprachwissenschaft[6] und aus den konkreten Anlagen der (Grab)-Stätten selbst mit ihren symbolhaften Anordnungen von Schoss (Dreieck, Dolmen etc.), Innenraum (Höhlung) und weiblicher Körperanalogie.[7]

Was ist nun der Braut- und Rechtsstein selbst? Die klassische Definition ist, dass der Brautstein eine Grabanlage, eine Steinkultstätte oder ein einzelner Kult-stein sein kann, wo die Braut und der Bräutigam nach älterem Brauch getraut wer-den und wo die Braut mit den Ahnen der Sippe in körperlichen Kontakt kommt. In der Sagenwelt ist der Brautstein oft eine zu Stein verwandelte Frau auf dem Hoch-zeitsgang oder die Steingruppierung bezeichne eine versteinerte Hochzeitsgesell-schaft, wobei zwei Steine Braut und Bräutigam verkörperten. Der Rechtsstein wiederum wird definiert als ein einzelner Stein, als Steingrab, als Steinkreisanlage mit einem Mittelstein (Altar), als Steintisch oder als Steinsitz (Thron), wo sich gemäss dem Brauchtum die weltliche und kirchliche Gerichtsbarkeit befand und auch Urteile vollzogen wurden. Beides sind Versammlungsorte für wichtige ge-sellschaftliche Anlässe, für soziale und mythologische Begebenheiten, gleichsam kultische und geistige Mittelpunkte für die gesamte Sippe, wie dies John Meier zutreffend schreibt. Gleichzeitig bezeichnen Braut- und Rechtsstein einen Ort, wo die Sippe mit den Ahnen in Verbindung steht, wo die Lebenden und die wachen-den Toten zusammenkommen und eine einheitliche Gemeinschaft bilden. Diese Totenpflege und Ahnenverehrung ist ein eminent wichtiger Charakterzug des Braut- und Rechtssteines, ohne den die Kult- und Steinstätte ihre Substanz und ihr Wesen verlieren würde. Beim Brautstein ist es besonders die junge Frau und Braut, die mit den Ahnen der Sippe in Berührung und körperlichen Kontakt des Steines kommt, damit diese von den Hausahnen aufgenommen werde. Zudem soll eine Verbindung der Braut mit den Verstorbenen am Ahnengrab eine Wiederge-burt durch die junge Frau bewirken, so dass sich der Kreislauf schliesst und die schlafenden Toten zu ihren lebenden Sippengenossen wiederkehren können. Damit erhalten wir eine alte matriarchal-mythologische Vorstellung von Tod und Wiedergeburt, die als Wandlung und glückliche Jenseitsreise aufgefasst wurde und die auch die gesellschaftliche Herleitung in der Mutterlinie (Matrilinearität) mythologisch und sozial begründet. Der Rechtsstein wiederum ist in seinem brauchtümlichen Erscheinungsbild schon ziemlich stark patriarchalisiert, aber auch dort finden wir eine liegende Frau und Ahnin, einen weiblichen Steinthron, worauf der männliche Partner einer Göttin/Ahnin/Königin in ihrem Namen Recht spricht, wie wir noch sehen werden.[8]

Schematische Darstellung eines Steinkreises (harug) mit einem Mittelstein

II

Die sprachliche Bezeichnung für den Braut- und Rechtsstein kann eine zusätzliche Hilfe und Orientierung sein, um die Bedeutung der Ahnenstätten zu entschlüsseln. Für den Brautstein ist bemerkenswert, dass dieser Stein fast ausschliesslich mit der weiblichen Form tradiert wird, also von dem Stein der Frau und Braut berichtet und nirgends Bräutigamsstein heisst, obwohl beim Stein Braut und Bräutigam heiraten. Der Brautstein ist in seinem Wesen eine Stätte der Ahnen, zudem ein Ort, an dem durch den körperlichen Kontakt der Frau mit dem Stein die Verstorbenen eine Wiedergeburt in die eigene Sippe erlangen. Haben wir einmal diesen mythologischen und sozialen Wesenskern des Brautsteines erkannt, so erklärt dies die hauptsächlich weibliche Form der Bezeichnung des Steines als Brautstein. Im deutschen Sprachgebiet erhalten wir neben dem Namen Brautstein auch noch andere Benennungen wie Brautkoppel, Brauttanzkoppel, Brautfeld, Brauthügel, Brautberg, Brautbett, Brautwiese, Brautklippe, Brautwinkel oder Brautsäule. Dazu kommen Benennungen wie Hochzeitsstein, Lenekenstein,

Steintanz oder einfach Stein, sowie die christlich-abwertende Bezeichnung Teufelsstein. Sehr verbreitet ist der Name Breiter Stein oder Heisser Stein, die beide auf einen Brautstein hinweisen. „Breiter Stein" meint den liegenden, flachen Steinblock, wobei sich möglicherweise eine Vermischung mit „breit" und „Braut" ergeben hat.

Im Englischen erhalten wir für den Brautstein Namen wie bridestone, marriage stone, blue stone oder petting stone. In Stanton Drew (Somerset) befindet sich ein Steinkreis mit Steinen von cirka 150 cm Höhe, die als eine zu Stein gewordene Hochzeitsgesellschaft gelten. Der Steinkreis (cromlech) heisst The Wedding. Ähnliches wird aus Cornwall berichtet, dort nennt man die Kultstätte The Marry Maidens. Für Indien berichtet Meier von einem Stein, der nahe des Herdfeuers steht und für Begräbniszeremonien verwendet wird. Gleichzeitig ist dieser Kultstein auch im Hochzeitsbrauch von Bedeutung, wenn er umschritten wird und die Braut während der Hochzeitszeremonie darauf steht, um die Ahnen der Sippe wiederkehren zu lassen. Der Stein selbst wird ashma „Seelenstein" genannt, und für ihn können auch ein Mahlstein oder ein Reibstein stehen, die beide sowohl praktisch als auch kultisch verehrt werden. Bei den Koli in Indien[9] gehen die Brautleute zu einem Begräbnisstein, der dort aufgestellt wurde, wo Menschen umgekommen sind. Dieser Stein wird von den Verwandten mit Opfern verehrt, d.h. die oder der Verstorbene wird mit Speisen am Leben erhalten, und auch Braut und Bräutigam legen an ihrem Hochzeitstag eine Kokosnuss oder Reis darauf. Diese sind Symbole der Fruchtbarkeit oder noch präziser Symbole der Wiedergeburt. Der Begräbnisstein und die Brautleute stehen wiederum in enger Beziehung zu einem kleinen Erdhügel im Heiratsschuppen, wo das Paar an den Seiten dieses heiligen Hügels sitzt. Aus Indien ist allgemein bekannt, dass fast vor jedem Dorf ein kleiner Lehmhügel mit weissen und roten Streifen bemalt ist und unter einem Schutzdach steht. Für den Erdhügel kann auch ein kegelförmiger Stein stehen, und beide werden mit Amma „Mutter" angesprochen, so zum Beispiel Kaliamma oder Durgaamma etc. Die Göttin Dodamma wird beispielsweise als abgerundeter Granitstein mit einer kleinen Höhlung an der Spitze verehrt, der vom ausgegossenen Öl gänzlich schwarz ist. Die indischen Meitheis besitzen in einem Tempel einen rohen schwarzen Stein als Göttin Durga, der wie andere rohe Steine die Muttergöttin darstellt und nach jeder ihrer geglaubten Menstruationen gewaschen wird. Die Göttin repräsentiert sich aber nicht nur in einem Erdhügel, sondern auch in einem Steinhügel, einer Säule, einem bauchigen Messingtopf oder einer mit Blättern geschmückten Urne aus Erde.

In Island erhalten wir aus dem 12. Jahrhundert einen interessanten Bericht. Die Insel wurde geschichtlich relativ spät christianisiert, und es wird einmal ein Mann namens Kothran geschildert, der auf seinem Hof einen Stein besitzt, in dem ein Wesen wohnt und dem die Bewohner Opfergaben bringen. Kothran bezeugt seinem Sohn, dass der Stein ihm viele zukünftige Dinge vorausgesagt und sein Vieh gehütet habe, ausserdem habe der Stein ihn daran erinnert, was er tun und wovor er sich hüten solle. Der Stein, der Armathr genannt wird, schützt demnach den ganzen Hof, die Menschen und die Tiere, kann beratend und helfend wirken und Zukünftiges prophezeien. Er ist mit dem Schicksal des Landstriches verbunden und segnet den Ort. Offensichtlich handelt es sich beim Armathr um einen lokalen

Ahnenstein einer Sippe, die hier ihre Ahnen verehrt und wo die Lebenden mit den Verstorbenen sprechen, sowie beratend und anteilnehmend zusammenfinden. Hier werden auch rechtliche Dinge besprochen worden sein wie auch die Hochzeitszeremonie von Braut und Bräutigam abgehalten. Aufschlussreich ist das Wort Armathr selbst, das ungenau und wahrscheinlich in jüngerer Zeit mit „Ahnherr des Geschlechts" übersetzt wird. Älter und präziser ist aber, dass dieser Stein wie in Indien eine Göttin repräsentiert und von den isländischen Häuptlingen als ihren Thron und ihre Legitimation verehrt wurde, denn Armathr bedeutet eigentlich „Mutter des Wohlstandes" oder „Erdmutter".[10] Die Häuptlinge stehen dabei in der Tradition des männlichen Partners der Göttin, der oft als aufrechter Stein verehrt werden kann, während die isländische Schamanin/Sakralkönigin in der Tradition der Landesgöttin steht, die wahrscheinlich als liegender und schwarzer Stein ihre Verehrung fand. Mythologisch repräsentiert der Stein Armathr die Grosse Göttin des Landes aus vorgermanischer bzw. vorindoeuropäischer Zeit, die als Nerthus „Erde" überliefert ist. Nerthus wiederum verjüngt sich in ihrer Tochter Freyja, ihr Sohn- bzw. Brudergatte ist Freyr. Schliesslich wird Nerthus als Njörd vermännlicht, was auch die ungenaue Übersetzung von Armathr als „Ahnherr" erklären würde.

Für das Verständnis der megalithischen Grabanlage ist es hilfreich, dass sie im Volksbrauch oft als Aufenthaltsort der Feen oder Unterirdischen betrachtet wird, und nicht zufällig heissen in Sardinien unzählige Felsengräber „domu de janas", was mit „Feenhäuser" übersetzt wird. Das Wort Jana für Fee leitet sich wiederum von der Grossen Göttin des Mittelmeeres Dana, Diana oder Ana ab, so dass wir beim Felsengrab vom „Haus der Göttin Dana" sprechen können, was ihr heiliger Schoss bedeutet und allgemein für die Megalithanlage gilt. Im matriarchalen Wiedergeburtsglauben ist es in sich stimmig, wenn die Verstorbenen dort zurückkehren, woher sie gekommen sind oder die Kinderseele vom Aufenthaltsort der Ahnin mit ihren schlafenden Toten geholt wird. Dies wird mythologisch mit dem Schoss der Göttin symbolisiert und mit dem heiligen Erd- und Grabhügel bezeichnet, der auch ein Dolmen oder eine Steinkiste sein kann.

Betrachten wir den Rechtsstein zusammen mit dem Brautstein, so ergibt sich auch sprachlich eine erstaunliche Identität. Die Bezeichnung Heisser Stein, Blauer Stein, Roter Stein oder einfach nur Stein finden wir sowohl beim Braut- als auch beim Rechtsstein. Erinnern wir uns noch an den schwarzen Stein der indischen Göttinnen beim Hochzeitsbrauch, erhalten wir wiederum eine identische Eigenschaft, denn auch der Rechtsstein wird als Schwarzer Stein überliefert. Wir können mit gutem Grund die beiden Steine als wesensgleich zusammenfügen, müssen uns aber im klaren sein, dass wir denselben Kultstein oder dieselbe Kultstätte in zwei verschiedenen Funktionsfeldern erkennen: das Ahnengrab oder die Ahnenstätte im Hochzeitsbrauch und somit als Brautstein, sowie die Ahnenstätte in der Gerichtsbarkeit und somit als Ort des Rechtssteines. Dieser Stein oder diese Ahnenstätte wird in der Volkskunde je nach Verwendung und Ortschaft verschiedentlich bezeichnet, doch lassen sich die hauptsächlichen Nennungen in Gruppen zusammenfassen: 1. Nach der Farbe: weisser, roter oder blauer/schwarzer/grauer Stein; 2. Nach der Form: breiter oder langer Stein, Stapel- oder Staffelstein; 3. Nach Eigenschaften: heisser Stein, Logenstein (logina/lugina = Flamme, Lohe); 4.

Nach der Verwendung: Brautstein, Dingstein (thing = Gerichtsstätte), Bottingstein, Niedergerichtsstein, Landgerichtsstein, Bauernstein, Dorfstein, Verkündstein, Kaufstein, Blutstein, Ehrloser Block, Finkenblock, Malefikantenstein (Teufelsstein, Hexenstein), Schandstein oder Lasterstein.

Wenn der Stein in weltlicher oder kirchlicher Hand ist – ich denke auch an den Thronstein in England und Schottland – so bekommen wir oft eine positive Bezeichnung wie Dingstein oder Gerichtsstein, ansonsten wird er abgewertet und sogar dämonisiert. Mythologisch interessant ist der Name Bottingstein (Bot-tingstein), der mit dem Wort bot-/bet- möglicherweise auf die Bethen, die drei heiligen Frauen oder die galloörmischen Matronen hinweist, letztere werden einfach als „Mütter" angesprochen, was den indischen Ammas oder dem isländischen Armathr entspricht.[11] Bei Bern in der Schweiz existiert eine bronzezeitliche Grabstätte mit der Bezeichnung „Bottisgrab", das hauptsächlich aus zwei menschengestaltigen Menhiren besteht. Gemäss der Sage handelt es sich um eine Schwester mit ihrem Bruder aus dem Geschlecht der Riesen, die hier ihre Ruhestätte gefunden hätten. Erstaunlich ist in der ganzen Erzählung die enge Schwester-Bruder-Beziehung, die für matriarchale Gesellschaften charakteristisch ist. Ebenso sind die Farbbezeichnungen Weiss, Rot und Schwarz (Blau, Grau) der Brautsteine immer wiederkehrende Hauptfarben der matriarchalen Mythologie und Kunst, die Mondfarben einer dreifaltigen Ahnin/Göttin.

III

In der europäischen Volkskunde lassen sich die Braut- und Rechtssteine mit verschiedenen anderen Plätzen vergleichen, die im Brauchtum eine ähnliche Verwendung finden und einen inneren Zusammenhang aufweisen. Es sind dies Labyrinthplätze oder Trojaburgen sowie die Rosengärten, die den besonderen Roten Garten bezeichnen.[12] Sowohl dem Braut- und Rechtsstein als auch dem Rosengarten ist gemeinsam, dass sie Orte der Ahnenverehrung sind, und wir können dies auch für die Labyrinthplätze annehmen, ist doch das Labyrinth eines der schönsten symbolhaften Darstellungen des weiblichen Schosses, der auf eine göttliche Ahnfrau hindeutet. Erstaunlich ist aber die analoge Funktion all dieser Orte und Plätze, die für jahreszeitliche Rituale, Feste und Spiele ihre Verwendung fanden, so dass wir uns fragen müssen, welchen Sinngehalt diese brauchtümlichen Kultspiele beinhalten. Wir müssen aber auch die gegenwärtige problematische Situation der Volkskunde und Archäologie betrachten, die von Einzelphänomenen leben und teilweise auf bedeutungsleere Registrierwissenschaften reduziert sind. Gerade in bezug auf die Mythologie oder auf ältere (matriarchale) Gesellschaftsformen fehlt ein systematisches Ordnungsprinzip mit Überblick der Einzelerscheinungen. Dieses Ordnungsprinzip ergibt sich aus den genauen Beobachtungen des jahreszeitlichen Brauchtums und den mythologischen Überlieferungen selbst, denn diese lassen ein immer wiederkehrendes Grundmuster erkennen, das naturzyklisch mit den Prinzipien von Wachsen, Blühen, Welken und Wiederkehren beschrieben werden kann. In einer fachlichen Sprache sind dies Feste, Rituale und

Spiele im Bereich einer Initiation mit Prüfungen und Aufgaben, Kultspiele im Bereich einer Heiligen Hochzeit sowie Rituale im Bereich von Tod und Wiederkehr. Oftmals sind Reste dieses sakralen Handlungsmusters noch im Kinderspiel zu erkennen, wobei Verzerrungen, Umdeutungen und Sinnentleerungen durch die Jahrhunderte auf der Hand liegen.

Im folgenden versuche ich nun, die Braut- und Rechtssteinthematik in ein prinzipielles Ordnungsmuster einzuordnen, damit wir den inneren Zusammenhang und den Bedeutungsgehalt dieser Plätze wieder erkennen. Ich beginne mit dem Bereich der Heiligen Hochzeit, wobei das oben Gesagte immer mitgedacht werden muss.[13] Bei Seekamp in Holstein befindet sich eine alte Steinsetzung mit dem Namen Brutkoppel, zu der die Sagentradition berichtet: „So heisst eine Koppel beim Hof Seekamp im Gut Clausdorf. Da liegt ein grosser flacher Stein und rings um ihn her im Kreis sind andere kleinere gesetzt. Und der Ort hat den Namen davon erhalten, weil in alter Zeit, da es noch keine Kirche gab, hier sich die Brautleute mit ihren Eltern und Verwandten versammelten, auf den grossen Stein sich setzen und dann getraut wurden."

Im Mittelpunkt des Steinkreises von Seekamp liegt also ein grosser flacher Stein, den wir als Ahnenstein sowie als Altar und Thron auffassen dürfen. Rings herum sind eine Anzahl Steine gesetzt, die ebenfalls Ahnensteine sind und den heiligen Ort im Jahreskreis kultisch und astronomisch umschliessen, denn der Mittelpunkt bezeichnet den Omphalos, den sakralen Schoss oder Nabel der Erdgöttin, die sich in einem Stein oder in einem Baum repräsentiert.

Dolmengrab von Brutkamp bei Albersdorf, Kr. Süderdithmarschen

Ein immer noch stattliches Megalith-Ahnengrab ist der Brutkamp bei Albersdorf. Noch heute hinterlassen bei dieser einstmals mit Erde überdeckten Grabanlage Verliebte ihre hoffnungsvollen Briefe an den oder die Auserwählte. Der Eingang des Ahnengrabes liegt deutlich auf einer Linie einer bekannten Himmelsrichtung, nämlich von Südosten nach Nordwesten, was unter anderem auf den Sonnenaufgang zur Mittwinterzeit (Weihnachten) und auf den Sonnenuntergang zur Mittsommerzeit (Johannestag) hinweist. Der Brutkamp bei Albersdorf symbolisiert wiederum den heiligen Schoss einer Ahnfrau, gleichzeitig ist er mythologisch ein Ort von Tod und Wiedergeburt (Winterritual) und sommerlicher Festlichkeiten.[14]

Ebenfalls eine vorgeschichtliche Grabstätte ist der Brutdanzkoppel bei Schwabe (Schleswig-Holstein), der mit einer aufschlussreichen Sage überliefert ist: „Nicht weit von der Bursted Achtern Barg in Schwabe liegt der Brutdanz-Koppel. Dort standen fünf zwei grosse Steine dicht zusammen und rund herum so ein gutes Stück zwölf Steine. Dort hat man in ganz alten Zeiten Hochzeit gefeiert. Als aber in Jevenstedt die Kirche gebaut wurde, hat dies der Priester nicht mehr haben wollen. Die Leute sind aber trotzdem immer noch dort hingegangen. Einmal haben sie wieder gefeiert und getanzt, Braut und Bräutigam in der Mitte und die anderen rund um sie herum. Da hat der Priester von Jevenstedt sie alle verflucht, und Gott verwandelte sie alle zusammen in Steine. So sind sie dort noch lange zu sehen gewesen, das Brautpaar in der Mitte und die anderen rund um die beiden herum. Erst 1920 sind die Steine zusammengeklopft und weggebracht worden, die Stätte in der Heide ist aber noch zu sehen." Der Brutdanzkoppel bei Schwabe war gemäss diesem Bericht eine Steinkreisanlage, in deren Mitte sich das Ahnengrab befand. Dieses muss dolmenartig aufgebaut und mit Erde überdeckt worden sein. Dort heirateten die Braut und der Bräutigam am Schoss der Ahnin, während Verwandte und Freunde einen Kreis bildeten. Der Volksbrauch erlosch mit dem Eindringen des Christentums, das den Brauch verbot und die sakrale Stätte der Ahnen entweihte. Einmal so entheiligt, drang später die neuzeitliche Produktion in diese entzauberte Landschaft, um die abgewerteten Seelenstein für die Industrie auszubeuten.

Zu den beeindruckendsten Megalith- und Grabanlagen in Verbindung mit dem Brautstein führt uns die Visbeker Braut und der Visbeker Bräutigam in Oldenburg, wo sich eine ganze Ansammlung von Megalithbauten befindet, unter anderem die Glaner Braut in der Gemeinde Wildeshausen. Bei der Visbeker Braut umschliesst ein Rechteck von 80 m Länge und 5 m Breite eine ehemalige Grabkammer. Rund vier Kilometer südwestlich davon entdecken wir den Visbeker Bräutigam mit einer Seitenlänge von 104 m und einer Breite von 8,5 m, dessen Steine ebenfalls ein Ganggrab markieren. Gemäss der Sage repräsentieren die Visbeker Steine den Hochzeitszug eines Bräutigams und einer Braut, die dem ungeliebten Mann in seine Sippschaft folgen muss. Im Hochzeitszug der zukünftigen Frau, der für die Braut ein Trauerzug ist, wünscht das Mädchen, lieber zu Stein zu werden als dem aufgezwungenen Mann nachzukommen. So geschieht es auch, und alle werden in Stein verwandelt.[15]

Zweifellos mischen sich hier ältere und jüngere Sagenmotive, so dass ich zuerst die ältesten Schichten betrachte. Die ganze Gegend muss als grössere Kultstätte gesehen werden, in der wiederum das Ahnengrab sowie die Braut und ein Bräutigam im Zentrum stehen. Astronomisch interessant ist, dass die Grabanlage der Glaner und Visbeker Braut Mondorientierungen aufweisen, wobei letztere zum Mittsommer- und Mittwintermond.[16]

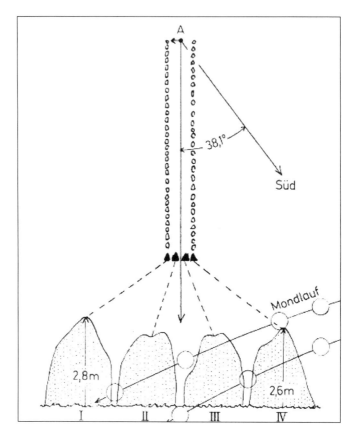

Schematische Darstellung der Visbeker Braut (Oldenburg) und
die Mondorientierung an Mittsommer (nach R. Müller)

Der Visbeker Bräutigam hingegen, also der männliche Partner, orientiert sich mit seiner Steinstätte ziemlich genau nach dem Ost-West-Verlauf, was auf den Sonnenaufgang zur Frühlings- und Herbsttagundnachtgleiche hindeutet. Mythologisch erhalten wir eine Hochzeit von Sonne und Mond, repräsentiert durch eine sakrale Frau und ihren männlichen Partner. Dieser liegt während seiner Wandlungszeit im Schoss der Erdgöttin, jener steinernen Ahnenstätte, die heute Visbeker Bräutigam genannt wird. Die Stätte der Heiligen Hochzeit und der Wiedergeburt lag wahrscheinlich bei der Visbeker Braut, die als Ahnengrab auf eine Göttin hinweist, gleichzeitig durch eine „Braut", d.h. sakrale Frau repräsentiert wird. Damit erhalten wir eine hinreichende Analogie von Ahnengrab, Schoss einer Erdgöttin und „Braut"/Sakralkönigin, die als Wesensgleich gesehen werden müssen. Das erklärt auch die Namensnennung „Brautstein" sowie die Verwandlung in Stein, denn dahinter steht ein älteres Motiv, nach dem sich die Ahnfrau im Stein repräsentiert. So steht in Wernitz bei Gardelegen (Sachsen) der Bruutsteen, der einst die „Braut" dargestellt hat, ebenso liegt bei Flechtingen auf dem Brautsteinberg ein Stein, der einer Frau mit Schleier gleicht.

Ich möchte noch auf den schönen Maibrauch einer freien Partnerwahl hinweisen, bei dem „die Schönste" zur Maibraut oder Maikönigin wird und mit ihrem männlichen Partner, dem Maibräutigam, Maikönig oder Maibär, schon eine kleine Hochzeit am 1. Mai feiert, während die Heilige Hochzeit am Mittsommertag begann. Heute sind es vor allem Kinderspiele, die in ihrem „Liebesschloss" den Mai besingen und feiern. Nicht zufällig beziehen sich die überlieferten Sagen vom Brautstein fast immer auf einen Hochzeitszug oder Feierlichkeiten an Walpurgis (1. Mai) oder an Mittsommer (Johannistag), wobei das ausgelassene Pfingstbrauchtum ebenfalls zu den sommerlich-erotischen Festlichkeiten gehört. In diesem Sinn sehen wir die Brautklippe in Braunschweig, einen Felsen vor dem Hohnekopf und den Hohneklippen, der vom Volk am 1. Mai oder kurz nach Johanni mit Blumen bekränzt und bestreut wird. Dabei wurde gesungen, was sich aufs Heiraten beziehen soll.

Ein weiterer Brautstein mit sagenbezogener Jahreszeitangabe ist der Steintanz von Boitin in Mecklenburg. Ein Stein der Ahnenstätte heisst Bruutkist, Bruutkuffert oder Bruutlade und ist mit dreizehn (zwölf) würfelförmigen Vertiefungen versehen. Der Brautstein wurde aufgerichtet, doch einst soll er gelegen sein, ist also ein Breiter oder Heisser Stein in horizontaler Lage. Die ganze Kultstätte bestand aus vier oder drei oval-eiförmigen Steinkreisen, die aufeinander bezogen sind. Dazu kommen Ortungssteine ausserhalb der Kreise, die aber bald einmal in den umliegenden Bauernhöfen verschwanden. Heute ist die jungsteinzeitliche oder mindestens bronzezeitliche Ahnenstätte durch „Neugermanen" besetzt, und auch das angebrachte Holzschild fördert irreführend eine germanophile Vereinnahmung, denn von Germanen kann zur Zeit der Errichtung der Steinanlage wohl kaum die Rede sein: „Grosser Boitiner Steintanz. Errichtet vor ungefähr 3000 Jahren, diente den Germanen als Kultstätte."

Wie dem auch sei, jedenfalls bilden die Kreise und der Brautstein von Boitin zusammen ein astronomisches, kalendarisches, mathematisches und makrokosmisches Wunderwerk. Verbinden wir beispielsweise die Mittelpunkte der ovalen Steinsetzungen, so erhalten wir zwei rechtwinklige Dreiecke, wie sie bekannterweise die Griechen beschrieben haben, nur sind diese mindestens tausend Jahre älter! Die beiden rechtwinkligen Dreiecke bilden gemeinsam ein gleichschenkliges Dreieck, wobei ein Schenkel genau nach Norden weist und eine Linie nach Südosten in Richtung einer mittsommerlichen Mondortung. Hinzu kommen Ortungen der Sonnenbewegung sowie astral-mathematische Bezüge der geometrischen Anordnung.

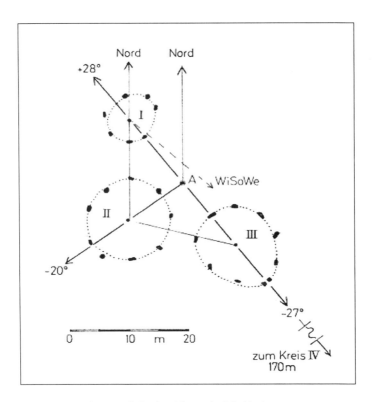

Astronomische Ausrichtung des Mecklenburger
„Steintanzes" von Boitin (nach R. Müller)

Die Sage weiss nun folgendes über die Steinkreise: Einst fand eine Hochzeitsgesellschaft an diesem Ort statt. Zu später Stunde begann man im Übermut mit
Broten und Würsten zu kegeln und auf Käsen zu tanzen oder, gemäss verschiedener Varianten der Erzählmotive, verkehrten im angeheiterten Zustand Frauen und
Männer offen miteinander. Darauf erschien ein kleines Männchen (oder die Got-
tesstrafe) und verwandelte die ganze Sippe in Steine, die nun die grossen Kreise
bilden. Ein Schäfer, der mit seiner Herde Zaungast des Festes und der Versteinerung war, erhielt ebenfalls deren Schicksal und wurde in den kleinen Steinkreis
verwandelt. Wer jedoch in der Johannisnacht den rotseidenen Faden, der aus dem
zwölften (dreizehnten?) Loch des Brautsteines heraushängt, zu ziehen vermag,
dem öffnet sich der Stein und ihm fällt der reiche Brautschatz zu, der darin ruht.
Ausserdem erlöst er dadurch die Versteinerten, die wieder zu Menschen werden.

Das Ziehen eines rotseidenen Fadens erinnert an das Labyrinthspiel, bei dem
das Fadenmotiv ebenfalls vorkommt (Ariadnefaden) oder an die Ahnen- und Kultstätte der Rosengärten, die sprachlich explizit den roten Garten bezeichnen, zumal
im berühmten Garten des Königs Laurin das Fädenziehen besonders erwähnt wird.
Damit wird ein heiliger Hain abgesteckt, ein sakraler Bezirk für die jahreszeitli-

chen Rituale im Angesicht der Ahnen im Tempel des Mondes und im Tempel der Sonne, wie es von den Orkney-Inseln berichtet wird. Gegenwärtig in der Nacht des Mittsommers ist die liegende Braut, die rote Frauengöttin des Vollmondes, deren rotseidener Faden aus dem zwölften oder dreizehnten Loch bzw. heiligen Schoss der steinernen Ahnfrau herauszuziehen ist. Der Faden selbst verweist auf den Lebens- und Schicksalsfaden einer Grossen Göttin, die ihn als Symbol und Attribut besitzt. Er allein bezeugt schon die Präsenz der Frauengöttin, denn er ist zwar ein Teil von ihr und doch ist sie als Ganzes anwesend. Die Braut ist damit nicht nur die schöne Frauengöttin des Sommers, sondern auch eine grosse Weberin des Todes und des Lebens, eine Schicksalsgöttin, deren roter Faden noch bei der Gerichtsbarkeit um die megalithische Ahnenstätte gezogen wurde.

Aus dem Labyrinth- oder Spiralschoss der Göttin entsteht neues Leben, gleichzeitig kehren die Verstorbenen in ihren Schoss zurück, um eine glückliche Wiedergeburt zu erfahren. Im Ritual der Frauen werden diese mythischen Vorgänge praktiziert, was einem lebendigen Schamaninnentum gleicht. Die sakrale Frau und die Göttin/Ahnfrau werden im heiligen Fest wesensgleich; sie zieht den roten Faden, was Leben hervorbringen und ein Schöpfungsakt bedeutet. Ich erinnere an die drei Schicksalfrauen mit dem Lebensfaden, den die eine zieht, die andere abmisst und die Schwarze abschneidet. Diese drei heiligen Frauen verkörpern den kosmischen und irdenen Lebensrhythmus als Schöpferin, Erhalterin und Wandlerin des Lebenszyklus.

Gleichzeitig bezeichnet der rotseidene Faden den auserkorenen männlichen Partner der Braut und Sakralkönigin in einer freiwilligen Wahl und in einem spielerischen Überreichen der Gabe. Wie beim roten Liebesapfel, den der Held in Mythen und Märchen von der Liebesgöttin erhält, ist auch der rote Seidenfaden nun seine Insignie für eine gewisse Zeit, ebenso die Aufforderung und Verpflichtung zur Heiligen Hochzeit mit der Vollmondin des Mittsommers. Dem Bräutigam öffnet sich nun der Brautstein und ihm fällt der Brautschatz bzw. die Braut zu. Durch die Heilige Hochzeit, die Segnung von Mensch und Natur, bewirken die Mondin-Braut und ihr Sonnen-Bräutigam eine glückliche Regeneration und Wiederkehr der kosmischen Zyklen und schliesslich auch die glückliche Wiedergeburt der versteinerten, schlafenden Menschen.

Die verschiedenen Sagen von der Steinverwandlung der Braut und der Hochzeitsgesellschaft berichten aber auch noch von einer jüngeren patriarchalen Schicht, die nicht weniger aufschlussreich ist. So hören oder lesen wir, dass die Braut/Sakralkönigin/Göttin eigentlich einen anderen Mann liebt, nämlich einen Geliebten ihrer Wahl, den sie für die jahreszeitlichen Feierlichkeiten und besonders für die Heilige Hochzeit auserkoren hat. Dieser ursprüngliche männliche Partner der Braut wird durch einen fremden und ungeliebten Mann überschichtet, der nun in patriarchaler Art und Weise dessen Rolle übernimmt. Denn die Braut hat jetzt dem Bräutigam zu folgen, er führt sie weg von ihrem angestammten Zuhause und führt sie patrilokal in seine Sippe ein, wo sie nun seinen Ahnen vorgeführt und deren Wiedergeburt sichern soll. So wird der Hochzeitszug für die Braut zum Trauerzug, der sie wegführt von ihrer Selbstbestimmung und freien Partnerwahl, von ihrem matriarchalen Haus und Herd in eine fremde Sippe mit einem auferzwungenen Partner und einer patrilinearen Ahnenverehrung. Wir kennen ethnologisch dieses soziale Muster und die Folgen für die Muttersippe sowie für die psychisch und physisch unterworfene Braut. Kein Wunder, dass sie sich lieber in Stein verwandeln will als dem ungeliebten Mann zu folgen.

IV

Wie der Heisse Stein im Hochzeitsbrauch als Brautstein dient, so ist er im Bereich der Initiation der feierliche Ahnenstein der Wahl und Inthronisation. Einer der schönsten Ahnensteine liegt im heiligen Hain der vorindoeuropäischen (vorkeltischen) Göttin Tara in Irland. Sie selbst ist in einem liegenden Stein gegenwärtig und initiierte die Helden und Häuptlinge des Landes, denn sie ist gleichzeitig auch Dana oder Ana oder Eire, die Göttin und Herrschaft der Insellandschaft. Wenn nun ein angehender König auf ihrem Stein stand, so akzeptierte sie ihn durch eine Stimme, blieb sie jedoch stumm, so war er der falsche Mann, und er wurde von ihr nicht zum König gewählt. In Dänemark, d.h. in Danas Land, standen früher bei der Wahl der Könige die Wählenden auf erdfesten Steinen, und der König wird auf einen in der Mitte der Ahnenstätte (Thingstätte) stehenden Stein gehoben, der dänisch Daneryge (Danæhryg) heisst, also so wie die Göttin des Landes selbst. Das Wort ryge oder hryg (irisch cruach) bezeichnet den Erdaufwurf oder Erdhügel (tumulus) eines Ahnengrabes, während Daneryg sowohl den Deckstein eines Dolmengrabes als auch den umgebenden Bannkreis meint. Interessanterweise wird in den dänischen Quellen einmal eine solche Königswahl geschildert, bei welcher der Name des Königs wiederum Dan lautet.

Auch die schwedischen Könige wurden auf einem Ahnenstein gewählt, nämlich auf der Morawiese auf dem Morastein (mora = schwarzer Stein?); die letzte Königswahl fand 1457 statt. Recht gut sind wir vom schottischen Krönungsstein unterrichtet. Der zukünftige König wurde im 13. Jahrhundert nach seiner Eidesleistung in der Klosterkirche von Scone, östlich von Perth, während der Messe vom Grafen von Fife, dem dies Amt erblich gehörte, auf den steinernen Thron gesetzt. Scone war im 8. Jahrhundert die Hauptstadt des Piktenreiches, die Pikten selbst besassen noch Spuren einer mutterrechtlichen Gesellschaft. Um 844 eroberte der Scotenkönig Kenneth MacAlpin das Piktenreich und liess den schottischen Krönungsstein nach Scone überführen, wo nun die Krönung der Könige des vereinigten Scoten- und Piktenreiches stattfand. Zweifellos handelt es sich auch beim schottischen Krönungsstein – ein ursprünglich sehr grosser Stein mit einer Höhlung, marmorähnlich und von bläulicher Farbe – um eine Ahnin/Göttin des Landes, um die Herrschaft der Landschaft, während der männliche Partner, der König, auf ihrem Thron sitzt, denn die älteste Form des Thrones ist nicht der Stuhl, sondern der Ahnenstein. In patriarchaler Zeit ist es jedoch nicht mehr eine Sakralkönigin, die einen Mann in ihrem Namen zum König macht, sondern ein Graf, der die Funktion der Königin/Göttin übernommen hat. Trotzdem blieb der Stein erhalten, denn er bedeutet gegen aussen die Legitimierung des Königs und seiner Herrschaft. So dient der matriarchale Hintergrund und seine Mythologie nun in einer patriarchalen Gesellschaft zur Scheinlegitimierung der Königsherrschaft gegenüber dem Volk, gleichzeitig wird so jahreszeitlich-lebenserhaltende Mythologie zum ideologischen Instrument. Nicht zufällig bringt dann der englische König Edward I. nach dem Sieg über das Schottenreich 1296 den Ahnenstein nach London. In der Abtei Westminster wird er dann unter dem Sitz des Stuhles, auf dem der englische König während der Krönung seinen Platz hat, angebracht und soll nun jener Herrschaftsideologie dienen.

Einen Nachklang einer mutterrechtlichen Königsfolge sehen wir in einem litauischen Kinderspiel, das einen Vorgänger-Nachfolger-Wettstreit andeutet. Das Spiel verläuft folgendermassen: „Ein Junge stand auf einem Erdhügel oder einem Steine und rief: ‚Ich bin König, Herr des Hofes!' Dann kam ein anderer heran und stiess ihn herunter, stellte sich selbst auf den Stein und sagte: ‚Ich bin König, Herr des Hofes?' Dann kam wieder ein anderer und gab diesem einen Stoss, der war aber vielleicht nicht imstande, ihn fortzustossen. Jener behauptet seinen Platz, aber dieser lässt nicht nach; er kommt wieder auf ihn los und will ihn besiegen. Beide sind schon ermüdet, aber doch lässt keiner nach, weder der, der auf dem Steine steht, noch der, der mit ihm kämpft. Aber wenn jener seinen Platz auch lange behauptet, schliesslich muss er doch vom Stein heruntergehen und einen andern hinauflassen."

Der Ahnenstein dient aber nicht nur zur Inthronisation des männlichen Partners, sondern findet auch bei der Initiation der Braut in die Ahnenreihe der Sippschaft seine Verwendung. Dieser Brauch fand ursprünglich in der eigenen Muttersippe mit matrilinearem Erbgang und matrilokaler Wohnfolge statt, so dass die Braut nicht in eine ihr fremde Sippe ziehen musste. Ich erinnere nochmals an die Sagen, in denen die Braut lieber zu Stein werden möchte, als dem ungeliebten Mann oder in die Kirche folgen will. Die Braut blieb also im eigenen Hof und wurde dort am Ahnenstein als junge Frau initiiert, wo sie im Angesicht der angestammten Ahnen und Ahninnen heiratete, um diese wieder glücklich in die eigene Sippschaft der Lebenden führen zu können. Noch unser Wort „Enkel" bedeutet der kleine Ahn oder der kleine Grossvater, zudem erhielt früher der älteste Sohn immer den Namen des (verstorbenen) Grossvaters. Dies gehört zum matriarchalen Hintergrund des Brautsteines, der uns eine freie Liebesbeziehung und eine freie Gattenwahl bezeugt, zudem eine kontinuierliche Mutter-Tochter-Folge ohne schmerzliche Trennung und unterwürfige Situation einer ortsfremden Schwiegertochter. Mit der Patriarchalisierung der Gesellschaft erfolgte eine Herauslösung der Braut aus der Matrisippe und eine erzwungene Eingliederung in die Sippe des Mannes, auch wenn dies später nicht mehr als Trauerzug empfunden wurde. Die Braut wird jetzt am Ahnenstein der Patrisippe initiiert, die ihr eigentlich fremd ist.

Neben dem hofeigenen Ahnenstein existiert auch noch ein ortseigener Braut- und Rechtsstein, der aus matriarchalen Zeiten übernommen wurde und später in Konflikt mit der Kirche geriet. So wird von einem Brautstein mit Näpfchen und Schalen bei Mönchgut in Pommern berichtet, dass die aus Göhren auf Rügen stammenden Brautpaare nach dem Kirchgang mit ihren Hochzeitsgästen in Booten zu dem etwa 1000 m vom Ufer entfernten Buskamen fuhren, wo sie auf diesem Stein einen Reigentanz ausführten. Dieser Brautstein muss eine alte Kultstätte gewesen sein, gerade auch für Frauenrituale, denn es wird gesagt, dass die Seejungfrauen (Wassergöttinnen) bis an das Ufer von Mönchgut geschwommen seien und hätten dann ihre Rundtänze in der Mittsommer- und Walpurgisnacht auf dem Bredsten abgehalten, der so gross wie eine Stube und auf seiner Oberfläche ganz glatt und eben sei.

Die Kirche stellte sich bewusst in Konkurrenz zum Ahnenstein, obwohl je nach Landstrich recht zäh am älteren Brauchtum festgehalten wurde und obwohl der Klerus diese Steine dämonisierte. So existierte bei Putgarten (Kr. Rügen) ein umgetaufter Teufelsstein, der früher ein Braut- und Ahnenstein war. Alle Brautpaare mussten, wenn sie aus der Kirche kamen, vom Wagen heruntersteigen, mit allen Hochzeitsgästen vor das Dorf hinaus und dreimal um den Stein ziehen. Dies war sehr beliebt und ist regelmässig geschehen, bis etwa um 1848 der Besitzer des Grundstücks den Stein wahrscheinlich aus Erfurcht nicht zerstörte, jedoch in den Boden versenkte, um angeblich das Ackerland frei zu bekommen. In Bramstedt in Holstein war es ein alter Brauch, dass jede Braut, die von einem fremden Ort nach Bramstedt verheiratet wurde, samt ihrem mitgebrachten Brautgut erst dreimal um den Roland (Ahnenpfahl im Sakralbezirk einer Kult- und Gerichtsstätte, Roland = Rotes Land) gefahren wurde, ehe sie in das Haus ihres Mannes einzog. Die fremde Braut wird hier zuerst den ortsansässigen Ahnen des Mannes vorgeführt, dem Roland, der den Ahnenstein ersetzt, wie dies auch ein Baum (Linde) tun kann. Umgekehrt findet in der Heimat der Frau nicht eine Initiation statt, sondern eine Scheidung von der Sippe und den Ahnen. In Fröhden (Kr. Jüterbogk-Luckenwalde) umfahren die jungen Frauen, die aus dem Ort weg heiraten, bei der Hochzeit dreimal die Dorflinde als Ahnenstätte. Geschieht dies nicht, so musste der Bräutigam, der das Mädchen wegführt, eine Tonne Bier geben.

Besonders beeindruckend ist eine Hochzeitszeremonie aus der Provence in der Ortschaft Fours bei Barcelonette (Dép. Basses-Alpes), die nochmals die Scheidung und die Eingliederung der Braut in die fremde Sippe beschreibt. Am Hochzeitstag erhält die Braut vom Ältesten der eigenen Sippe ein Glas Wasser zum Trunk, in das vorher ein Gold- oder Silberstück gegeben wurde. Die Braut trinkt das Wasser aus, nimmt das Geldstück und beginnt zu weinen, da sie das angestammte Haus verlassen muss. Der patriarchale Scheidungsbrauch ist zwar zur Formsache erstarrt, zeigt aber die einstige Trauer der Braut, die ihren Brautschatz erhält und sich von den gemeinsamen Ahnen trennt. Darauf folgt die kirchliche Trauung, bei der jede Familie der Braut und des Bräutigams getrennt sitzt als Zeichen ihres Gegensatzes. Nach der Trauung wird die Braut und die Hochzeitsgesellschaft vom Mann oder vom Ältesten zu einem Felsen oder einem kegelförmigen Stein geführt, der sich in der Nachbarschaft befindet. Dort muss sie sich auf eine Art Sitz begeben und den rechten Fuss in eine Höhlung setzen, wobei der linke Fuss frei schwebend ist. Diese Höhlung ist wahrscheinlich ein Fussabdruck im Stein, wie er im Steinkult öfters vorkommt. Für einen Mann bedeutet das Stehen in der Fussspur seine Initiation und Nachfolge auf dem Ahnenstein, der ursprünglich die Göttin der Landschaft darstellte. Für eine Frau bedeutet dies Nachfolge in der Tradition der Ahnin als auch wie beim Rutschen auf dem Stein ein körperlicher Kontakt, um eine Ahnenseele spirituell von dem Stein bzw. der Ahnfrau zu bekommen und wieder ins Leben zu führen. Bekannt ist, dass Frauen, die schwanger werden wollen, ihren Schuh in eine Aushöhlung im Felsen setzen oder ihren Fuss in den Quellausfluss halten. Bedeutsam ist nun, dass die Frau ihren rechten Fuss einfügen muss, was auf die Familie und die Ahnen des Mannes hinweist (Patrilinearität), während der linke Fuss freischwebend ist, also die Familie der Frau keine Bedeutung mehr hat und die Trennung kennzeichnet. In dieser Position auf dem Stein erhält die Frau von jedem Verwandten und den Freunden einen Kuss sowie einen Ring, was einen Rechtsvorgang der Aufnahme in die neue Sippe bedeutet. Abschliessend geschieht etwas sehr Merkwürdiges, nämlich ein Scheinkampf zwischen der Familie der Frau und der Familie des Mannes, um die Wertschätzung der verlorenen Frau und den Kummer für die Sippe der Braut zu äussern. Hier handelt es sich für die Sippe der Frau um einen letzten Versuch, die nun scheidende Sippengenossin zurückzugewinnen, und wir erinnern uns wiederum an die Braut, die lieber zu Stein wird, als dem fremden Mann zu folgen. Nach dem Scheinkampf macht sich die Hochzeitsgesellschaft auf den Rückweg, wobei jetzt beide Familien vereint sind.

V

Wir haben bisher das Ahnengrab oder die Ahnenstätte im Hochzeitsbrauch und im Initiationsritus betrachtet und wollen nun dieselben Orte auch im Bereich der Wandlung untersuchen. Dabei werden wir erkennen, dass sich die innere Logik der jahreszeitlichen Abläufe als Muster und systematisches Ordnungsprinzip zwanglos an das Vorhergehende anschliesst, denn Tod und Wiederkehr bedingen sich genauso aus den Bereichen der Initiation und Hochzeit wie auch umgekehrt. Andererseits ist gerade die Wandlungsphase für uns nicht ohne weiteres verständlich, denn sie erscheint heute in völlig verdrängter oder stigmatisierter Art und Weise sowie in verzerrter patriarchaler Form. In der Jungsteinzeit symbolisierte das Ahnengrab oder der Megalithbau den Schoss der Erdgöttin, in den die Verstorbenen als Schlafende zurückkehren, um durch eine Frau der Sippe wiedergeboren zu werden. Mit Wiedergeburt meine ich allerdings nicht eine spekulative Karmalehre, die besonders auch zur moralischen Unterdrückung der Frauen dient. Der matriarchale Wiedergeburtsglaube war fest und charakterisierte den Tod als eine glückliche Übergangsphase, eben als eine Zeit der Wandlung in ein neues Dasein. Die Ahnen wiederum waren festgeglaubter Bestandteil der lebenden Sippengenossen, sie erhielten ihre Umsorgung und Pflege und gehörten selbstverständlich zur häuslichen Gemeinschaft. Mit ihnen konnten die Menschen sprechen und sie um Rat ansuchen, sie schützten die Leute und das Land und liessen die Natur wachsen. Sie waren genauso gegenwärtig wie die Lebenden, allerdings in einer anderen Daseinsform. Ich erinnere in diesem Zusammenhang an den isländischen Bauernstein Armathr, an die „Mutter des Wohlstandes", die sich um das Wohl der ganzen Hausgemeinschaft kümmerte.

Zum Schreckgespenst wird die dunkle Zeit nur, wenn sie von der Wiederkehr abgespalten ist und als Instrument der Repression eingesetzt wird, wie wir dies von herrschaftsorientierten Gesellschaften her kennen. Ebenso zum Schrecken wird das sogenannte Sakralopfer des Königs, wenn dieses auf Unfreiwilligkeit und Zwang basiert. Das matriarchale Ritual der Wandlung wurde entweder symbolisch oder höchstens einmal im Jahr vollzogen, wobei Jahr auch vier oder acht Jahre bedeuten kann, je nach Ablauf der Regierungszeit des Sakralkönigs. Für ihn war dies eine Zeit der Regeneration, denn der Vorgänger im Amt erschien als sein eigener verjüngter Nachfolger, so dass die Wandlungsphase nicht Tod war, sondern Bedingung für ein ewiges Leben im Kreislauf. Durch die Patriarchalisierung der Gesellschaft wurden zur Herrschaftssicherung des Königs Unfreiwillige, Gefangene, Knaben oder männliche Tiere geopfert, so dass die lebensbejahende matriarchale Zeit der Wandlung zum ideologischen und schrecklichen Instrument der Zwangsherrschaft wurde. So war auch einmal der Ahnenstein einer Göttin der Sitz und Thron eines männlichen Partners einer Sakralkönigin, in deren Namen und Legitimation der König für eine gewisse Zeit Recht sprach. Zweifellos fand er auch dort seine Zeit der Wandlung. Und ebenso wurde auch der Krönungsstein patriarchalisiert und zum ideologischen Machtinstrument.

In dieser Situation treffen wir das Ahnengrab oder die Ahnenstätte im Bereich der Gerichtsbarkeit, nämlich als sogenannten Rechtsstein. Ältere Spuren und neuere Überlagerungen mischen sich hier eigentümlich, doch immer ist der Ort eine Stätte der Zusammenkunft, der Besprechung rechtlicher Angelegenheiten und Ausführung. Gerade diese megalithischen Steinstätten haben relativ häufig überlebt, denn sie waren sowohl für die weltlichen wie auch für die kirchlichen Machthaber von besonderem Interesse, wie dies die zahlreiche Verbreitung erweist.

Beim Schloss Breitenburg bei Itzehoe (Schleswig-Holstein) befindet sich ein Gerichtsplatz mit einem Gerichtsstein. Dieser liegt wie ein Steintisch oder ein Altar dolmenartig auf vier kleineren Steinen mitten in einem Kreis oder Oval, das durch eine Anzahl Steine gebildet wird. Ebenso liegt ein grösserer Gerichtsstein in Megedeberg bei Plön mit der Bezeichnung Tingstätte (thing = Gericht), jedoch ohne Untersteine, sondern direkt auf der Erde. Interessant ist, dass in Schleswig-Holstein eine grössere Anzahl der Galgenberge auf Hügelgräbern aus vorgeschichtlicher Zeit liegt, so der Galgenberg von Heide, der Galgen- oder Köppelberg von Meldorf, der Galgenberg bei Ludwigsburg bei Eckernförde oder die Galgenberge von Sluxharde, Alsen, Skaarup oder Itzehoe. In der Gemeinde Lindern in Oldenburg heisst ein Megalithgrab der Bauernschaft Sievern „der heilige Stuhl", an dem einst Gericht gehalten wurde. Dieser „Stuhl" verweist auf einen Steinthron der Ahnenstätte, ebenso auf einen Krönungsstein bei der Initiation/Inthronisation eines männlichen Partners einer Ahnfrau/Königin. In der Heide östlich des Dorfes Boitzenhagen (Kr. Isenhagen) in Hannover liegt auf einem Hügel ein grosser Stein, der Pickel- oder Bickelstein, den die Hünen von Klibesberg dorthin geworfen hätten und bei dem vor Zeiten Gericht gehalten wurde. Ebenso in Hannover finden wir den Kaloksberg oder Kohlhubsberg bei Sellhorn. Dieser ist ein alter Gerichtsberg und mit zwölf Steinen besetzt. Alle Leichen, die von Welsede nach Bispingen zum Kirchhof gebracht werden, müssen nach altem Brauch an diesem Berg vorüberfahren, obwohl ein anderer Weg näher wäre. In Sachsen lag ein Steinkreis im Forstort Eselstall. Dieser bildete einen ovalen Kreis von etwa 120 m und war mit grossen rohen Sandsteinen besetzt. In der Mitte befand sich ein grosser, roher und unregelmässiger Sandsteinblock.

Bei Altenrode (Kr. Goslar) standen die Kaisersteine, das ist ein Steinkreis von etwa 25 m Umfang mit sieben grossen Feldsteinen, die zwischen drei und vier Meter voneinander lagen. Die Megalithanlage diente als alte Gerichtsstätte und wird vom Volk als Freistätte oder Asylstein bezeichnet. Das bedeutet, dass ein Verfolgter, der sich an diesen Ort bzw. an den Mittelstein retten konnte, dort im Schoss der Ahnen frei von weltlicher Strafverfolgung war. Zudem diente der Steinkreis als Versammlungsort, denn es wird erzählt, dass die Dübecker, wenn sie bei Grenzbezügen oder ähnlichen Veranlassungen nach Altenrode kamen, siebenmal um die Kaisersteine (die alte Ahnenstätte) und siebenmal um die Kirche des nahen Darlingerode ziehen mussten und die Einwohner dann verpflichtet waren, sie zu bewirten. Bei Dolgen in Brandenburg traten die Landeshauptleute auf einen grossen, auf einem Berg gelegenen Stein, wo sie öffentlich ihre Geschicklichkeit bezeugen müssen, wenn sie über einige schwere vorgebrachte Zwistigkeiten Urteil und Recht zu sprechen hatten. Besonders imposant ist der Landgerichtsstein von Wulfen (Anhalt). Diese Anlage besteht aus mehreren Blöcken und ist ein megalithisches Langgrab mit Seiten- und Decksteinen. In der Jungsteinzeit war das Ahnengrab mit einer Erdschicht überdeckt worden und mit einem kleinen Zugang versehen. Was wir heute sehen, ist das Gerippe, die Steinblöcke ohne Erde, bei denen aber immer noch Gericht gehalten wurde.

Aufschlussreichen Bericht erhalten wir aus Pommern. Nicht weit von Bütow liegen mehrere Steine im Kreis oder Oval um einen grösseren Mittelstein herum. Dieser mittlere Stein war der Thron eines männlichen Partners einer Sakralkönigin, der als König und Richter gleichsam auf der Steinahnin sass, in deren Namen er Recht sprach. Gemäss der Sage fand hier wieder einmal eine Gerichtsversammlung statt, jedoch sprach der Richter ein ungerechtes Urteil, und eine Zauberin verwandelte ihn und die Schöffen (Beisitzer) in Steine. Aus dem Erzählten entnehmen wir, dass nicht nur der Mittelsein, sondern auch die umliegenden Steine die Ahnen repräsentieren, auf denen die Lebenden sitzen. Zudem sind die Rechtsbefugnisse klar ersichtlich. Der auserkorene Mann spricht im Amt des Königs im Namen der Ahnfrau und Sakralkönigin (Zauberin) Recht. Ist dieser jedoch unfähig oder im krassen Gegensatz zur Mutterkönigin, ist es ihre Pflicht und ihr Recht, den ausübenden König abzusetzen, wie sie ihn auch einmal eingesetzt hat. Zudem ersehen wir, dass die Wandlungszeit des Königs in der Hand der Sakralkönigin und Priesterin liegt.

Die Mittelsteine der Ahnenstätten oder auch einzelne Steine ohne Kreisanlage werden gerne durch Bäume – Eiche, Buche, Linde – oder in christlicher Zeit durch (Stein)-Kreuze ersetzt.[17] Die Mitte bildet mythologisch das Zentrum, den Nabel der Welt, aber auch die Weltachse mit den astronomischen Bezügen. So werden im thüringischen Kreis Langensalza die Gerichtshöhen (Dinghöge) mit Eichen, Buchen oder Linden besetzt, und in Berga (Kr. Sangerhausen) liegt ein Gerichtshügel mit dem Namen Lindenberg, mit Linde und Steinkreuz an der Südwestecke des Kirchhofes.

Wieder zu einem Steinkreis kommen wir im schlesischen Trautliebersdorf (Kr. Landeshut), wo eine alte Gerichts- und Ahnenstätte im Wald liegt. Es sind dies in der Mitte ein Steintisch, ein Altar oder Thron, der oben zugehauen ist (75 x 200 cm); um ihn herum stehen neun sesselartige Steinstühle, wovon drei mit einer

Rückenlehne bestückt. Wir sehen, dass die Anzahl der Steine nicht willkürlich gesetzt ist, sondern sich um den einen Stein in der Mitte neun weitere gruppieren, wobei drei nochmals besonders gekennzeichnet sind und dreimal die Drei wieder die Neun ergeben. Die Zahl Drei ist eine ausgesprochene Mondzahl und verweist auf den Bezirk einer göttlichen Ahnfrau, die im Mittelstein gegenwärtig ist und auch als heilige Frauentriade erscheinen kann. Zwischen Hettenleidelheim und dem Lauberhof in der bayrischen Rheinpfalz liegen nahe verschiedener vorgeschichtlicher Grabhügel elf Steine (ursprünglich 14 Steine) um einen abgeplatteten Hügel im Kreis, der einen Durchmesser von 8,30 m aufweist. Nach Mitteilungen aus dem 19. Jahrhundert lag dort wahrscheinlich in der Mitte ein quadratischer Stein, auf dem man sitzen konnte, vermutlich ein Deckstein einer Grabstätte. Obwohl nun die Anlage aus elf bzw. vierzehn Kreissteinen besteht, bezeichnet der Volksmund die Ahnenstätte als Neun Steine. Auch wird berichtet, dass bis in die neueste Zeit am Ort die Schultheisse der neun Gemeinden, die hier Forstrechte hatten, Gericht hielten, wo wohl jeder der Teilnehmer seinen bestimmten Sitz hatte.

„Neun Steine" bei Hettenleidlheim (Pfalz)

In Sailly am Ort Malberg, Frankreich, befindet sich eine Gerichts- und Ahnenstätte, wo Grabungen im Jahr 1876 eine Aufschüttung des Hügels feststellten. Im Erdwerk kamen Menschen- und Tierknochen sowie Gefässteile und Steinwerkzeuge aus der Jungsteinzeit hervor. Besonders interessant ist der eiförmige Grundriss des etwa fünf Meter hohen Hügels, auf dem im Kreis sechs menhirartige Steine im Boden stecken. Diese scheinen menschengleich in die Mitte zu schauen, denn ihre Form gleicht einem umgekehrten L mit Gesichtsvorbau. Nach Bericht der Einwohner stand früher in der Mitte des Steinkreises noch ein weiterer, seit langem verschwundener Stein, der aber rund gearbeitet war und angeblich eine Inschrift trug. Diesen siebten Stein zählt auch der Name des Hügels „Les sept bonnettes" (borne = Grenzstein) mit.

„Les sept bonnettes" von Malberg, Sailly

Als letzte Ausläufer der Gerichtssteine können wir bis in die Neuzeit die Bauern- oder Dorfsteine bezeichnen, die als Stätten bäuerlicher Rüge-Gerichte wie als Plätze für dörfliche Verkündigungen und Beratungen dienen. Ein solcher Bauernstein ist der Opferstein bei Beiersdorf in Sachsen, ein erratischer Block, an dem die Gemeinde zusammenkam und auf dem Steuern und Abgaben entrichtet wurden. Ein weiterer Bauernstein war ein dolmenartiger Steintisch in der hessischen Ortschaft Breitenstein, die den Namen von dem Stein erhalten hat. Besonders über Bauernsteine auf der Insel Fehmarn, Schleswig-Holstein, erhalten wir Bericht: „Eine besondere Anordnung zeigten die Gerichtsstätten der Dorfgerichte auf der Insel Fehmarn. Der Dingstein, wie der Gerichtsort genannt wurde, befand sich in der Regel auf dem mit Eschen, öfter aber auch mit Linden bepflanzten freien Dorfplatz in der Mitte des Dorfes. Um den Baum herum lagen, je nach der Grösse des Dorfs, sechs bis zwölf Feldsteine, die den Dorfgeschwornen als Sitzplätze dienten. Jeder sass so, dass er von seinem Stein aus seinen Hof überblicken konnte. Der Platz war meist mit Schranken aus Astholz abgeteilt und wurde während des Gerichts durch Seile aus Stroh oder Flachs abgesperrt. Leider sind von diesen Gerichtsstätten der Insel nur geringfügige Reste in Gestalt des Dingplatzes von Staberdorf bei Burg überliefert."

Zahlreiche Steine dienten nicht nur der weltlichen Gerichtsbarkeit, sondern wurden auch in den christlichen Bezirk einbezogen. Einer dieser Steine ist der Leggen- oder Lügenstein, der auf dem Domplatz von Halberstadt vor dem Hauptportal der Kirche lag. Der grosse flache Granitblock erscheint wie ein Altar, sein Name deutet auf log(i)na = Flamme, Lohe, ist also ein Heisser Stein und hat nichts mit lügen oder legen oder gar lugen und leuen (Löwen!) zu tun. Der Stein markiert entweder die heilige vorchristliche Kultstätte, auf der dann die Kirche errichtet wurde, oder er wurde vom Halberstädter Bischof nach der Gründung seiner Residenz von der alten Grafendingstätte hergebracht, um den Stein nunmehr selbst als Gerichtsstein zu benutzen. Gleichzeitig knüpfte der Bischof damit an alte Überlieferungen an, die ihm gegen aussen eine Legitimation verschaffen sollten. Ein Bericht aus dem Jahr 1786 schreibt folgendes: „Der damalige heidnische Gottesdienst bestand unter anderen in Darbringung gewisser Opfer-Tiere, die gedachten Gottheiten geopfert wurden. Es geschahe dieses auf steinern Altären, davon vermutlich der auf dem hiesigen Domplatz nahe an der Tränke belegene Lügenstein ein Überbleibsel ist. In desselben auf der einen Seite befindlichen Höhlung wurde Salz, Öl oder was sonst zum heidnischen Opferdienst nötig war, verwahrt. Vormals befand sich auf dem Markt allhier ein eben dergleichen aber etwas kleinerer Stein, der um das Jahr 1720 weggenommen ist."

Beim liegenden Stein befindet sich eine seltsame Höhlung, zudem sind Salz und Öl aufgeführt, eine Mischung, die das heilige Blut der Erdgöttin bezeichnet. Beim Opfer- oder Heiratsgebäck versinnbildlichen Salz und Mehl das konkretere Fleisch und Blut. Der Name Leggenstein deutet auf einen Heissen Stein, ein Name sowohl für den Braut- oder Breiten Stein als auch für den Rechtsstein. Meines Erachtens ist der Leggenstein nicht nur ein heisser Feuer- und Opferstein, sondern auch ein blutender Stein einer Ahnfrau, ein heisser Roter Stein, so wie die Rosengärten ursprünglich nicht die Rose, sondern den roten heiligen Bezirk umschreiben. Dasselbe gilt für den Blauen (Schwarzen, Grauen) Stein. Wird ein solcher von seinem Ort entfernt, so bedeute dies Unglück für das Land, das Vieh und den Menschen. Wie wir gesehen haben, hat der schottische Krönungsstein von Scone eine bläuliche Farbe, und auch der Ahnenstein in High Tollergate in Scarborough hiess Blauer Stein oder Marktstein. Der Blaue Stein von Crail ist gemäss der Sage ein vom Teufel nach der Kirche geworfener grosser Stein, der durch das Werfen in zwei Teile zersprang und der jetzt nicht weit vom Kirchhof liegt. Man küsste ihn beim Verlassen der alten Stadt als Pfand, Schutz und Segen für eine gute Rückkehr. Von der Ortschaft Louth wird berichtet, dass einst ein blauer Altarstein in Gebrauch war, der in der Gegend lag, die Julian Bower hiess. Nun bezeichnet „Julian Bower" das englische Rasen-Labyrinth, so dass wir hier den Blauen Ahnenstein in Verbindung mit dem Erdschoss, dem Labyrinth, sehen. Bower hat die mittelalterliche Bedeutung von Frauengemach oder Aufenthaltsort der Frauen, während Julian oder Gillian (franz. Julienne) selbst einfach eine Frau bedeuten kann oder ein lockeres Mädchen mit Liebschaften. Offenbar geht ihr Name auf eine alte Mondgöttin und Sakralkönigin der britischen Inseln zurück, denn epenmässig überliefert ist eine Elaine, Elen, Eileen, Hel-Aine, Helena oder Gelyan. Sprachlich verwandt sind die Göttinnennamen Selena und Belena (bel = weiss), beides Mondgöttinnen, während der zweite Teil „ena" auf die Göttin Ana oder

Dana verweist, eine Grosse Göttin des vorindoeuropäischen Europas und des Mittelmeeres. Die Weisse Göttin oder die Weisse Ana wiederum sind allbekannte Umschreibungen für die dreifache Mondin.

Hel-Aine, die „Lilienjungfrau" Britanniens, initiierte ihre männlichen Partner mit einer rotseidenen, mit Perlen bestickten Schleife, was ein erotisches Symbol darstellt. Ebenso war dies ein weiteres Attribut der Göttin, nämlich ihre reiche Schale oder ihr heiliger Schoss, den wir in der Epentradition als heiligen Gral wiederfinden. Damit sind wir bei einem weiteren, sehr alten Aspekt der Mond- und Erdgöttin Hel-Aine angelangt, wo sie im Irischen Sheila-na-gig, Shelah-na-Gig, Sighle/Sile na gcioch oder Julian the Giddy heisst.[18] Diese ist vor allem in mittelalterlichen Kirchen von Irland, Wales, England, Schottland und Westeuropa eine weit verbreitete Darstellung einer Frau, die mit gespreizten Beinen ihren heiligen Schoss zeigt, den die Kirchgänger heimlich berührten, um Schutz und Segen zu erhalten.

Sheila-na-gig von Chloran, Irland

Beliebt war auch, diese heilige Frau über Fensterstöcken und Türeingängen zu platzieren, wobei dann die Längsseiten der Fenster und Türen ihre Beine, die Öffnung selbst jedoch ihren Schoss andeuten. Der alte Sinngehalt kommt dabei plastisch zur Geltung, indem noch symbolisch in den Innenraum und die Höhlung der

Göttin der Wandlung zurückgekehrt (eingegangen) wird, um durch sie wiederzukehren bzw. heraus zu gelangen. In der abendländischen Tradition wird diese Ahnin des Todes und der Wiedergeburt in einem mystisch-patriarchalen Sinn gebraucht, um das Haus Gottes als (Göttin) Synagogia oder Ecclesia (Kirche) auszulegen, wobei die matriarchale Göttin zur „Magd des Herrn" geworden ist. In der Weiterentwicklung sind es die vielen Nixenfrauen[19] und Nymphen in oder an den europäischen Kirchen, die oftmals versteckt ihren Schoss oder Nabel zeigen, jedoch immer noch auf Aspekte der Göttin hinweisen, obwohl diese Darstellung im Verlauf der Geschichte zur plakativen Künstlichkeit erstarrt oder bewusst vermännlicht mit langem Bart dargestellt wird.

Diese Zusammenhänge von heiligem Schoss und Höhlung müssen sehr alt sein, wie wir dies an den Dolmenanlagen oder Steinkisten der Jungsteinzeit gesehen haben. Und auch sprachlich kommen wir mit diesem Sinnbezirk weit in die Kulturgeschichte zurück, wahrscheinlich bis in die Altsteinzeit mit ihrer wunderbaren Höhlenmalerei. Ein altes Wort aus vorindoeuropäischer Zeit heisst nämlich balma oder palma, ein noch heute gebräuchliches Wort für „Höhle". Wortwörtlich erhalten wir jedoch zwei Grundwörter: ein pal- mit der Bedeutung von Stein, Fels oder Berg, und ein ma- für die allgemeine Bezeichnung für „Mutter", was ein altes matriarchales Wort ist, um die Mond- und Erdgöttin anzurufen. Balm(a) ist also Höhle sowie Stein-, Fels- oder Berg(höhle) der Muttergöttin, wobei wir sinnmässig wiederum beim heiligen Schoss, Kessel oder Gral wären. In der Sagentradition lebt Sheila-na-gig weiter als Caillech oder „Alte Frau", die Schöpferin allen Lebens und die Göttin des Wandels. Der Blaue Stein in Julian Bower ist demnach niemand anderes als die Mondgöttin und Ahnfrau selbst, die sich dort in einem heiligen Stein verkörpert und gleichzeitig in ihrem heiligen Hain, im Nemeton oder Thing, im Rosengarten, im Labyrinth und Schoss der Göttin ruht.

Trojaborg (Steinlabyrinth) von Visby, Gotland, Schweden

In Deutschland begegnen wir dem Blauen Stein in der Ortschaft Dülken, der im Domhof gelegen war, oder in der Stadt Aachen. Er lag dort auf dem Pflaster des Marktplatzes vor der Treppe, die zum Rathaus hinaufführte, und hatte eine dreieckige Form. Zu diesen gesellt sich der Weissenstein oder Rabenstein (Schwarzer Stein), der ein Gerichtsstein in Viersen (Rheinland) war. Er lag ebenso wie der sogenannte Käks (Kak = Pranger) einst zwischen den beiden Linden in der Mitte des Marktplatzes. Jetzt befinden sich beide Findlingssteine vor dem Aufgang zum Kirchplatz der Remigius-Kirche.

Auf dem Weissen- oder Rabenstein verkündete der Vogt der Freiherrlichkeit die Gesetze und verlas das Landrecht auf den Vogtgedingen, die dreimal im Jahr, Montag nach Dreikönig, am zweiten Montag nach Ostern und am Montag nach Johannis, stattfanden. Dieser patriarchale Mann in der Nachfolge des matriarchalen Partners, Richters und Königs, der im Namen der Ahnfrau und Sakralkönigin des Landes Recht sprach, sass wie alle Thronnachfolger als Legitimation auf der steinernen Göttin, dem Weissen- oder Rabenstein. Gegen aussen, für das Volk, blieben Form und Funktion erhalten, jedoch dienten die Verkündigungen nun einer patriarchalen Herrschaft, im Gegensatz zu einer matriarchalen egalitärherrschaftslosen Gesellschaft. Auffallend ist die Zahl Drei und die Montage, die auf die Mondin verweisen, wie auch der Dreikönigstag die vermännlichte Darstellung der heiligen drei Frauen ist. Zudem beschreiben die jahreszeitlichen Angaben das Lebens-, Jahres- und Schicksalsrad der Göttin, denn diese sind Montag nach Dreikönig (Zeit der Herbst- und Wintergöttin), am zweiten Montag nach Ostern (Zeit der Frühlingsgöttin) und Montag nach Johannis (Zeit der Sommergöttin). Der richterliche Weissen- und Rabenstein stand somit gänzlich im Zeichen einer Mondin und Grossen Göttin mit den heiligen Farben Weiss (Frühling, Sichelmond der Jungen Frau), Rot (Sommer, Vollmond der Reifen Frau) und Schwarz/Blau (Herbst und Winter, Schwarzmond der Alten Frau).

Der bekannteste Blaue Stein war der von Köln. Er lag vor dem Südportal des Domes und war der Hochgerichtsstein der Erzbischöfe von Köln, auf die im 10. Jahrhundert die höchste weltliche Gerichtsbarkeit übergegangen war. Der Blaue Stein, ein Basalt, zeigte an seinem einen Ende ein künstlich durchbohrtes, kreisrundes Loch, wie es bei vorgeschichtlichen Grabsteinen mit einem sogenannten Seelenloch öfters vorkommt. Nach dem Urteil des Hochgerichtes am Blauen Stein mussten die Verurteilten dreimal mit dem Rücken an ihn gestossen werden, damit der Entscheid als rechtskräftig und richtig gefällt galt. In letzter Instanz richtete somit eigentlich der Ahnenstein die Menschen, jedoch war dieser nun in den Händen einer patriarchalen Zentralgewalt. Im Kinderlied wird auf den Blauen Stein sowie auf einen eigentümlichen Brauch hingewiesen: „Dort oben auf dem Kirchhof (geweihter Bezirk), Da liegt ein blauer Stein, Und wer den Schatz verloren hat, Der holt sich einen 'rein." Die letzten beiden Zeilen beziehen sich auf einen verbreiteten Brauch, nach dem einem Verurteilten die Freiheit geschenkt werden musste, wenn sich eine Frau bereit erklärte, diesen zu heiraten. Ebenso geschah Merkwürdiges beim Pfalz- und Gerichtsstein von Alzei am Obermarkt. Am Mittsommertag (Johannistag) besass die Kesslerzunft ein altes Privileg, einem Gefangenen die Freiheit zu schenken, was auch zugestanden und ausgeführt sowie beim Gerichtsstein verkündet wurde. Nicht weniger aufschlussreich war der Brauch der

Jugend, alle Jahre Stroh zu sammeln und dieses auf dem Pfalz(grafen)stein zu verbrennen. In Alzei erlebte daher der männliche Partner und Vegetationsheros einer Landesgöttin seine Wandlungsphase auf dem Pfalz- und Ahnenstein, die aber nicht mehr vom vollgültigen Sakralopfer erlebt wird (Landesherr, König), sondern als Ersatz und stellvertretend von einem Gefangenen bzw. vom Stroh des Landes (Strohpuppe), was zudem ein unfreiwilliges und damit wertloses Opfer darstellt. Gleichzeitig ist nun der Stellvertreter in der Tradition des Vegetationsheros der männliche Partner beim mittsommerlichen Fest der Heiligen Hochzeit, so dass er am Johannistag frei kommt. Denn eigentlich bewirkt der Ahnenstein bzw. die Ahnfrau, dass ihr Partner frei kommt, so wie in Köln am Blauen Stein ein Gefangener seine Freiheit erhält, wenn ihn eine Frau heiratet. Sie ist damit die letzte Instanz und Richterin in der Nachfolge der Landesgöttin, die sich im Stein verkörpert. Der Blaue Stein von Köln ist später zerbrochen, und eines dieser Stücke ist dann in eine Mauer vor die St. Johann-Kapelle eingelassen und durch das darüber angebrachte erzbischöfliche Wappen als Hoheitszeichen und Gerichtsstein des Erzbischofes gekennzeichnet worden. Seit 1789 hatte der Stein seine alte Funktion verloren und ging dann 1829 durch ungeklärte Vorfälle endgültig verloren.

Erwähnt seien noch der Blaue Stein von Jülich auf der Merscher Höhe (ein flacher, ovalrunder bläulicher Basaltstein und Findling), der bei Verletzung blutete, oder der Wormser Schwarze Stein (Basalt?), der auch Blutstein hiess und vor 1708 vollständig verschwunden ist. Dieser lag auf dem Schlossplatz vor dem Bischofshof auf der Nordseite des Domes. Der Mainzer Blaue Stein wiederum lag auf der Strasse neben dem Gerichtshaus und vor dem Bischofshof auf zwei Postamenten. Vermutlich besass der Stein in seiner Mitte eine Vertiefung der Oberfläche, wo sich das Regenwasser sammelte. 1792 wurde der Stein von seinen Postamenten heruntergeworfen und im Zuge der Besitznahme der Stadt durch die Franzosen zerschlagen.

In merkwürdiger Form erscheint der Napf von Speyer, ein brunnenartiges Becken, vor dem Portal des heutigen Domes. Dieser ist einem alten Schüsselstein nachgemacht und heisst im Volk Napf, Domschüssel, Schwabenschüssel oder Schwalbenschüssel. Dazu schreibt John Meier: „Vielleicht aber war er auch in seiner älteren, uns unbekannten Form ein Rechtsstein des Speyrer Bischofs, und nicht ganz ungewöhnlich wäre es, dass ein alter vorgeschichtlicher Opferstein diese Funktion ausgeübt hätte. Erwähnen will ich jedenfalls, dass bei Ober-Saulheim (Rheinhessen) neben dem ‚langen Stein‘, einem Gerichtsstein, ein vorgeschichtlicher, jetzt verschwundener niedriger Stein stand, der oben schüsselförmig ausgehöhlt war und ‚des Teufels Suppenschüssel‘ hiess. Einen ähnlichen, auch wohl vorgeschichtlichen Stein, den ‚Thränenstein‘ in Hasenberg (Ostpreussen), ‚der so aussieht, als konnte man Grütz d'rin malen‘, erwähnt E. Lemke, Volkstümliches in Ostpreussen 2, 30 Nr. 61. Erinnern will ich schliesslich auch daran, dass der Scone Stone gleichfalls wohl ein prähistorischer Stein, und zwar ein ‚lapis concavus‘ ist."

Der Schüsselstein gleicht sehr stark einem Kelch oder einer Schale, und wir finden hier wahrscheinlich eine verbreitete Form des heiligen Grals, der ja nichts anderes ist als der heilige Schoss der Erd- und Mondgöttin, die sich in einem Kessel oder in einem (ausgehöhlten) Stein verkörpert. Diese Urform und Analogie erkennen wir auch bei den überall anzutreffenden Schalensteinen, wenn auch nicht immer im gleichen Sinn. Daher ist der Gral vielerorts zu finden, wo es eine Landschaft der Göttin gab oder gibt. Jedenfalls war auch der schottische Krönungsstein von Scone ein schalenförmiger Blauer Stein mit einer Höhlung, der auf mutterrechtliche Spuren der Schotten und Pikten hinweist. Zudem wird in der irischen Tradition berichtet, dass die Grosse Göttin Dana, Ana oder Hel-Aine und ihr Volk den Krönungsstein von Tara (Mutter Erde) mit sich führten wie auch einen unerschöpflichen Kessel. Dieses Volk verweist auf eine vorindoeuropäisch-megalithische Kultur, die einmal in ganz Europa verbreitet war, und von der das patriarchale Keltentum wie auch Germanentum bedeutende Errungenschaften übernommen haben. So ist das sogenannte Druidentum ja nichts anderes als eine männlich-verzerrte „Religion" in der Hand einer Priesterkaste, die sich in die Tradition und matriarchale Erbschaft der Vorgängerkultur setzt, so wie der Druide praktisch nahtlos ins Christentum übertrat, um seine Machtposition mit einer neuen Ideologie zu sichern.[20]

Schliesslich möchte ich noch auf den Blauen Stein von Visp (Kanton Wallis, Schweiz) hinweisen, wo sich im ganzen Landstrich eine hochstehende Megalithkultur der Jungsteinzeit vorfindet, oder auf den Blauen Stein in Alfeld (Hannover). Dieser Basalt liegt neben dem Rathausportal an der Stätte des alten Stadtgerichtes auf dem Markt und kehrt auch in einem über der Tür angebrachten Stadtwappen von Alfeld als blaue runde Scheibe wieder. Das Wappenschild ist durch silberne Streifen in vier Felder geteilt, die abwechselnd mit den Stadtfarben gelb (= weiss) und rot bemalt sind. In der Mitte erhebt sich, von einem silbernen Streifen umschlossen, ein ovaler, etwas gewölbter blauer (= schwarzer) Stein; die Wappenhalter sind zwei heraldische Löwen. Die mythologische Symbolik tritt hier sehr schön zutage. Einerseits erkennen wir die silberne Mondfarbe, dazu die drei heiligen Farben der Mondin, nämlich Weiss (Gelb), Rot und Schwarz (Blau). Die ovale Form des Steines, die uns schon öfters im Steinkult begegnet ist, deutet auf das heilige Mondei einer Schöpfergöttin, die sich wiederum im Stein verkörpert. Ihre heiligen Tiere sind stereotyp mit Löwen angegeben, andernorts ist es die (Wasser)-Schlange. In Alfeld besitzen wir noch eine legendenhafte Märchensage, in der dieser heilige Stein vorkommt und nochmals auf seine Bedeutung hinweist: „Ein Raubritter Lippold hielt in der bei Brunkensen im Braunschweigischen gelegenen Lippoldshöhle ein von ihm geraubtes Mädchen, die Tochter des Bürgermeisters oder Stadtschultheissen von Alfeld, gefangen. Lange Jahre musste sie bei ihm verweilen und schenkte ihm eine Anzahl Kinder, die, wie auch sie selbst, vielfach von ihm misshandelt wurden. Auf inständiges Bitten erlaubte er dem Mädchen einmal, endlich ihre Heimat aufzusuchen, aber sie musste ihm vorher feierlich schwören, keinem Menschen ein Wort über ihn und seinen Aufenthaltsort zu verraten. Als sie aber auf den Markt von Alfeld kommt, stellt sie sich vor den grossen Stein und erzählt diesem ihre Leiden, die sie bei Lippold ausgestanden hatte. Als aber der Stein das alles mit anhört, wird er, der ursprünglich rot war, aus Mitleiden dunkelblau. Die Städter vernehmen die Klage, erfahren so aus ihr den Aufenthalt des Räubers, überfallen und töten ihn." Anstelle des Steines, dem man sein Leid klagt, kommt in den Erzählungen auch der Ofen, die steinerne Treppe, die Kirchenmauer oder ein Marienbild vor.[21] Jedenfalls sind dies alles

Orte der Ahnen und der Ahnenverehrung, insbesondere stellt der Ofen den heiligen Herd und den Schoss der Ahnfrau dar. Dass die „Tochter" (Sakralkönigin?) des Bürgermeisters gerade beim heiligen Stein der Göttin ihre Demütigung klagt, ist sicher nicht zufällig. Ausserdem wäre es gemäss einem wohlbekannten Mythenschema gut möglich, dass der „Verbrecher" die Rolle des ehemaligen Vegetationspartners der Stadtgöttin innehat, wobei der Stadtschultheiss den Vorgänger im Amt darstellt.

VI

Mit der Wiederkehr und Wiedergeburt schliesst sich unser systematisches Ordnungsprinzip, der Jahres- und Lebenslauf mit seinen Bereichen von Wachsen, Blühen, Welken und Wiederkehren oder Initiation, Heilige Hochzeit, Tod und Wiedergeburt, die als Wandlungszeit aufgefasst werden. Die Wandlungsphase schliesst die zyklische Wiederkehr ein, ohne die ein Kreislauf und eine Mythologie des Zyklischen sinnlos wäre. Das grosse Weltgesetz dabei sind die Rhythmen der Natur und des Kosmos, die als prinzipiell weiblich betrachtet und in einer allumfassenden Schöpfergöttin ausgedrückt wurden. Die Wandlungsphase macht uns heute Angst, weil die Ahnenverehrung und der Wiedergeburtsglaube von ihr abgespalten, verdrängt oder trivial-verniedlicht wurde oder für ein repressives Machtinstrument (Karmalehre) eingesetzt wird. In der matriarchalen Frühform der Gesellschaft gehören Ahnen und Wiedergeburt zusammen, auch ist eine Vaterschaft unbedeutend oder unbekannt, denn die Herkunft richtet sich nach der Mutterlinie. Diese Mutterlinie ist nicht nur biologisch real, sondern setzt sich auch mythologisch bis zu den Ahnengenerationen fort. Alter Glaube war, dass sich die Ahnen in der Natur manifestieren und die Menschen mit ihnen kommunizieren konnten. Als Seelensitz galt die heilige Landschaft und der weibliche Kosmos, insbesondere Steine, Felsen, Quellen, Wasserläufe, Höhlen, Schluchten und Bäume. Vor allem der heilige Erdschoss der Göttin wurde in den Megalithbauten nachgebildet, der als Ahnenstätte der Sippe aufgefasst wurde. Hier empfing eine Frau durch körperlichen Kontakt (Reiben, Rutschen, Sitzen, Fuss-Stehen etc.) eine Ahnenseele, die wieder in ihre Sippe hineingeboren werden möchte, wobei umtanzt, übersprungen oder umschritten wurde, was ein wichtiges Ritual oder ein bedeutender Teil davon darstellte. Die Ahnen schenken somit die Kinder, d.h. besonders die Grosse Ahnfrau, bei der alle Verstorbenen schlafend oder wachend in ihrem Schoss verweilen.

Noch in den Sagen, Märchen und im Brauchtum erkennen wir diese matriarchalen Spuren, doch sie sind verzerrt, isoliert und unverstanden wiedergegeben oder wurden heimlich, entgegen den Verboten der patriarchalen Oberschicht, von Frauen ausgeübt, bis auch sie sterben mussten: „Bei den Bräuchen, die am Ahnenstein ausgeübt werden, werden wir uns bewusst sein müssen, dass der Glaube weit verbreitet ist, wonach in einem Kind ein Ahn wiedergeboren wird. Auch hier treten Substitutionen und Weiterbildungen auf, so dass in England die Frau sich in der Sakristei oder Kirche auf einen besonderen Stuhl setzt, um Kinder zu bekommen." (John Meier) Eine frühe Veränderung trat ein, als die Braut aus ihrer Muttersippe herausgelöst wurde und in der Sippe des Mannes wohnte, wo sie nun für die Patrisippe zu sorgen hatte und deren Ahnen wiedergeboren wurden. In diesem Stadium sehen wir sehr viele Ahnenstätten der Braut- und Rechtssteine (Heisse Steine, Breite Steine etc.). Doch die Sage berichtet uns eine andere Geschichte, nämlich die erzwungene Folge einer Frau in die ungeliebte Sippe des Mannes. Zudem stehen die meisten Ahnenstätten im mythologischen Symbolismus einer Erd- und Mondgöttin, die sich in der „Braut" widerspiegelt, auch heisst es explizit Braut-Stein. Die Herkunft der Kinder vom Stein, obwohl trivialisiert und verfolgt, berührt eine totemistisch-matriarchale Kulturschicht, die in Indien genauso existiert wie in der Bretagne, im Alpenbogen, im Mittelmeergebiet oder in Irland. Geschichtlich gesehen geht sie in Europa bis auf eine vorindoeuropäische Zivilisation zurück, und ich verweise auf die zahlreichen Erzählungen von der „Hebamme" oder „Weissen Frau", die unter dem Titistein oder im Titisee die kleinen Kinder umsorgt bzw. einer rutschenden oder trinkenden Frau schenkt, die ein Kind bekommen möchte: „Und gerade hier begegnen wir immer wieder den Auskünften, eine bestimmte Frau, die Grossmutter, Tante, Muhme oder Base, die Brunnenfrau oder Nachtfrau bringe die Kinder. Wenn wir bedenken, dass die Hebamme in landschaftlicher Volkssprache jeden dieser Namen tragen kann und dass sie andererseits oft genug innerhalb ihres praktischen Berufes als 'weise Frau' geheimnisvoll sagenhafte Züge annimmt, dann ist nicht mehr sicher, dass die Hebamme als Kinderbringerin überall eine 'reale Gestalt' ist. In Pommern nennt man die Hebamme 'Grossmutter', 'Mutter Griepsch'. Ja, sie heisst sogar 'Howk' und trägt damit einen Namen, den man zunächst ohne weiteres einem vogelgestaltigen Wesen zuschreiben würde. Denn Howk ist Habicht. In der Mark führt sie Namen wie 'Mutter Greif' oder 'Mutter Storch'." (Richard Beitl)

Der Breite Stein in Virchow (Kr. Dramburg) war eine vorgeschichtliche Grab- und Ahnenstätte (Deckstein), die 1911 gesprengt und weggeschaft wurde. Unter dem Stein wohnten die „Unnereerkes", die Unterirdischen, was ein Zugang in die Unterwelt bedeutet. Zugleich war Erke oder Herke die personifizierte Erde, also eine Erdgöttin, die als Erdenmutter angesprochen wurde. Junge Eheleute, denen Kindersegen versagt war, müssten sich nur zur Neumondzeit am Brautstein einfinden, dann gingen ihre Wünsche in Erfüllung. Vermutlich umtanzte das Paar den Stein, oder die Braut umschritt diesen nackt alleine, wobei sie ihren Nabel oder Schoss an dem Stein rieb, wie wir dies vom Brauchtum in der Bretagne her kennen. Auch ist eine Vereinigung des Paares am Brautstein nicht ausgeschlossen. Interessant ist die zeitliche Angabe der Mondphase, der Neumond, der die dunkle und schwarze Zeit symbolisiert. Er verweist, wer die Kinderseele oder den kleinen Ahnen bringt und schenkt, nämlich die Göttin der Wandlung, des Todes und der Wiedergeburt, die mit dem Schwarzmond und der Hebamme identifiziert wird. Zudem erhalten wir wieder die alte Mondzahl Drei, denn nach der Trauung in oder vor der Kirche in Virchow zog der Hochzeitszug dreimal in feierlichem Reigen um den Breiten Stein.

Umgebogen und vermischt mit dem Wiedergeburtsglauben und der Ahnenverehrung ist der Brautstein im sogenannten Liebeszauber. Hier soll eine Frau zu einer bestimmten Zeit an den Stein treten, um einen Mann zu bekommen. So berichtet die Sage von einem Brautstein, einem Felsklotz im Radautal (Braunschweig), 1904 gesprengt, dass ein Mädchen, das sich unter bestimmten Gebräuchen um Mitternacht auf den Stein stellt, einen Mann bekommen würde. Aus dem thüringischen Eisenach wird folgendes berichtet: „Auf einem der Marktplätze in Eisenach liegt ein gewisser Stein im Pflaster; wenn nun eine Jungfrau zufällig diesen Stein betritt, so wird sie noch im selben Jahr Braut, und wenn eine unversehens Braut wird, dass die Leute sich darüber wundern, so heisst es: die muss auf den Marktstein getreten haben. Aber niemand kennt den Stein, sonst wäre er längst abgetreten." Merkwürdig ist, dass der Stein auf dem uns bekannten Marktplatz liegt oder gelegen ist, es sich also um einen Rechtsstein oder Heissen Stein, jedenfalls um eine Ahnenstätte handeln muss. Auch den Ausdruck „unversehens Braut werden" können wir gewiss gleichsetzen mit einem „unversehens schwanger werden". Auf Feldmark Fröde beim westpreussischen Stargard befand sich der Hochzeitsstein, der mit Näpfchen (Schalen) bestückt war. In der Gegend war es eine Tatsache, dass die erste der Schnitterinnen, der es gelang, auf den Stein hinaufzuspringen, im selben Jahr sich verheiraten würde. Hier wird der körperliche Kontakt mit dem Ahnenstein nochmals gezeigt, da die Frauen je nach Grösse des Steines auch herunterrutschten. Wie „Hebamme" oder „Braut" so meint auch die Bezeichnung „Schnitterin" nicht nur eine reale Frau, sondern ist gleichzeitig eine sprachliche Wendung für eine Sakralkönigin und Göttin.

Schon recht umgeleitet ist ein alter Brauch in Finchale, wo in der Priory Church kein Stein mehr steht, dafür aber der Wishing Chair, ein steinerner Stuhl, auf den die jungen Frauen sich setzten, um ein Kind zu bekommen. Das gleiche gilt für den „Bedas Stuhl" in Jarrow. Noch ganz ursprünglich ist jedoch der Hochzeitsbrauch beim Brautstein in der Nähe von Estavayer (Schweiz) am Neuenburgersee. Dort setzte sich die junge Frau alleine auf den Ahnenstein, um die Kinderseele zu empfangen. Erwähnt sei auch nochmals der Brautstein von Fours bei Barcelonette (Provence), wo die Frau alleine auf dem Ahnenstein der Sippe des Mannes Platz nimmt und den rechten Fuss in eine Höhlung (Fussabdruck) setzen muss, was nicht nur ihre Initiation in die Sippe des Mannes bedeutet, sondern auch eine Empfängnis einer Kinderseele und eines Ahnen.

VII

Zusammenfassung: Mit dem Braut- und Rechtsstein gelangen wir in eine megalithische, vorindoeuropäische Zeit mit einer mutterrechtlichen Gesellschaftsform und einer matriarchalen Mythologie. Sehr viele Spuren und Relikte dieser Mythologie finden sich an und um diese steinernen Zeugen, die auch symbolisch und namensmässig entschlüsselt werden können. Die Grabanlage selbst ist ein Abbild einer Erd- und Himmelsgöttin, d.h. ein konkretes Symbol ihres heiligen Schosses, wobei auch der Kosmos und die Landschaft als weiblich verstanden werden. Aber auch in einem einzelnen Stein verkörpert sich eine göttliche Ahnfrau, die als Mondin dreifaltig auftreten kann und die Symbolfarben Weiss, Rot und Schwarz auf sich trägt, was ebenso in den Farbbezeichnungen der heiligen

Steine zum Ausdruck kommt. Die Grabanlagen und die Steinstätten sind in ihrem Wesen Orte der Ahnen und der Ahnenverehrung, wo sich die Lebenden mit den Verstorbenen verbunden fühlen und sich beraten, d.h. die Ahnen nehmen am Leben und Schicksal der Menschen teil, ja sie bestimmen dieses wesentlich mit. Mit der steinernen multifunktionalen Ahnenstätte verbunden sind lebens- und jahreszeitliche Feste und Rituale wie die Initiation einer jungen Frau oder eines Mannes, die Hochzeit von Braut und Bräutigam sowie die Jenseitsreise oder Wandlungsphase besonders eines Mannes und die glückliche Wiedergeburt. Die Verstorbenen sterben allgemein in den (Grab)-Schoss einer Ahnfrau, um von dort durch eine junge Frau wieder in ihre Sippe zurückzukehren. Im Ritual sind die Handelnden nicht nur reale Personen, sondern auch mythologische, so dass beispielsweise die „Braut" und der „Bräutigam" die Sakralkönigin/Göttin und ihr männlicher Partner/Heros darstellen. Verschiedene Ahnenstätten und Steinsetzungen wie Steinkreise, Steinkisten[22] oder Ganggräber zeigen einen komplexen landschafts-mythologischen Bezug zur umliegenden Natur und zeigen astronomische, kalendarische, mathematische und astrale Hinweise, so dass der Ort ein Mikrokosmos und Abbild des Makrokosmos ist, der auf eine Schöpfergöttin hindeutet.

Gesicht der Dolmengöttin am Steinkistengrab von Züschen,
Nordhessen, mit Mondsymbolismus (Rinderhörner)

Diese megalithischen Ahnenstätten der Jungsteinzeit werden im Verlauf der Geschichte von verschiedenen Kulturen überschichtet und im wesentlichen übernommen, imitiert, umgestaltet, umgedeutet, integriert, abgewertet oder zerstört. Dabei werden die Ahnenstätten entfremdet und für gänzlich andere, weltliche und klerikale Zwecke missbraucht (Herrschaftsideologie). Zu unterscheiden sind auch die Verwendung in einer Herrenschicht der Eliten oder in einer Volksschicht. Letzte Ausläufer der Megalithkultur finden sich im europäischen oder im ausser-europäischen Brauchtum der Neuzeit. Mag die zeitliche Einteilung manchmal unsicher sein, so sind die jungsteinzeitlichen Ahnenstätten ursprünglich weder Plätze eines immer wieder repetierten Keltentums noch der Germanen, wie sie überhaupt aus vorindoeuropäischer Zeit stammen.[23] Die megalithischen Ahnenstätten wiederum scheinen in einem inneren Verwandtschaftsverhältnis zu den Labyrinthen und zu den Rosengärten (Rote Gärten) zu stehen.

Als wesentliche Ursache des Veränderungsprozesses der alten Ahnenstätten kann eine Patriarchalisierung mit zunehmender Herrschaftsbildung im Verlauf der Geschichte angenommen werden. In Europa kommen dafür beispielsweise die indoeuropäischen Gesellschaften in Frage: Kelten, Germanen, Römer, Griechen, Slawen etc., die sich seit der Bronzezeit langsam herausbilden. Seit der Spätantike (500 n.u.Z) formiert sich das Christentum als bestimmender religiöser und weltlicher Machtfaktor in unserem Kulturraum. Damit ist ein weiterer Patriarchalisierungsprozess gegeben. Durch Missionierung und Eroberung weichen im Mittelalter und in der Neuzeit weitere Relikte der alten Ahnenstätten, bis die neuzeitliche Industrialisierung der Gesellschaft die Landschaft völlig entzaubert und ausbeutet. Dadurch verschwinden in weiten Teilen des Kontinents Naturverehrung, Ahnenverehrung und Wiedergeburtsglaube, die in völlig verzerrter Form im 20. Jahrhundert als psychologische Fälle wiederkehren oder touristisch, theologisch und esoterisch ausgebeutet werden.

Heide Göttner-Abendroth

Die Alte vom Arber

Auf den Spuren des jungsteinzeitlichen Matriarchats im Bayerischen Wald[1]

„Auf dem Arber wohnt eine mächtige Alte. Manchmal wohl sucht ein Jüngling, krank vor Liebeskummer, durch den Urwald den Weg zum Arber, steigt durch wirres Gestrüpp, über umgestürzte Stämme und durch Felsenblöcke zu ihr hinauf. Unterwegs erscheint ihm die Alte, in einer Sturmbö, einem vorbeispringenden Tier oder einem Rauschen im Gestein, zuletzt selber sichtbar als ein buckliges Mütterchen. Sie hört sich seine Liebesklage an, lacht ihn aus und neckt ihn, verschwindet und erscheint wieder, zuletzt auf dem Gipfel. Sie verspricht ihm ein Zeichen zu geben, das ihn tröstet. Niemand kennt dieses Zeichen, es ist wohl stets ein anderes gewesen. Einige haben nie eins bemerkt, andere fanden es in der Sturmbö, im vorbeispringenden Tier, im Rauschen im Gestein. Manchen aber erschien beim Abstieg eine wunderschöne Fee, nackt ritt sie auf einem Hirsch, ihr langes Haar wehte zwischen den Bäumen. Und die Liebe der Waldfee liess sie alle irdische Liebe vergessen."

Die lange Reise auf der Donau

Die Alte vom Arber, die sich in eine junge, schöne Waldfee verwandeln kann, verweist auf eine uralte, weltweite Naturreligion. Damals stellten sich die Menschen die Welt im Grossen und Kleinen noch weiblich vor: Der Himmel war die kosmische Schöpferin-Göttin, die Erde die gütige, ernährende Mutter. Die Berge, Schluchten und Täler verkörperten Einzelgestalten der umfassenden Grossen Erdgöttin, und die Elemente waren belebt von Feen. Natur galt als vielfältiges Lebensgefüge und war heilig. Diese Weltanschauung brachten die ersten Ackerbauer vor ca. 7000 Jahren aus dem Kulturgebiet der frühesten Ackerbausiedlungen und Städte mit. In den Jahrtausenden der Jungsteinzeit im Vorderen Orient und östlichen Mittelmeerraum einschliesslich der Küsten des Schwarzen Meeres (ca. 10.000 bis 2.000 v.u.Z.) entfaltete sich diese früheste Ackerbaukultur bis zu städtischer Blüte und hochkultivierten Lebensformen. Ihre Sozialordnung war matriarchal. Grosse Sippen organisierten sich in weiblicher Verwandschaftslinie; alle Blutsverwandten, Töchter mit ihren Kindern einschliesslich der Söhne und Brüder, wohnten im grossen Sippen-Langhaus, dem die clanälteste Frau, die Sippenmutter oder Matriarchin, vorstand. Das Gefüge dieser Gesellschaft war auf Gleichgewicht ausgerichtet, es gab keine Unter- oder Überordnung; das Ideal war die bestmögliche Balance zwischen den Geschlechtern, den Generationen und zwischen Mensch und Natur. Noch heute existieren in Asien, Afrika und Amerika einzelne Völker mit dieser Gesellschaftsordnung.[2] Vom östlichen Mittelmeerraum aus verbreitete sich diese erste, matriarchal geprägte Ackerbaukultur mit Schiffen entlang der Küsten des Mittelmeeres. Denn die Ackerbauvölker der Jungsteinzeit waren nicht nur hervorragende Agronomen und Städtebauer, sondern ebenso gute Fluss- und Seefahrer, was die Erfindungen des Ackerbaus allmählich um die ganze Erde verbreitete. Vom Mittelmeer aus erreichten sie entlang der Atlantikküsten Nordwesteuropa bis England und Irland, und vom Schwarzen Meer aus gelangten die Ackerbaustämme über den idealen Wasserwanderweg der Donau, Europas längstem Strom, nach Osteuropa und bis tief nach Mitteleuropa hinein.

Die heute noch eindrucksvollen Zeugnisse dieser jungsteinzeitlichen, matriarchal organisierten Ackerbaukultur in Europa sind die grossen Megalithanlagen: Steinringe, Riesengräber, Dolmen, Menhire, unterirdische Kuppelbauten, runde Tempel. Sie sind über ganz Europa verbreitet, obwohl meist nur die hervorragendsten Beispiele dieser Bauten bekannt sind: die Kuppelgräber des mykenischen Griechenland, die runden Tempel von Malta, die Steinreihen von Carnac in Westfrankreich, die riesigen Steinringe von Stonehenge und Avebury in Südengland. Auch Norddeutschland ist besetzt mit sog. „Hünengräbern", dort sind sie in der offenen Gras- und Heidelandschaft ebenso leicht zu erkennen wie in der Parklandschaft Südenglands. In Mittel- und Süddeutschland verdeckt hingegen der Wald die Megalithanlagen, soweit sie nicht in den offenen Landschaften dem Städteund Strassenbau und der „Flurbereinigung" zum Opfer fielen. So ist auch Bayern voll matriarchaler Kultorte und durchzogen von Pilgerwegen, die einst zu diesen Landschaften der Göttinverehrung führten.

Für die damalige Kulturentwicklung lag insbesondere der Bayerische Wald keineswegs am Rande, sondern zentral, denn er erstreckte sich längs des wichtigsten Wanderungsweges, nämlich der Donau. Der fruchtbare Überschwemmungsboden des Donautales zu seinen Füssen begünstigte eine dichte Besiedelung mit Ackerbaudörfern und Städten. Die Menschen hatten eine bestimmte Siedlungsweise: Sie legten die Felder in der Flussniederung an, ihre Wohnorte wegen der jährlichen Überschwemmungen jedoch auf den Hügeln rechts und links der Ufer. Diese Hügel auf beiden Seiten der Donau sind noch heute übersät mit Ringanlagen, neolithischen Friedhöfen, Erdwällen, nicht ausgegrabenen Hügelgräbern und anderem. So gut wie jede Kuppe war besetzt, eine atemberaubende Fülle!

Die drei Marien

Die meisten dieser Plätze sind kaum erkannt, archäologisch nur teilweise erfasst und am allerwenigsten verstanden. Doch es gibt auch andere als allein archäologische Indizien, welche auf die sehr alte vorchristliche, vorpatriarchale und vorindoeuropäische (d.h. zeitlich weit vor Germanen und Kelten liegende) Kulturepoche hinweisen, um die es hier geht. Solche Indizien sind auch Sagen und Bräuche, auffällige Flurnamen, Hügel und Berge, auf denen Marienkirchen und spätere

Burgen, heute meist Ruinen, stehen. Und davon wimmelt es in den Gegenden rechts und links der Donau, die sich von Passau bis Regensburg – in Richtung der Kulturwanderung von Südost nach Nordwest – längs des Bayerischen Waldes hinziehen. In Passau stossen wir auf den merkwürdigen Wallfahrtsberg des Klosters „Maria Hilf". Vom Berg hat man einen Blick auf Alt-Passau und auf die drei Flüsse Donau, Inn und Ilz, die sich genau an dieser Stelle gleichzeitig vereinen. Galt früher bereits die Verbindung zweier Flüsse als besonderer Platz, um wieviel mehr musste es die Vereinigung von dreien sein, die an derselben Stelle zusammenfliessen! In der matriarchalen Kultur dieser Gegend wurden alle drei als Göttinnen betrachtet: Das Wort „Donau" bezeichnet nicht die „Aue des Don", sondern die „Aue der Dana", also die „Dana-Aue". Dana oder Danaë war eine Grosse Göttin im östlichen Mittelmeer (besonders auf Kreta), woher die matriarchale Kulturwanderung kam; ihr Name und ihre Verehrung wurden bis nach Mitteleuropa („Dana-Aue"), Westeuropa (die „Tuatha de Danaan", das „Volk der Danu" in Irland) und Nordeuropa (Dänemark als das „Land der Danaë") getragen. Dana repräsentiert als Göttin die mütterliche, ernährende Erde. In der Tat waren die fruchtbaren Überschwemmungs-Auen der Donau die Ernährungsgrundlage für diese frühen Menschen.

Nun fliesst der Fluss der Göttin Dana, die Donau, bei Passau in der Mitte, während sich in spitzem Winkel der „weisse Inn" von Süden und die „schwarze Ilz" von Norden mit ihr vereinigen, so dass danach alle drei nur Eine sind. Diese volkstümlichen Benennungen beziehen sich einerseits auf das geographisch beobachtbare Faktum, dass der Inn helles Gletscherwasser aus den Alpen herbeiführt und die Ilz schwarzes Moorwasser aus dem Bayerischen Wald. Doch andererseits steckt darin auch eine symbolische Bedeutung, denn alle drei Flüsse sind ein Bild der dreifaltigen Göttin des entwickelten Matriarchats, die trotz ihrer Dreiheit in Namen, Aspekten und Gestalten letztlich die eine Grosse Mutter (Magna Mater) war. Sie erschien in ihrem jugendlichen Aspekt als *Weisse Göttin*, die unabhängige, freie, wilde Mädchengöttin – wild und ungestüm wie der Alpenfluss Inn. Das Wort „Inn" geht dabei auf die Ursilbe „En" oder „An" zurück, einem sehr alten Göttinnamen (An/Ana/Anna ist die Urmutter in vielen Kulturen), was an der Bezeichnung der alpinen Herkunftslandschaft dieses Flusses „En-gadin" (der „Garten der En") deutlich wird.[3]

Die dreifaltige Göttin erschien in ihrem zweiten Aspekt der erwachsenen Frau als *Rote Göttin*, die schenkende, nährende, mütterliche Frauengöttin – genauso wie die Donau. In ihrem dritten Aspekt als weise Alte erschien sie als die *Schwarze Göttin*, die Schicksalsgöttin, die Tod, Umwandlung und Wiedergeburt bestimmt – ihr entsprach die „schwarze Ilz", die aus dem dunklen Urwald und den grauen Felsen des Bayerischen Waldes hervorkommt.[4]

Es ist anzunehmen, dass der Wallfahrtsort „Maria Hilf" in matriarchaler Zeit ein erstrangiger Kulthügel der dreifaltigen Grossen Göttin war, von dem herab sie in Gestalt der drei sich vereinigenden Flüsse verehrt wurde. Dafür spricht bereits die Plazierung des Marienklosters auf dem Berg, denn derart wichtige Plätze der Göttin wurden überall intensiv christianisiert, um die „heidnischen Götzen" zu verdrängen. Die Vermutung bestätigt sich, wenn man den schönen, öffentlichen Innenhof des Klosters und die harmonische Wallfahrtskirche betritt: Sie enthält an der Stirnseite drei Altäre nebeneinander mit Maria in dreifacher Gestalt, nämlich in drei verschiedenen Lebensaltern und Farben. Auf der einen Seite steht Maria als Mädchen im weissen Kleid. Die Mitte nimmt der Hauptaltar ein mit Maria als Mutter, sie hält das Kind und ist ganz in Rot gehüllt (Gemälde von Lukas Cranach). Auf der anderen Seite auf dem dritten Altarbild finden wir Maria als ältere Frau, die Schmerzensmutter, die trauernd ihren toten Sohn auf dem Schoss hält; sie ist in Dunkelblau, was der schwarzen Farbe symbolisch entspricht. So stellt sie noch in der christlichen Verkleidung die Mädchengöttin – Frauengöttin – Weise Alte als Todesgöttin dar. Im Innenhof findet sich in der Wand eine grosse Figur der „Anna Selbdritt", die ebenfalls das Thema der drei Lebensalter und Aspekte symbolisiert: die Mutter – die Tochter – das Kind, wobei Anna als „Grosse Mutter" alles umfasst. Der Madonna von „Maria Hilf" gilt noch bis in unsere Zeit die tiefe Andacht der Bevölkerung. Grosse Lichterprozessionen und schwarze Wetterkerzen werden ihr gewidmet, und auch diese Bräuche verweisen auf die uralte, matriarchale Göttinverehrung und sind keineswegs christlicher Herkunft.

Wenn man von Passau in Richtung Vilshofen entlang der Donau weiterreist, so gelangt man zwischen diesen Orten in eine ganze Wallfahrtslandschaft südlich der Donau. Sie besitzt dicht an dicht genau neun eigenartige Wallfahrtskirchlein mit noch eigenartigeren Heiligen darin. Die Neun ist genauso wie die Drei eine Göttinzahl. Die berühmteste dieser Kirchen heisst „Sammarei" und wurde über einer alten Holzkapelle, die noch in ihrem Inneren steht, erbaut. Das Wort „Sammarei" heisst „die Mareien (Marien) zusammen", und natürlich gehören die drei Marien zusammen! Es steht dahinter derselbe Gedanke wie bei den drei Mariengestalten von Passau: Alle drei Marien zusammen sind nur Eine, nämlich ursprünglich die dreifaltige Grosse Göttin des Matriarchats.

Der Garten der Hel

Auf der weiteren Reise donau-aufwärts an Vilshofen vorbei findet man jeden Hügel zwischen Vilshofen und Pleinting mit jungsteinzeitlichen Relikten besetzt: neolithische Friedhöfe (Knochenfunde), Siedlungsreste, drei konzentrische Ringe wie ein Kultheiligtum dicht unter der Ackeroberfläche (Fund der Luftbild-Archäologie vom Flugzeug aus)[5], ein riesiger, noch begehbarer Ringwall, eine sogenannte „Keltenschanze" als weiterer Erdbau, ein „Frauenberg" mit Marienkapelle. Alles liegt auf dem Südufer der Donau, und der Ringwall, den ich häufig abgeschritten habe, ist so gross, dass er – bei der in frühgeschichtlicher Zeit üblichen Bauweise – bis zu 3000 Personen fassen konnte. Das ist im interkulturellen Vergleich die Grösse einer neolithischen Ackerbaustadt; bevor sie noch grösser wurde, teilte sie sich, und eine neue Siedlung wurde gegründet.

An der Stelle dieses Ringwalles ist die Donau besonders eng und hat in ihrer Mitte die Insel Wörth. So liegt dem Wall mit seiner vermutlichen Stadt und dem südlichen Frauenberg nicht zufällig ein nördlicher Frauenberg gegenüber, nämlich die Hilgartsburg auf derselben Höhe genau am anderen Ufer. Die Hilgartsburg ist heute eine imposante Ruine, doch sie steht auf einem auffallenden Felsen steil über dem Nordufer der Donau, einem alten Kultplatz. Denn das Wort „Hilgarts-burg" enthält den Göttinnamen „Hil" oder „Hel", die spätere germanische Be-zeichnung für eine vorindoeuropäische Unterweltsgöttin. Der Platz war früher also der „Garten der Hel", ein heiliger Ort für die Toten, die Hel in ihrer Unterwelt schützend barg.

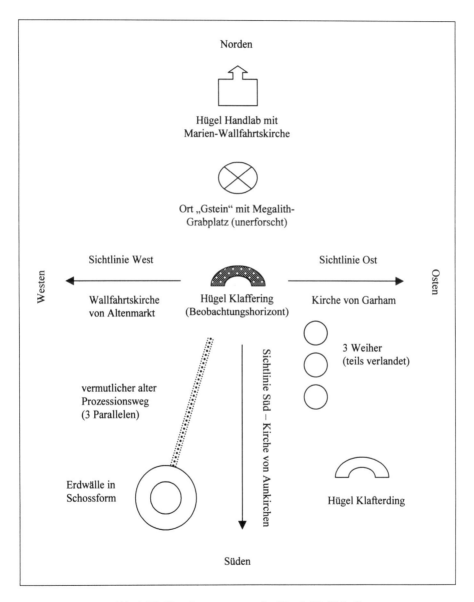

Abb. 1 Die Umgebung vom zentralen Hügel „Klaffering",
ohne heutige Bebauung (bei Nesslbach/Donautal).

Wenn wir unsere Reise an der Donau fortsetzen, so kommen wir bei Nesslbach vorbei, und auch auf diesen nördlichen Hügeln der Donau sind die Hinweise zahlreich: Ein Hügel heisst „Frauenholz"; ein anderer heisst „Klafter-Ding", was auf einen Thing-Ort, eine Versammlungsstätte hinweist; der benachbarte heisst „Klaffer-Ring", was auf einen ehemaligen Steinring hinweist; wiederum auf dem Nachbarhügel liegt „Gstein" mit unausgegrabenen Megalith-Gräbern; auf der Höhe dieses Hügels thront die halbrunde Wallfahrtskapelle der Maria von Handlab. Ein wenig weiter liegt im Donautal das Dorf Flintsbach (Flint ist Feuerstein), wo man jungsteinzeitliches Kleingerät aus Feuerstein nach jedem Pflügen von den Äckern auflesen kann. Ein Stück weiter auf der anderen Seite der Donau liegt bei Osterhofen der Kulthügel Altenmarkt mit Kirchen auf dem höchsten Punkt. Die ältere von ihnen zeigt ein ungewöhnliches barockes Deckengemälde: Maria fährt auf einem Himmelswagen durch die Wolken wie die Göttin Artemis-Diana und wird von vier Frauen verehrt, welche die Kontinente Europa, Afrika, Asien und Amerika darstellen (Abb. 1).

Wieder auf der anderen Seite bei Hengersberg stehen sich mitten im Städtchen zwei Hügel gegenüber, jeder mit einer Kirche gekrönt, man sieht sie schon von weitem. Der eine trägt ausdrücklich den Namen „Nördlicher Frauenberg", der andere heisst „Südlicher Frauenberg". Bei Deggendorf heisst ein exponierter, runder Kultberg „Natternberg"; die Natter oder Schlange ist weltweit das heilige Tier der Göttin in ihrem dritten Aspekt als Unterweltsgöttin.

Bei Deggendorf mündet die Isar in die Donau und bildet dabei keinen spitzen Winkel, sondern ein breites Dreieck. Diese Mündungslandschaft ist, anders als bei Passau, breit und flach und dehnt sich als die fruchtbare Überschwemmungsebene „Gäuboden" aus. Hier gab es, anders als in dem zwischen Hügel eingezwängten Donautal von Vilshofen bis Passau, viel Platz für Felder und Siedlungen. Genau in dem Mündungsdreieck zwischen Isar und Donau fanden die Archäologen mithilfe von Luftbild-Fotos sechs gigantische Ringwälle, leicht oval, perfekt gebaut und mathematisch präzise ausgerichtet, um komplexe Gestirnsbeobachtungen zu machen (Abb. 2). Sie liegen zwischen Künzing und Landau von Ost nach West in einer Reihe wie Perlen an einer Schnur (Abb. 3). Jeder von ihnen ist grösser als die Gesamtanlage von Stonehenge in Südengland, nämlich so gross, dass man darin den mittelalterlichen Stadtkern von München unterbringen könnte. Und vielleicht lag in der Mitte jedes Walles tatsächlich eine neolithische Ackerbaustadt, was dem Gebrauch der Anlage als Observatorium mit Peilpunkten auf dem Ringwall ja keinen Abbruch tut. Die archäologische Sensation war aber perfekt, als festgestellt wurde, dass diese riesigen und doch so genauen Ringe mit einer Entstehungszeit von 4800-4600 v.u.Z. obendrein zweitausend Jahre älter sind als Stonehenge. Der Fund dieser grossartigen Anlagen – die man aber leider nicht sehen kann, denn sie liegen dicht unter der Erdoberfläche – weist auf eine Hochkultur, älter als 7000 Jahre, in diesem Gebiet Mitteleuropas hin, und die Datierung führt in die matriarchale Jungsteinzeit. Die mittelmeerischen Träger/innen dieser Ackerbaukultur waren hier also weitaus früher als in Westeuropa, denn der Wanderweg der Donau führt direkt vom östlichen Mittelmeer hierher.[6]

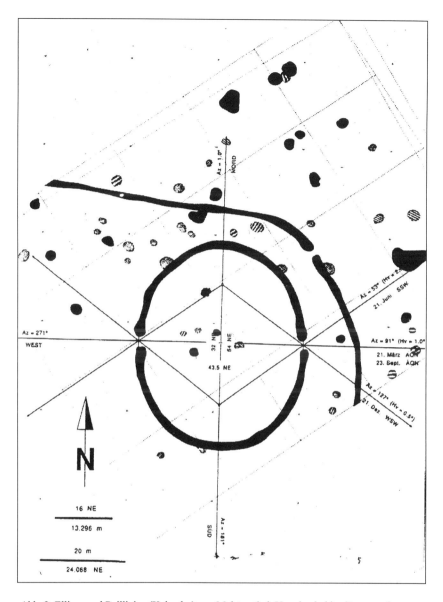

Abb. 2 Ellipse und Peillinien (Kalender) von Meisternthal. Von den beiden Brennpunkten aus
wurden über die Öffnungen im Osten und Westen die Auf- und Untergangspunkte der Mittwinter-
und Mittsommerwendtage angepeilt. Die Linie Osttor-Westtor führt zu den Auf- und Untergangs-
punkten der Frühlings- und Herbst-Tagundnachtgleichen. (Zeichnung R. Dörrzapf)

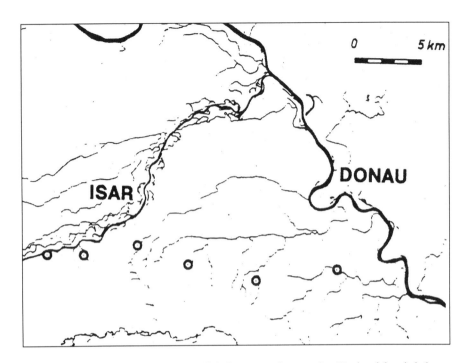

Abb. 3 In Ost-West-Richtung standen südlich der Isarmündung vor dem Nordrand des niederbayerischen Hügellandes die sechs jungsteinzeitlichen Monumentalbauten von Künzing, Schmiedorf, Wallerfing, Oberpöring, Meisternthal und Landau. Nach Westen zu werden die Abstände immer kürzer. (Zeichnung R. Dörrzapf)

Die frühgeschichtliche Gesellschaft an der Donau zu Füssen des Bayerischen Waldes benötigte diese Obervatorien aus demselben Grund wie die vergleichbaren Gesellschaften an den Strömen Euphrat und Tigris in Mesopotamien und am Nil in Ägypten: Sie berechneten nach dem Stand der Gestirne voraus, wann die Ströme über die Ufer traten, wann die „Nilschwelle" oder hier die „Donauschwelle" kam. Denn diese Überschwemmungsphasen und die trockenen Anbauphasen bestimmten den Rhythmus ihres Lebens als hochentwickelter Ackerbaukultur. So besassen diese matriarchalen Kulturen hier wie anderswo auch die früheste Mathematik und den frühesten Kalender, sie brachten dieses Können aus ihrer Heimat im mittelmeerischen Raum mit. Und in dem Gebiet, wo diese „Riesen-Uhren" gefunden wurden, dem flachen, fruchtbaren Gäuboden, der Tausende von Menschen ernähren konnte, war die Vorhersage von Überschwemmungsphasen in der Tat angebracht.

Die Rote Göttin

Etwas weiter donau-aufwärts findet man bei Straubing den Bogenberg, der wie eine vorgeschobene, steil abfallende Kanzel über genau dieser fruchtbaren Gegend Gäuboden thront. Er trägt das älteste Marien-Heiligtum Bayerns und ist – wie könnte es anders sein – wiederum ein berühmter Wallfahrtsort. Die Symbole um Maria sind hier besonders archaisch. Der Kultberg erlaubt einen weiten Blick über den flachen Gäuboden und duftet süss von den reichlich zu Marias Ehren angepflanzten Rosenstöcken. Die alte Holzstatue der Maria zeigt sie als Schwangere, als fruchtbare Frau. Sie wird als Mutter mit dem Kind obendrein in einer Mandorla abgebildet, die wie ein Herz geformt ist. Das „Herz" ist ein Liebessymbol, und bevor es zum Motiv für Folklore-Kunst wurde, war es ein Zeichen für die Vulva, das Tor zum schöpferischen Schoss der Göttin, aus dem alles Leben hervorkommt. Daran erkennt man, dass hinter der Maria vom Bogenberg die matriarchale Rote Göttin steht, die schöpferische, mütterliche Frau, die das Land segnet und fruchtbar macht. Dies geschah durch die uralte Zeremonie der Heiligen Hochzeit, in welcher sich die Rote Göttin in Liebe mit ihrem Heros verband. Nach dem Glauben der matriarchalen Völker ist dies ein magischer Akt, welcher die Fruchtbarkeit des Landes garantiert.

Diese heilige Zeremonie muss früher zugunsten der Felder des Gäubodens auch auf dem Bogenberg stattgefunden haben. Ein Brauch weist noch darauf hin: Zur Maria vom Bogenberg wird jährlich in einer grossen Prozession von den Männern der Gegend in weiss-rot-schwarzer bayerischer Tracht eine riesige Kerze gebracht. Diese Kerze ist 13 Meter lang und obendrein rot, die Männer schleppen sie wie einen gigantischen Phallus auf den Kultberg und richten sie in der Kirche der Maria senkrecht auf. Natürlich wissen sie heute nicht mehr, was das bedeutet – doch gehören „Herz" und „Kerze" in jedem Fall zusammen! Die Zahl 13 ist ausserdem die Zahl der Monate des bis auf die Altsteinzeit zurückreichenden Mondkalenders, der mit der Göttin verknüpft ist. Unsere Reise entlang der Donau, bei der wir den Spuren der matriarchalen Kultur, die vor 7000 Jahren hier blühte, gefolgt sind, könnte noch viel mehr zutage fördern. Die gegebenen Beispiele sind nur eine Auswahl aus der Fülle. Wir lassen diese Reise jetzt in Regensburg enden, wo ein Kloster des ältesten Christentums der irischen Mönche stand, das sehr tolerant gegenüber dem Glauben der Bevölkerung an die Grosse Göttin war. Jedenfalls schmücken die Drachen oder Schlangen der Unterweltsgöttin noch heute das Portal der Ruine. Ausserdem besitzt Regensburg eine Schwarze Madonna.

Kulttäler und Kultberge im Bayerischen Wald

Der sogenannte „Bayerische Wald" ist nicht ein einziges Kammgebirge wie die anderen Mittelgebirge in Deutschland, sondern ein doppeltes. Parallel zur Donau zieht sich das vordere Kammgebirge hin, und dieses ist der eigentliche Bayerische Wald. Hinter ihm, nahezu parallel, liegt der eigentliche Böhmer Wald, der als

höchste Erhebung den Grossen Arber (1456 m) trägt. Zwischen beiden Kammgebirgen liegt eine weite Landschaft aus Hügeln, Feldern, niedrigeren Bergzügen,
durchzogen vom Flüsschen Regen, eine recht geschützte und sehr verborgene Gegend – in späteren, patriarchalen Zeiten ein typisches Rückzugsgebiet für die matriarchalen Restvölker dieses Landes.

Doch während der Blüte ihrer Kultur im Donautal, das schon damals dicht besiedelt war, wurde dieses schöne, abwechslungsreiche Gebiet zwischen den beiden
hohen und rauhen Kammgebirgen ebenfalls von den matriarchalen Menschen benutzt. Es diente weniger als Siedlungslandschaft, weil Ackerbau hier schwieriger
war, sondern viel mehr als Kultlandschaft für die zahlreichen Stämme des Donautales. Die lieblichen Flussläufe von Ilz und Regen boten sich für Pilgerwege
tief in den Wald hinein an, wo quellenreiche Täler, runde Kuppen und wolkenver-
hangene Berghäupter, in weichen Wellen aneinandergereiht, den Menschen eine
erhabene Gestalt der Erdgöttin vor Augen führten. Deren Geheimnisse tasteten sie
nicht an, sondern verehrten sie an bestimmten Kultorten. Allmählich entstand in
manchen Gebieten ein Netz solcher Kultorte, das gesamte Landschaften ein-
schloss. Es bot für die grossen Zeremonien der jahreszeitlichen Kultdramen um
die Göttin und ihren Heroskönig den vielen beteiligten Menschen Raum. Einer
solchen Kultlandschaft gehen wir jetzt auf die Spur.

Observatorium und Wiege aus Stein

Im mittleren Bayerischen Wald nahe bei Zenting gibt es ein von Sonntagsaus-
flüglern gern besuchtes, sonderbares Gebilde, „Wackelstein" genannt (Abb. 4).
Nahebei liegt eine zweite merkwürdige Felsformation, das sog. „Steinerne Kirchlein". Das trockene, von Kiefernwald bewachsene Gelände, in dem man sich
leicht verirren kann, heisst im Volksmund „Zigeunerberg" und ist eine runde
Kuppe nahe bei der Saldenburg. Beide Steinformationen werden als Laune der
Natur betrachtet, was sie nicht sind. Derartige „Wackelsteine", bei denen ein ton-
nenschwerer Stein auf winzigem Punkt balanciert, so dass er durch wenig Kraft
ins Wiegen versetzt werden kann, gibt es an Kultorten in Irland und England ebenfalls. Und das „Steinerne Kirchlein" – schon der verchristlichte Name verweist auf
einen alten, „heidnischen" Kultort – hat eine höchst merkwürdige Form, die nicht
nur Natur sein kann. Beide Plätze sind naturgewachsene Felsen, die aus kultischen
Gründen von Menschen beträchtlich nachgeformt worden sind. Diese sakrale
Verwendung von natürlichen Steinen, mit symbolträchtiger Nachbearbeitung, ist
aus der Megalithkultur vielerorts belegt (in Deutschland z.B. bei den „Externstei-
nen").

Wir dürfen annehmen, dass alle „Wackel-" oder „Wiegesteine" nachgeformt
wurden, um sie in ihr perfektes, schwebendes Gleichgewicht zu versetzen. Der
„Wackelstein" im Bayerischen Wald ist ein besonders schönes Exemplar, denn er
ist so geglättet worden, dass er von unten wie eine grosse Wiege aussieht. Und
eine Wiege aus Stein ist er tatsächlich, wenn man auf seine Oberfläche hinaufsteigt, sich niederlegt und jemand unten ihn bewegt. Es entsteht ein merkwürdig

schwebendes Gefühl, denn die ganze Erde selbst scheint sich unter einem zu wiegen. Das macht ihn zu einem Kultstein ersten Ranges, obwohl wir nicht mehr genau wissen, welche Zeremonien mit diesem Wiegen auf der Erde verbunden waren.

Abb. 4 Der Wiegestein (sog. „Wackelstein") bei Zenting. (Foto K. Kastner)

Kaum weniger interessant, ist das sogenannte „Steinerne Kirchlein". Es besteht aus einem halbkugelförmigen Dom aus grauem Granit, in der Mitte ist dieser Stein durch eine tiefe Spalte in zwei Teile geteilt. Als ich den Ort mit dem Kompass erforschte, stellte sich heraus, dass die Spalte genau von Südwest nach Nordost verläuft. Das ist eine natürliche Gegebenheit, die den Menschen der Megalithkultur aufgefallen sein musste, denn damit bot sich der Stein als idealer Kompass an. Nordost ist die Himmelsrichtung, in welcher die Sonne zur Sommersonnenwende aufgeht, und Südwest ist jene Richtung, wo sie zur Wintersonnenwende untergeht. Beide Daten markieren zentrale Feste im Jahreszeiten-Kalender der matriarchalen Ackerbaukultur. Bei weiteren Nachforschungen fielen mir noch mehr Merkwürdigkeiten auf: Nähert man sich dem Stein-Dom von Westen durch den Wald, so stösst man auf zwei, innen künstlich geglättete Steine, die ein Aussentor bilden. Geht man hindurch, so folgt wieder ein Steinpaar als West-Tor. Auf der Nordseite gibt es einen kleinen Platz, und etwas versetzt davon stehen wieder zwei Steine mit innen geglätteten Flächen als Nord-Tor. (Geht man in Richtung Norden nach dem Kompass schnurstracks durch den Wald, so stösst man nach ca. 1 km auf den „Wackelstein".) Im Osten des Platzes gibt es eine Serie von solchen Toren, sie führen von unten den Steilhang hinauf bis an den Stein-Dom heran. Wenn man von unten durch den Wald heraufkommt, erscheinen sie wie eine gigantisch sich übereinander staffelnde Tore-Treppe, und vielleicht war dies der eigentliche, heilige Aufstieg aus dem Tal. Im Süden ist ebenfalls wieder ein Stein-Tor (Abb. 5). Die Steine, welche diese Himmelsrichtungen bilden, können teils von Natur aus dagewesen sein, aber in dieser Symmetrie sicherlich nicht alle. Sie sind teils dazugebaut worden, ihre Flächen wurden nach innen perfekt geglättet. Eine dicke Waldhumusschicht wäre zu entfernen, um die Struktur des Ganzen noch deutlicher zu machen. Insgesamt ist diese Steinformation ein Kompass oder Sonnenkalender und hat in jenen Zeiten, als die Kuppen nicht bewaldet waren, mit Sicherheit als Observatorium gedient. Vielleicht haben die „Zigeuner", wer auch immer dies war, noch von diesem Geheimnis der Stätte gewusst.[7]

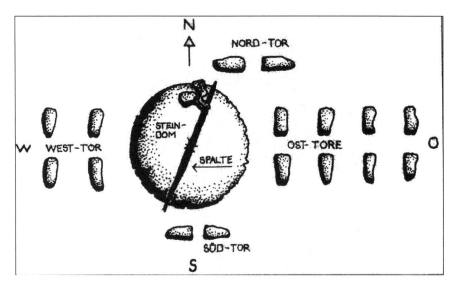

Abb. 5 Schematische Darstellung des „Steinernen Kirchleins" bei Zenting.

Brigida vom Wald

Nicht zufällig ist die Nachbarkuppe des sog. „Zigeunerberges" der Burghügel der Saldenburg, bei nicht bewaldetem Zustand in direkter Sichtlinie. Der Name „Saldenburg" enthält das mittelhochdeutsche Wort „salde" oder „saelde", was „Glückseligkeit" bedeutet. Wieso war dies die Gegend der Glückseligkeit? Unweit der Saldenburg liegt die Ortschaft Preying mit der Kirche St. Brigida. Brighde oder Brigid war eine vorchristliche Göttin der matriarchalen Kulturepoche in Irland. Ihr Name bedeutet wie das englische Wort „bright" die „Helle", „Glänzende", „Strahlende". Sie war die hellglänzende, strahlende Göttin, die Irland erschaffen hat und den himmlischen Kosmos lenkte. Sie erschien in der Winterzeit auch als „Lucia", die Lichtbringerin, und schenkte den Menschen Inspiration und geistige Wiedergeburt. Eine Variante von ihr ist die Frau Percht oder Berchta von Bayern, das Wort bedeutet ebenfalls die „Hellglänzende". Brigid verkörperte als Hochgöttin Irlands insbesondere den weissen, himmlischen Aspekt der dreifachen Göttin des Matriarchats. Da sie den Völkern Irlands und Mitteleuropas, wo sie ebenfalls viele Kultplätze hatte, auch in patriarchaler Zeit nicht auszutreiben war, wurde sie als „St. Brigid" verchristlicht.

Die Kirche der Brigida vom Wald steht ebenfalls auf einem alten, heiligen Hügel, denn der Horizont gewährt hier von Ost bis West eine relativ günstige Himmelsbeobachtung. Ausserdem führt ein alter Pilgerweg, der sog. „Pandurensteig", entlang der Ilz hierher, so dass die Menschen in drei Tagen von Passau bis in diese Kultgegend wandern konnten. An der Burgruine Diessenstein führt er aus dem Flusstal zum Hügel der Brigida hinauf. Die „Diessen" oder „Disen" sind in germanischer Version die drei Heiligen Frauen des Matriarchats, die Schicksalsgöttinnen oder Matronen, auch eine Gestalt der dreifaltigen Göttin. Von ihnen heisst es, dass sie in der Tiefe dieser (heute verfallenen) Burg Schätze hüteten.

Der Hügel der Brigida vom Wald war vermutlich der Platz eines Priesterinnenzentrums der Göttin. Noch heute ist die hübsche Kirche St. Brigida nur mit Gemälden von heiligen Frauen geschmückt. Im Zentrum am Hochaltar sehen wir das Bildnis von Brigida, ohne christlichen Heiligenschein, aber mit Krone, wie sie als eine Königin die Menschen mit Erkenntnis nährt – sie hält Augen-Symbole in den Händen. Links sieht man sie nochmals, wie sie als Schützerin des Landes die Milch der Kühe buttert. Rechts ist sie zum drittenmal zu sehen, wie sie Klöster gründet, die in vorchristlicher Zeit Priesterinnen-Konvente waren. Genau diese drei Funktionen hatte sie auch als Hochgöttin Irlands: Sie war die Göttin der Inspiration und schenkte Erkenntnis; sie war die Göttin des grünen, fruchtbaren Landes; sie war die Göttin von Kunst und Wissenschaft, die in den von ihr gegründeten Priesterin-Zentren gepflegt wurden, wobei die wichtigste Wissenschaft die Astronomie war. Wir sehen Brigida damit als dreifaltige Göttin in ihren drei Aspekten (weiss: Himmel und Erkenntnis, rot: Fruchtbarkeit, schwarz: Wissen und Weisheit), obwohl der Aspekt der Weissen Göttin vorherrscht. So ist ihr Gewand stets blau und weiss wie der Himmel. Ihr Hauptkultort in Irland ist Kildare, wo ihr alter Kultberg steht und sie in der darauf erbauten Kathedrale als St. Brigid noch immer verehrt wird.

Auch auf dem Bild des Hauptaltars in der Kirche von Preying erscheint sie dreifach, nämlich dreimal abgebildet, wobei ihre zentrale Gestalt die der Schenkerin von Erkenntnis ist. Auch hier ist ihr Gewand bei allen drei Gestalten blau und weiss, als Königin zusätzlich mit rotem Mantel. Die weiss und blau gekleidete Madonna Bayerns, mit einem Sternenkranz ums Haupt und oft auf einer Mondsichel stehend, ist unmittelbar von Brigida abgeleitet. In vorchristlicher Zeit, von der Epoche des Matriarchats (ab 7000 v.u.Z.) bis hin zur Zeit des frühen, irischen Christentums (5./6. Jh.), war deshalb vermutlich Brigida die „Patronin Bayerns", bevor diese Würde auf die christliche Maria mitsamt allen Symbolen der himmlischen Göttin übertragen wurde, um die uralte Göttin in Vergessenheit zu drängen. Doch ist nicht immer noch die Fahne Bayerns weiss und blau „wie der bayerische Himmel", wie es volkstümlich heisst? Ausserdem besteht diese Fahne ausschliesslich aus dem Rautensymbol, einem alten Göttinzeichen.

Weitere heilige Frauen in der Kirche St. Brigida teilen sich die zwei Seitenaltäre rechts und links: Der linke Seitenaltar bildet Maria mit dem Jesuskind ab, sie ist im Kranz von zwölf Sternen, die sich auf die zwölf Tierkreiszeichen beziehen. Das kleinere Bild über ihr zeigt St. Barbara im weissen Kleid mit Nonnenschleier, ein Blitz fährt aus den Wolken auf sie zu. Der rechte Seitenaltar stellt St. Margaretha mit dem Drachen dar, sie ist in dunklem Gewand; über ihr im kleineren Bild St. Catharina ganz in Rot. Unterhalb dieses Altars befindet sich noch eine kleine Skulptur der „Anna Selbdritt". So finden wir hier Maria als „Himmelsgöttin", Anna Selbdritt als die Dreiheit der Lebensalter und Barbara-Catharina-Margaretha als eine verchristlichte Variante der alten, dreifaltigen Göttin beisammen, begleitet von der dreifachen Brigida im Zentrum – recht viel an einem Ort! Verchristlichte Drei Frauen-Gruppen sollten die Erinnerung an die dahinter stehende, matriarchale Dreiheit der Göttin verdrängen, was aber schlecht gelang. Die Symbole von Barbara-Catharina-Margaretha sprechen, trotz der ihnen übergestülpten, späteren Heiligenlegenden, eine zu deutliche Sprache. Ihre Verehrung ist sehr populär und im gesamten Alpenraum einschliesslich des Bayerischen Waldes weit verbreitet.[8] Sie werden treffender als durch ihre Heiligenlegenden durch diesen populären Vers beschrieben, den es – mit geringer Abwandlung – in der Schweiz, in Österreich und in Bayern gibt: „Margaretha mit dem Wurm/Barbara mit dem Turm/Catharina mit dem Radl/das sind die drei bayrischen Madl." Ausserhalb von Bayern werden sie als „die drei heiligen Madl" bezeichnet. Der „Wurm" der Margaretha ist der Drache, den sie eigentlich, wie der Erzengel Michael es tut, töten sollte, stattdessen trägt sie ihn auf ihrem Bildnis von Obersaxen (Graubünden, Schweiz) liebevoll auf dem Arm. Das Drachensymbol kennzeichnet sie als frühere Schwarze Göttin der Unterwelt.

Catharina trägt das „Rad", das oft mit acht Speichen gemalt ist, denn es ist das symbolische Rad („Jul") der acht grossen Mysterienfeste des Jahreskreises der matriarchalen Kultur. Zugleich ist es das Rad des Lebens und des Glücks, was der Roten Göttin, die den Menschen und der Erde Leben schenkt, entspricht. Und was bedeutet der „Turm" der Barbara, mit dem sie oft abgebildet wird? Auch die Brigida von Preying hat auf ihrem Altarbild den Turm, sogar dreifach: einmal auf einem Hügel, einmal im Tal, einmal als Klosterturm. Brigida ist eine Göttin des Himmels und der Sterne, sie hütet die Wissenschaft der Astronomie. Die „Türme" sind daher Observatorien, da sie die Himmelsbeobachtung erlauben, besonders wenn sie auf einem Hügel stehen. Die Kulthügel trugen früher Steinkreise statt Kirchen, welche als Peilanlagen für Gestirns-Aufgänge und -Untergänge benutzt wurden. Von solchen „Türmen" liess sich dank der Gestirnsbeobachtung auch das Wetter voraussagen bzw. das Wetter „machen". Die Weisse Göttin des Himmels ist Herrin der Sterne und Wettermacherin (siehe Blitz), sie ist es, die hinter der Gestalt der Barbara steht.

Das Gralstal

Als ich, ausgehend von Preying mit der Brigida-Kirche, diese Gegend näher erforschte, stiess ich auf das merkwürdige, altmodisch angeschriebene „Auggenthal". Es stellt eine genaue Ost-West-Verbindung zwischen dem Kulthügel der Göttin im Osten und der Saldenburg im Westen her.

Damit hatte ich eine Kultlandschaft entdeckt. Denn aus vielen vergleichenden Studien von Indien bis Westeuropa hatte ich herausgefunden, dass grosse matriarchale Kultanlagen immer diese Ost-West-Richtung zeigen. Die Stätte der Göttin liegt stets im Osten, denn sie verkörpert das aufsteigende Licht und Leben. Die Stätte des ihr zugeordneten Heroskönigs liegt stets im Westen, der Himmelsrichtung des Todes, denn dort geht die Sonne unter. Dort liegen die Grabstätten der heiligen Könige der matriarchalen Kultur. Im Westen liegt auch die Jenseitswelt, wohin der tote Heroskönig reist, bis er, wie die Sonne, im Osten von der Göttin zu neuem Leben wiedergeboren wird. Damit konnte ich die Saldenburg – die megalithische, nicht den mittelalterlichen Bau – als einen Ort des heiligen Königs dieser Gegend einstufen, der auf den Ort der Göttin Brigida im Osten bezogen war.

Und das „Auggenthal" dazwischen? Dieser Fund verblüffte mich am meisten. Denn die Göttin Brigida ist die Trägerin einer Schale oder eines Kelches, aus dem die Fülle des Lebens und der Erkenntnis fliesst. Diese Schale ist der „Gral", der ursprünglich kein christlicher Abendmahlskelch war, sondern die schöpferische Göttin selbst symbolisierte. Auf ihrem Altarbild in Preying hält Brigida diese Schale mit der einen Hand und verteilt mit der anderen Hand daraus das Augensymbol als Zeichen der Erkenntnis, und mit der Krone auf dem Haupt steht sie eigentlich nicht da wie eine christliche Heilige, sondern wie die Gralskönigin persönlich. Die mythologische Nachfolgerin der Brigida, die ebenfalls verchristlichte Odilie oder Ottilie, trägt auf vielen Bildern einen Kelch, und als Zeichen der Erkenntnis liegen in diesem Gefäss meist sehr realistisch gemalte Augen. So trägt auch sie noch den „Gral". Angeblich soll sie als Heilige von Augenleiden heilen können – so wurde diese alte Göttin-Gral-Symbolik später verdunkelt. Wenn die matriarchale Göttin diesen „Gral" als Kelch des Lebensüberflusses und der Fülle der Erkenntnis, ein Symbol für sie selbst, einem erwählten Mann überreichte, so hatte sie ihn damit zu ihrem Heiligen König gemacht. Die Inthronisation des Heroskönigs durch die Göttin wurde dann im Fest der Heiligen Hochzeit gefeiert (vgl. irische Mythologie).

Als ich das Auggenthal näher erforschte, entdeckte ich, dass es eine Kelchform wie eine Lilie hat. Die Spitze des Kelches weist zum Brigida-Hügel, die Öffnung des Kelches zur Saldenburg. Und in diesem Kelch lagen einstmals drei „Augen", nämlich drei kleine Weiher wie Augen in der Landschaft. Noch heute nennt man Teiche und kleine Seen im Bayerischen Wald volkstümlich „Waldaugen". Der erste Weiher lag gleich an der Spitze, heute verlandet zu einer flachen, kreisrunden Wiese in einem Buchenhain. Der Ort trägt den Flurnamen „Weiherbuchet", das heisst „Weiher im Buchenhain". Von diesem Platz floss ein Bach abwärts ins Tälchen und speiste den zweiten Weiher auf halber Höhe. Dieser war grösser und bildet heute eine vermoorte Fläche, die nur noch an einem Ort eine offene Wasserstelle hat. Das Gelände ist zu einem Wildgehege eingezäunt worden, man erkennt den verlandeten, kleinen See aber noch deutlich, wenn man ihn von oben betrachtet. Und der dritte Weiher ist das liebliche Gewässer zu Füssen der Saldenburg, mit einer kleinen Insel in der Mitte. Direkt darüber thront das mittelalterliche Gebäude der Saldenburg auf einem früher terrassierten Hügel.

Ich hätte diese Landschaft nicht vollständig entziffern können, wenn sie nicht ein genaues Vergleichsstück in der Schweiz hätte: In der Nähe von Basel bei Arlesheim gibt es ein anderes Tal, das ebenso den „Gral", den Kelch der Erkenntnis, darstellt wie das Auggenthal bei Preying. An seinem Beginn liegt die Odilien-Kirche von Arlesheim, der Ort der jüngeren Gralsträgerin, zu der ebenso wie zu Brigida die Lilie als Symbol der Weissen Göttin des Himmels gehört. Hinter Arlesheim erstreckt sich die sog. „Eremitage", ein kelchförmiges, kleines Tal mit „Augen" darin, nämlich drei kleinen Weihern. Nur ist hier die Öffnung des Kelches dem Kultplatz der Odilie zugewandt, während die Spitze des Tälchens in Hügel mündet, von denen einer einmal eine Burg, die heute verschwunden ist, getragen hat (Abb. 6).

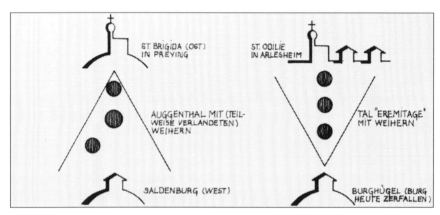

Abb. 6 Schematische Darstellung der „Gralstäler" St. Brigida
(Bayerischer Wald) und St. Odilie (Schweiz)

Den heute dort ansässigen Anthroposophen ist durch ihre Nachforschungen bekannt, dass diese „Eremitage" eine Kultlandschaft war, die mit der Gralslegende um Parcival, dem klassischen Gralssucher, zu tun hatte. Die Gralsmythologie mit ihrem vorchristlichen Ursprung in der matriarchalen Glaubenswelt wurde in den grossartigen Kultdramen von Initiation, Heiliger Hochzeit, Reise ins Jenseits und Wiedergeburt höchstwahrscheinlich in solchen Gralstälern unter starker Volksbeteiligung gefeiert – darauf weist alles hin. Die Schweizer respektieren und pflegen dieses heilige Tal von Arlesheim noch heute, während das ebenso einzigartige Gralstal des Bayerischen Waldes verwahrlost und überwachsen daliegt, denn niemand kennt mehr seine Bedeutung. Doch der sog. „Ritter Tuschl" von Saldenau, der die mittelalterliche Saldenburg erbauen liess, muss von dieser uralten Tradition noch gewusst haben, denn durch ihn und seinen Orden wurde diese Kultlandschaft bis hin zur Burgruine Diessenstein im Ilztal gepflegt. An der Wand der Saldenburg, die zum dritten Weiher zeigt, ist eine Achtblattrosette angebracht, genauso ein Symbol des matriarchalen Jahreszeiten-Zyklus von acht Mysterienfesten wie das Rad der Catharina. Vermutlich wurden diese acht grossen Feste von den jungsteinzeitlichen Bewohnern des Donautales, die hierher pilgerten, einst im Gralstal des Bayerischen Waldes gefeiert, mit der Göttin-Priesterin und dem Heroskönig als Repräsentanten ihres Weltbildes. Diese heiligen Feste waren der Ort der „Glückseligkeit", und der runde Saldenberg war vielleicht einmal ein Berg der „Frau Saelde", der Göttin Venus, wie so viele andere Berge. Die jungsteinzeitliche Saldenburg ist jedenfalls noch da: Sie liegt hinter der mittelalterlichen Saldenburg als gewaltige, dreifache Stufenpyramide aus teils gewachsenem, teils durch Wälle und Steinglättungen überformtem Felsen, genau auf der Kuppe des Hügels. Man sieht sie kaum, denn sie ist von Bäumen umgeben. Aber sie hat durch Buschwerk hindurch seitlich einen Einstieg, der tief hinab zwischen schluchtartige Felsmauern führt. Folgt man diesen mächtigen Wänden, so führen sie über drei Umgänge spiralförmig auf den oberen Punkt, ein kleines Plateau, hinauf, das einmal eine christliche Michaelskapelle trug. Von oben herab kann man trotz Überwaldung und teilweiser Zerstörung des Ortes noch deutlich die drei Felsenterrassen, die hinaufführten, erkennen.

Der Thron der Göttin

Zu diesem gigantischen Kultort gehört ein grosser Schalenstein, der abgelegen auf der Rückseite des Saldenburg-Hügels gelagert ist. Er ist umgeben von Steintoren, Steingängen und grossen Steinrechtecken wie Räumen; für den unkundigen Blick scheint es nur ein Gewirr von Blöcken. Verglichen mit den vielen Schalensteinen in Österreich, der Schweiz und Deutschland ist er einer der grössten und imposantesten. Seine Schalen auf der Oberfläche sind äusserst vielfältig und wunderbar geformt (Abb. 7). Sie werden hier ebenso fälschlich wie die Wiegesteine für eine Laune der Natur gehalten. Dagegen sprechen alle anderen in Europa weit verbreiteten Schalensteine, die längst als bearbeitete Kultsteine erkannt und gewürdigt werden. So wird übersehen, dass im Bayerischen Wald einer der schönsten Schalensteine überhaupt existiert, der hohen kultischen Rang gehabt haben muss. Die vielfältigen Zeremonien, zu denen seine Schalen dienten, sind jedoch noch zu ahnen, wenn dieser Stein leiblich ausprobiert wird. Denn seine Formen erweisen sich als überaus körpergerecht und sanft, dass man nicht meint, auf Stein zu sitzen oder zu liegen. So hat er in Richtung Osten auf dem höchsten Niveau drei Sitze, geformt wie Sessel, auf denen man thronen und akustisch leicht das auf der gegenüberliegenden Erhöhung stehende Publikum erreichen kann. Ich halte sie daher für den Bereich der Kommunikation und des Segens, womit die drei Priesterinnen der dreifaltigen Göttin des Himmels, der Erde und der Unterwelt, der weissen, roten und schwarzen, mit den Menschen in Kontakt traten.

Abb. 7 Der grosse Schalenstein auf dem Hügel Saldenburg. (Foto K. Kastner)

Die Throne bilden sogar untereinander noch drei verschiedene Höhenstufen (Abb. 8). In der Mitte des Steins ist ein breites Bett eingetieft, worin man bequem schlafen kann. Es reicht sogar für zwei aneinanderliegende Personen aus. Neben diesem „Bett" befand sich einst ein „yoni-lingam"-Zeichen, das heisst, auf einem kleinen Plateau stand ein aus zwei Teilen erbauter Menhir wie ein Phallus-Stein, der heute umgestürzt daliegt. Plateau und Menhir bedeuten das weibliche und das männliche Element im Kosmos, und ihrer beider Verbindung ist ein altes Zeichen für die magisch verstandene Heilige Hochzeit zwischen der Priesterin-Königin und ihrem Heroskönig. Deshalb halte ich die mittleren Plätze für den Ort der Zeremonie der Heiligen Hochzeit.

Abb. 8 Die drei Throne: in der Mitte die Autorin mit Tochter und Freundin auf dem Schalenstein vom Saldenburg-Hügel. (Foto S. Claassen)

Auf diesen „weissen" und „roten" Bereich auf dem riesigen Schalenstein folgt konsequent der „schwarze" Bereich, der mit den Riten der Schwarzen Göttin des Todes und der Wiedergeburt zu tun hatte. Denn hinter dem „yoni-lingam"-Zeichen liegt ein grosses Becken, so gross, dass man darin baden könnte. Und am tiefsten Rand des Steines folgen extrem tief ausgehöhlte Sessel mit hoher Rükkenwand und Abflussrinne, die wie Throne für Geburten aussehen. Dass hier Geburten gefeiert wurden, ist durchaus möglich, denn solche Riten gab es noch lange auf den sog. „Chindlisteinen" in der Schweiz, von denen ein ähnlich imposantes Exemplar beim Ort Heiden (!) im Appenzellerland steht. So können durchaus, begleitet von den Priesterinnen der Schwarzen Göttin als Hebammen, im Matriarchat hier die besonderen Kinder, die in der Heiligen Hochzeit empfangen wurden, geboren worden sein, worauf ein Bad von Mutter und Kind folgte.

Doch nicht nur die Oberfläche dieses Steins ist bemerkenswert, die sich für alle Zeremonien der grossen Feste der matriarchalen Kultur eignet, sondern auch seine Aussenseiten. Sie sind perfekt geglättet worden, ähnlich wie beim sog. „Wackelstein", so dass dieser mächtige Schalenstein aussieht wie ein Schiff oder wie eine längliche Schale, auf der alle Mysterien des Lebens stattfanden. In diesem Sinne war er ebenfalls – wie auch das „Auggenthal" als lilienförmiger Kelch mit drei Augen darin – ein Bild des Grales, jener wunderbaren Schale der Grossen Göttin. Vom Gral heisst es manchmal, dass er aus einem einzigen Stein geformt war, was dieser grossartige Schalenstein durchaus bestätigen würde. Dieser faszinierenden Gralslandschaft im Herzen des Bayerischen Waldes ist zu wünschen, dass sie wiedererkannt, entwaldet und geschützt wird – wie die „Eremitage" bei Arlesheim – um als bedeutendes kulturelles Denkmal einer interessierten Öffentlichkeit zugänglich gemacht zu werden.

Göttinnen auf den Gipfeln des Böhmer Waldes

Die Alte vom Arber

Ferner und erhabener, auch schwerer zu erreichen als der mittlere Bayerische Wald, lag für die Menschen damals die höchste Kette, der Böhmer Wald, das Grenzgebirge zu Böhmen. Es trägt die Gipfel von Arber, Rachel, Lusen und Dreisessel. Hohe und geheimnisvolle Berggipfel galten schon immer als Sitze der Gottheiten, so auch hier. Die Sage von der „Alten vom Arber" und die volkstümliche Erinnerung an die „Lusen-Hexe" weisen darauf hin, dass diese runden Berghäupter als Sitze oder Erscheinungsformen der Erdgöttin selber galten. Vielleicht lebten bei diesen heiligen Gipfeln Einsiedlerinnen, kräuterkundige Waldfrauen und Heilerinnen, zu denen Menschen in Not pilgerten. Die Sage von der „Alten vom Arber" weist darauf hin, dass auch Liebesschmerz als ernst zu nehmende Krankheit galt, die Heilung brauchte – wobei die weise Alte vom Arber sehr wohl wusste, wodurch Liebeskummer geheilt werden konnte, nämlich durch die Liebe selbst. Wir sehen die Göttin am Arber in zweien ihrer Aspekte: einmal als die Schwarze, die Greisin, die wissende Alte, die zurückgezogen lebt und das Schicksal der Menschen kennt, und zum anderen als die Rote Göttin, die überaus schöne Fee der Liebe.

Die Alte ist eine Todes- und Unterweltsgöttin, und die Pilgerreise bis zum Arbergipfel, dem höchsten der ganzen Gegend, durch Urwald mit Bären und Wölfen, war durchaus eine Art gefährliche Jenseitsreise. Der Pilgerweg zur Alten vom Arber war wohl jener heute noch eigenartige Wanderpfad durch die Seewände hinauf, der unmittelbar beim Südgipfel auf dem Arber endet, wo sich ein seltsamer Felsenkopf befindet. Dieser Felsenkopf heisst heute fälschlich „Richard-Wagner-Kopf", denn er hat schon lange vor Richard Wagner Bedeutung gehabt. Tatsächlich ist er der Kopf der Alten vom Arber, der dem Pilger am Ende seines Weges erschien. Hier angelangt, konnte er der Alten seinen Kummer erzählen, und sie hörte schweigend zu (Abb. 9).

Abb. 9 Kopf der Alten auf dem Arber (Böhmer Wald).

Das Gipfelplateau des Arber war ebenfalls ein Kultplatz, denn seine vier Felsengipfel, die fast genau in den vier Himmelsrichtungen um das Plateau liegen, bilden von Natur aus einen magischen Kreis. Am Ostgipfel steht eine Marienkapelle, die auch diesen „heidnischen" Platz verchristlichen sollte. Hatte der Pilger diesen magischen Kreis abgeschritten und wanderte den Pfad wieder abwärts, so begegnete ihm in der wilden Üppigkeit des Waldes vielleicht die Waldfee, selber schön wie die Natur.

Die „Hexe" vom Lusen

Nicht weit vom Arber erhebt sich als zweithöchster Berg der Doppelgipfel des Rachel (1453 m). Eigentlich heisst es „die Rachel", denn der Name verweist auf eine Urmutter der israelischen Stämme. Doch wie kommt dieser jüdische Frauenname in den Böhmer Wald? Hinter dem Berg der Rachel erstreckt sich der „Judenwald", was darauf verweist, dass hier einmal jüdische Volksgruppen gelebt haben. Vielleicht war die Region der wilden Wälder für sie als häufig Verfolgte ebenso ein schützendes Rückzugsgebiet wie für die sog. „Zigeuner" oder die von den Germanen verdrängten Kelten oder noch davor die matriarchalen Restvölker. Der Name „Rachel" weist ausserdem darauf hin, dass der schöne Berg mit seinen zwei Kuppen, die wie Busen aussehen, davor den Namen einer noch älteren Urmutter, einer Erdgöttin, getragen haben muss, den wir nicht mehr kennen.

Deutlicher tritt die Verbindung von Berggipfel und Göttin beim Lusen, mit 1373 m der dritthöchste in der Reihe, hervor. Die volkstümliche Erinnerung an die „Lusen-Hexe" sieht in ihr nämlich kein boshaftes Weiblein, sondern eine graue Riesin, die auf dem Lusen ihre Schürze voller Steine ausgeschüttet haben soll. So sei das Gewirr grosser, grauer Granitblöcke auf dem oberen Teil des Lusen entstanden, welches den Gipfel von Bewuchs frei hält und eine prächtige Rundumsicht gewährt. Diese muss die Menschen schon in der frühgeschichtlichen matriarchalen Epoche fasziniert haben, so dass dieser Berg früher wie heute viel besucht ist. In der jungsteinzeitlichen Epoche wurde auch hier ein Pilgerpfad gebaut, denn den Lusen hinauf führt ein merkwürdiger Weg (Sommerweg). Er verläuft genau von West nach Ost schnurgerade auf den Gipfel zu und besteht im letzten Teil aus einer merkwürdigen Treppe von gewaltigen Blöcken, die im Volksmund treffend „Himmelsleiter" heisst. Sie führt im letzten Stück steil zum Blöckegewirr des Gipfels hinauf, fast senkrecht, so dass man über sich den wilden Steinhaufen des Gipfels sieht und darüber nur noch Himmel. Der Aufstieg hier ist sehr eindrucksvoll. Auf den riesigen, steinernen Treppenstufen fand ich beim Steigen wieder und wieder kreisrunde Schälchen, kleine, handtellergrosse Vertiefungen, die typisch für die überall verbreiteten Kultsteine sind, die man „Schalensteine" nennt. Das matriarchale Volk, das hier zur Göttin als graue Riesin – ein Bild für dieses uralte Gebirge – hinaufpilgerte, hat vermutlich seiner Verehrung mit kleinen Gaben, die es in diese Schälchen goss oder legte, Ausdruck verliehen.

Die drei Frauen vom Dreisessel

Auf den Lusen folgt der vierte, markante Gipfel des Böhmer Waldes, der „Dreisessel" genannt wird (1332 m) und im südlichen Waldgebiet liegt, am nächsten zu Passau. Er ist heute von Touristen überlaufen, aber dennoch kann man auf seinem Gipfelbereich einen grossen Steinblock sehen, in den drei tiefe Schalen eingemeisselt worden sind. Sie haben gleichzeitig steinerne Rückenlehnen, so dass man bequem zu dritt in ihnen sitzen kann – genauso bequem wie in den drei Sesseln auf dem riesigen Schalenstein auf dem Saldenburg-Hügel. Der Dreisessel-Berg liegt heute am Dreiländereck von Deutschland, Tschechien und Österreich, und man erzählt, dass sich einst die Könige dieser drei Länder auf dem Berg trafen, auf den steinernen Thronen sassen, um über das Schicksal ihrer Länder zu beraten. Diese grossen Schalen sind also als künstliche „Sessel" anerkannt und gelten nicht als Laune der Natur. Die Legende von den drei Königen ist eine späte, historisierende Schicht über einen früheren Sachverhalt, was wir bereits daran sehen können, dass es noch eine andere Variante dieser Erzählung gibt. Darin sollen es die heiligen drei Könige aus der Zeit von Christi Geburt gewesen sein, die auf den steinernen Thronen des Dreisessel gesessen haben, um sich von ihrem weiten Weg auszuruhen. Dies ist ein Versuch der Verchristlichung einer vorchristlichen Situation, denn eine dritte Version der Erzählung besagt, dass es einmal drei Schwestern waren, die auf den Thronen des Dreisesselberges sassen. Sie sollen dort oben ein Schloss mit Schätzen bewohnt haben, aber als sie die Schätze teilen sollten, erwiesen sich zwei der Schwestern als gierig und betrügerisch. Dafür wurden sie von der dritten Schwester, die blind war, verflucht, worauf das Schloss in der Tiefe versank.[9]

Trotz des später zugefügten Schuldmotivs erweist sich diese Sage als die älteste Version, denn sie steht im Zusammenhang mit vielen vergleichbaren Sagen von drei Frauen mit Schätzen, die in die Tiefe versanken und nun Erlösung suchen. Es handelt sich bei diesen Motiven um den historischen Vorgang der Verdrängung und Verteufelung der alten, dreifaltigen Grossen Göttin des Matriarchats und ihrer Priesterinnen. Die Göttin wird mit ihrem Reichtum an lebenspendender Kraft und Weisheit regelrecht in den Untergrund verbannt, in die Tiefe des Vergessens versenkt, während ihre Kultberge mit männlichen Figuren oder mit Kirchen und Kapellen oder sogar mit Wirtshäusern besetzt werden, wie heute auf dem Dreisessel.

Noch anderes weist darauf hin, dass der Dreisessel ein heiliger Berg der Dreifaltigen Göttin war, die in Gestalt ihrer drei Priesterinnen dort in Weiss, Rot und Schwarz gethront haben muss. Dieser Hinweis steckt im merkwürdigen Aussehen der Heiligen drei Könige und in ihrem merkwürdigen Namenssignet, das in Bayern noch beim sog. „Fest der Heiligen drei Könige" an die Haustüren gemalt wird. Das Fest „Heilige Drei Könige" war ein altes Fest der Frau Holle oder Frau Percht, wie sie in Bayern genannt wird, an welchem die Göttin – zur Vollendung ihres Jahreskreises – in ihrer dreifachen Gestalt der Weissen, Roten und Schwarzen gleichzeitig erschien („Epiphanias" heisst „Fest der Erscheinung"). Auch die christlichen heiligen drei Könige sind noch dreifarbig: Einer ist ein weisser König (ein Europäer), einer ein schwarzer König (ein Afrikaner), und der dritte hat auffallend rote Haare, ein roter König. Ihr Namenssignet, als Segensformel verwendet, lautet: „C + B + M (Jahreszahl)". Es ziert nach Epiphanias viele bayerische Haustüren und soll sich auf die Namen „Caspar", „Balthasar" und „Melchior" beziehen, welche die vorgeblichen Namen der heiligen drei Könige sind. Hinter diesen Initialen verbirgt sich jedoch die alte, weibliche Dreifaltigkeit in der Version der „drei bayerischen Madl", nämlich Catharina, Barbara und Margaretha. Das Kreuzzeichen zwischen den Buchstaben zeigt ebenfalls nicht das christliche, sondern das vorchristliche „keltische Kreuz", welches das uralte magische Kreuz ist. Wenn daher die heiligen drei Könige mit dem Dreisesselberg in Verbindung gebracht werden, so dürfen wir annehmen, dass in vorchristlicher Zeit dort oben die Dreifaltige Göttin sass, welche hinter der Dreiheit von Catharina, Barbara und Margaretha steht.

Die Unterwelt

Südlich des Lusen, in der Nähe von Grafenau, liegt Ringelai. Das ist an sich schon ein auffallender Name, denn er verweist, wie der Name „Klafferring", auf die Existenz von Steinkreisen, eine Bauform der jungsteinzeitlichen Megalithkultur. Und die Silbe „lai" bedeutet „Linie" oder ein Weg, der schnurgerade verläuft (vgl. englisch „ley" und das alte, deutsche Wort „leite"). Es müssen hier also Steinringe an einem schnurgeraden Pilgerweg gelegen haben. Wie bedeutsam solche Flurnamen sind, erweist sich dann glänzend bei Ringelai: Denn dort fand man tatsächlich Steinkreise. Diese Stätte sei hier nur erwähnt, denn ich könnte noch Dutzende anderer wichtiger Stätten, die Spuren der matriarchalen Epoche tragen, aufzählen. Im Bayerischen und Böhmischen Wald „tritt" man überall darauf, so dicht sind sie gesät. Denn die schönen, natürlichen Blöcke und Steingebilde regten die damaligen Menschen offenbar an, ihre Tätigkeit in Schälchen, Gravuren, Ritzungen, Glättungen, Löcher-Reihen (wie am Gruselsberg) im gesamten Waldgebiet zu hinterlassen. Hinzu kommen die künstlichen Bauten wie Erdwälle, Terrassen, Steinringe und Steintreppen, halbkreisförmige „Theater", die ebenfalls überall im Bayerischen und Böhmer Wald zu finden sind. Leider ist dieser Reichtum bis heute unerkannt geblieben, geschweige denn registriert oder kartographiert worden. Nur Lokalforscher weisen gelegentlich darauf hin, doch sie stossen bei den öffentlichen Stellen bislang auf kein Interesse. Etwas mehr Interesse ist den Bauten der sog. „Erdställe" entgegen gebracht worden, obwohl die Forschung auch hier fast ausschliesslich von Heimatforschern aus der Gegend weiterbefördert wird. Diese „Erdställe", was einfach „Raum in der Erde" bedeutet und nichts mit Viehställen zu tun hat, gibt es nicht nur im Gebiet des Bayerischen Waldes, sondern sie sind in gesamt Europa verbreitet. Es gibt sie in Mitteleuropa (Deutschland, Österreich, Tschechien, Frankreich), in Osteuropa (Ungarn), in Südeuropa (Spanien), in Westeuropa (England, Irland), am häufigsten sind sie in Niederbayern. Allein tausend solcher Anlagen sind bekannt. Es handelt sich bei ihnen um enge, unterirdische Gänge, die durch Schlupflöcher, durch die knapp ein Mensch kriechen kann, mit der Aussenwelt und untereinander in Verbindung stehen.

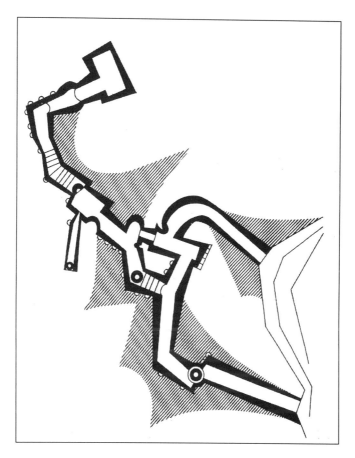

Abb. 10 Schematische Skizze eines Erdstalles. (Zeichnung H. Wolf)

Sie zeigen keine bestimmte Form, sondern verlaufen gerade, gewunden, gebo-
gen, oft in mehreren Etagen übereinander, durch senkrechte Schlupflöcher verbunden, nicht allzu tief unter dem Boden. Manchmal sind ihre felsigen Wände
schön geglättet, Bearbeitungsspuren noch sichtbar, manchmal enthalten sie Stufen,
in der Regel auch eine kleine Abschlusskammer mit Sitz oder Bank aus Stein
(Abb. 10). Viele Heimatforscher bemühen sich um ihre Auffindung und Rettung,
was ihnen bei der heutigen Bau- und Baggerwut nicht gerade leicht gemacht wird.
Bis heute sind diese „Erdställe" noch nicht angemessen archäologisch erforscht
worden. Praktische Experimente der Erdstallforschung schliessen jedoch jede Bedeutung als profane Nutzbauten aus: Als Wohnstätten und Vorratslager sind sie zu
eng, keine Grossfamilie hätte darin Platz. Auch Verstecke oder Fluchtstollen sind
sie nicht, den Versteckten würde der Sauerstoffvorrat binnen kurzem ausgehen.
Als Zisternen kommen sie ebensowenig in Frage, denn längst nicht alle „Erdställe" füllen sich mit Wasser – und was sollten dabei ihre kunstvollen Gänge und

Windungen? Es bleibt nur ihre Deutung als Kultbauten übrig.[10] Vieles weist auf ihr hohes Alter und ihre Herkunft aus der jungsteinzeitlichen matriarchalen Epoche hin (Forscher Kiessling: 2500-2000 v.u.Z.). Denn aus dieser Zeit gibt es auch woanders künstlich gebaute Unterwelten. Das schönste Beispiel haben wir in Malta, das übersät ist mit Resten grosser Göttintempel aus der Jungsteinzeit. In einem Fall ist die „Unterwelt" eines solchen Tempels erhalten geblieben und erforscht: das Hypogäum von Hal Tarxien. Es ist ein unterirdischer Tempel, dessen Hauptraum in den Felsen geschlagen und mit denselben Seitenpfeilern, Architraven und Trilithen-Toren geschmückt worden ist wie die oberirdischen Tempel. Vom Hauptraum aus führt ein Gewirr von Seitenhallen und Gängen tief in den Felsen hinein, staffelt sich in mehreren Etagen übereinander und ist teils nur über gefährliche Zugänge, wie schiefe Treppen und senkrechte Löcher, zu erreichen. Zahlreiche Skelette wurden darin gefunden, so dass es sich hier um einen Totentempel unter der Erde handelt, wo die Toten beigesetzt und die heiligen Zeremonien von Tod, Umwandlung und Wiedergeburt gefeiert wurden.

Nun hat man in den Erdställen keine Skelette gefunden, dennoch müssen sie mit dem Kult der Schwarzen Göttin von Tod und Umwandlung, der Erdmutter, verbunden gewesen sein. Denn sie wurden bis ins Mittelalter hinein – und in einem Fall auf dem Balkan sogar bis ins 19. Jahrhundert – zu ganz bestimmten Zwecken benutzt. Sie waren mit den Mysterien von Geburt, Tod und Heilung verknüpft: Die Menschen krochen hauptsächlich durch die engen Schlupflöcher, um Krankheiten „abzustreifen". Schwangere krochen hindurch, um eine leichte Entbindung zu haben. Manchmal wurden solche Schlupflöcher auch verbunden mit megalithischen Grabanlagen („Men-an-tol" in Cornwall) und mit mittelalterlichen Steinsarkophagen benutzt. All dies sind Riten der symbolischen Wiedergeburt aus schwierigen Zuständen, und sie gehören zum Bereich der Schwarzen Göttin der Umwandlung. Es ist die dunkle Erdmutter, welche die Lebenskraft aus der Tiefe immer wieder erneuert; daher waren diese Anlagen unterirdisch, symbolisch gesprochen „in ihrem Erdschoss", aus dem man geheilt und erneuert wieder hervorkam. Die Kleinheit und Enge der Schlupflöcher und Gänge weist darauf hin, dass jene matriarchalen Völker aus dem Mittelmeerraum relativ klein waren. Es gibt in allen Ländern Europas Sagen vom „kleinen Volk", das als ältestes Volk in diesen Gegenden siedelte und von den späteren, erobernden Völkern vertrieben wurde. In Niederbayern heissen die Erdställe auch „Schrazellöcher", wobei ein „Schrazel" ein Zwerg ist, eben ein kleines Wesen. Die Heilungs- und Wiedergeburtsrituale in diesen unterirdischen Kultanlagen gingen auch dann noch weiter, als patriarchale Völker und das Christentum, das alle früheren Glaubenswelten als „heidnisch" bekämpfte, die Länder beherrschten. Es scheint, dass matriarchale Volksgruppen sie nun als Fluchtwege und Verstecke benutzten, als „Asyl", um im Verborgenen noch den Göttinkult zu pflegen. Dafür spricht vieles: zum Beispiel eine unterirdische Barbara-Kapelle in den Gängen (Reichersdorf), die Verbindung der Gänge mit einem Kultplatz einer alten Frauen-Dreiheit (Drei Bethen, Kissing) oder mit einer Sage von Drei Frauen (Reichersdorf).[11]

Ferner verweisen sämtliche Sagen von den Drei Frauen darauf, die „versunken" sind, in unterirdischen Schlössern oder Kellern „Schätze" (Wissen und Heilkunst) hüten und manchmal aus der Tiefe singend oder klagend gehört werden. Dass sie so häufig auf Erlösung warten, zeigt den Zustand des alten Volkes, das sich verbergen muss und gern von seinen Bedrückern befreit oder anerkannt wäre. Dieser Vorgang spielte sich insbesondere im 8.-10. Jh. ab, als die Macht des Christentums gross genug geworden war, um die älteren Kulte zu verfolgen und zu vertreiben. Später wurden die Erdställe dann in kirchlichem Auftrag „sakral versiegelt", weil das einfache Volk von den alten Heilungsritualen nicht lassen wollte. Das heisst, die Gänge wurden verschüttet und verschlossen in der Zeit vom 13. bis 15. Jh., jener Zeit der Inquisition und mörderischen „Hexen"-Verfolgung.

In heutiger Zeit wurden sie wieder entdeckt, weil Fuhrwerke plötzlich einbrachen oder Bagger beim Bauen darauf stiessen, sie allerdings gleichzeitig zerstörten. Die Lokalforscher versuchen, sie zu registrieren, zu kartographieren und zu retten, und ihre Bemühungen verdienen mehr Respekt und Unterstützung. Insgesamt hätten alle diese Reste unserer matriarchalen Vorgängerkultur mehr Schutz nötig, in Niederbayern und anderswo, denn sie sind Zeugnisse der Verehrung der mütterlichen Erde und ihrer schöpferischen Kraft – eine Haltung, die wir Heutigen dringend wieder brauchen.

Erni Kutter

Heilige Jungfrauen, Salige und Wilde Fräulein

Der Kult der Drei Bethen in Deutschland und den angrenzenden, deutschsprachigen Ländern

Im oberbayrischen Leutstetten am Nordende des Starnberger Sees, dort, wo die Würm den See verlässt und sich durch das Wildmoos hindurch schlängelt, gibt es bis heute einen Ortsteil, der sich Einbettl nennt. Hier, ganz in der Nähe des quellreichen Schönbergs haben der Sage nach vor langer Zeit drei heilige Frauen gelebt und den Menschen viel Gutes getan, bis sie von umherschwärmenden Kriegsleuten misshandelt und vertrieben wurden. In der kleinen Dorfkirche befindet sich, in eine dunkle Ecke verbannt, ein Bild dieser drei Jungfrauen aus dem Jahr 1643. Ainpet, Gberpet und Firpet nennt sie die Inschrift auf der Altartafel, die aus einer, früher im Ortsteil Einbettl stehenden Hauskapelle stammt.

Die heutige Kirche ist nicht mehr den drei Bethen, sondern dem hl. Alto geweiht. Das alte Quellheiligtum am Fuss des Schönbergs, – noch im 16. Jahrhundert als „Wild- und Heilbad" genutzt und wahrscheinlich einmal Petenbrunn genannt –, heisst heute Petersbrunn, zu Ehren des mächtigen Apostelfürsten Petrus, dessen Hauptsymbol ein riesiger Schlüsselbund ist, und dem der kirchlichen Überlieferung nach die Macht zusteht, zu binden und zu lösen.

Die Sagen allerdings, die sich um den gegenüberliegenden Karlsberg ranken, bringen das „Schlüssel"-Motiv des Bindens und Lösens ganz klar mit den drei Jungfrauen in Zusammenhang. In den Kellern der Burg, die dort einmal gestanden hat und als einer der legendären Geburtsorte Karls des Grossen gilt, sollen drei sehr schöne Jungfrauen durch Zauber eingesperrt sein und auf ihre Erlösung warten. Es wird erzählt, in der Heiligen Nacht seien stets Lichter auf dem Berg gesehen worden und man habe dann die Jungfrauen singen hören.

Eine andere der Leutstettener Sagen macht die drei Jungfrauen zwar ebenfalls zu verzauberten und schätzehütenden Schlossfräulein und lässt sie in der, dem Erlösungsmotiv entsprechenden Schwarz-Weiss-Symbolik auftreten. Dennoch gibt sie verschlüsselte Hinweise darauf, dass die scheinbar so hilflosen drei Jungfrauen die eigentlichen Herrinnen und Hüterinnen des Ortes und seiner Quellen sind und sich weder ihre Handlungs- noch ihre Wandlungsmacht nehmen lassen. Das verdeutlicht auch eine dritte Sage, in der eine der drei Jungfrauen einem Bauernknecht grossen Reichtum verspricht, wenn er ihre Anweisungen befolgt. Weil er, wie so viele andere männliche „Helden" in den Sagen es tun, vor lauter Angst davonläuft, als sie ihm ihr wahres Gesicht zeigt, rächt sie sich mit einer „tüchtigen Maulschelle".[1]

Auch wenn es nicht auf den ersten Blick erkennbar wird, bewahren die Legenden und Sagen rund um Leutstetten das Bild jener „Guttäterinnen" und „Segenspenderinnen", als welche die drei Jungfrauen noch bis Anfang dieses Jahrhunderts nicht nur in Bayern, sondern überall im deutschen Sprachraum und weit darüber hinaus verehrt wurden. Selbst das Altarbild in der Kirche gibt verschlüsselte Hinweise auf ihre ursprüngliche Identität: es zeigt sie in den alten sakralen Farben der zyklischen Mondwechselgöttin, in schwarz, weiss und rot. Die Pfeile in ihren Händen deuten auf ihre Rolle als Pestpatroninnen hin und sind zugleich ein uraltes Symbol der Tod-im-Leben-Göttin. Auch die grünen Palmwedel, die sie tragen, erinnern an ihre Macht, aus dem Tod heraus zu neuem Leben zu führen, ist doch die Palme als früchtebringender Lebensbaum des Orients ein Sinnbild der ständigen Wiederkehr und Erneuerungskraft des Lebens.

Die Gesichter, Gestalten und Namen der drei Jungfrauen haben sich im Laufe einer langen Verehrungsgeschichte immer wieder gewandelt und verändert, manchmal bis zur Unkenntlichkeit. Obwohl sie immer mehr verdrängt und verkannt, vielerorts auch ganz vergessen wurden, sind sie lebendig geblieben und erfreuen sich seit einigen Jahren wieder zunehmender Bekanntheit und Beliebtheit, insbesondere bei Frauen. In Leutstetten, wo sich die Erinnerung an sie sowohl in Ortsnamen und Sagen, wie auch in Heiligenlegenden und einem Altarbild erhalten hat, wird heute wieder für sie gesungen und getanzt. Auch andernorts sind ihre Heiligtümer: Quellen, Bäume, Steine und kleine Dorfkirchen wieder zu Orten der Verehrung jener weiblichen Wandlungskräfte geworden, die sie in den verschiedensten Erscheinungsformen hierzulande seit jeher repräsentierten.

Identität und Symbolik der Drei Jungfrauen

In der Volkskunde und auf manchen Heiligendarstellungen werden die drei Jungfrauen häufig Am-bet, Wil-bet und War-bet oder die drei Bethen genannt. Andere Namen sind z.B. Embede, Wilbede und Warbede oder Einbeth, Firpet und Gberpet. Bet, also die zweite Silbe ihrer verschiedenen Namensformen, heisst so viel wie: Die ganze Welt, der gesamte Kosmos. Zugleich bedeutet es: die Ewigkeit, das Unvergängliche. Die Wurzel des Wortes Bet ist keltisch (bitu). Sie kommt auch im lateinischen vivere und im griechischen bio vor und entspricht dem Wort leben.[2]

Der Name der Bethen macht deutlich, dass sie eins sind mit den grossen dreigestaltigen Göttinnen vieler Völker und Kulturen. Diese weiblichen Gottheiten verkörperten in ihren ältesten Erscheinungsformen überall auf der Welt den Zyklus von Werden, Sein und Vergehen, den Kreislauf der Jahreszeiten und die Phasen des Mondes. Sie repräsentierten die Schönheit und die Fruchtbarkeit der Erde, die Rhythmen und Gesetzmässigkeiten des Kosmos und die Schöpfungsenergie der Frau. Auch in den drei Bethen begegnen wir dieser, weltweit als weiblich gedachten zyklischen Wandlungsenergie und Erneuerungskraft des Lebens. Hans Christoph Schöll, der sie als erster in die Tradition der Göttin gestellt hat, nannte die Bethen deshalb in seinem 1936 erschienenen Buch „Die Drei Ewigen" und sieht in ihnen die Verkörperung des ständig sich erneuernden Lebens.

Einen volksnahen Ausdruck fand diese Symbolik im mittelfränkischen Abenberg bei Roth, wo die drei Jungfrauen Winterbring, Wiedakumma und Gewera genannt und als Gefährtinnen der Heiligen Stilla verehrt wurden, deren Name auf das ewige Kommen und Gehen der Gestirne (Stella = Stern) verweist.

Dass die drei Bethen in die Tradition der dreigestaltigen Göttin gehören, lässt sich aber nicht nur anhand der Sprachforschung zeigen. Auch die Attribute, Symbole und Farben, mit denen sie noch in der christlichen Ikonographie dargestellt werden, deuten in die gleiche Richtung. Am eindrucksvollsten ist das im Südtiroler Dorf Klerant bei Brixen, wo die drei Ampet, Gewer und Bruen genannt werden und goldene Kugeln in den Händen halten, uralte Symbole kosmischer Wandlungskraft, zugleich aber auch weiblicher Weisheit und Kultmacht. Ausserdem hat Ampet auf dem Fresko aus dem 15. Jahrhundert noch eine Kette ohne Anfang und ohne Ende in der Hand. Als Sinnbild des ewigen Kreislaufs von Werden und Vergehen tragen die drei Jungfrauen sie auf vielen Bildern, vor allem in Südtirol, oft auch um den Hals. Und immer sind sie mehr als nur Schmuckstücke, sondern verweisen gerade im kirchlichen Raum auf ihre ursprüngliche Wesenheit und Identität.

Auch die schwarz-weiss-rote Farbsymbolik, in der sie auffallend oft abgebildet werden, zeigt, dass sie in matriarchaler Spiritualität verwurzelt sind. Schwarz-weiss-rot, das waren in vorpatriarchaler Zeit die sakralen Farben des Mondes und der Mondwechsel- oder Zyklusgöttin. Die Farbe schwarz steht dabei für den abnehmenden Mond und den Schwarzmond, für den Herbst des Jahres und des Lebens, für die alte Frau, die weise Alte. Weiss steht für den zunehmenden Neumond, für den Frühling, und die Morgenröte, für die Kraft des Anfangs, für die junge Frau. Rot symbolisiert den Vollmond, den Sommer und die Fülle des Lebens, die erotische Sinnlichkeit der reifen Frau und die nährende Kraft der mütterlichen Erde.

Die Verehrungsgeschichte der Drei Heiligen Jungfrauen

Die Verehrungsgeschichte der drei Bethen zeigt, dass sie im Gewand heiliger Jungfrauen in der Volksfrömmigkeit und im Volksglauben Mitteleuropas vom 12. bis ins 20. Jahrhundert hinein eine zentrale Rolle gespielt haben. Der Dreifrauenkult gehört von daher zu den wichtigsten spirituellen Frauentraditionen unseres Kulturraums. Er war in der Schweiz und in Österreich ebenso zuhause wie in Südtirol, in Deutschland, in Frankreich oder in Luxemburg. Sichtbare, d.h. bildliche oder schriftlich erhaltene Zeugnisse dieses Kults haben sich vor allem in der Eifel, am Niederrhein, in Bayern, in Nord- und Südtirol erhalten. Über die genannten Landschaften hinaus gibt es in ganz Mitteleuropa, von Irland bis zum

Balkan, unzählige Sagen oder Bräuche, die belegen, wie tief die drei Jungfrauen auch nach der Christianisierung Mitteleuropas im religiösen Bewusstsein des Volkes verwurzelt blieben. So handeln z.B. zwei Drittel aller Bayrischen Sagen, die F. Panzer in seiner 1848 erschienenen Sammlung veröffentlicht hat, von drei Jungfrauen oder drei Schwestern, also von den drei Bethen.

Trotz oder vielleicht gerade wegen ihrer grossen Popularität hatte die offizielle Kirche immer ihre Probleme mit den drei Jungfrauen. Dementsprechend wurden sie auch nie in den Heiligenkanon aufgenommen. Viele kirchliche Handschriften, Bussordnungen, Beichtspiegel und Visitationsprotokolle berichten indirekt von der Bekämpfung ihres Kultes und den zahllosen Umdeutungs- und Vereinnahmungsversuchen von Seiten der kirchlichen Obrigkeit. Mancherorts sind sie die einzigen Zeugnisse, die belegen, welch hohen Rang die drei Jungfrauen in der Volksfrömmigkeit hatten und wieviel Widerstandskraft und Oppositionsgeist die Menschen ihretwegen mobilisierten. Weil ihre Popularität trotz aller Sanktionen und Verbote nicht nachliess, haben schliesslich selbst Bischöfe sich darum bemüht, „an der Verchristlichung des altheidnischen Schwesternkultes mitzuwirken und den drei Jungfrauen einen gutchristlichen Namen zu geben."[3]

Diese Aussage bezieht sich auf den Erzbischof Pilgrim, der im 11. Jahrhundert in Köln residierte. Sein Siegel gehört zu den ersten Zeugnissen kirchlicher Verehrung der drei Bethen und belegt, dass Köln eines der ältesten Zentren des Dreifrauenkults ist. Dieses Bleisiegel zeigt auf der Rückseite die drei Jungfrauen. Allerdings werden sie auf der dazugehörigen Inschrift nicht mit ihrem alten Namen benannt, sondern als Spes, Fides und Caritas. Das ist, wie wir wissen, die lateinische Bezeichnung für die drei christlichen Tugenden: Glaube, Liebe und Hoffnung. Ausgerechnet dieses Siegel tauchte im Jahr 1864 im Altarstein der Pfarrkirche von Bettenhoven bei Jülich in der Eifel auf, also einem Ort, dessen Name ohne Frage auf die drei Bethen verweist.

Die Ortsnamenforschung führt auch andere Namen mit der Vorsilbe Bet oder Bett auf die Bethen zurück, z.B. Bedburg in der Eifel, Betwar bei Rothenburg o.T., Betenbrunn am Bodensee, Amperbettenbach in Oberbayern. Aber auch in anderen, vom Dialekt verfärbten Namensformen hat sich die Erinnerung an die Bethen erhalten: z.B. im Bötberg (bei Weilheim in Oberbayern), in Pötschling in Südtirol, in Orten wie Betzenhausen oder Petersdorf, die es in vielen Gegenden gibt. Daraus lässt sich schliessen, dass die drei Frauen ursprünglich einmal vom Niederrhein bis nach Südtirol „die Bethen" genannt wurden, ohne dass Eigennamen eine Rolle spielten. Erst in späterer Zeit scheint diese heidnische Bezeichnung durch „drei Jungfrauen" oder „drei Schwestern" ersetzt worden zu sein, oder auch durch die verschiedensten anderen Namen.

In Weilerswist bei Euskirchen in der Eifel wurden die „drei Schwestern" auf dem sogenannten Swisterberg verehrt und sind dort angeblich auch begraben. In den umliegenden Orten glaubten die Kinder noch vor kurzer Zeit, die Babies kämen aus dem, auf diesem Hügel gelegenen „Swisterturm". Dementsprechend galten Spes, Fides und Caritas, wie sie hier auch hiessen, als Beschützerinnen der Frauen und besonders der Gebärenden. Sie sollten „Fruchtbarkeit des Feldes und gute Ernte schenken, vor Pest, Seuchen, Hunger und Krieg behüten."[4] Vermutlich haben die Frauen und Männer in den Swisterbergen aber trotz der kirchlich verordneten christlichen Umbenennung in den drei Jungfrauen weiterhin jene alte dreigestaltige Gottheit verehrt, die unter den verschiedensten Namen über die Zeiten hinweg hier das Land beschützte.

Gerade in den ehemals keltisch besiedelten Gegenden am Niederrhein fällt die Vielzahl der Namen besonders auf. Das lässt sich an einer, von dem Volkskundler Matthias Zender 1934 erstellten Karte ablesen. Dort werden ca. 50 Orte im Rheinland und in der Eifel aufgeführt, wo die drei Jungfrauen als Spes, Fides und Caritas verehrt worden sind – manchmal gemeinsam mit ihrer Mutter Sophia –, etwa 30, in denen sie Margarethe, Barbara und Katharina hiessen, ungefähr 15, wo sie zu fränkischen Königstöchtern geworden sind und ebensoviele, wo sie unter volkstümlichen Beinamen als die „Drei Marien" galten, die dem Neuen Testament zufolge am Ostermorgen am Grab Jesu erscheinen.[5] Anders als in Tirol oder Bayern sind dagegen ihre alten Bethennamen kaum irgendwo erhalten. An vielen dieser Dreifrauenkultorte im ehemaligen Ubierland links des Rheins, der heutigen Eifel, wurden in den letzten Jahrzehnten Hinweise entdeckt, dass hier in römischer Zeit wie in vielen, ehemals keltisch besiedelten Gegenden Galliens und Germaniens die drei Matronen verehrt worden sind. Auf ihren, aus den ersten beiden nachchristlichen Jahrhunderten stammenden Weihesteinen sind sie in ähnlicher Haltung und Kleidung wie die drei Bethen im Südtiroler Klerant dargestellt. Ihre Attribute gleichen ebenfalls denen der drei Jungfrauen in Klerant: Halsketten oder -reifen mit kreisrunden oder halbmondförmigen Anhängern, grosse runde Früchte, oft deutlich als Äpfel erkennbar, riesige runde Kugeln zu ihren Füssen. Die äusseren beiden Frauen tragen kreisrunde Hauben, die mittlere ist deutlich jünger und hat langes, offenes Haar. Auch die kultische Zuständigkeit der drei Matronen entsprach derjenigen der Bethen. Sie waren, den Inschriften und Abbildungen zufolge Allschenkerinnen, gütige Geberinnen, die alles Belebenden, die Gastfreundlichen, Segensspenderinnen, Schützerinnen alles Lebendigen und Helferinnen in allen Nöten. Sie hatten, wie die Bethen, eine starke Beziehung zu Bäumen und Quellen und wurden in keltischer Zeit vermutlich in heiligen Hainen verehrt. Erst die Römer, die wie überall in ihren Provinzen vorgefundene einheimische Kulte übernahmen und ihrem religiösen Geschmack entsprechend veränderten, sozusagen römisch interpretierten, haben sie personhaft dargestellt und ihnen Weihesteine gesetzt.[6]

In der Eifel und am Niederrhein fällt nicht nur eine grosse Offenheit, Toleranz und Integrationsfähigkeit im Blick auf die unterschiedlichen Erscheinungsformen und Gestaltgebungen der göttlichen Lebenskraft auf. Vielmehr ist mit zunehmender Christianisierung auch hier zu beobachten, wie die aus heidnischer Zeit stammenden religiösen Vorstellungen und Bilder mehr und mehr umgedeutet, vereinnahmt oder dämonisiert wurden. Dass die drei Jungfrauen in der Eifel bereits seit dem 11. Jahrhundert die christlichen Namen Spes, Fides und Caritas trugen und im Lauf der Zeit immer unterschiedlichere Namen bekamen, hatte auch zur Folge, dass ihre ursprünglichen Identität mehr und mehr in den Hintergrund trat und verlorenging. Diese Entwicklung wurde von der offiziellen Kirche bewusst gesteuert und mit vielerlei Mitteln wie z.B. der Umbenennung gefördert. Da sie aber keineswegs überall zum gewünschten Erfolg führte und die drei Bethen weiterhin eine zentrale Rolle im Volksglauben behielten, mussten noch andere Methoden

eingesetzt werden, um sie aus den Herzen der Menschen und aus ihren angestammten Kultorten zu vertreiben. Immer häufiger stossen wir jetzt auf das Phä-
nomen, dass ein männlicher Heiliger herhalten muss, um dieses Ziel zu erreichen.

Wie anfangs am Beispiel von Leutstetten gezeigt wurde, war es mancherorts
der mächtige Apostelfürst Petrus, der an die Stelle der drei Jungfrauen getreten ist.
Aber nicht nur am Starnberger See wurde aus dem ehemaligen Petenbrunn ein
Petersbrunn. Auch in der Nähe von Wien findet sich auf alten Landkarten anstelle
des heutigen Petersdorf ein Bethendorf. Ein ähnlicher „Fall" ist der hl. Nikolaus.
Er übernahm sehr häufig das Patrozinium von Kirchen, in denen ursprünglich die
drei Jungfrauen verehrt worden waren oder weiterhin verehrt wurden, so z.B. in
den Südtiroler Dörfern Klerant bei Brixen oder in Petschied, dessen Name sich
von den Bethen ableitet und soviel wie Bethenwald bedeutet. Selbst in seiner Legende wurde ein Bezug zu den drei Jungfrauen hergestellt. Es heisst dort, Nikolaus habe als Bischof drei Mädchen, deren Vater zu arm war, um ihnen eine Aus-
steuer mitzugeben, vor dem Schandhaus gerettet. Er tat dies, indem er ihnen drei
goldene Kugeln schenkte. Bezeichnenderweise war gerade diese Szene vor allem
im 15. Jahrhundert – der Hauptverehrungszeit der Bethen – ein sehr beliebtes
Motiv. Es stellt fast stereotyp Nikolaus im Bischofsornat dar, wie er die besagten
goldenen Kugeln durch das Fenster ins Schlafzimmer von drei Mädchen wirft, die
nebeneinander in ein und demselben Bett liegen.

Gerade dieses Beispiel zeigt uns, auf welch gekonnt-unverfängliche Weise es
pfiffigen Malerinnen und Malern gelang, die Präsenz der drei Jungfrauen zu sichern, auch wenn z.B. ein bischöfliches Dekret ihnen ihren angestammten Platz in
einer Kirche genommen hatte. Sie wurden kurzerhand ins Bett gesteckt bzw. dort
versteckt. Die Menschen allerdings, die in der Kirche sassen und solche Bilder
betrachteten, erkannten und verehrten auch in den drei Mädchen im Bett nach wie
vor und weiterhin ihre drei altvertrauten „Betten".

Auch die hl. Drei Könige sind in diesem Zusammenhang zu erwähnen. Ähnlich
wie bei Nikolaus oder Petrus wurde ihr Kult offenbar vor allem dort kirchlich for-
ciert, wo sich die Verehrung der alten heidnischen Bethen besonders zäh hielt und
nicht zu verdrängen war. Das genannte Bleisiegel des Kölner Erzbischofs Pilgrim
zeigt anschaulich, wie die Amtskirche im 11. Jahrhundert zunächst versuchte, den
Dreifrauenkult zu verchristlichen bzw. zu vereinnahmen. Nachdem das aber offenbar nicht in der erwünschten Weise gelang, wurden im 12. Jahrhundert die hl.
Drei Könige in Köln „inthronisiert". Erst sie scheinen, Seite an Seite mit der Heiligen Ursula, die drei Jungfrauen nach und nach verdrängt zu haben. Diese Entwicklung ist allerdings eher typisch für die grossen Städte, insbesondere die mit
einem Bischofssitz. Im unmittelbaren Einflussbereich der kirchlichen Obrigkeit
gelang es den drei Bethen kaum, irgendwo zu überleben. Eine Ausnahme ist
Worms, das mit seinen warmen Quellen vermutlich schon in keltischer Zeit ein
Zentrum des Dreifrauenkults war und seinen Namen auf eine der drei Bethen,
nämlich auf Borbet zurückführt. Auch dort gibt es aus dem 11. Jahrhundert kirchliche Belege für eine massive Verfolgung des Kults durch die offizielle Kirche.
Der berühmte Beichtspiegel des damaligen Bischofs Burchard von Worms enthält
nämlich die aufschlussreiche Frage: „Hast du, wie manche Frauen es zu bestimmten Zeiten des Jahres zu tun pflegen, in deinem Haus einen Tisch gedeckt

mit Speise und Trank und drei Messer hingelegt, damit die drei Schwestern sich daran erquicken können...?"[7]

Wie dieses Beispiel zeigt, wurde in Worms nicht nur mit dem Mittel der Vereinnahmung gearbeitet, sondern auch mit handfesten Sanktionen gegen den Dreifrauenkult vorgegangen. Trotzdem haben die drei Jungfrauen, die dort Embede, Wilbede und Warbede heissen, bis auf den heutigen Tag ihren Platz mitten im Dom nicht geräumt, obwohl die Bischofskirche natürlich nicht ihnen, sondern Petrus geweiht ist. Als drei gekrönte burgundische Königstöchter residieren sie dort, fast in Lebensgrösse, in der Nikolauskapelle und wirken lebendiger denn je, was sich u.a. auch daran zeigt, dass Wormser Frauen ihr vor kurzem neugegründetes Frauenzentrum nach Warbede genannt haben. Aber wie schon erwähnt: Worms ist eher eine Ausnahme. Ansonsten waren es nicht die Bürgerinnen und Bürger der grossen kirchlichen Zentren, sondern die Bevölkerung auf dem Land, die sich mit ziemlicher Vehemenz gegen die Vertreibung der drei Jungfrauen und die offiziellen Verdrängungs- und Vereinnahmungsversuche gewehrt hat. So wird z.B. aus dem Südtiroler Meransen berichtet, dass der dort zuständige Brixener Bischof 1650 in einem Visitationsprotokoll mahnte, man sollte die drei Jungfrauen besser Spes, Fides und Caritas heissen. Die Frauen und Männer in Meransen ignorierten diese Anordnung einfach und nennen ihre Jungfrauen bis heute Aubet, Cubet und Quere. Ebenso setzten sie sich darüber hinweg, dass ihnen im selben Schreiben „der Gang zu einem gewissen Baum" verboten wurde.[8] Sie pilgerten auch weiterhin zu ihrer heiligen Linde an der Jungfrauenrast und schmücken bis heute die dort sprudelnde Quelle stets mit frischen Blumen. Aber nicht nur das. Bis heute werden Aubet, Cubet und Quere im Herbst am Sonntag nach ihrem Festtag, dem 16. September, vom Altar gehoben, mit den schönsten Trauben des Eisacktals geschmückt und unter Danksagungen und Gebeten in einem Flurumgang rund ums Dorf getragen.

Damit macht die Bevölkerung von Meransen insbesondere derjenigen ihrer drei Frauen alle Ehre, die nicht zufällig Quere heisst. Woher auch immer diese Namensform sich etymologisch gesehen ableiten mag, für mich klingt in ihr viel von dem widerspenstigen Geist der drei Bethen nach, die in den Augen der Amtskirche vielerorts eher als Querulantinnen eingestuft wurden und sich einfach nicht in das offiziell verordnete Bild christlicher Jungfrauen einfügen wollten. Man hat sie zwar zu Märtyrerinnen gemacht, auch in Meransen, und versucht, ihre kultischen Funktionen auf Fruchtbarkeit, Kinderkriegen und Geburtshilfe zu beschränken, ganz im Sinne des von der Kirche propagierten Frauenbildes. Trotzdem blieben sie, wie im niederheinischen Weilerswist, auch in den Südtiroler Bergen letztlich doch für alles zuständig, was die Menschen auf dem Land bewegte und beschäftigte.

Ähnlich wie in Südtirol hatte die Amtskirche auch in Bayern ihre liebe Not mit den drei populären Jungfrauen. Im niederbayrischen Schildthurn zum Beispiel, einem unweit von Altötting gelegenen Kultzentrum der Bethen, war der Zustrom hilfesuchender Wallfahrerinnen und Wallfahrer noch im 18. Jahrhundert so gross, dass es sogar zu Missständen in der geistlichen Betreuung der Pilger kam, so jedenfalls aus der Sicht des dortigen Dekans. Deshalb wandte er sich 1710 an einen „Amtsbruder" in Schlehdorf am Kochelsee, wo die drei Jungfrauen ebenfalls bereits seit dem 14. Jahrhundert hoch verehrt wurden. Er erbat sich Rat und Hilfe, wie denn an mehr Personal und offizielle Unterstützung des Wallfahrtsbetriebs zu kommen sei. Welchen Bescheid er von dort bekam, ist nicht überliefert. Jedenfalls dachte seine Obrigkeit auch weiterhin nicht daran, ihm bei der Finanzierung eines geregelten Wallfahrtsbetriebs behilflich zu sein. Sie gestattete ihm nicht einmal, den bereits seit dem Jahr 1500 gefeierten Festtag zu Ehren der drei Jungfrauen am 16. September auch offiziell einzuführen. Die Bevölkerung strömte dessen ungeachtet bis ins 20. Jahrhundert nach Schildthurn, um sich bei den drei Jungfrauen Rat und Hilfe zu holen. Insbesondere Frauen, die sich lange vergeblich ein Kind gewünscht hatten, setzten die, früher direkt im Altarraum aufgestellte silberne Wiege in Bewegung und wandten sich an die drei Bethen um Erfüllung ihrer Bitten.[9]

Die Drei Jungfrauen in den Sagen und im Brauchtum

Wie eingangs am Beispiel von Leutstetten dargestellt, lässt sich an vielen Dreifrauen-Kultorten beobachten, dass es neben der kirchlichen Überlieferung noch eine aufschlussreiche Sagentradition gibt. Auch diese ist häufig durch christliche Motive stark überlagert und verformt, dennoch lassen sich bei genauem Hinschauen und Durchdringen der verschiedenen Erzählschichten oftmals überraschend klar die ursprünglichen Züge und das zyklische Wesen der drei Jungfrauen erkennen und identifizieren. Dies zeugt angesichts der jahrhundertelangen massiven Vereinnahmungs- und Verdrängungspolitik der römischen Kirche einmal mehr von der Zähigkeit und Widerstandskraft, mit der die Bevölkerung an ihren überlieferten Überzeugungen und Bräuchen festhielt.

Neben den bereits beschriebenen Versuchen, das Überleben der Göttin und ihre Präsenz auch innerhalb der kirchlichen Traditionen zu sichern, gab es noch einen weiteren Weg, der auf andere Art und Weise dasselbe Ziel verfolgte: nämlich die Säkularisierung ihres Kults. Anders als bei den Heiligenlegenden und den damit verbundenen Riten und Festen wurden in der Sage und ebenso im lokalen Brauchtum Zusammenhänge mit einer heidnischen Religiösität vom kultischen Vollzug abgelöst und „verweltlicht". Die Göttin verliess den kultisch-sakralen Raum, „versteckte" sich in Sagen, Märchen und „weltlichen" Bräuchen und entzog sich so dem Interesse und Zugriff der Kirchenmänner sowie den Nachstellungen der Inquisition. Dieser Rückzugs-Prozess des Weiblich-Göttlichen vollzog sich nach Meinung von Sagen- und Volkskundeforschern etwa ab dem 8. Jahrhundert, wobei sich in der ersten Phase dieser Entwicklung das ursprüngliche Wesen der drei Jungfrauen, auch ihre kultischen Zuständigkeiten noch relativ klar in den Sagen spiegeln und wenig verfälscht sind.[10]

Etwa ab dem 11. Jahrhundert, also in derselben Zeit, in der die heidnischen drei Bethen erstmals in der Gestalt von heiligen Jungfrauen auftauchen, werden auch die Dreifrauensagen mehr und mehr mit christlichen Elementen und Bildern angereichert und vermischt, z.B. mit dem bereits beschriebenen Erlösungsmotiv, das sie zu verzauberten, verfluchten und hilflosen Schlossfräulein macht, die in tiefen

Kellern oder unterirdischen Gewölben auf ihre Erlösung warten. In diesen Zusammenhang gehören die unzähligen, im gesamten Kultbereich bekannten Sagen, welche die drei Jungfrauen als schwarze und weisse, bzw. halb-schwarz und halbweisse Gestalten erscheinen lassen. Der Anteil der Farben soll, herkömmlichen Deutungen zufolge, den Grad ihrer Erlöst- bzw. Unerlöstheit spiegeln und nicht, wie in früheren Zeiten die Zusammengehörigkeit von Tag und Nacht, von hell und dunkel, von Leben und Tod. Das Schwarz-Weiss Motiv ist oft verbunden mit dem des Schätzehütens. Zur Erlösungsbedürftigkeit kommt später noch das Schuldmotiv hinzu, d.h. die drei Jungfrauen sind deshalb verflucht oder in tiefe Keller verbannt, weil sie angeblich eine schwere Schuld begangen haben und Sühne leisten müssen. Noch später werden sie dann zu drei Nonnen, zu frommen Stifterinnen oder – wie im Bayern des 17. Jahrhunderts – zu den drei Heilrätinnen, die einer Gemeinde grosse Wohltaten erweisen und z.B. durch Schenkungen von Wäldern zu Reichtum verhelfen, aber ihr auch soziale Verpflichtungen auferlegen.

Im oberbayrischen Schlehdorf am Kochelsee, wo die drei Jungfrauen Ainbeth, Vilbeth und Walbeth bis heute einen eigenen Altar in der Pfarrkirche haben und jahrhundertelang Ziel christlicher Wallfahrer/innen waren, finden wir, ähnlich wie in Leutstetten, eine Reihe von Sagen, die die unterschiedlichen Strömungen und Einflüsse spiegeln. Eine dieser Sagen erzählt von einem kleinen, in frühesten Zeiten von den drei Jungfrauen bewohnten Kloster. Ungeachtet dessen, dass sie die drei Bethen als christliche Nonnen vorstellt, berichtet die Sage dann weiter „alte Leute sollen sie als Geister gesehen haben: zwei waren ganz weiss, die dritte schwarz mit weissem Schleier, von einem Hündchen begleitet. Diese drei Jungfrauen spannten von ihrer Kapelle bis nach dem hoch liegenden, etwa eine Stunde entfernten Felsen bei Ohlstadt, die Fesch genannt, ein Seil."[11] Dieses Seil, – dessentwegen die „drei Nonnen" von Schlehdorf oft mit den drei schicksalspinnenden Nornen identifiziert werden –, kommt auch in anderen bayrischen Sagen vor, z.B. in Oberigling, das früher zum Bistum Augsburg gehörte. Dort heisst es, die drei Jungfrauen hätten vom Jungfernbüchel, an dessen Fuss der „Frauenwald", ein Weiher und eine Quelle lagen, bis zum Stauferberg ein Seil gespannt.

Der hier erwähnte Frauenwald ist einer derjenigen, von den drei Jungfrauen gestifteten und der Allgemeinheit zur Verfügung gestellten sogenannten Allmendwälder. Dazu heisst es in der Sagensammlung von F. Panzer: Auch im oberbayrischen Oberigling sind es Holz- und Waldgründe, die die „drei edlen und hochgeborenen Jungfrauen, Hayl-Räthin genannt, einer ganzen ehrsamen Gemain oder Kirchenherren" stiften. Zu ihrem „ewigen frommen Andenken" sollen ihnen jährlich ein Jahrtag mit drei heiligen Messen gehalten werden. „Reich und arm, so diese Stiftung genüssen, sollen sich fleissig und andächtig dabei einstellen, und zur schuldigen Danksagung, dem uralten löblichen Gebrauch nach, mit Andacht ein jedes drei schwarz Pfennig opfern." Ausserdem ist der „Herr Pfarrer schuldig, diese Stifterinnen alle Sonntag nach der Predigt ob der Kanzel zu verkünden, und die Pfarrkinder um ein heiliges Gebet anzumahnen."[12]

Als Stifterinnen und „Guttäterinnen" wurden die drei „Heilrätinnen" auch auf dem Heiligen Berg von Andechs und in Kissing bei Augsburg verehrt. Dort soll „die Verkündigung der drei Jungfrauen von Mergentau" sogar noch bis zum Jahr 1925 praktiziert worden sein.[13]

Aus Oberigling erfahren wir auch, wie zäh und beharrlich dort noch Ende des 18. bzw. Anfang des 19. Jahrhunderts Erntebräuche zu Ehren der drei Jungfrauen gepflegt wurden. So wird in Panzers Sagensammlung berichtet, dass die damalige Schlossherrin von Oberigling, eine Frau von Donnersberg, vor der Ernte stets drei stehende Halme fasste, sie unter den Ähren zusammenband, betete und sagte: „Das gehört den drei Jungfrauen." „Dieses tat sie auf allen Äckern, wo Roggen, Weizen und Fesen geschnitten werden sollte, und wo sie selbst nicht hingehen konnte, band sie die drei Kornähren mit weisser Seide zusammen und schickte ein Kind unter sieben Jahren auf das Feld, das die drei Kornähren hinlegte." Dieselbe Frau von Donnersberg hatte auch einen kleinen Ballen Leinwand, welcher, nach ihren eigenen Aussagen, von den Jungfrauen gesponnen war. Wer sie darum bat, dem gab sie ein handgrosses Stück; darauf legte sich die Wöchnerin, um leichter zu gebären."[14]

Gerade in den geschilderten Ernte- und Geburtsbräuchen zeigt sich, dass fromme, kirchentreue Frauen, wie die Schlossherrin von Donnersberg es vermutlich war, ganz selbstverständlich heidnische Magie praktizierten, wenn das Korn eingebracht und ein Kind geboren werden sollte. Und da diese Lebensbereiche dem kirchlichen Verständnis nach eher „weltliche Dinge" waren und im christlichen Kult nur sehr bedingt einen Platz hatten, konnten sie umso freier „Schauplatz" vorchristlicher Riten und Überzeugungen werden bzw. bleiben.

Wie verbreitet und allgemein üblich diese Praktiken noch Anfang des letzten Jahrhunderts und vermutlich darüber hinaus waren, lassen auch andere Berichte erahnen, denen zufolge man Kühen Körbe mit Walderdbeeren und Alpenrosen „für die Fräulein" zwischen die Hörner band, oder, wie in der Marienwallfahrtskirche „Frauenberg" bei Sufferloh in Oberbayern, Flachs und Milch opferte, von denen es hiess, sie würden von den drei Fräulein abgeholt.[15] Auch eine Sage vom Engelstein bei Bergen am Chiemsee erzählt von diesen drei Fräulein, „welche die wilden Frauen genannt wurden", und in tiefen Höhlen wohnten, von denen eine die „Kirche" hiess und der Eingang dazu das „Höhlloch". Bisweilen hörte man aus der Tiefe dieser „Hölle" schönen Gesang. „Von einer Felsspitze zur anderen spannten die wilden Frauen ein Seil, auf welchem sie spielten und tanzten. Das sahen alte Leute oft."[16]

Die beschriebenen Ernte- und Opferbräuche, die Namen, die Wohnstätten und insbesondere das unschuldig-verspielte Verhalten der drei Jungfrauen in den letztgenannten Sagen zeigen, dass diese der ältesten Überlieferungsschicht angehören. In dieser Tradition werden sie als naturmythische Elementarwesen mit magischen Kräften und Fähigkeiten dargestellt, die zwar auch in menschlicher, besser gesagt, in weiblicher Gestalt erscheinen, aber sich ebenso in ein Naturwesen, in ein Tier, in Nebelschwaden oder in Wassertropfen verwandeln können. Damit entsprechen sie den alten Vorstellungen der göttlichen Lebenskraft, wie sie sich insbesondere im keltischen Bereich erhalten haben, viel mehr als die späteren anthropomorphen. d.h. personhaften Darstellungen es tun. In dieser ältesten Sagenschicht werden die drei Jungfrauen Salige Frauen, Wildfräulein, Wildfrauen, auch Wald- oder Erdweiblein genannt. In Südtirol heissen sie auch die Hollendirnen oder Hollenweiber. Ihre Königin ist Holla oder Hulda und sie selbst werden manchmal als „Götterkinder" bezeichnet. Im ladinischen Teil Oberitaliens sind sie die Vivanes.

Von ihnen wird gesagt: „Sie waren duftige, fast durchsichtige Weiber", die bis zum Ende der Welt leben und die Gabe haben, die Zukunft zu deuten.

In einer Sage aus dem Fassatal in den Dolomiten stellt sich eine, von einem Hirten verjagte und gedemütigte Vivana auf einen Hügel, und zwar in „Geistergeste" mit den Händen vor der Brust, so dass die Daumen sich berührten und die Handflächen nach aussen gekehrt waren und sang mit klangvoller Stimme: „O schöne Felsen und Alpen, die uns gehören. Wenn die Leute wüssten, wer wir sind, dass wir Glück, Gold und Liebe in Händen halten, würden wir nicht durch Hunde verjagt werden." In derselben Sage verrät eine alte Frau dem Hirten, der der Vivana nichts zu essen gegeben und sie stattdessen aus seiner Hütte vertrieben hatte: „Mein Lieber, das war die Göttin der Felsen, der Berge und der Wälder, die stets darüber wacht, dass keinem Tier und keiner Pflanze ein Leid geschieht..."[17] So deutlich wie hier wird in keiner aus dem deutschsprachigen Alpenraum überlieferten Sage benannt, um wen es sich bei den, oft in Dreiergruppen auftretenden Saligen handelt. Dennoch zeigen die tiefe Verehrung dieser wilden Frauen, die Vielzahl der Berichte und die nahezu identischen Beschreibungen ihrer Lebensweise und Eigenheiten, dass ihr Kult überall in den Alpen verbreitet und tief in der Volksfrömmigkeit verwurzelt war.

Anders als die schwarzweissen, erlösungsbedürftigen Jungfrauen der späteren Sagen gehören diese mythischen Frauen einer Zeit an, in der das Christentum hierzulande noch relativ wenig Einfluss hatte. Von ihnen wird erzählt, dass sie „lauter Heiden waren, und wer sie hätte bekehren wollen, dem wäre es übel ergangen. Vom Christentum wollten sie nämlich nichts wissen."[18] In Kärnten wurden sie dementsprechend auch die hadnischen (heidnischen) Fräulein oder Frauen genannt. Wenn einzelne Sagen sie trotzdem in einem frommen Licht erscheinen lassen, dann entweder, um sie und ihre Verehrer/innen zu schützen oder zu vereinnahmen. Die Mehrheit der Sagen lässt sie ziemlich unverblümt in der Tradition der Göttin auftreten, auch wenn sie deren Namen nicht nennt.

In diesen frühen Sagen werden häufig Bäume, Haine, Quellen und Bäche als ihre bevorzugten Aufenthaltsorte genannt. Im Südtiroler Schluderns z.B. hielten sich die Saligen gern im „Paradiesanger" auf, einem heiligen Hain, der zu den nachgewiesenen frühgeschichtlichen Kultstätten des Vinschgaus gehört. Sein Name lässt an das Apfelgartenparadies der biblischen Urmutter Eva denken, aber auch an die paradiesische Jenseitsinsel Avalon, in der die Fee Morgana mit ihren neun Schwestern die Geheimnisse von Leben und Tod hütete. In Berg am Starnberger See wird erzählt, die wilden Fräulein hätten in einer Höhle gewohnt, die die Einheimischen das „Schmalzaloch" nannten, weil sie ihnen als Dank für ihre Dienste und erwiesenen Freundlichkeiten dort oftmals Schmalz, Brot und Mehl hinterliessen. Sie lag an einem felsigen Abhang nicht weit vom See entfernt und war von Bäumen und dichtem Gestrüpp fast verdeckt. In der Nähe gab es einen kleinen Weiher, der von einer, später versiegten Quelle gespeist wurde. Die Höhle mündete in einen unterirdischen Gang, der tief in das Innere des Hügels hineinführte.

In Berchtesgaden, dem Garten der amazonischen Berchta, die in den Rauhnächten mit ihrer wilden Jagd druch die Lüfte braust, berichtet die Sage davon, dass am Fusse des Hirschbühels bei Hintersee Felsenhöhlen sind, welche man

Frauenlöcher nennt. „Hier wohnten in alten Zeiten drei wilde Frauen. Früher sahen die Leute oft, wie die wilden Frauen im Hochsommer auf Stangen weisse Kindstüchel aufhingen. An den Frauenlöchern vorbei, unten im Tale, fliesst der schwarze Bach."[19] So wie die Percht der Alpenländer immer eine helle und eine dunkle Seite hat, und nicht nur die leuchtende, strahlende Gabenbringerin verkörpert, sondern auch die furchterregende, „blutige Luz", die den Kindern die Bäuche aufschlitzt und jeden bestraft, der sich ihr widersetzt, so werden auch den Saligen und Wildfrauen sowohl freundliche, helle, als als unerbittliche strenge und dunkle Züge nachgesagt – oder ihre Aufenthaltsorte mit „schwarzen" und „weissen" Namen belegt. Später wird daraus dann das schwarz-weisse Erlösungsmotiv.

Wie die Sagen zeigen, entsprechen die Saligen Frauen in vieler Hinsicht dem ursprünglichen Bild der jungfräulichen, frei umherschweifenden Göttin, das die alpenländische Percht und die mitteldeutsche Holla ebenso verkörpern wie die, eng mit ihnen verwandte griechische Artemis oder die römische Diana. Wie diese werden auch sie als Herrinnen und zugleich Hüterinnen der wilden Tiere beschrieben und gelten insbesondere als Schutzherrinnen der Gemsen, weshalb sie manchmal auch „Gemsenfräulein" heissen. Modern gesprochen sorgen sie dafür, dass das ökologische Gleichgewicht der Bergwelt erhalten bleibt. Sie schützen Pflanzen und Tiere, nehmen Menschen in ihren Dienst, fordern deren Gehorsam den Gesetzen der Natur gegenüber und rächen sich unerbittlich, wenn diese missachtet werden. Häufig wohnen sie in luftiger Höhe in natürlichen Felsenhöhlen hoch oben im Gebirge und hängen dort ihre weisse Wäsche an Sonnenstrahlen auf. Sie halten sich aber auch gern in der Nähe der Menschen auf, gehen Verbindungen mit ihnen ein, arbeiten für sie und verhelfen ihnen zu Reichtum, Glück und Segen.

Das häufig erscheinende Motiv der Segens- und Glücksspenderinnen, das wir schon von den kelto-romanischen Matronen kennen, klingt wie eine anschauliche Beschreibung des Namens der saligen Frauen. Salig oder salic kommt aus dem Althochdeutschen und bedeutet so viel wie heil, ganz, gesund und unverletzt sein an Körper und Geist.[20] Überall, wo die Saligen zuhause waren, wird ihnen eine besondere Vorliebe für Spiel, Gesang und Tanz nachgesagt. Sie hat ihnen z.B. in St. Andrä bei Klerant in Südtirol einen so vielsagenden Namen wie Tinzele-Tanzele eingebracht. Dass ihr Tanzen, Singen und Spielen – sicher auch ihre in manchen Sagen beschriebenen Liebesspiele – mehr waren als ein harmloser, kindlicher Zeitvertreib, zeigt eine Sage aus der Pfalz. Sie stellt die Saligen sowohl in die Tradition der Hexen, wie auch frühgeschichtlicher Frauenspiritualität – und ihren Tanz in einen kultisch-rituellen Zusammenhang, der wie die Gesänge der schwarzweissen Frauen in den unterirdischen Gängen etwas mit der Fruchtbarkeit und dem Kräftehaushalt der Erde zu tun hat: „Ein Bauer aus Ensheim ging früh vor Tagesanbruch an den Siedelwald, um seine Wiese zu mähen. Auf einmal hörte er liebliches Singen wie Stimmen der Vögel. Er schaute sich um und sah, dass aus dem Wald drei Jungfrauen in langen, weissen Gewändern hervortraten und auf der Wiese einen wunderseltsamen Tanz aufführten. Die eine trug einen silbernen Halbmond auf der Stirn." Später fand er an jener Stelle die sogenannten Hexenringe, das sind kleine und grosse Pilze, die im Herbst kreisförmig auf den Wiesen wachsen.

Nicht allzuweit davon entfernt ist ein Felsen, der mit allerlei Frauengestalten und anderen Figuren geschmückt ist; das Volk nennt den Stein Wildfrauenkirche und eine verschüttete Höhle dicht dabei das Wildfrauloch. Alte Leute wissen zu erzählen, „dass daselbst die drei Wildfrauen gehaust haben, scheue Wesen mit langen Haaren und ohne Kleidung. Sie lebten von Wurzeln und Kräutern und stiegen oft zum Bach hinab, um sich die Haare zu strählen. Sonntags versammelten sie sich mit Sonnenaufgang an der Wildfraukirche, um zu beten. Sie waren harmlos und freundlich. Manchmal spielten sie mit ganz kleinen Kindern, die zur Erntezeit von ihren Eltern mit ins Feld genommen waren. Solche Kinder wurden reich und glücklich."[21] In andern Sagen tanzen die saligen Frauen besonders gern im Mondlicht und hinterlassen kreisrunde Spuren im Gras, „wenn sie in den Nebelschleiern der Morgenröte verschwinden und das ganze Land einhüllen."[22] Dort, wo ihre Füsse den Boden berührten, wächst das Gras nach Aussage vieler Sagen besonders dicht. Damit gleichen sie den „nine maidens" der Sagen aus Cornwall, die ebenfalls den Tanz und das Spiel lieben, und wissen, dass sie tanzend und singend die Energien der Erde im Gleichgewicht halten. Erst später, als die drei Jungfrauen zu bösen Hexen gemacht und verteufelt werden, wird ihnen unterstellt, dass dort, wo sie getanzt haben, nichts mehr wächst.

Auch diese Sagen gehören ganz offenkundig zur ältesten, noch kaum zensierten Erzählschicht, in der die Saligen mit den zyklischen Erneuerungs- und Wandlungskräften des Mondes in Verbindung stehen, wie die Göttin früherer Zeiten ihre Gestalt nach Belieben verändern können und sowohl als weibliche Wesen, als eine Art Baum- oder Quellnymphen erscheinen, ebenso aber in Nebelschleiern oder im Wind, der um die Berggipfel braust. Diese Vorstellung einer, die gesamte Natur durchwirkenden göttlichen Kraft ist älter und ursprünglicher als die Bilder einer Göttin oder eines Gottes in Menschengestalt. Noch Kelten und Germanen verehrten solche Gottheiten, die sich jederzeit in ein Tier, in eine Pflanze, in einen Stein, in eine Wolke verwandeln und in dieser Erscheinungsform den Menschen begegnen konnten. Gerade die frühen Dreifrauensagen haben diese Vorstellungen bewahrt und damit auch die Ehrfurcht vor der Natur und das Wissen, dass auch wir Menschen Teil der einen grossen Kraft sind, die in den Blumen ebenso wohnt wie im Stein, im Nachtwind ebenso wie in den Nebelschwaden und den Wolken. Dennoch spiegeln auch diese frühen Sagen keine heile, unzerstörte Welt, sondern erzählen von der zunehmenden Entmachtung und allmählichen Vertreibung der Göttin, die einherging mit Unwissenheit, Gleichgültigkeit, Missachtung und Verachtung, insbesondere durch Männer.

Johann A. Heyl überliefert eine Sage aus Südtirol, in der erzählt wird, die wilden „Mannlen und Fräulein" seien mit den Wiegen auf dem Rücken weinend und wehklagend ausgewandert, nachdem in Samnaun eine Kirche erbaut worden war und zum erstenmal die grosse Glocke läutete.[23] So ist das Leben in den Wäldern, Bergen und Höhlen zugleich auch ein unfreiwilliger Rückzug aus der Alltagssphäre der Menschen und eine Flucht vor der Intoleranz der neuen christlichen Religion und den Auswirkungen der sogenannten Zivilisation. Damit spiegeln die Dreifrauensagen nicht nur die Lebendigkeit und Schönheit, sondern auch den Untergang einer, in matriarchaler Weisheit und Weltsicht wurzelnden einheimischen Frauenkultur. Dementsprechend hört man die drei Jungfrauen in den Sagen des öfteren wehklagen und weinen, weil niemand sie „erlösen" will und kann. Wenn die späteren Sagen so oft das Erlösungsmotiv aufnehmen, dann ist darin, anders als im christlichen Erlösungsdenken, die Aufforderung enthalten, den Schleier des Vergessens zu lüften und die, durch Verschweigen, Verdrängen und Vergessen gebundenen Kräfte „loszulassen", zu „erlösen" und zu befreien – im Sinne der jüdischen Tradition, in der es heisst: Erinnerung ist das Geheimnis der Erlösung.

Jungfräulichkeit als Wesensmerkmal der Drei Bethen

Charakteristisch für die drei Bethen war, dass sie sowohl in ihrer alten, heidnischen Erscheinungsweise in den Sagen wie auch in ihrer späteren christlichen Heiligengestalt überall die drei Jungfrauen genannt und als solche beschrieben und verehrt wurden. All ihre wesentlichen Eigenschaften und Fähigkeiten stimmen mit denjenigen Merkmalen überein, die von alters her mit der jungfräulichen Göttin verbunden worden sind. Ich betrachte ihren Kult von daher in erster Linie als einen Jungfrauenkult und unterscheide mich damit von den Deutungen der meisten Volkskundeforscher. Die grossen Göttinnen aller frühgeschichtlichen Kulturen waren Jungfrauen, auch wenn sie Magna Mater, Grosse Mutter, genannt wurden und Kinder hatten. Insbesondere die Göttin des Anfangs, die Schöpferin der Welt, die weibliche Urkraft wurde überall als Jungfrau verehrt. Die Weltentstehungsmythen vieler Völker erzählen von dieser jungfräulichen Schöpferin, die oftmals deutlich androgyne Züge trug und keinen Mann brauchte, um fruchtbar zu sein, sondern das Leben aus sich selbst heraus gebar. Die ägyptische Isis war eine dieser Göttinnen, ebenso die vorhellenische Eurynome oder die keltisch-irische Brigid.

Zu den auffallendsten Merkmalen und Eigenschaften vieler mythischer Jungfrauen gehörten: eine überragende Geisteskraft, ein scharfer Verstand, Klarheit und Unabhängigkeit des Denkens, zielgerichtetes, eigenständiges Handeln, ein starker Freiheitswille und der Mut, Führung zu übernehmen bzw. eine Autorität zu sein. Diese Eigenschaften spiegeln sich selbst in vielen Heiligen Jungfrauen noch sehr deutlich, insbesondere bei Katharina, die der Legende nach mit ihrer Sprach- und Überzeugungskraft 50 Philosophen zum Christentum bekehrt haben soll und öffentlich erklärte, sie würde nur denjenigen Mann heiraten, der ihr an Klugheit, Schönheit und Reichtum ebenbürtig sei. Einen solchen aber fand sie nicht und blieb eine lose, d.h. ledige und freie Frau. Auch die hl. Ursula, in deren „Gefolge" die drei Bethen vielerorts eingereiht wurden, um ihnen ihre Eigenständigkeit zu nehmen, gehört in diese Kategorie. Als ihr Vater sie verheiraten wollte, stellte sie ihre Bedingungen und liess ihren Freier erst einmal warten. Sie versammelte 11000 Jungfrauen um sich, und „trieb mit ihnen viel Kurzweil auf dem Meer, drei Jahre lang." So jedenfalls erzählt ihre Legende.[24]

Auch die jungfräuliche Göttin und ihre Priesterinnen waren niemals verheiratet. Manche dieser Göttinnen, wie z.B. die kleinasiatische Artemis, leisteten dem Mythos zufolge entschiedenen Widerstand gegen die Einführung der patriarchalen Ehe und gegen die Inbesitznahme der Frau durch den Mann. Ähnliches gilt für die meisten heiligen Jungfrauen, deren entscheidendes gemeinsames Merkmal ist, dass sie nicht heiraten wollen. Allerdings wird ihre Eheverweigerung in den Legenden systemkonform meist damit erklärt, dass sie sich mit Christus verlobt hätten und deshalb keinem Mann gehören wollten. In Wirklichkeit gehörte jede Jungfrau immer nur sich selber. Sie war ungebunden, nicht beziehungslos, eins mit sich selbst, gegründet in der eigenen Tiefe und Kraft. Wenn sie überhaupt auf Männer bezogen war, dann wählte sie ihre Liebhaber selbst. Sie allein entschied, ob sie Kinder gebären wollte oder nicht und wer Vater ihrer Kinder sein sollte.

Jungfrau zu sein war also in erster Linie eine innere Haltung und hatte nicht das geringste mit Enthaltung zutun. Alles, was wir heute mit Jungfräulichkeit verbinden: Keuschheit, Reinheit, sexuelle Enthaltsamkeit, ist eine Erfindung des Patriarchats, keineswegs erst der römischen Kirche. Bereits in der Antike war die Demontage und Verdrängung der autonomen Jungfrau voll im Gang. Aber auch in anderen Kulturen wurde die Göttin zunehmend zur Gattin und damit ihrer ursprünglichen Macht beraubt. Umso erstaunlicher und bedeutsamer ist es, wieviel von dem Wissen um die Macht und die Unabhängigkeit der Jungfrau sich bis ins späte Mittelalter bzw. die beginnende Neuzeit hinein im Kult der drei Jungfrauen erhalten hat. Indem Frauen und auch Männer die drei Jungfrauen allen Widrigkeiten zum Trotz bis in unser Jahrhundert hinein verehrten, leisteten sie bewusst und unbewusst öffentlichen Widerstand gegen die Reduzierung der Frau auf ihr Muttersein und ihren, insbesondere von der kirchlichen Obrigkeit verordneten Rückzug ins Haus und an den Herd. Sie trugen ausserdem entscheidend dazu bei, sich und uns trotz der jahrhundertewährenden und immer noch andauernden Tragödie von Frauenverachtung und Frauenentmachtung das Bild von der Würde, Weisheit, Kraft und Schönheit des Weiblichen zu erhalten und uns Mut zu machen, weiterhin für seine Wiederherstellung zu kämpfen.[25]

Matronenstein im Rheinischen Landesmuseum in Bonn

Drei Jungfrauen/„Königstöchter“ im Dom zu Worms

Die heiligen Drei Jungfrauen in Leutstetten (Obb.), 17. Jahrhundert

Die heiligen Drei Jungfrauen von Klerant, Südtirol, 15. Jahrhundert

Die heiligen Drei Jungfrauen in Meransen, Südtirol, Prozessionsfiguren aus dem 15. Jahrhundert

Heide Göttner-Abendroth

Frau Holle und Frau Venus in Thüringen

Grosse Göttinnen des Matriarchats in Mitteldeutschland

Thüringen ist meine Heimat und das Land meiner Kindheit. Als zwölfjähriges Mädchen musste ich es mit meinen Eltern verlassen, und erst nach vierzig Jahren kehrte ich auf einer Forschungsreise dorthin zurück. Ich entdeckte es nun unter der Perspektive der Matriarchatsforschung mit Herz und Augen neu. Darum ist es mir eine besondere Freude, ihm diesen Beitrag widmen zu können.

Im Zentrum Mitteleuropas gelegen, ist Thüringen durch die verschiedenen kulturellen Epochen der Jahrtausende ein prägendes Land gewesen. Im Mittelalter war der Sitz des Landgrafen von Thüringen, die Wartburg bei Eisenach, ein Glanzpunkt der höfischen Kultur, alle berühmten Dichter-Sänger gingen hier ein und aus, manche grossen Werke nahmen von dort ihren Ausgang. Auf der Wartburg lebte zur selben Zeit die Landgräfin Elisabeth, die später zu einer weithin verehrten Heiligen wurde. Im 16. Jahrhundert begann in Thüringen durch Martin Luther, der die Bibel auf der Wartburg ins Mitteldeutsche übersetzte, die Reformation. Im 18. Jahrhundert war die Fürstenstadt Weimar mit Goethe und Schiller das Zentrum der dichterischen Klassik.

Wenn wir geschichtlich weit vor diese späteren Epochen zurückgehen, bis in die Zeit vor der Entwicklung der patriarchalen Gesellschaft, so stossen wir auf die Verehrung Grosser Göttinnen in Thüringen (neolithische Epoche). Diese Göttinnen-Verehrung aus einer matriarchal geprägten Gesellschaftsordnung (jungsteinzeitliche Ackerbaukultur) hinterliess ihre Spuren in Volkserzählungen, Sagen und Bräuchen, die sich auf bestimmte Plätze beziehen, welche als Kultorte identifiziert werden können. Und diese Spuren reichen bis in sehr späte patriarchale Zeiten. Denn als die Brüder Grimm im 19. Jahrhundert in Hessen und Thüringen Mythen der Frau Holle sammelten, war diese Gestalt für die alten Frauen als den Gewährspersonen der Forscher keine Märchenfigur, sondern eine mütterliche, besonders die Armen beschützende Macht, an die sie noch immer glaubten. Zur harmlosen Märchenfigur im Sinne einer freundlichen, rechtschaffenen Hausfrau wurde diese Göttin erst durch die Brüder Grimm gemacht.

Frau Holles Berge in Hessen und Thüringen

Welch mächtige Gestalt Frau Holle in den Zeiten vor den Brüdern Grimm gewesen ist, soll an zwei von ihr überlieferten Mythen verdeutlicht werden; die eine stammt aus Hessen, die andere aus Thüringen.[1] Die Holle-Mythe aus Hessen zeigt sie als Wettermacherin, die sie auch im bekannten, sog. „Märchen" von der Goldmarie ist, wo sie durch Schütteln ihrer Betten den Schnee fallen lässt. Zugleich wird sie als Schützerin der Guten und Bestraferin der Bösen sichtbar, eine richtende Funktion, die sie in vielen ihrer Mythen innehat. In „Der Honighof bei Wickenrode" (Wickenrode liegt am Meissner, dem Holle-Berg) tritt sie als bettelndes, altes Mütterchen auf, eine Rolle, die sie oft annimmt, um die Menschen zu prüfen. Sie nähert sich dem Hof des reichen Honigbauern, der alles im Überfluss hat, und die junge Tochter des Hauses schenkt ihr sogleich eine Mahlzeit. Da kommt der geizige Vater mit seinen hartherzigen Söhnen vom Feld zurück, schlägt die Tochter und will die Bettlerin mit den Hunden davonjagen. Diese aber löst sich in Rauch auf, der schliesslich den ganzen Himmel verfinstert, bis aus den Wolken die Blitze zucken und den Honighof mitsamt seinen Bewohnern verbrennen. Nur das schenkende Mädchen bleibt am Leben, friedlich fand man sie im Garten unter einem Birnbaum schlummernd, beschützt von einer weissen Frau.

Hier straft die Göttin diejenigen, welche das nicht teilen wollen, was ihnen doch erst durch ihre Huld geschenkt worden ist, denn Frau Holle ist eine segnende Göttin, die das Land ergrünen und fruchtbar werden lässt. Die radikale Art ihrer Strafe erinnert an die sanftmütigen Grossen Göttinnen Demeter und Isis, die nach langer Geduld auch zornig wurden und alle Fruchtbarkeit auf der Erde verdorren liessen, als ihre Kinder bedroht waren.

Die andere Mythe schildert Frau Holles nächtliche Überfahrt über die Saale im Winter, einen Fluss in Thüringen, und darin ist sie die geheimnisvolle Führerin der Seelen aller Gestorbenen und Ungeborenen, die sie in Gestalt von Kindern umgeben. In „Der Heimchenkönigin Überfahrt über die Saale" hört ein alter Fährmann um Mitternacht einen Geisterruf, und als er zum Ufer tappt, wo sein Kahn ruht, sieht er auf der anderen Seite eine Riesin stehen. Sie hat ihren Mantel wie ein Zelt schützend über eine grosse Schar von „Heimchen" oder Kinderseelen gebreitet und begehrt die Überfahrt. Den Fährmann gruselt es, doch wie von höherer Macht gezwungen, muss er die Geisterfracht über den Fluss holen, dreimal rudert er hin und zurück. Dann zieht Frau Holle mit ihren Heimchen weiter durch den Winterwald, ihm ein paar Goldkörner als Fährlohn hinterlassend.

Hier tritt Frau Holle als Unterweltsgöttin hervor, welche die Seelen hütet und über Tod und Wiedergeburt bestimmt. Damit gleicht sie anderen Schwarzen Göttinnen, wie wir sie weltweit in mächtigen Gestalten antreffen. Es fügt ihren dritten Aspekt zu den anderen beiden hinzu: Als Wettermacherin ist Frau Holle die Herrin des Himmels, was ihren Aspekt der *Weissen Göttin* zeigt. Als Erdmutter, welche die Felder und Obstbäume segnet und ihnen Fruchtbarkeit schenkt, zeigt sie den Aspekt der *Roten Göttin*. Und als Hüterin der Seelen in der Unterwelt tritt ihr Aspekt der *Schwarzen Göttin* hervor. Diesen drei Aspekten entsprechen die Varianten ihres Namens. Als „Helle" oder „Holla" ist sie die Weisse Frau auf den Berggipfeln; als „Hulde" oder „Hulda" wohnt sie in geweihten Bäumen und ihrem

„Hollerbusch" (Holunder) oder zieht durch das Land und lässt es ergrünen; als „Hel" ist sie die Göttin des Todes und der Unterwelt. Deren Reich liegt am Grunde von Seen, Teichen und Brunnen, auch in der „Höhle", die im Christentum zur „Hölle" dämonisiert wurde. So finden wir in Frau Holle die Dreifaltige Göttin der jungsteinzeitlichen matriarchalen Kultur wieder (10000 bis 2000 v.u.Z.), sie ist die alte, vorgermanische und vorkeltische Grosse Göttin Mitteleuropas.[2]

Wie jede Grosse Göttin besitzt sie zahlreiche Kultstätten in den Landschaften Nord- und Mitteldeutschlands, Bayerns, Böhmens und Tirols. Die wichtigste von diesen ist der Hohe Meissner, der heilige Holle-Berg bei Kassel, nahe an der westlichen Grenze zu Thüringen. Er ist eine isolierte, jähe Erhebung von 750 m mit einem Hochplateau aus Basalt, in welchem Mulden sich zu Hochmooren und einem kleinen See, dem „Frau Holle-Teich", verwandelt haben. Eine besondere Flora war dem Meissner zu eigen, sie trug alpinen und subarktischen Charakter, doch ist sie durch den heutigen Braunkohleabbau auf dem Meissner weitgehend zerstört. Diese Flora weist auf ein kaltes Klima auf dem Hochplateau hin, denn durch seine exponierte Gestalt trägt der Meissner viel früher schon und viel später noch Schnee als die übrige Umgebung. So erscheint er häufig als ein weisser Berg, worauf sein vermutlich richtiger Name „Weissner" statt „Meissner" hinweist, und damit entspricht er dem Charakter der Holle als Weisser Göttin des Himmels.

Von ihrem heiligen Berg sandte sie der Sage nach den Schnee ins Land, indem sie die Betten schüttelt, und vom „Holle-Teich" auf seinem Plateau wird berichtet, dass er als Eingangstor zu Frau Holles unterirdischem Reich galt, wo sie die Seelen hütet (Abb. 1). Sie selbst zeigte sich manchmal als nebelhafte Weisse Frau auf dem See, oder man vermeinte in der Tiefe des Sees ein dumpfes Grollen zu hören. Dabei war ihre Unterwelt nicht schrecklich, sondern ein Paradies voll Gold und funkelnden Steinen, wo Frau Holle unterirdische Wiesen und Gärten hatte, und vielerlei Speisen, Kuchen und Blumen täglich ihre Tafel deckten. Dort war sie umgeben von den singenden, musizierenden Seelchen, die man sich manchmal greisenalt wie Zwerge, meist jedoch jung und zart wie Kinder vorstellte. Wie sie die Menschen auf der Oberwelt ernährte, so ernährte sie die Seelen in der Unterwelt bis zu ihrer Wiedergeburt, denn sie war die Mutter des Lebens im Diesseits und Jenseits.

Ein reicher Volksglauben und viele Bräuche ranken um den Meissner bzw. Weissner, welche der Frau Holle gewidmet waren. So pflegten junge Frauen Blumen in den Teich und in die Gewässer um den Berg zu streuen oder sogar ein Bad darin zu nehmen, wovon sie nach altem Glauben schwanger wurden. Denn im Holle-Teich schwammen die Seelchen oder sassen auf den Seerosenblättern, so konnten sie leicht in eine badende Frau schlüpfen, um wiederverkörpert zu werden. Diese Auffassung entspricht dem Wiedergeburtsglauben matriarchaler Kulturen weltweit, nach welchem Kinder wiedergeborene Ahn/innen sind, die an heiligen Ahnen-Steinen (Megalith-Gräber) oder an Kultplätzen und Kultwassern der Göttin abgeholt werden können. Insofern ist eine Pilgerfahrt zu einem Teich, See oder Brunnen der Frau Holle auch eine Initiationsreise, welche ein Mädchen in eine junge Frau verwandelt, die um das Geheimnis des Lebensursprungs weiss (vgl. das bekannte Goldmarie-Märchen). Doch auch auf dem Fernwege konnte Frau Holle ein Seelchen zu einer Frau senden, die Mutter zu werden wünschte.

Abb. 1 Frau Holle Teich auf dem Meissner/Weissner.
(Foto B. Schulz, Tagungshaus Schwalbenthal)

Dazu schickte sie ihren Seelenvogel aus, den Storch, der mit den Farben weiss-rot-schwarz ihr heiliger Vogel war. Sein alter Titel „Adebar" (althochdeutsch: „oda-baro") bedeutet „Segenbringer", denn er brachte Reichtum, Glück und Kindersegen ins Haus. Um dies zu erreichen, legte die junge Frau Kuchen oder Süssigkeiten aufs Fensterbrett (Thüringen) oder richtete einen Gabentisch für die Holle her (Bayern).

Doch nicht nur unmittelbar westlich von Thüringen auf hessischem Gebiet hatte Frau Holle einen heiligen Berg, sondern auch im Norden und im Süden Thüringens. An seiner Nordgrenze bei Frankenhausen liegt der Kyffhäuser (477 m), ebenfalls ein isolierter Inselberg. Er birgt mit ihren 1300 m Länge die grösste

Karsthöhle des südlichen Harzvorlandes, an die sich die Sage von Kaiser „Barbarossa" (Friedrich II.) knüpft: Der Kaiser schlafe darinnen bis zu seiner Wiedererweckung, um danach die mittelalterliche Kaiserherrlichkeit wiederherzustellen, und während seines langen Schlafes wachse sein roter Bart durch den Tisch, an dem er sitze. Diese Sage ist eine spätere, historische Schicht über einen viel älteren Sachverhalt. Denn Frau Holle lebt nach dem Volksglauben auch im Kyffhäuser, aber sie schläft nicht. Angeblich führt sie dem schlafenden Kaiser den Haushalt, dem sie mit ihrem grossen Schlüsselbund am Gürtel vorsteht. An seiner Stelle nimmt sie musikalische Ehrenbezeugungen in Empfang, gibt Geschenke und sendet prophetische Warnungen.[3] Nun ist die Gestalt der Frau Holle in Deutschland viel älter als jeder mittelalterliche Kaiser, so dass der Kyffhäuser früher vermutlich ebenfalls ein Frau Holle-Berg war. Für einen alten Kultplatz der Göttin sprechen archäologische Funde aus der frühen Bronzezeit, die in der sog. „Barbarossa-Höhle" gemacht wurden.

Eine solche tiefe Höhle in einem isolierten Berg ist im matriarchalen Weltbild der Schoss der Erdmutter, während der Berg ihren schwangeren Bauch darstellt. Diese archaische Symbolik kommt weltweit vor, jedes megalithische Grossgrab folgt in seiner Architektur demselben Gedanken: Eingang und Grabkammer sind Vagina und Uterus der Erdgöttin und der künstlich darüber aufgeschüttete Erdhügel ihr schwangerer Leib. Denn nach dem sehr konkreten Wiedergeburtsglauben der matriarchalen Kulturen schlafen die Toten, die in Embryonalhaltung dort hinein gebettet werden, im Schoss der Erde, aus dem sie eines Tages als Kinder wieder ins Leben hinausgeboren werden. Nichts anderes besagt letztlich die mittelalterliche Barbarossa-Legende: Der tote Kaiser schläft wie ein Kind im Leib der Erdmutter, bis er von ihr als Hoffnungsträger wiedergeboren werden wird. Solche Kaisersagen sind mit mehreren Höhlen und Bergen in Deutschland verbunden, was jedesmal ein deutlicher Hinweis auf eine alte Kultstätte der Erdmutter ist.

Frau Holle im Kyffhäuser ist die Erdmutter selbst als die Hüterin der Seelen in der Unterwelt und nicht die Hausverwalterin des Kaisers. Sie handelt, wie es für eine Göttin typisch ist: sie nimmt Huldigungen entgegen, gibt Geschenke und Orakel. Der Kaiser hat in dieser Konstellation die Rolle eines Kindes, das sie im Schoss trägt. Und die Szene zeigt zugleich eine schlichte Naturtatsache und ein matriarchales Symbolbild: dass nämlich das Männliche nie durch sich selbst, sondern nur durch das Weibliche in die Welt kommen kann. Das wurde in späterer patriarchaler Zeit verwischt, indem die Göttin zur kaiserlichen Hausfrau herabgewürdigt wurde.

Es ist zu vermuten, dass die Kyffhäuser-Höhle in frühgeschichtlicher Zeit ein Begräbnisplatz für die heiligen Heros-Könige der Göttin war, die in ihren Schoss zurückkehrten, um glücklich wiedergeboren zu werden. Nur so ist es verständlich, dass sich die viel spätere Kaisersage um Barbarossa hier anlagern konnte, die – wie die anderen Kaisersagen auch – noch denselben symbolischen Gehalt vom schlafenden Heros-Sohn im Leib der Göttin transportiert.

Am Busen der Göttin

Im südlichen Thüringen, im abgelegenen Gebiet zwischen Thüringer Wald und Rhön, heisst die Gegend „Grabfeld". Wie auch immer dieser Name erklärt wird, so korrespondiert er doch mit der Tatsache, dass diese Gegend mit Gräbern aus frühgeschichtlicher Zeit (2200-1700 v.u.Z.) geradezu übersät ist. Sie gilt als das grösste archäologische „Bodendenkmal" in Deutschland und zählt zu den bedeutendsten Gebieten dieser Art in Mitteleuropa (Abb. 2). Ganz besonders dicht werden die Hügelgräberfelder und andere frühgeschichtlichen Anlagen in der südlichen Ecke bei Römhild. Hier besuchte ich eins dieser Gräberfelder bei dem Dorf Merzelbach, wo im dichten Wald über cirka einen Quadratkilometer Hügelgrab an Hügelgrab wie Pocken auf der Haut der Erde liegen, die allermeisten von ihnen noch unerforscht.

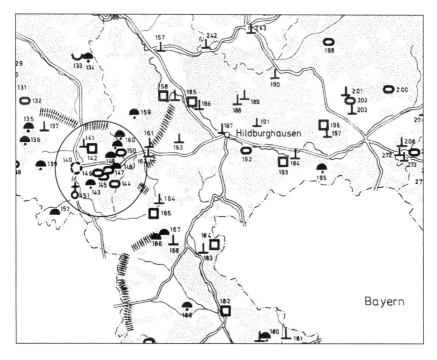

Abb. 2 Ausschnitt aus dem thüringischen Grabfeld mit seinen Bodenfunden;
Kreis kennzeichnet die Gleichberge und ihre Umgebung.

Was machte dieses treffend bezeichnete „Grabfeld" für die Menschen der Jungsteinzeit und Bronzezeit so anziehend, dass sie hier sehr dicht siedelten und es zu einem sakralen Feld für ihre Toten umwandelten? Wir wissen es nicht genau, doch die windgeschützte Lage im Dreieck zwischen Thüringer Wald und Rhön könnte dazu beigetragen haben. Für den archäologischen Reichtum bei Römhild ist die Antwort leichter, denn sie steht buchstäblich ragend in der Landschaft, ob man nun von Hildburghausen aus schnurgerade gen Westen fährt oder von Römhild aus gen Osten: es sind die beiden Gleichberge. Sie stehen als zwei ebenmässige, fast gleichhohe, sehr schön geformte, isolierte Kegel unmittelbar nebeneinander (678 m und 642 m) und sind in der Tat überaus gleich.[4] Als ich diese Zwillingsberge sah, erkannte ich ihre symbolische Bedeutung für die damalige matriarchale Kultur sofort: sie sind zwei perfekte „Busenberge". Ähnliche „Busenberge" gibt es in Irland, wo zwei völlig gleiche, runde Kuppen die „Brüste der Göttin Danu/Anu" genannt werden.

Hatten wir auf dem Meissner/Weissner und dem Kyffhäuser den geheimnisvollen Schoss der Erdmutter gefunden, so waren diese Berge nun ihre Brüste. Denn die matriarchalen Menschen lasen die Landschaft symbolisch, und so offenbarte ihnen die Erdgöttin überall die Formen ihrer schöpferischen Weiblichkeit. So ist es kein Wunder, dass die Menschen der damaligen Kultur am liebsten am Busen der Göttin begraben sein wollten, um dort im Tod zu ruhen (vgl. das Gräberfeld bei Merzelbach direkt am Fuss des Grossen Gleichberges). Die Erdgöttin nährte sie nach damaligem Glauben auch im Tod aus ihren Brüsten, wie es die ägyptische Hathor mit den Toten zu tun pflegte, bis sie ihnen die glückliche Wiedergeburt schenkte.

Die grosse Bedeutung der beiden Gleichberge für die matriarchale Kultur lässt sich vor allem daran ablesen, dass jeder auf seinem Gipfel eine frühgeschichtliche Kultanlage trug. Auf dem Grossen Gleichberg ist davon nicht viel übrig geblieben, doch auf dem Kleinen Gleichberg ist sie noch relativ gut erhalten. Sie wird heute lapidar „Steinsburg" genannt und ist in der Tat eine gewaltige Anhäufung von schwarzen Basaltsteinen in vielfachen Ringen um den Gipfel. Leider wurde diese imposante Anlage in jüngerer Zeit als Steinbruch benutzt, bis die staatliche Denkmalspflege diesem Unwesen Einhalt gebot.

Gemäss archäologischen Funden (vgl. Steinsburg-Museum) wird die Anlage den Kelten zugeschrieben, die aus „militärischen Gründen" die ersten Ringwälle um mehrere erweitert haben sollen. Diese Interpretationsweise ist typisch für solche Anlagen und nur halb richtig. Denn das symbolische Lesen der Landschaft und das Bebauen mit ergänzenden Symbolen, was den sakralen Raum einer Kultlandschaft herstellt, ist nicht den Kelten eigentümlich, sondern der um Jahrtausende früher anwesenden jungsteinzeitlichen Ackerbaukultur matriarchaler Prägung. Für diese ist die Landschaft Ausdruck des Leibes der Erdmutter, wird als solche in ihren weiblichen Formen erkannt und ist heilig. Die in späteren Einwanderungswellen ankommenden frühpatriarchalen Kelten und Germanen haben sich dieser alten Kultberge und -plätze bemächtigt und sie für ihre Zwecke umfunktioniert. Nicht immer haben sie dabei „Militäranlagen", „Fluchtburgen" oder „strategische Stützpunkte" daraus gemacht, wie es der heutige eingeengte Blick sieht, der offenbar nur in Kriegskategorien wahrnehmen kann. Häufig wurden jungsteinzeitliche Kultplätze auch bei Kelten und Germanen und noch später in christlicher Zeit als Kultstätten weitergeführt, allerdings mit wechselnden Gottheiten.

Das gilt auch für den Kleinen Gleichberg, denn die Anwesenheit einer (zerfallenen) St. Michaelskapelle auf seinem Gipfel weist auf einen Kultort hin und nicht auf eine „Militäranlage". Der Missions-Engel Michael tötet im Drachen symbolisch die alte Religion, die nun das „Böse" verkörpert; auf diese Weise wird eine alte Kultstätte christlich vereinnahmt. Und die Steinsburg muss eine so bedeutende Kultstätte gewesen sein, dass sie den Bau der Michaelskapelle notwendig machte. Hinzu kommt ein reich ausgestattetes keltisches Frauengrab (Steinsburg-Museum), das von der sakralen Bedeutung der Schmuckstücke her das Grab einer Priesterin noch in keltischer Zeit gewesen sein könnte. Sehr aufschlussreich ist ausserdem die christliche Abwehr-Legende, die den Bau der Steinsburg dem Teufel binnen einer einzigen Nacht zuschreibt; dabei soll ein höllischer Feuerschein weithin zu sehen gewesen sein.

Dieser „teuflische" Feuerschein ist leicht erklärbar, denn auf den Gipfeln von Kultbergen wurden zu Beginn der grossen Mysterienfeste der matriarchalen Kultur rituell Feuer angezündet (heute noch als Bräuche: Osterfeuer, Maifeuer, Sonnwendfeuer, „St. Martins"-Feuer). Diese Feuer dienten gleichzeitig dem praktischen Zweck der Kommunikation mit anderen Kultbergen, die in sichtbarer Entfernung entlang bestimmter Sichtlinien lagen. (In der englischen Forschung heissen sie „Leylinien".) Das war die jungsteinzeitliche Art von Fernverständigung, die für eine bestimmte Region recht schnell ging. Und zwei so isolierte und landschaftsbeherrschende Berge wie die Gleichberge boten natürlich ideale Sichtlinien bis zur Rhön und zum Thüringer Wald.

Ausser dieser rituellen und praktischen Erklärung des „Teufelsfeuers" auf der Steinsburg gibt es noch eine symbolische, die mit dem Drachen-Motiv zusammenhängt. Denn in vielen Sagen und Märchen speien die Drachen Feuer, weshalb das Feuer auf der Steinsburg auch das „Drachenfeuer" gewesen sein könnte, eben das sakrale Feuer der alten Religion, die den Drachen als Symbol hatte und die St. Michael so eifrig vernichten musste. Die Drachensymbolik liegt in der Tat nahe, wenn man sich die Gestaltung der Ringwälle der Steinsburg anschaut: Sie verlaufen von unten nach oben in riesigen, insgesamt 10 Kilometer langen Wällen um den gleichmässig geformten Berggipfel und sind dabei keineswegs immer in sich geschlossene Ringe. Sie erscheinen wie der mächtige Rücken eines spiralig gewundenen Drachens. Man kann daher ihren Windungen zum Gipfel hinauf folgen wie bei einer Prozessions-Begehung, die niemals schnurgerade zum Heiligtum führt. Durch keltische Erweiterungen und besonders die jüngsten Zerstörungen ist dieser Weg allerdings schwierig zu finden, man kann sich leicht im Labyrinth der Basaltwälle verirren.

St. Michaelskirche, „Drachen" und Labyrinth sind nun eine Bedeutungsgruppe, die sich genauso bei dem berühmten Labyrinth von Glastonbury Tor in Südengland wiederfindet, das erwiesenermassen eine neolithische Kultstätte von höchster Bedeutung gewesen ist. Der Labyrinthweg führt ebenso in Schleifen, hier geschaffen durch Bodenterrassierung, den Kultberg hinauf, wie es vermutlich bei der Steinsburg gewesen ist, und dadurch entsteht ein „dreidimensionales" Labyrinth. Es symbolisiert gleichzeitig den Weg zur Göttin wie den Weg durch ihre Geheimnisse von Leben, Tod und Wiedergeburt, wobei ein solches Labyrinth immer auch ein Drachen-Symbol ist. Oben auf Glastonbury Tor steht heute noch der Turm der (verfallenen) Michaelskirche. Der Drache oder die riesige Schlange verweist stets auf ein Erdgöttin-Heiligtum, sie sind ihr Zeichen im Sinne der Macht der erdhaften und unterirdischen Kräfte. Auf der Steinsburg ist dieses „Drachen"-Labyrinth aus den Ringwällen geformt, die obendrein aus schwarzen Basaltsteinen bestehen. Basaltgestein weist in der Tat auf mächtige unterirdische Kräfte hin, denn es ist – wie die Gleichberge selbst – vulkanischen Ursprungs. Und schwarz ist die Farbe der Erdgöttin, die zugleich Urmutter alles Lebens wie Göttin des Todes ist (siehe „Grabfeld"). Die Gleichberge wie das ganze Grabfeld sind daher als eine Kultstätte und sakrale Landschaft der Schwarzen Göttin anzusehen, der grossen Umwandlerin vom Leben in Tod und von Tod in Leben.

Die drei Bethen

Was hat nun Frau Holle, deren Spur in Thüringen wir folgen, mit den beiden Gleichbergen zu tun? Allgemein gilt sie als gütige Erdmutter, welche die Menschen ernährt, und ausserdem besitzt sie den Aspekt der Schwarzen Göttin in der Hel, welche die Toten hütet. Doch ihre Spur lässt sich noch konkreter bestimmen, denn ganz in der Nähe der Gleichberge liegt das Städtchen Bedheim mit alter Schlossanlage und bemerkenswerter Kirche. Diese ist mit Frauengestalten ausgestattet, am auffälligsten sind jene auf den Holztafelbildern, welche die Galerie schmücken: Sie sollen die christlichen „Tugenden" darstellen, aber sie sind rot gekleidet, dekolletiert und von Rosen umgeben, was nicht zum Bild von christlichen Tugenden passt. Heiligengestalten kommen nicht mehr vor, da es sich um eine protestantische Kirche handelt. Doch der Name des Städtchens Bed-heim verweist auf einen Platz der Drei Bethen, jenen merkwürdigen verchristlichten drei Jungfrauen Ambet, Wilbet und Borbet, deren Namen auf viel ältere, vorchristliche Zeiten verweisen und die der katholischen Kirche als Heilige nie ganz geheuer waren. Kultbilder der Drei Bethen oder „Drei Ewigen" kommen heute noch verstreut in Südtirol, Bayern, Mittelfranken, Strassburg, Worms und Luxemburg vor. Ortsnamen weisen jedoch auf eine viel weitere Verbreitung im gesamten deutschsprachigen Raum hin.[5]

Ihre Namen wurden folgendermassen erschlüsselt: Die Endsilbe „bet" verbindet sie und bedeutet „beten", wobei „beten" früher nichts anderes besagte als „die Bethen anrufen". Im Mittelalter ist diese vorchristliche Bedeutung noch bekannt, weshalb das mittelhochdeutsche Wort „Bete-hûs" (Bethaus) keine christliche Kirche bezeichnete, sondern ein sog. „heidnisches" Bauwerk, eben einen Tempel der Bethen.[6] Die Silben „am", „wil" und „bor/wor" zeigen die Verschiedenheit der Bethen, die sie in ihrer gemeinsamen Dreifaltigkeit besitzen. Dabei geht „am" zurück auf die in vielen Sprachen verbreitete Ursilbe „ana/anna/anu", die im Vorderen Orient und in Europa die Urmutter bezeichnet, eben die mütterliche Erdgöttin. So heisst die Grosse Göttin in Sumer „In-anna", in Altpersien „Ana-hita", in Altpalästina „Anna", auf Kreta „Dikty-anna". Im Keltischen bedeutet „Ana" die Erde, die Urmutter, im Altirischen „Anu" die Göttermutter, im Deutschen die „Ahne" die Sippenmutter. Auch die Worte „En-kelin/An-kelin" und die Namen

„An-ke" und „Änn-chen" (Ähn-chen) stehen in diesem Zusammenhang; sie bedeuten „kleine Ahne", eben die im Kind wiedergeborene Ahnfrau oder Sippenmutter. „Am-bet" oder „Ana-bet" meint daher die Erde als die göttliche Urmutter. Sie ist eine Personifikation der Erdmutter, sie gilt unter den Drei Bethen als die wichtigste und entspricht der matriarchalen Schwarzen Göttin. Ihre spätere Entsprechung ist die heilige Margaretha, die typischerweise mit einem schwarzen Drachen abgebildet wird.

„Wil" wird von englisch „wheel" abgeleitet, was Rad oder Scheibe bedeutet. „Wil-bet" ist daher die Göttin mit dem Rad wie die heilige Catharina als ihre spätere Entsprechung. Das Rad bedeutet dabei nicht einfach „Sonne" oder „Mond", sondern es bezeichnet das „Rad des Jahres", das zugleich das Rad des Lebens, des Glücks und des Schicksals ist, wie es in den acht grossen Mysterienfesten der matriarchalen Kulturen jährlich gefeiert wird (Acht-Speichen-Rad). Der Zyklus der Feste kommt beim Wintersonnwend-Fest zur Vollendung und heisst dann „Jul", was „Rad" bedeutet. Natürlich ist damit auch die zyklische Zeit gemeint, die durch den Mond- und Sonnenkalender bestimmt wird. Das Rad des Lebens gehört nach matriarchaler Tradition zur Roten Göttin als schöpferischer Frau. Sie ist die Göttin Venus, deren Zeit vom Aufstieg der Fruchtbarkeit bis zu deren Abstieg reicht (Mai bis Oktober). Ihr wird deshalb im Patriarchat, welches den Abstieg nicht akzeptieren kann, als „Fortuna" Unbeständigkeit nachgesagt.

Die Silbe „bor/bar" bedeutet im Keltischen das „Strahlende" und „Leuchtende", und im Mittelhochdeutschen ist es die Silbe „berkt/bercht", welche dieselbe Bedeutung hat. Die altbayerische Göttin „Percht" oder „Berchta" (Frauenname „Bertha") bezeichnet deshalb die „helle, glänzende, strahlende Göttin", und diese ist eindeutig eine Himmlische. Die Grosse Göttin Irlands „Brighde" oder „Brigid(a)" zeigt denselben Typus; in ihrem Namen steckt das englische Wort „bright", ebenfalls das „Helle" und „Strahlende". „Bor-bet" entspricht demnach der matriarchalen Weissen Göttin, sie ist Himmelsgöttin und Schenkerin von Licht und Erkenntnis. Darauf weist der Kelch hin, den sie manchmal trägt, denn er ist der Kelch oder Kessel der Inspiration (auch Augen-Kelch und „Gral"), den schon die Göttin Brigid besass. Ihre spätere Entsprechung ist die heilige Barbara, die Kelch oder Turm/Hügel als Attribute hat. Der Turm oder Hügel gibt ihr den himmelsnächsten Platz, sie ist sozusagen oben auf dem Berg oder Turm und hat die beste Aussicht. Das entspricht ihr als Himmelsgöttin, als Herrin der Sterne und Planeten, wobei der „Turm" auf die jungsteinzeitlichen, auf Hügelkuppen und Bergesgipfeln gelegenen Stern-Observatorien hinweist, jene im Ring stehenden, ragenden Menhire, die so typisch für die damaligen Kultplätze sind. Ihr entsprechen auch die häufig vorkommenden, sagenumwobenen Weissen Frauen oder Fräulein auf Bergen und Türmen.

Die Drei Bethen gleichen damit der Dreifaltigen Göttin des Matriarchats, der Weissen-Roten-Schwarzen, welche ihr uralter Hintergrund ist. Auf ihren noch existierenden Abbildungen sehen wir sie deshalb nicht zufällig im machmal weissen, roten und schwarzen Mantel oder Gewand, wobei die Zuordnung der Namen und Farben nicht mehr einheitlich und konsequent ist. Dies hat wohl mit ihrer jahrhundertelangen Verdrängung und dem damit verbundenen teilweisen Vergessen des genauen Zusammenhanges zu tun. Allgemein gelten sie als Helferinnen bei allen Krankheiten, besonders der Pest, als Helferinnen bei allen Mutter-Problemen wie Unfruchtbarkeit, Geburtsnöte, Kinderkrankheiten und als Helferinnen für die Fruchtbarkeit der Felder. Das sind die Bereiche von sehr alten Muttergöttinnen weltweit, und sie wollen nicht so recht zu drei christlichen „Jungfrauen" passen. Zu Recht wurde deshalb von den Forscher/innen ihre religionsgeschichtliche Verbindung zu den Drei Matronen oder „Drei Müttern" der vorchristlichen Zeit aufgezeigt, von denen im deutschsprachigen Raum über 700 Bilddokumente gefunden wurden.[7] Die Drei Matronen wurden mit Füllhörnern, Obstkörben, Ähren, Zweigen oder Tieren dargestellt, aber sie tragen auch Spindel und Spinnrocken in den Händen. Sie galten als gütige Göttinnen, die in allen Belangen für die Menschen sorgten, was ihre Anrufungstitel wie „Schützerinnen von Leben und Menschen", „Allhelferinnen", „Allschenkerinnen", „Mütter der Völker" aussagen. Sie waren wesentlich Geburtsgöttinnen, aber auch Schicksalsgöttinnen mit dem Titel „Schicksalsweberinnen", denn sie hielten den Kreislauf von Leben, Tod und Wiedergeburt in der Hand. Sie sind aus der keltisch-römischen Zeit belegt, und ihre spätere Entsprechung sind die südgermanischen „Disen", die göttlichen Frauen.

Doch auch die sog. „keltisch-römischen" Matronen haben ihren Ursprung weder bei den patriarchalen Kelten noch bei den patriarchalen Römern (der Matronen-Kult war in Rom unbekannt!), sondern sie reichen zurück bis zur Grossen Muttergöttin in dreifacher Gestalt aus der vorindoeuropäischen, jungsteinzeitlichen Epoche des Matriarchats. Im später deutschsprachigen Raum war dies die gütige Grosse Göttin Holle, die als dreifache Holla-Hulda-Hel in Erscheinung tritt, wahrhaft eine „Ewige". Sie steht hinter den Matronen und hinter den Bethen. Darauf weisen die Motive Ähren und Obstschalen sowie Spindel und Rocken bei den Matronen hin, denn Frau Holle ist sowohl eine Nahrungsschenkerin wie eine Schicksalsspinnerin (vgl. die Symbole Äpfel und Brot sowie die Spindel noch im Goldmarie-Märchen). Bei den Bethen sind es aus den Legenden bekannte typische Handlungen, die auf Frau Holle verweisen: So schütteln sie ihre Betten, wenn es schneit (Sage aus dem Schwarzwald), sie sind also wie die Holle Wetterfrauen. Die Drei Bethen treten auch als „Bettelweiber" auf, um die Herzen der Menschen zu prüfen; dasselbe pflegt Frau Holle in ihren Mythen zu tun. Und Ambet als Personifikation der Erde hat Brunnen und Teiche, aus denen Frauen die Kindlein holen, ebenso birgt sie in ihren Höhlen die Toten. Diese vornehmste der Bethen ist darin mit Frau Holle identisch.

Das thüringische Grabfeld hat viel mit den Bethen zu tun, und das Städtchen Bed-heim bei den Gleichbergen war vermutlich einst ihr Kultort. Insbesondere tritt hier Ambet hervor, welche als Schwarze Göttin die Toten schützt. Denn der Name eines Dorfes dieser Landschaft lautet „Gleichamberg". Das Dorf liegt ganz simpel „gleich am Berg", nämlich direkt zu Füssen des Grossen Gleichberges, doch sein Name enthält die verräterrische Silbe „Am", was auf Ambet verweist. Das Wort „Gleich-Am-Berg" kann daher genauso besagen, dass es sich hier um Ambets Gleichberg(e) handelt, dieser ihrer in Mitteleuropa einzigartigen Kultstätte. Die Berge und die umliegende Kultlandschaft repräsentieren daher die gütige Urmutter Erde, die wir nicht nur in Ambet, sondern davor in den Drei Matronen (besonders der dritten) und noch davor in der Grossen Göttin Holle in ihrem dritten Aspekt als Hel wiederfinden.

Die Höhle der Frau Venus

Dem geschichtlichen kulturellen Zentrum Thüringens, der Wartburg bei Eisenach an der Westspitze des Thüringer Waldes, liegt in Sichtweite gegenüber die seltsame Felsrippe des Hörselberges (484 m). Sie besteht aus weissem Kalkstein, steigt im Norden sanft an, von Laubwald bewachsen, und fällt im Süden steil, nackt und zerklüftet ins Tal des Flüsschens Hörsel ab. Der Hörselberg hat ein eigenes, besonders mildes Klima, denn der Kalksteinfels speichert die Sonnenwärme. Daher besitzt er ein seltenes und schönes Pflanzenkleid, er ist reich an Apfelbäumen und wilden Rosenbüschen, und es duftet intensiv nach Kräutern, wenn man hinaufsteigt. So steht er in scharfem Kontrast zur eher kalten Nordseite des Thüringer Waldes mit seinen dunklen Tannenwäldern, er stellt ein Paradies voller Lieblichkeit und Vogelgezwitscher dar, ein richtiger Garten der Frau Venus.

Der heilige Berg der Roten Göttin, die alles zum Blühen und Fruchten bringt, muss er schon seit sehr alter Zeit sein. Die mit ihm verknüpfte Sage von Frau Venus, die den Ritter und Sänger Tannhäuser in ihrer Grotte im Berg in Liebesbanden hält, ist davon ein später Widerschein. Diese Grotte lässt sich noch heute im Hörselberg, von dessen oberen Kamm man eine herrliche Aussicht bis zur Wartburg geniesst, auffinden; sie liegt in der südlichen Steilwand und kann über einen schmalen Fusspfad erreicht werden. Zuerst kommt man zu einer vorderen Höhle, die lang und nur so hoch wie eine stehende Person ist, sie liegt wie eine „Wächterin-Höhle" vor der eigentlichen Kulthöhle. Diese verlangt noch ein beträchtliches Stück Weges, dann öffnet sie sich plötzlich als ein hoher Felsspalt, nach oben spitz zulaufend wie eine gotische Kirche. Ihre Grösse und die weissen, zart im Licht schimmernden Kalkfelsen, senkrecht nach oben gerippt wie ein kunstvolles Muster, machen beim ersten Anblick fast atemlos. Die Grotte ist viel höher als tief, bis in die rosig schimmernde Kammer, in der sie endet, ist sie licht. Diese Kammer ist wie der Gang der Vorderhöhle künstlich behauen. Man muss ein wenig abwärts gleiten um hineinzukommen, und beim Verweilen drinnen verstärkt sich noch die erhabene Aura, welche die Grotte schon bei der Betrachtung von aussen ausstrahlt. Sie ist, obwohl ein natürliches Gebilde, von ausserordentlicher Schönheit. Kein Wunder, dass sie zu einer Kultstätte der Liebesgöttin wurde und der ganze Berg zu einem berühmten Venusberg. An seinem Fuss entspringen obendrein zwei Quellen, von denen die eine, in hilflosem Versuch der Verchristlichung, „Jesusbrünnlein" heisst.

Der Sage nach wurde der Ritter und Minnesänger Tannhäuser von einer feenhaft schönen Frau angelockt, als er am Hörselberg vorüberzog. Frau Venus selbst habe ihm gewinkt, ihr in den Berg hinein zu folgen, da konnte er nicht widerstehen. Ein ganzes Jahr weilte er bei ihr und genoss alle Wonnen der Liebe.[8] Aber nach dieser Zeit beginnt er sich fortzusehnen, sein christliches Gewissen rührt sich, und er bittet Frau Venus um den Abschied. Davon will sie aber nichts wissen und erinnert ihn an den Treue-Eid, den er ihr geschworen habe. Er leugnet dies, und so streiten sie weiter, bis er sie zornig eine „Teufelin" nennt und Maria, die Gottesmutter, anruft. Gekränkt lässt sie ihn nun ziehen, doch soll er überall sie, Frau Venus, in seinen Liedern preisen. Tannhäuser zieht auf Wallfahrt nach Rom, um Busse dafür zu tun, ein Jahr bei Frau Venus geweilt zu haben. Doch Papst Urban IV. verzeiht ihm diese Todsünde nicht: So wenig wie der dürre Pilgerstab Tannhäusers jemals wieder grünen würde, so wenig würde ihm verziehen! Tannhäuser beklagt diese Strenge, aber dann zieht er wieder zu seiner lieben Frau Venus in den Berg, wo Gott ihn offenbar hinsenden will. Die Liebesgöttin empfängt ihn glücklich, und kaum sind drei Tage vergangen, da grünt der dürre Pilgerstab in Rom. Dieses Wunder liess das Urteil des Papstes zuschanden werden und brachte ihn selber in die ewige Verdammnis.[9]

Hier sehen wir die Tannhäuser-Sage noch unverbunden mit der Erzählung vom „Sängerkrieg auf der Wartburg", mit der sie ursprünglich nichts zu tun hatte. Und wir sehen sie auch frei von der sentimentalen Verchristlichung, die ihr Richard Wagner in seiner Oper „Tannhäuser" (1843) übergestülpt hat. In seiner Version werden beide Sagen verbunden und Tannhäuser zu dem auf der Wartburg verfemten Sänger gemacht, weil er von der „heidnischen" Venusliebe statt von der sittsamen „Hohen Minne" singt. Nur die junge Elisabeth, hier zur Nichte des Landgrafen gemacht, rettet ihn vor dem Tod durch seine aufgebrachten Sängerkollegen. Tannhäuser geht danach auf Büsserfahrt nach Rom, wo er keine Verzeihung findet. Es ist allein die keusche, reine Liebe der nun heiligen Elisabeth, die fürbittend für Tannhäuser stirbt, welche ihm Erlösung von der Verdammnis bringt.[10] So stellte man sich in der bürgerlichen Neu-Romantik das Mittelalter vor. Die mittelalterliche Version der Spielleute, den Sängern des Volkes, ist dagegen recht unchristlich, sie enthält sogar eine massive Kritik an der Kirche, die etwas von der Meinung des Volkes spiegelt. In ihr wird die Liebesgöttin rehabilitiert, denn Tannhäuser kehrt reuig zu ihr zurück, weil „Gott es offenbar so will" – wie es ironisch heisst. Die Verehrung der Göttin zeigt sich als noch lebendig, denn sie ist es, die das Dürre wieder grünen lässt, das Tote wieder lebendig macht (Symbol des Pilgerstabes), was der Papst als ein gehässiger, steriler Greis nicht kann. Die Göttin feiert nämlich, in Gestalt ihrer Priesterin, die Heilige Hochzeit mit ihrem erwählten Liebhaber, und durch diese magische Handlung wird nach uraltem matriarchalen Glauben die Erde fruchtbar. Die Sage von Tannhäuser im Hörselberg weist auf diesen Kult der Roten Göttin in ihrem Heiligtum hin, der offenbar bis in die Zeit des Mittelalters andauerte.

Der Hörselberg in Thüringen ist nicht der einzige Venusberg, von dem die Sage der Liebesgöttin und Tannhäuser erzählt wird. Es gibt sie auch von dem Hügel „Tiergarten" (Thierget) in der Schweiz, der etwas östlich vom Walensee in Richtung Sargans liegt. Dieser merkwürdige Hügel ist aus rotem Gestein und lag früher als eine geheimnisvolle Insel im einst doppelt so grossen Walensee. Es heisst von ihm, dass dort Tannhäuser bei Frau Venus (Frau Vrenes) wohne und süsse Musik erklinge, zu der viele schöne Jungfrauen tanzen. Auch Geschrei und Tierstimmen seien zu hören, überhaupt ein wildes Treiben, das manchmal sogar durch die Lüfte dahergebraust käme und gute Christenmenschen zu Tode erschrecke. Nur mit Gebet, Glocken und Teufelsaustreibung sei diesem Spuk beizukommen.[11]

Nun ist diese Form der Sage mit der Namensnennung „Tannhäuser" und der lateinischen Bezeichnung „Venus" für die Liebesgöttin die späteste Variante. Der bayerisch-österreichische Minnesänger Tannhäuser lebte um 1200-1268, und die ebenfalls historische Gestalt des Papstes Urban IV. ist belegt von 1261-1264. Der Ritter Tannhäuser führte ein unstetes Leben, er war Sänger am Hof des Herzogs Friedrich II. von Österreich, nahm an einem Kreuzzug teil und endete als „Abenteurer". Vielleicht hatte er Beziehungen zu dem alten, noch lebendigen Kult der Roten Göttin, in welchem die Heilige Hochzeit nach wie vor gefeiert wurde, und hielt deshalb auf die Dauer das christlich-patriarchale Zeremoniell der Fürstenhöfe nicht aus. Denn seine Gestalt ist sicher nicht aus purem Zufall von den volkstümlichen Spielleuten mit der Liebesgöttin verknüpft worden.

Es gibt wesentlich ältere Göttinnamen, die hinter „Frau Venus" stehen, und auch ältere Ritterfiguren als den ambivalent christlichen Tannhäuser. So ist die in der Tannhäuser-Sage geschilderte Handlungsweise der Göttin ebenfalls typisch für Fee Morgane, was aus ihren vielen, über ganz Europa verstreuten Sagenfragmenten hervorgeht. Als Rote Göttin hatte sie die Angewohnheit, sich mit ihren acht Jungfrauen von wildem, amazonischem Charakter vorüberziehende Ritter als ihre Liebhaber einzufangen und sie auf ihren Inseln oder Bergen in ein „gläsernes Gefängnis", ihr mythisches Glasschloss, zu sperren. Diese Ritter (Melwas, Meleagant, Mabonagrin und besonders der später verchristlichte Lanzelot) erlebten bei der Liebesgöttin dann alle Freuden und Seligkeiten der Erotik, konnten aber niemals aus eigener Kraft wieder fort.[12] Die Gestalt der Fee Morgane ist dabei keineswegs auf die späteren keltischen Rückzugsgebiete Bretagne, Cornwall, Wales, Irland und Schottland begrenzt, sondern diese Sagen von ihr kommen in ganz Europa vor (Frankreich, Spanien, Italien, Alpenländer, germanisiert auch in Deutschland). Sie tauchen überall da auf, wo es Venusberge gab, die in Italien „Sibyllenberge" genannt wurden und später als „Heiligenberge" oder „Kalvarienberge" ihre christliche Übertünchung erfuhren. Denn Fee Morgane war ebenfalls eine vorkeltische Grosse Göttin des matriarchalen Alteuropa.

Die verwunschene Frau

In verdeckter Form lebt dieselbe Konstellation in Volkserzählungen weiter, die Gestalten sind hier allerdings namenlos. Statt der Göttin ist es eine „verwunschene" Frau oder Jungfrau von überirdischer Schönheit, die dringend der Küsse oder einer Liebeshandlung zu ihrer „Erlösung" bedarf und vorüberziehende Wanderer, Hirten oder Bauern anspricht. Sie ist stets von Schätzen und zauberischen Gefahren umgeben: So kann sie bei der Wiederkehr des Mannes plötzlich in abstossender Hässlichkeit auftauchen, die in der Regel den künftigen Liebhaber davonlaufen lässt und so die Erlösung verhindert. Diese Sage kommt in zwei verschiedenen Varianten auch in Thüringen vor: Die Sage von der „Verfluchten Jungfer" bezieht sich auf ein Felsenloch unterhalb der Wartburg, die ja in Sichtweite des Hörselberges liegt, und die Sage vom „Verwünschten Schloss" bezieht sich auf das seltsame Felsgebilde „Grossestein" auf dem Kamm des Thüringer Waldes. In der ersten Sage soll in der Felsenhöhle unterhalb der Wartburg die „Eisenacher Jungfrau" gehaust haben, die mit ihrem langen, goldenen Haar, das sie mit Vorliebe zu kämmen pflegte, von übergrosser Schönheit war. Sie vermied jeden Kirchgang und galt als derart eitel, dass ihre Mutter sie angeblich in das Steinloch hinein verflucht haben soll. Alle sieben Jahre erscheint sie daraufhin weinend vor der Höhle, in wallenden, seidenen Kleidern und ihre Haare strählend, und wartet auf Erlösung. Einmal beschützt und nährt sie ein verirrtes Kind in ihrer Höhle. Sie bietet ihren Schatz in der Höhle an, aber ein roter Hund, der sie begleitet, erschreckt die Leute, so dass sie fliehen. Deshalb wird niemals etwas aus der Erlösung dieser Jungfrau.[13]

Der Liebesgöttin-Charakter dieser „Jungfrau" ist überdeutlich, sie kämmt ihr goldenes Haar wie die verführerische Loreley am Rhein und wie Frau Vrenes/Verena in der Schweiz. Doch zugleich sehen wir, was aus der Göttin unter christlicher Perspektive wurde: eine eitle, „törichte Jungfrau", die um Erlösung von ihrer Sünde betteln muss, was sich aber niemals erfüllt. Dabei verhält sie sich wie Frau Venus, denn für die Liebesgöttin ist es normal, Küsse und Zärtlichkeit zu begehren und auf Liebhaber zu warten oder sie zu suchen, die sie zum Vollzug der Heiligen Hochzeit braucht und wünscht. Dies ist kein Ausdruck von Erlösungsbedürftigkeit, sondern ein Ritual ihres Kultes, das die Hinwendung zum Gegenüber ausdrückt. Das Problem liegt bei den christlichen, abergläubischen Leuten, welche diese Werbung nicht mehr verstehen. Ausserdem sitzt die schöne, göttliche Jungfrau nicht wegen eines Fluches in ihrer Höhle, sondern um ihre kultischen Feste zu feiern. Die in diesen Sagen stets vorkommenden „Schätze" verweisen auf den Reichtum ihres Wissens und ihrer Vorräte, denn sie hat reichlich zu essen und zu trinken, so dass sie davon noch dem verirrten Kind geben kann, das sie beschützt. Auch den Leuten möchte sie davon geben, doch diese werden von dem ebenso häufig vorkommenden Hund erschreckt. Dieser „Hund" ist in den Sagen rot oder schwarz mit glühenden Augen und gilt als Wächter der Schätze. Er hat seine Parallele im Höllenhund Kerberos der griechischen Mythologie, welcher die Göttin und ihre Schätze in der Unterwelt (Höhle) vor Unberufenen schützt. Eine näherliegende Deutung bezieht sich auf das tirolisch-bayerische Wort „hunt" für den Dreifuss. Der eiserne Dreifuss, der unter dem Glut ist und auf dem ein Kessel mit Heiltränken steht – dieses Ensemble sind klassische Kultgegenstände der Göttin, die noch lange bis ins christliche Mittelalter hinein heimlich in Gebrauch waren.[14]

Die späteren Bilder von sogenannten „Hexen", die Priesterinnen der Göttin waren, zeigen sie mit Dreifuss und Kessel, dem „Hexenkessel", hantierend. Dieses Kultgerät war in der Tat der wichtigste „verborgene Schatz" der Göttin-Priesterinnen, und der „hunt" erschreckte die Leute deshalb, weil sie an diesem Gegenstand den nicht-christlichen Charakter der magischen Handlung erkannten.

In der Sage „Das verwünschte Schloss" von dem Felsen Grossestein auf dem Kamm des Thüringer Waldes kommt das Schuldmotiv auch vor, doch diesmal ist es nicht die weinende Weisse Frau, sondern der hartherzige Gaugraf, der die Versteinerung des Schlosses verursacht hat. Die Weisse Frau ist auch keine Jungfrau, sondern eine „Ahnfrau", eine geheimnisvolle weise Alte mit einem grossen Schlüsselbund, die Menschen herbeizuziehen versucht, um das Schloss zu erlösen. Im Keller des Schlosses liegen auch diesmal grosse Schätze. Manchmal erscheint die Weisse Frau Wandernden und winkt mit dem Schlüssel, oder sie öffnet das Tor des Felsens und kommt heraus, oder sie steigt in einer Mondnacht aus dem klaren Brunnen herauf, der von der Quelle unter dem Felsen gespeist wird. Aus der Ferne kann man sehen, wie zwischen den Tannen am Grossestein Leinen mit Wäsche gespannt sind, zwischen denen die Weisse Frau und ihre Helferinnen auf und ab schweben. Einer Hirtin erscheint sie dreimal als Kuh und führt die junge Frau in den Felsen hinein. Diese findet dort in einem Gemach einen schönen, schlafenden Jüngling, der junge Erbgraf, der nicht geizig war und daher nicht versteinert wurde. Durch sieben Jahre Dienst, ohne eine Frage zu stellen, könnte sie ihn erlösen. Aber sie hält diese Bedingung nicht ein, die Erlösung gelingt nicht.[15]

In dieser Sage ist die um Erlösung bittende Frau nicht die häufig vorkommende, wunderschöne Jungfrau – hinter der Frau Venus steht – sondern eine alte Frau, eine „Ahnin", die deutlich die Züge der Frau Holle trägt (die Symbole des Schlüsselbundes, der Kuh, des Brunnens, der Wäsche als Ergebnis ihrer Arbeit als Spinnerin). Ausserdem erinnert die Konstellation: die Weisse Frau, die das Tor eines Schlosses oder Berges/Felsens aufschliesst, in dem ein Mann schläft, ebenfalls an Frau Holles Handeln im Kyffhäuser-Berg. Die Art der Erlösung geschieht durch Dienst – auch ein Frau Holle-Motiv, dagegen wäre es die Liebe zwischen dem jungen Paar, das die Erlösung vollendet hätte – das ist ein Frau Venus-Motiv. Doch die Erlösung gelingt, wie stets in diesen Sagen, nicht.

In beiden Varianten dieses Sagen-Typus ist zu erkennen, was aus der Göttin – sei es Frau Venus oder Frau Holle – durch die christlich-patriarchale Verdrängung wird: eine weinende, erlösungsbedürftige Frau, die sich nicht mehr selbst helfen kann. Und das hat durchaus seine soziale Parallele in der sich entwickelnden patriarchalen Gesellschaft. Wie immer die vielen Varianten dieser Sagen von der verwunschenen Frau lauten, es lassen sich dabei mehrere zeitliche Schichten der Verzerrung der Göttingestalt[16] und ihres Kultes feststellen: In der spätesten Schicht ist sie erlösungsbedürftig, weil sie oder ihre Sippe schuldig ist; hier hat die christliche Sünden-Moral die alte Konstellation weitgehend verdunkelt. In einer früheren Schicht kommt das Schuld-Motiv nicht vor, aber dennoch ist die Frau hilflos und erlösungsbedürftig. In der zeitlich frühesten Schicht dieser Sagen, zu einer Zeit, als der Einfluss des Christentums noch gering war, sind es diese Frauen selber, die als Helferinnen und Heilerinnen die Menschen vom Leid erlösen; hier ist der Göttin-Charakter erhalten geblieben, obwohl Göttin-Namen nicht mehr genannt werden. Solche Frauen geistern ebenso häufig wie die verwunschenen Frauen durch die Sagen, sie heissen dabei kollektiv „Wilde Frauen" oder „Salige (selige, glückliche) Frauen". Stets sind sie sehr erotisch und kinderlieb; sie pflegen ihre Wäsche im Sonnenlicht oder Mondlicht zu bleichen und aufzuhängen; sie haben magisches Wissen und eine grosse Kräuter-Heilkunst, mit denen sie den Menschen auf freundlichste Weise helfen.

Die Wilde Ursel und ihre Schar

Diese wilden, glücklichen Frauen gehören in den Sagen zur ältesten Schicht; sie zeigen die Göttin und ihre Priesterinnen, noch bevor die Göttin latinisiert und verdächtigt wurde oder zur verwunschenen, klagenden Frau verkam. In manchen Fällen können wir in dieser Schicht der Sagen sogar die alten, regionalen Namen der Göttin noch erfassen. So ist in Thüringen der Name „Hörsel" für den Venusberg und den angrenzenden Fluss auffallend. In Sachsen ist dies der alte Name der Göttin, sie wird hier „Horsel/Hörsel" oder „Ursel" genannt, und in Schwaben heisst sie „Urschel". Bei Pfullingen in Schwaben gibt es den „Urschelberg", ebenfalls ein Venusberg, zugleich ist die Urschel Anführerin einer wilden Weiberschar, was ihr den Namen „Wilde Urschel" eingetragen hat.[17] Dieses wilde Treiben im Gefolge der Liebesgöttin ist uns schon vom „Tiergarten" in der Schweiz bekannt und von der Fee Morgane mit ihren acht wilden, amazonischen Schwestern, sie selbst ist die neunte. Die Neunzahl ist wie die Dreizahl eine magische Mondzahl und kennzeichnet Priesterin-Kollegien (vgl. die „Neun Musen" als Priesterinnen-Gruppe der Mondgöttin[18]). So mögen es im „Tiergarten" auch neun gewesen sein, ebenso in den Venusbergen der Ursel in Schwaben und in Thüringen. Ihr fröhliches Tanzen und Singen, ihr ungezügeltes Umherschweifen, ihr Daherbrausen durch die Luft, bei Morgane sogar auf Feenpferden, hat sie zur „Wilden Jagd", die wie der Sturm durch den Himmel fährt, werden lassen. In verchristlichter Version kehrt dieses Thema bei St. Ursula wieder, die von zehn Jungfrauen umgeben war, sie als die elfte, woraus später ein ganzes Heer von elftausend Jungfrauen gemacht wurde, mit denen sie umhergezogen sein soll. St. Ursula stellt eine späte Variante des umherfahrenden „wilden Weiberheeres" um die Ursel dar.

Nun hat die „Wilde Jagd" oder das „Wilde Heer" in der Tat sehr archaische Hintergründe: Es gibt sie in Sagen und Bräuchen im Herbst, wenn die Herbststürme kommen; es gibt sie im Winter in den Rauhnächten; und es gibt sie im Frühling, wenn die warmen Stürme den Schnee schmelzen und das Leben wiedererwecken. Der Göttinname „Ursula" oder „Ursel/Hörsel" verweist dabei auf die alte Bärengöttin („ursa" heisst „Bärin"), die in Griechenland „Artemis", im Rom „Diana" und in der Schweiz „Artio" hiess. Auch sie, die Herrin der Tiere und Schützerin der Kinder, brauste mit ihrem wilden Amazonenheer in den Stürmen durch die Luft, und sie hatte unter verschiedenen Namen Kultstätten in ganz Europa. Ausser dem Bären war der Hirsch ihr heiliges Tier. In Bayern ist es die Göttin Percht, die mit den „Perchten", ursprünglich ihren Frauen, in den Rauhnächten und beim Winteraustreiben als Wilde Jagd durch die Lüfte saust. In Tirol sind es dann die „Hulden" oder Hollenweiber, die angeführt von der Holla stürmend einherfahren. Von der Göttin Holla heisst es, dass sie sich im Herbst als Wilde Jagd mit ihrem Heer in ihren Berg zurückzieht und im Frühling genauso stürmend wieder daraus hervorbricht. Ihre „Hollen" oder „Hulden" sollen wie bei St. Ursula auch elftausend sein, wobei diese Zahl sich leicht enträtseln lässt: Denn die Hulden werden auch als „Elben" bezeichnet, ein Wort, das sowohl mit „Alben" wie mit „Elfen" verwandt ist. Die „Alben/Elben/Elfen" sind mächtige Naturgeister von riesiger bis winziger Grösse. Die nächtliche Stunde „elf" galt als die Zeit, in der die Elben ums Haus gehen.[19] Die gegebene Assoziation dieses Wortes zur Zahl „elf" hat das Wilde Heer der Holla oder Ursel dann elf oder elftausend sein lassen.

Das „Elbenheer" der Holla weist zugleich darauf hin, dass es sich bei der Wilden Jagd nicht ausschliesslich um die amazonische Weiberschar in Gestalt ihrer Schwestern oder Priesterinnen um die Grosse Göttin handelt. Im Hintergrund steht die allgemeine zyklische Naturmythe vom Verschwinden und der Wiederkehr des Lebens. Denn es ist auch das Heer der Seelen, die Frau Holle im Herbst in ihre Unterwelt mitnimmt; mit diesen Seelen geht sie in den Rauhnächten um, bis sie sie im Frühling wieder aus ihrem Berg, der symbolisch der mütterliche Erdenschoss ist, entlässt. Bei dieser naturmythischen Vorstellung sind mit den „Seelen" nicht nur die menschlichen Seelen, die ungeborenen Kindlein, gemeint, sondern die Seelen aller Pflanzen und Tiere, die im Herbst sterben und im Frühling wiedergeboren werden.

Abb. 3 Maria-Artemis mit ihren zehn weiblichen Luftgeistern.
(Wilton Diptychon 1395, National Gallery, London)

Daher mag die Auffassung der Brüder Grimm, die den Hörselberg in Thüringen als „Hör-Seelen-Berg" erklären, auch eine gewisse Berechtigung haben. (Manche Interpretationen schliessen sich ja nicht aus, sondern ergänzen sich gegenseitig.) Denn im Hörselberg wohnen, wie im Mutterschoss der Erde, alle Seelen, und man hört sie buchstäblich als Wildes Heer durch die Lüfte brausen oder im Berg rumoren. So überrascht es uns nicht, auch hinter der Wilden Ursel oder Hörsel vom Hörselberg letztlich wieder die Grosse Göttin Frau Holle zu finden. Ihr zweiter Aspekt als die Liebesgöttin Hulda, die auf dem Meissner/Weissner auch ihre goldenen Haare strählt, tritt besonders deutlich hervor. Doch auch ihre beiden anderen Aspekte als Hel, die Todesgöttin des Herbstes, und als Holla, die Wiedergeburtsgöttin des Frühlings, sind in der Wilden Jagd ihrer Hulden oder Elben, welche die Seelen aller Wesen tragen oder sogar sind, noch enthalten.

In manchen Gegenden schien die Verchristlichung dieser alten Naturmythe durch St. Ursula nicht auszureichen, weshalb wie häufig Maria an die Stelle der matriarchalen Göttin gesetzt wurde. Das wird deutlich an einem Altarbild von 1395, das sie mit dem Jesusknaben in himmlisch-blauem Gewand zeigt, umgeben von genau zehn Engeln, wobei sie die Elfte in der Mitte der Gruppe ist (Abb. 3). Diese Engel sind Luftgeister und hier ausnahmslos weiblich, weiss bekränzt wie Jungfrauen, ihre Flügel flugbereit nach oben gerichtet. Und jede dieser luftfahrenden Jungfrauen trägt auf ihrem Gewand das Emblem eines Hirsches, das heilige Tier der Diana-Artemis und als weisser Hirsch häufig das mythische Jagdobjekt der „Wilden Jagd". Was sonst sollen wir in diesem Zusammenhang von ihnen und ihrer Herrin Maria halten, als dass diese die verkappte Artemis oder Ursel ist?

Heide Göttner-Abendroth

Die „Witten Wiwer" von Rügen

Megalithkultur und Matriarchat in Nordost-Deutschland

Landkarte und Orte auf der Insel Rügen in Norddeutschland

Rügen ist eine weisse Insel, sowohl geographisch als auch mythologisch, was eng zusammenhängt. Bei ihrer vielgestaltigen Form durchdringen sich Land und Meer vollkommen, und sie ruht auf einem Kreidesockel. Bei ihrer Halbinsel Jasmund tritt dieser besonders stark hervor und formt die imposanten und berühmten Kreidefelsen, die der Küste das weisse Aussehen geben. Wandert man hier viele Kilometer auf dem schmalen Uferstreifen entlang, die blendend hellen Felsen zur einen Seite, das zartblaue Meer zur anderen, so kann man immer wieder wilde Schwäne vorüberschwimmen sehen, deren Gefieder das Weiss der Felsen anmutig verdoppelt. Denn Rügen ist auch die Schwaneninsel, genauer gesagt: die „Schwanenweisse". Immer wieder trifft man bei dieser Wanderung auf gewaltige Findlinge aus Granit, die am Meeresufer liegen. Sie heissen volkstümlich „Schwansteine", und in ihnen ruhen verschlossen die kleinen Kinder, die man „Schwanskinder" nennt. Denn der Schwan ist der wichtigste mythologische Vogel der Insel, der Seelenvogel, der sich hinter dem Schwanstein verborgen hält und von dort die Kinder bringt. Oder er hütet sie im Stein, bis dieser mit einem Schlüssel aufgeschlossen und das kleine „Schwanskind" herausgeholt wird. Auch der Storch wird als Kinderbringer genannt, der die Kinder aus der Ostsee fischt und auf die riesigen Steine zum Trocknen legt, bevor er sie den Müttern bringt. Diese Steine heissen dann „Adebor-Steine" wie zum Beispiel der „Uskahn" bei Sassnitz und der „Buskam" auf der Halbinsel Mönchgut. Dabei soll der Storch dieses Geschäft im Sommer versehen und der Schwan im Winter, was wieder auf das Weiss in Weiss der Insel hindeutet.[1] Aber der Schwan ist mythologisch gesehen der ursprüngliche Kinderbringer auf Rügen, der Storch nur eine spätere Übernahme, denn der Schwan war der heilige Vogel der hiesigen Göttin.

Die weisse Mutter

Den Spuren dieser Göttin wollen wir folgen, um die matriarchale Geschichte der Insel wiederzuentdecken. Denn die jungsteinzeitliche Kultur der frühesten Ackerbäuer/innen brachte die erste Sesshaftigkeit und die matriarchale Sozialordnung hierher (ca. 4000 v.u.Z.). Dieser Kultur verdankt Rügen seinen ausserordentlichen Reichtum an Megalith-Gräbern, der in Deutschland einzigartig ist, denn diese Insel besitzt die grösste Dichte solcher Anlagen in unserem Land. Noch 1829 waren auf der Insel 229 Megalithgräber bekannt, hundert Jahre später im Jahr 1929 waren es allerdings nur noch 38, da die profane Zerstörung dieser Anlagen durch Ackerbau, Besiedlung und Strassenbau rasch um sich griff und heute noch weitergeht. Wieviele Megalithstätten es vor der Christianisierung im 12. Jh., die ihrerseits diese „heidnischen" Stätten zerstörte, noch gewesen sind, entzieht sich unserer Kenntnis. Ihre grösste Dichte haben sie entlang der Küsten, ganz besonders an der Südostküste der Insel von Putbus bis Lancken-Granitz und von hier etwas ins Landesinnere hinein. Bei Lancken-Granitz liegen noch heute sieben schöne und kunstvolle Dolmengräber auf einer Wiesenflur beisammen, eine einstige Nekropole, und etliche weitere lassen sich durch eine kleine Wanderung erreichen (Abb. 1). Sie sind alle aus den rundgeschliffenen Granit-Findlingen erbaut, welche das Eis in der Eiszeit nicht nur an den Ufern, sondern auch im Inneren der Insel abgelagert hat, ein hervorragendes Baumaterial. Ausser diesem östlichen, wettergeschützten Küstenstreifen sind es die Halbinsel Wittow mit dem windigen Kap Arkona und die Halbinsel Jasmund mit ihren Kreidefelsen, die zahlreiche Megalithanlagen besassen und heute noch einige davon besitzen. Auf Jasmund mit seiner Steilküste und dem dichten Buchenwald darüber konzentrieren sich noch andere bedeutende Kultplätze auf engstem Raum.

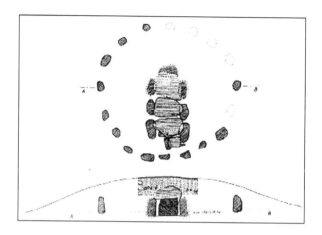

Abb. 1 Grabkammer mit kreisrunder Steinsetzung von Burtevitz.
(nach E. Schuldt)

Die jungsteinzeitliche Kultur beginnt auf Rügen relativ spät, was sich durch den langen Besiedelungsweg erklären lässt, den die matriarchalen Ackerbäuer/innen bis hierher nahmen. Diese hochstehende Kultur erreichte, vom Mittelmeerraum ausgehend und der Atlantikküste Europas nordwärts folgend, die Bretagne und Südengland, gelangte entlang der Nordseeküste nach Jütland und auf dessen Ostseite zu den grossen, dänischen Inseln im geschützten Kattegat-Sund, später nach Südschweden und Bornholm. Von hier aus erreichte der Besiedelungsweg Rügen und die Ostseeküsten von Pommern. Denn von der Bretagne bis Rügen zeigt die Megalith-Architektur grundsätzliche Ähnlichkeiten, und sie folgt dicht auf dicht dem Verlauf der Küsten. Die frühen Ackerbäuer/innen waren nämlich nicht nur Agronomen, sondern auch Schiffsbauer mit hervorragenden astronomischen Kenntnissen, die für beide Bereiche, die Navigation und den Aussaat-Kalender, benötigt wurden. Diese Verbindung mit der Schifffahrt erklärt die weltweite, friedliche Ausbreitung der Ackerbaukultur auf dem Wasserweg rund um die ganze Erde.[2] Die dänische Insel Mön war vielleicht der Ausgangspunkt, von dem aus Rügen besiedelt wurde; sie liegt ihr westlich gegenüber und hat auch eine Kreidefelsen-Küste. Einer dieser Felsen heisst auf Mön „Droninge Stole", was

„Königinstuhl" bedeutet und eine auffällige Verwandtschaft zum „Königsstuhl" auf Rügen, einem steilen Kreidefelsen (117 m), besitzt. Kap Arkona auf Wittow, das von den dänischen Inseln aus wohl zuerst erreicht wurde, besass ebenfalls bis in die Zeit der „heidnischen" Slawen hinein einen bedeutenden Kultplatz.

Überall auf dieser langen Besiedelungsreise fanden die jungsteinzeitlichen Einwanderer „weisses Land": Südengland mit seinen Kreidefelsen von Dover, die schon erwähnte weisse Insel Mön und die Insel Rügen. „Weisses Land" ist heiliges Land, denn es spiegelt die Farbe der Weissen Göttin. Sie ist die umfassende kosmische Göttin des Matriarchats jener Zeit, die Mondgöttin mit allen Sternen, die funkelnde Nacht des Universums, die Schöpferin. Mond und Sterne waren in der Tat zur Orientierung bei der Navigation und als Bauernkalender für Aussaat- und Ernte-Daten wichtiger als die Sonne, so wurde der Mond der früheste Zeitmesser und die Sterne die ersten Orientierungsmarken. Die kosmisch verstandene Mondgöttin als „Weisse Göttin" wurde daher die wichtigste Gottheit für die frühesten Ackerbauvölker, und weisse Länder waren ihr geweiht.

Noch der römische Name *Albion*, die „Weisse", für Südengland drückt dies aus, und auf Rügen häufen sich, diesmal germanisiert, die „weissen" Ortsnamen: So ist die Halbinsel *Wittow* mit dem Kap Arkona eine „Weisse", in der Nähe des alten Kultplatzes auf dem Kap liegt die Siedlung *Vitt,* was ebenfalls „weiss" bedeutet. Auf dem Rügen westlich als schmale, langgestreckte Insel vorgelagerten und allen Stürmen ausgesetzten Hiddensee gibt es ebenfalls ein Dorf *Vitte,* und das Meer heisst westlich *Vitter Bucht* und östlich *Vitter Bodden.*

Es gibt eine merkwürdige Sage von Hiddensee, nach der eine *Mutter Vidden* im Dorf Vitte wohnte, also eine „Weisse Mutter", von der das Dorf seinen Namen erhielt. Sie gilt als gut, weil sie den ersten Missionar im 9. Jhdt., der vom Kloster Corvei auf dem Festland auf dieser Insel anlandete, gastfreundlich aufnahm. Ihre Nachbarin namens „Mutter Hidden" gilt hingegen als böse, weil sie eben diesen Mönch von der Schwelle ihres Hauses hinwegwies. Beider Frauen Wünsche wurden erfüllt, indem der Missionar ihr erstes Geschäft an diesem Tage segnete: Bei der „guten" Mutter Vidden war dies das Abmessen von Leinwand, die sich daraufhin unendlich vermehrte, bis ihr Haus übervoll war. Bei der „bösen" Mutter Hidden war es dagegen ein natürliches Bedürfnis zum Wasserlassen, wobei das Wasser sich dabei auch unendlich vermehrte, so dass die Insel Hiddensee von Rügen durch diese Flut abgetrennt wurde.[3]

In dieser Sage sind „Mutter Vidden" und „Mutter Hidden" ein und dieselbe, ihre Gestalt wurde lediglich durch die christliche Gut-Böse-Moral in zwei Personen gespalten. Das Wort „Hidden" ist eine Variante von „Vidden", und die Insel *Hiddensee* ist demnach auch ein „weisses Land im Meer". Hinter dieser Mutter Vidden verbirgt sich die Weisse Göttin, die ihre weisse Leinwand selbst vermehren kann, ohne dazu einen christlichen Mönch zu brauchen. Daher ist es sehr verständlich, dass sie den aufdringlichen Missionar von ihrer Schwelle weist. Vielleicht hat sie danach sogar selbst eine Meeresflut erregt und Hiddensee von Rügen abgetrennt, um ihrem Land Schutz vor weiteren Besuchen dieser Art zu geben. Für drei weitere Jahrhunderte ist ihr dies zumindest gelungen. Hiddensee, duftend von Rosen und süssen Kräutern, gilt auch als Freyjas Insel, eine angeblich germanische Göttin mit ebenfalls vorindoeuropäischen Wurzeln.

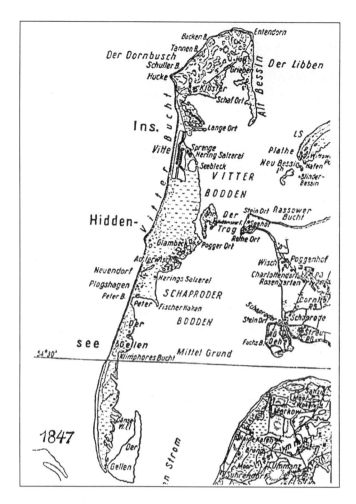

Landkarte und Orte von Hiddensee aus dem Jahr 1847

Das Motiv der „bösen Frau", die daran schuld ist, dass auch Rügen eine Insel wurde, gibt es ebenfalls für die dem Festland nahe südöstliche Halbinsel Mönchgut (früher „Reddevitz"). Eine Frau soll hier Brot in den schmalen Wasserlauf geworfen haben, der einstmals zwischen Rügen und dem Festland floss und leicht zu überbrücken war, um trockenen Fusses hinüber zu gelangen. Darauf entstand durch Gottes Zorn ein Sturm von sieben Tagen, der das schmale Gewässer zu einem Meeresarm erweiterte, der Rügeln zur Insel machte.[4]

Nun kommt auch das Brot – wie die Leinwand – nicht von Gott, sondern von der Göttin, für welche es diese Frau wohl geopfert hat. Abermals hielt es die Göttin vielleicht für angebracht, Rügen durch die neue Insellage zu schützen, denn vom Festland kam nichts Gutes in ihr heiliges Reich: Um 500 v.u.Z. landeten die

Eroberungswellen der frühpatriarchalen Germanen an, die über tausend Jahre blieben und die Insel der Weissen Göttin ihrer Herrschaft unterwarfen und germanisierten. Ab 600 n.u.Z. erfolgte die Eroberung durch die frühpatriarchalen Slawen, die der Insel ihren Stempel aufdrückten. Doch schon 1168 wurde die slawische Eroberung durch eine zweite germanische Eroberung rückgängig gemacht, nämlich die der Dänen von der See her, deren christlicher König nun in ganz Rügen die Christianisierung zwangsweise durchsetzte.

Die „Witten Wiwer"

Das Spinnen und Weben von Flachs, das Herstellen von weisser Leinwand und Kleidung, das Waschen und Bleichen dieser weissen Wäsche, dies alles sind nicht einfach typisch weibliche Tätigkeiten gewesen, sondern sie hatten – sofern sie in Mythen vorkommen – gleichzeitig magische Funktion. Sie verweisen auf die Erfindung dieser Künste durch Frauen in der Jungsteinzeit, die darin, besonders im Spinnen und Weben, Symbole des Lebenszyklus sahen. Daher sind es in den Mythen Göttinnen oder Feen, die mit Spinnen, Weben und Waschen beschäftigt sind, wie die Schicksalsgöttinnen in vielen Ländern, Frau Holle und viele geheimnisvolle Weisse Frauen in Deutschland.

Auf Rügen sahen wir schon Mutter Vidden mit ihrer weissen Leinwand hantieren, zugleich hatte sie Macht, übers Wasser zu gebieten. Auch die von etlichen Orten bezeugten *Witten Wiwer*, die „Weissen Weiblein", hielten sich meist an der Küste auf Waschsteinen auf, wo sie ihre Wäsche zu waschen pflegten, dass man es weithin klopfen hörte (Abb. 2). Solche Steine sind dieselben Findlinge, die auch „Schwansteine" heissen und aus denen die Kinder kommen, was die „Witten Wiwer" mit dem Lebensanfang in Zusammenhang bringt. Doch auch mit dem Lebensende müssen sie zu tun gehabt haben, wie verwandte Volkssagen aus der Bretagne zeigen, wo die „Lavandières de nuit", die „Wäscherinnen der Nacht", stets erscheinen, wenn ein Mensch, Frau oder Mann, vom Tod geholt wird.[5] Daran erkennen wir den Charakter von Schicksalsbringerinnen bei den bretonischen Wäscherinnen, was auch für die „Witten Wiwer" von Rügen gilt. Denn diese Weissen Weiblein zusammen mit den Zwergen sind das Volk der Weissen Göttin, das Kleine Volk, das über grosse Schätze verfügt und magische Macht besitzt. In ihnen begegnen wir unmittelbar dem in der traditionellen Forschung sogenannten „Substrat", nämlich den matriarchalen Menschen der jungsteinzeitlichen Kultur mit Herkunft aus dem Mittelmeerraum. Sie waren erheblich kleiner als die später ankommenden indoeuropäischen Völker, doch stand ihre Kultur wesentlich höher, was ihnen den Ruf der „Magie" eintrug und sie zu den späteren Menschen überlegenen „Feen" werden liess (Fee, altengl.: Faye, lat.: Fata, bedeutet: das Schicksal). Sie wurden von den abergläubischen Leuten mystifiziert, vom Christentum dämonisiert und von den romantischen Dichtern als Märchengestalten fiktionalisiert, wobei letzteres endgültig das Wissen um ihre geschichtliche Existenz untergrub. In Rückzugsgebieten überdauerten sie in vielen Gegenden Europas noch lange, was die Gleichartigkeit der Berichte und Legenden, die von ihnen handeln, in allen Ländern erklärt. Auf Rügen gibt es etliche Sagen, welche den Bau der Megalithanlagen direkt mit Zwergen und „Riesinnen" in Verbindung bringen.[6] Dabei tragen diese „Riesinnen" die grossen Steine genauso leicht in der Schürze, wie es in der Bretagne die Feen tun, welche dort die Megalithanlagen erbaut haben sollen. Viele bretonische Anlagen heissen noch nach ihnen wie z.B. „La Roche aux Fées" bei Essé und andere „Feensteine", zu denen die Feen das Baumaterial nicht nur in der Schürze trugen, sondern riesige Menhire auch aus dem Ärmel schüttelten oder auf dem Kopf herbeibrachten.[7]

Abb. 2 Ein „Waschstein": Frauen auf einem Granit-
Findling an der Küste von Rügen. (Foto: I. Huch)

Von den „Witten Wiwern" von Rügen heisst es, dass sie zuletzt noch auf Gross-Zicker auf der Halbinsel Mönchgut wohnten, einem Rückzugsort, der einen alten Grabhügel trägt, eine ganze Reihe Findlinge an der Küste aufweist und dessen steiler Ufervorsprung *Swantegard*, nämlich „Schwanengarten", heisst. Sie hätten ganz weiss ausgesehen, kurze Röcke getragen und seien sehr klein gewesen. Die Findlinge, die wie an einer Schnur am Wassersaum liegen, gebrauchten sie als Waschsteine, und im Steilufer lagen ihre hübschen, sauberen Wohnungen. Besonders eine Höhle namens „Nonnenloch" wurde von ihnen bewohnt, wobei dieser Name sowie die grausige Nonnenlegende von den späteren Mönchen auf „Mönchgut" stammt.

Als es im Dorf Baabe auf dieser Halbinsel einmal eine Hochzeit gab, baten die Weissen Weiblein die Braut, ihnen auch etwas von der süssen Grütze aus dem grossen Kessel für die Gäste abzugeben. Die Braut hörte dabei ihre feinen Stimmen aus der Erde kommen, daraufhin grub man nach und fand die unterirdischen Gänge der Weissen Weiblein, die von ihren Wohnungen in Swantegard und am Ufer von „Lobber Ort" bis nach Baabe führten.[8]

Diese unterirdischen Gänge auf Rügen erinnern an die Erdställe oder „Schrazellöcher" in Niederbayern, und wir haben in dieser Sage einen direkten Nachweis, dass das Kleine Volk sie als Verstecke in seinen letzten Rückzugsgebieten gebaut und genutzt hat. Dass die „Witten Wiwer" Hochzeitsgrütze begehren, ist ebenso kein Zufall, sondern hat mit ihrer Aufgabe als Schicksalsbringerinnen zu tun, die Geburt, Hochzeit und Tod begleiten. Für die Gaben, die sie von den Menschen erbitten, geben sie reichen Segen zurück, was bei Hochzeiten sehr passend ist, da es um den erwünschten Kindersegen geht.

Vergleichbare Sagen gibt es auch von der Halbinsel Zudar und von der Halbinsel Jasmund auf Rügen. Auf Jasmund liegt unterhalb des berühmten Felsens Königsstuhl ebenfalls ein riesiger Granitblock im seichten Wasser, auf dessen Oberfläche zwanzig Menschen Platz nehmen könnten und der „Waschstein" genannt wird. Alle sieben Jahre soll hier eine Jungfrau in der Johannisnacht erscheinen, der Mittsommernacht, und weisse Leinwand und Kleider im Meere und auf dem Stein waschen. Sie wohnt in einer Höhle der steilen Uferschlucht, dort besitzt sie einen grossen, verborgenen Schatz. Diese Weisse Frau des Kleinen Volkes ist in der Sage bereits zu einer verwünschten Prinzessin geworden, die erlösungsbedürftig ist und absurderweise nur durch den Gruss „Gott helfe!" erlöst werden kann. Einem schlichten Fischer soll das gelungen sein, worauf Jungfrau, Höhle und Schatz verschwanden.[9]

Der Ort dieser Ereignisse ist allerdings sehr besonders, denn der senkrechte, schwanweisse Felsen Königsstuhl muss seit der Jungsteinzeit eine grosse rituelle Bedeutung gehabt haben. In seiner nächsten Umgebung im Buchenwald finden sich nämlich weitere sehr wichtige Kultstätten, die später „Herthaburg" und „Herthasee" genannt wurden und ein Göttinheiligtum waren. Vom Gebiet der Grossen und Kleinen Stubbenkammer, in deren Mitte der Königsstuhl aufragt, soll einst ein unterirdischer Gang zur „Herthaburg" geführt haben, so dass ein direkter Zusammenhang zwischen beiden Kultplätzen bestand. Auch die „Stubbenkammern" sind bedeutsam, denn in ihren „Stuben" und „Kammern" sollen – wie in dem Steilufer von Kap Arkona – „Riesinnen" gehaust haben, von denen wir wissen, dass sie Feen bzw. Angehörige des matriarchalen Volkes sind.[10]

So war denn hier alles versammelt: das alte Volk in den Feen oder „Riesinnen", seine Göttin-Königin in der weissen Jungfrau-„Prinzessin" oder in Hertha und sein Heiliger König, was den „Königsstuhl" betrifft. Dieser heilige Felsen muss früher entweder der Thron der die Weisse Göttin verkörpernden Sakralkönigin von Rügen gewesen sein wie der „Königinstuhl" auf Mön; sie konnte von hier oben weit übers Meer gen Osten zum Sonnenaufgang blicken (Abb. 3). Oder er war der Sitz ihres Sakralkönigs oder wurde dies später, der Thron jenes Heros, der zuvor die gefährliche Aufgabe bestehen musste, den Felsen über die Steilwand vom Meer her zu erklimmen. Derjenige, dem es nicht gelang, wurde vermutlich als ein Opfer betrachtet, welches die Göttin sich selbst geholt hatte. Und derjenige, der es schaffte, galt dann als der Mutigste und Geschickteste, der richtige König. Ihm wurde gehuldigt, und er wurde oben auf der kleinen Plattform des Felsens auf einen hohen, aus Erde errichteten Stuhl gesetzt – der das Land symbolisierte – und war nun König über die ganze Insel. So jedenfalls berichtet es die älteste Version der Sage vom Königsstuhl, die sich ihrerseits wieder auf „alte Zeiten" bezieht. Bis in die Gegenwart glaubten die Leute, dass künftig einer, der von der Seeseite her den Felsen ersteigen könne, Herr des Landes werden würde.[11]

Abb. 3 Der Königsstuhl auf Rügen. (Foto: G. Ewald)

Unter diesen zahlreichen Weissen Frauen gibt es auf Rügen eine einzige Schwarze Frau, auch sie wohnt in einer Höhle in der Stubbenkammer nahe beim Königsstuhl. Die Sage berichtet, dass zu ihrer Wohnung ein Pfad tief in den Felsen hineinführte, an dessen Ende man sie sitzen sah, seit Hunderten von Jahren schon. Die ganze Höhle war voll heller, heisser Flammen, und in diesem Feuer sass unbeweglich die Schwarze Frau, ganz in schwarze Kleider gehüllt, einen schwarzen Schleier vor dem Gesicht. Neben ihr lag ein Becher aus reinem Gold, den sie hütete. Auch sie galt als verwünscht und erlösungsbedürftig, und die Erlösung gelang niemals, denn der einzige Mann, der zu ihr vordrang, wählte statt der wunderschönen Frau den Becher.[12]

Auch sie ist eine göttliche Frau, und bevor die Geschichte verdreht wurde, war nicht der Mann, sondern sie die Wählende, die ihrem Erwählten den goldenen Becher überreichte. Der Becher ist ein Symbol des heiligen Grales der Göttin, aus dem nur der künftige König trinken durfte. Zu dieser Symbolik, die sich auf die matriarchale Gesellschaft bezieht, tritt noch eine andere hinzu, die sich auf die Natur bezieht: Denn ebenso wie die Weissen Frauen das weisse Land Rügen verkörpern, so verkörpert diese einzelne Schwarze Frau den schwarzen Feuerstein, der sich in breiten Bändern durch die Kreideschichten zieht und an der Küste von den Wellen herausgewaschen wird. Deshalb sitzt die Schwarze Frau im Feuer. Rügen weist ein hohes Vorkommen an dem damals sehr begehrten Feuerstein auf, sowohl an den Küsten wie in Feuersteinfeldern im Landesinneren. Der Handel mit Feuerstein hat wesentlich zu der blühenden jungsteinzeitlichen Kultur auf dieser Insel beigetragen, und er wurde vermutlich vom Heiligen König organisiert. Daher besitzt die Schwarze Frau den heiligen Becher, der Könige macht, denn sie schenkt den Feuerstein und damit den Reichtum. Perfiderweise ist der Mann, der in patriarchalen Zeiten zu ihr vordringt und ihren goldenen Becher stiehlt, kein König mehr, sondern ein Verbrecher, der sich mit dem Raub des Bechers freikauft.

Die Schwanengöttin

Wenn wir nun nach dem orginalen Namen der Weissen Göttin Rügens suchen, so weisen uns diese „verwünschten" Frauen den Weg, obwohl sie selber namenlos geworden sind. Aber sie hatten einen besonderen Rang, was ihre Nähe zum Königsstuhl und ihre königlichen Attribute: grosser Schatz und goldener Becher, zeigen. Sie sind der letzte Abglanz der matriarchalen Priesterin oder Sakralkönigin, die als Verkörperung der Göttin galt. Eine Frau, die auch ausdrücklich „Prinzessin" ist, hat ihren Namen jedoch behalten, obwohl sie das Schicksal ihrer Schwestern, die Verwünschung und Erlösungsbedürftigkeit, teilt.

Im Süden der Insel liegt im Landesinneren Garz, das ausser Kap Arkona auf Wittow und der Gegend Stubbenkammer auf Jasmund das dritte grosse Zentrum der matriarchalen Kultur gewesen sein muss. Auch hier gibt es, genauso wie auf Kap Arkona und auf der „Herthaburg", einen alten Ringwall und daneben einen See – auf Arkona liegt neben dem Wall das Meer. Aufschlussreiche Sagen beziehen sich auf diesen „Garzer Burgwall": Er soll einst ein prächtiges Schloss umgeben haben, das nun im See versunken sei, doch in dem Wall soll noch ein unermesslicher Schatz liegen, den ein „Heidenkönig" bewache. Dieser König sitzt in einem prächtigen Saal, und er wird als ein graues Männlein geschildert, mit einer schwarzen Pudelmütze auf dem Kopf und einem weissen Stock in der Hand: eindeutig ein Zwergenkönig. Natürlich ist auch er „verwünscht" und wegen seines angeblichen Geizes selbst daran „schuld", was diese Sage als eine sehr späte Version ausweist, weil das Verwünschungs-Motiv und das Schuld-Motiv darin vorkommen. Seine grosse Schuld soll sogar dazu geführt haben, dass er gelegentlich in einen „grossen, schwarzen Hund mit feurigem Rachen und flammenden Augen" verwandelt wird, der den Schatz gegen alle Schatzsucher verteidigt. Das besondere Stück dieses Schatzes ist ein goldener Becher.[13]

Nun sitzt der Zwergenkönig hier keineswegs allein, sondern er ist umgeben vom Zwergenvolk, von dem es heisst, dass einer ihrer Hauptsitze der Wall bei Garz war. Sie heissen „die Unterirdischen im Garzer Burgwall" und sollen zu der boshaften Sorte gehören. Sie spielen den Menschen Schabernack, stehlen ihnen das Fleisch aus dem Kessel, vertauschen Säuglinge und stellen den jungen Frauen nach. Einer von ihnen erwies einem Menschen aber grosse Wohltaten, denn er hatte ihn gebeten, seinen Kuhstall so zu verändern, dass die Jauche nicht in die unterirdische Wohnung des Zwerges floss. Als der Bauer diesen Wunsch erfüllte, beschenkte ihn der kleine Mann mit Reichtum.[14]

Wo ihr Kleines Volk und der König sind, noch dazu ihr goldener Becher und ihr heiliger Dreifuss, unter dem die Glut lodert – der „hunt" mit dem „flammenden Rachen" und „glühenden Augen" – da ist auch die Göttin in Gestalt ihrer Priesterin-Königin nicht weit. Sie heisst hier „Prinzessin Swanwithe/Svanvithe", also „Prinzessin Schwanenweiss", und das ist in germanisierter Form der alte Name der Göttin von Rügen sowie der ganzen Insel. Prinzessin Schwanenweiss sitzt bei dem Zwergenkönig im Garzer Burgwall und ist ebenfalls verwünscht und noch immer unerlöst. Analog dazu sitzt auch bei Seedorf in der Nähe von Lancken-Granitz eine unerlöste Prinzessin mit ihrem Volk in einem Berg, welcher der „Weisse Berg" genannt wird. Er öffnet sich wie der Garzer Burgwall nur in der Mittsommernacht. In einer Version der Sage von Garz ist der wundersame, goldene Becher noch immer bei der Prinzessin Schwanenweiss, in einer anderen Version wurde er ihr wie der Schwarzen Frau beim Königsstuhl von einem Manne geraubt und danach – wohl um seine Magie zu brechen – in der Kirche von Garz aufbewahrt.[15]

Diese Bilder in den Sagen sprechen eine klare Sprache, doch leider wurde ihnen von einem romantischen Dichter eine sentimentale, patriarchale Geschichte vorgeschaltet, die erklären soll, wie die Prinzessin in den Burgwall zu den „Unterirdischen" kam. Danach soll sie die schöne Tochter des in der Stadt Bergen wohnenden Königs von Rügen sein, die ein abgewiesener Freier verleumdete und die darauf von ihrem Vater in den Kerker geworfen wurde. Um ihre Unschuld zu beweisen, beschloss sie, den geheimnisvollen Schatz im Garzer Burgwall zu heben. Denn nur einer jungfräulichen Prinzessin, die obendrein von den alten Königen abstammt, konnte das gelingen. In der Mittsommernacht steigt sie nackt mit einer Wünschelrute auf den Wall, gelangt in den Saal voller Schätze, doch als sich der Zwergenkönig in den schwarzen Hund verwandelt, stösst sie einen Schrei aus und muss als Folge davon für immer im Garzer Burgwall bleiben. Nur ebenfalls zur Mittsommernacht kann sie erlöst werden, was noch nicht gelungen ist.[16] Interessant an dieser erdichteten Story ist die Bemerkung, dass die Prinzessin von den alten Königen abstamme, das könnte hier heissen: vom alten, matriarchalen Volk. Richig verstanden kehrt sie also zu ihren Ahnen und ihrem Volk, nachdem der patriarchale König sie misshandelt hat, zurück und wird für diese, was sie schon immer war, nämlich die „jungfräuliche" Weisse Göttin, eben die Göttin Schwanenweiss. Die Johannis- oder Mittsommernacht spielt in diesen Sagen deshalb eine so grosse Rolle, weil es die Nacht der magischen Heiligen Hochzeit in der matriarchalen Kultur ist. In dieser Nacht zeigt sich die Priesterin als Liebesgöttin, um sich einen Partner für die Hochzeit zu erwählen. Der heilige Vogel der Göttin ist der Schwan, dessen Gestalt sie annehmen kann. In diesem Umfeld sind die vielen allgemein europäischen Sagen von Schwanenjungfrauen zu verstehen, die zwischen der menschlichen und der Vogelgestalt hin- und herwechseln können, schicksalhafte Orakel verkünden und sich manchmal Liebhaber erwählen.

So wird bezeichnenderweise in einer weiteren ihrer Sagen erzählt, dass Prinzessin Schwanenweiss nicht immer im Garzer Burgwall sass, sondern ebenso im Garzer See lebte. Nur am Mittsommertag kam sie an dessen Oberfläche und schwamm auf dem Wasser umher.[17] Mit dieser Sage stimmen Sagen vom „Herthasee" in der Stubbenkammer überein, nach denen in warmen Sommernächten Wasserjungfrauen aus dem See emportauchen und auf seiner Oberfläche oder an den Ufern tanzen. Sie sind eingehüllt von feinem Nebel, ihrem weissen Gewand, so dass kein Mensch sie richtig sehen könne.[18] Im Holländischen heissen diese zarten Bodennebel „Witte Wiven", das ist bemerkenswert. Die Weisse Frau vom „Herthasee" wird aber noch konkreter, denn es wird von ihr erzählt, dass man sie in hellen Mondnächten sehen kann, wie sie sich zum See begibt um zu baden. Viel weibliches Volk umgibt sie und plätschert mit ihr im Wasser, und nach einer Weile kommen sie alle wieder heraus und kehren in weissen Schleiern zum Wald zurück. Alle sieben Jahre wäscht sie ihre weisse Wäsche im See. Es ist in jedem Fall gefährlich sie zu sehen, denn man wird bei ihrem Anblick mit sanfter Macht in den See gezogen. Jedes Jahr locke die Weisse Frau dieserart einen Menschen in die Flut.[19]

Diese Weisse Frau ist mythologisch identisch mit derjenigen vom Garzer Burgwall und See, denn es ist die Göttin Schwanenweiss in Gestalt ihrer Sakralkönigin. Niemals hat sie zugelassen, dass in ihren heiligen Seen gefischt wird, denn jedesmal finden die Fischer am nächsten Tag ihren Kahn nach langem Suchen im Wipfel der höchsten Buche wieder. Als sie darüber verärgert dem Teufel fluchen, antwortet ihnen eine feine Stimme, dass dies nicht der Teufel war, sondern er selbst, der „Wassermann mit seinem Bruder".[20] Mit den heiligen Gewässern der Weissen Göttin hat es nämlich seine eigene Bewandtnis, worüber uns die für Rügen übernommenen Mythen der Hertha berichten.

Göttin Hertha auf Rügen

Hertha ist die einzige Göttin, die namentlich und ausdrücklich für Rügen genannt wird. Doch die Hertha-Mythen sind für Rügen und die nach ihr benannten
Kultplätze „Herthasee" und „Herthaburg" in der Stubbenkammer keine alte Über-
lieferung. Noch am Anfang des 17. Jahrhunderts war nichts von Hertha auf Rügen
bekannt, und die beiden Plätze hiessen schlicht „Burgwall" und „Burgsee" oder
„Schwarzer See". Erst 1616 wird von einem Altertumsforscher der Bericht des
Römers Tacitus über die allgemein germanische Göttin „Nerthus" auf Rügen
übertragen und diese Göttin als „Hertha" identifiziert.[21] Bald darauf wurde diese
Übernahme der Hertha-Mythen für Rügen so populär, dass sie heute zum festen
Sagenbestand gehören, wobei die Namen „Herthaburg" und „Herthasee" erst vor
100 Jahren auftauchten. Nun ist der Name „Herthasee" auf dem Festland in den
Landschaften Pommerns aber öfters vertreten: So gibt es auf der Insel Wollin am
Jordansee eine Hertha; ein „Herthasee" liegt bei Podejuch bei Stettin, ein anderer
am Fuss des Schlossberges in den Heischkuhlen im Kreis Bütow; ein kleiner See
bei Wussow bei Rummelsburg heisst sowohl „Stafischken" als auch „Herthasee".
Ausserhalb Pommerns gibt es einen „Herthasee" bei Deutsch-Krone in Westpreus-
sen; eine „Herda" tritt in den Bergischen Sagen auf; und bei Elmschenhagen in
Holstein kommt sogar eine Herthastrasse vor.[22]

Abb. 4 Am Herthasee auf Rügen. (Foto: E. Pipahl)

Diese Häufung des Namens der Göttin Hertha besonders in den Gebieten entlang der Ostseeküste, die gleichzeitig mit grossen Megalithanlagen besetzt sind, bestätigt eigentlich die Namenswahl des Altertumsforschers aus dem 17. Jahrhundert für den Kultplatz in der Stubbenkammer. Denn bei den Benennungen ausserhalb Rügens kann es sich nicht in jedem Fall auch um spätere Übernahmen handeln. Es ist eher wahrscheinlich, dass in Rügen der alte Göttinname „Hertha" verlorenging oder verdrängt wurde, was bei der Christianisierung auch woanders häufig geschah. Demnach würden wir es der Intuition jenes Forschers verdanken, dass der alte Name der Göttin für ihren angestammten Kultplatz wiedergefunden wurde (Abb. 4).

Dafür spricht ausserdem, dass die in den volkstümlichen Sagen vorkommende „Weisse Frau" am Herthasee sich in mancher Hinsicht genauso verhält, wie es Tacitus in Germanien von der Göttin Hertha (latinisiert „Nerthus") in Erfahrung gebracht hat: Wie die Weisse Frau badet sich die Göttin nach ihrer Frühlingsumfahrt, die sie auf einem mit Kühen bespannten Wagen durch das grünende Land machte um es zu segnen, in ihrem See. Auch „Elfen" baden im Herthasee – wie das weibliche Kleine Volk um die Weisse Frau – und tanzen hernach um die „Herthabuche", den der Göttin geweihten Baum. Und für die Männer, die in Herthas Dienst standen, war es gefährlich, bei diesem Bade, bei dem auch der heilige Wagen in den See gestürzt wurde, zugegen zu sein. Denn sie stürzten mit dem Wagen in den See und ertranken, so ähnlich wie auch die Weisse Frau ihre Betrachter in die Fluten lockte, wo sie umkamen. Dies soll einmal in jedem Jahr geschehen sein.[23]

Dieses Sterben der Begleiter im Kult der Hertha – von vielen Wasserfrauen als magisches Locken des Liebsten ins Wasser bekannt – wurde in christlicher Zeit aus missionarischen Gründen stark übertrieben und dämonisiert. So zeigt man zum Beispiel neben der Herthaburg einen sog. „Opferstein", auf dem Menschen geköpft worden sein sollen, und das Blut sei derart geflossen, dass kein Moos mehr auf diesem Stein wächst.[24] Der Name „Opferstein" im Sinne von Blutopfern wird vielen alten Kultsteinen in Deutschland und anderswo angehängt, ganz zu Unrecht, denn es gibt keinerlei Belege für diese Behauptungen. Aber sie lehren die Christenmenschen noch immer das Gruseln vor dem finsteren „Heidentum". Was diesen Stein auf der Herthaburg betrifft, so ist er nicht original, denn er soll später dorthin geschafft worden sein, und seine Rillen fand ich bei näherer Untersuchung mit roter Farbe nachgemalt.

Um das Bad der Göttin im See mitsamt ihrem Wagen und ihrer männlichen Eskorte, die dabei ertrank, zu verstehen, müssen wir uns mit den grundlegenden Gedanken dieses Kultes vertraut machen. Denn eine solche Kulthandlung gab es nicht nur auf Rügen, sondern vermutlich an allen Plätzen, die mit Hertha in Verbindung gebracht werden. Hertha-Orte reichen von den Ländern an der Ostsee bis nach Österreich, wo es vom Achensee (Nordtirol) eine Sage gibt, nach welcher eine schöne, weisse Frau aus einer Felsenhöhle hervorkommt, ihren geheimnisvollen Wagen mit einem weissen Stiergespann besteigt und durch die Wellen der Flüsse und Seen fährt. In Österreich wurde Hertha durch die verchristlichte Notburga verdrängt, die in ihrer Legende auch noch mit einem Ochsenwagen den Inn durchquert.[25] Solche „Göttinbäder" als rituelle Waschungen des Göttinbildes und des Wagens, worauf es transportiert wurde, sind aus dem Mittelmeerraum – woher dieser Kult letztlich stammt – bekannt. Die berühmte Statue der Artemis von Ephesos wurde bei einem ihrer Feste in feierlicher Prozession zum Meeresufer gebracht, dort in die Wellen getaucht und gebadet. Danach wurde sie mit frischem Grün bekränzt wieder zu ihrem Tempel zurückgeführt. Solche Zeremonien, die bis in die patriarchale hellenistische Zeit andauerten, waren davor sicher viel häufiger, und sie wurden nicht nur mit schöngearbeiteten Statuen, sondern auch mit einfachen, magischen Steinen, welche die Göttin symbolisierten, durchgeführt. Wie die Erde befreite sich die Göttin im Frühling von den alten Hüllen und verjüngte sich im heiligen Bade. Sozusagen aus den Fluten wiedergeboren schenkte sie dem Land ihren Segen, das Erwachen der jungen Vegetation.

So ist diese Kulthandlung ein geheimnisvoller Akt, in welchem die Göttin selbst Tod und Wiedergeburt vollzieht. Denn alle diese Seen sind – wie auch der Frau Holle-Teich auf dem Meissner (Weissner) – ihr jeweils lokaler Eingang in die Unterwelt, die am Grunde des Sees liegt. Die Göttin begibt sich demnach in ihre Jenseitswelt, reinigt und verjüngt sich dort und kehrt segenspendend ins Diesseits zurück. Das macht uns das Schicksal der männlichen Begleiter verständlich, welche diesen Weg mit der Göttin in ihre Unterwelt gehen, um wie sie verjüngt in ein neues Leben zurückzukehren. Denn hinter allen diesen Kulthandlungen steht der ganz konkrete Wiedergeburtsglaube der matriarchalen Menschen, wonach der Tod nur ein anderes Leben in der wunderbaren Jenseitswelt der Göttin ist, aus dem sie jedes Wesen durch die Wiedergeburt in ein neues Leben im Diesseits zurückbringt. Dieser Glaube erklärt die vielen Zeugnisse, die wir haben, nach denen ihre Anhänger die Göttin freiwillig auf ihren geheimnisvollen Wegen bis in den Tod begleitet haben. Für den erwählten männlichen Partner der Göttin, den Heroskönig, war dies der traditionelle Weg, der immer freiwillig angetreten wurde. Er hat etwas mit Liebe und religiöser Ekstase zu tun, worauf ebenfalls die vielen Sagen von den verlockenden Wasserfrauen hinweisen, denn hier ist fast immer Liebe und Verzückung im Spiel. Die ekstatischen Gefühle, welche Männer heute noch zeigen, wenn sie zum Beispiel in Indien die Kultsteine von uralten Göttinnen in Prozessionen tragen dürfen oder wenn sie in Südeuropa in der „Semana santa" die blumengeschmückten Figuren der christlichen Madonna auf den Schultern durch die Städte führen, lassen uns die Atmosphäre ahnen, die in matriarchalen Kulturen bei vergleichbaren Festen – auch bei den Festen der Hertha – üblich war. Noch heute gilt es bei solchen Handlungen als grösstes religiöses Verdienst, den Weg mit der Göttin in voller Hingabe zu gehen. Im Gegensatz dazu ist das blutige Töten von unfreiwilligen Opfern für die Götter, meist Kriegsgefangenen, typisch für die kriegerischen frühpatriarchalen Gesellschaften, und es setzt sich fort in der massenhaften Schlachterei von unschuldigen Menschen in der Kriegsmaschinerie des modernen Patriarchats.

Wie ist nun das mythologische Verhältnis zwischen der Göttin Schwanenweiss und der Göttin Hertha auf Rügen zu sehen? Nicht nur ihre Kulthandlungen zeigen grosse Verwandtschaft, sondern auch ihre Namen. Denn dem Namen „Hertha" in Norddeutschland entspricht in Süddeutschland der Name „Bertha". „Bertha" oder „Berchta" heisst „die Helle, Glänzende, Strahlende", ihre Farbe ist Weiss. Ihr entspricht die bayerische „Percht" und die mitteldeutsche „Frau Holle", alle Weisse

Göttinnen mit mehreren Erscheinungsformen. Die Göttin Hertha ist deshalb keine andere als die Göttin Schwanenweiss, ihre Gestalten sind austauschbar.

Obwohl sie Weisse Göttinnen sind, stellen sie keineswegs ausschliesslich Himmelsgöttinnen dar. Der Himmel ist nur eine ihrer Regionen, denn sie haben eine dreifache Gestalt wie die Mondgöttin, eine weisse, rote und schwarze. Auf den Aspekt der Roten Göttin weisen bei Schwanenweiss der goldene Becher für die Heilige Hochzeit hin und bei Hertha der Kuhwagen sowie das Segnen der Fluren; dies sind Aspekte der liebenden, fruchtbaren, mütterlichen Göttin. In diesem Sinne ist die Erde ihre zweite Region, denn sie repräsentieren auch das Land, eben das weisse Land Rügen. Hertha ausschliesslich als „Erdgöttin" zu bezeichnen, ist deshalb eine unzulässige Vereinfachung. Ihre dritte Region ist die Unterwelt, und auf diesen Aspekt der Schwarzen Göttin des Todes und der Wiedergeburt weisen ihre Wohnsitze in den Höhlen mit Schätzen hin sowie ihr Jenseitsort am Grunde von Seen. So erscheint hinter der Göttin Schwanenweiss und der Hertha, genauso wie hinter der Holle und der Percht, trotz ihrer später germanisierten Namen die dreifaltige Grosse Göttin des Matriarchats.

Wodan der Hexenjäger

Wie an vielen Orten so finden wir auch in Rügen Sagen von der endgültigen Vertreibung des Kleinen Volkes. Sie wandern aus, niemand weiss wohin, doch sie nehmen den Segen mit sich fort. Was ist dem vorausgegangen, bis es zu ihrem letzten, verzweifelten Auszug kam? Es gibt eine Reihe Zeugnisse, die darüber Auskunft geben, wenn man ihren Hintergrund entziffern kann. In einer Deutlichkeit, die nichts zu wünschen übrig lässt, sprechen davon die Sagen vom „Wilden Jäger" auf Rügen. Dieser „Wilde Jäger" hat nichts mit der „Wilden Jagd" der Hollenweiber oder Perchten zu tun, wie wir sie in Thüringen, Bayern, Österreich und der Schweiz finden. In diesem Falle sind es die Naturgeister, die mit der Göttin im Herbst in ihre Unterwelt in den Berg stürmen und im Frühling ebenso heftig wieder heraUSstürmen. Später sind es die „wilden Frauen", jene die noch lange den Kult der Göttin ausüben und häufig amazonischen Charakter haben, die mit der „Wilden Jagd" der Göttin verbunden worden sind. Dies alles bewegt sich noch in matriarchalem Kontext. Die Sagen vom „Wilden Jäger" haben dagegen einen anderen Aufbau und einen anderen Inhalt, wie wir am Beispiel Rügens, wo sie reichlich vertreten sind, erkennen können.

Zunächst wird diesem Wilden Jäger ein fester historischer Hintergrund zugeschrieben, den die Sagen von der Wilden Jagd der Göttin wegen der Allgemeinheit der Naturereignisse, die damit gemeint sind, nicht haben. So heisst es, dass vor langer, langer Zeit ein grosser Fürst im Sachsenlande lebte, dem alles Land zu eigen fiel. Er sei von jähzornigem Gemüt gewesen und häufig wutschnaubend auf seinem Ross dahergejagt, wobei er so schreckliche Taten vollbrachte, wie sie nur aus der grausigsten Heidenzeit stammen können.[26] Diese Bemerkungen verweisen eindeutig auf die Germanen, die sehr häufig pauschal „Sachsen" genannt werden und um 500 v.u.Z. über die matriarchalen Länder an der Ostsee einschliesslich

Rügen hereinbrachen. Ihre Invasion wurde im Bild des „Wilden Jägers" personifiziert, so dass die Taten, die dieser Jäger vollbracht haben soll, aus der Zeit der germanischen Eroberungszüge stammen und eine schreckliche Realität haben. Für diese These, dass es sich nicht um einen späteren christlichen Sachsenfürsten handelt, spricht ausserdem, dass der Wilde Jäger in jeder Sage den Ruf „Ho! Ho! Wode! Wode!" oder „Holla! Wod! Wod!" ausstösst. „Wod" oder „Wode" bezieht sich auf den germanischen Kriegsgott „Wodan" oder „Odin", der nichts mit dem Christentum zu tun hat. In seinem Namen überrannten die Horden der germanischen Kriegerkönige mit ihrem Schlachtgeschrei die alten matriarchalen Kulturgebiete und eroberten sie zu Pferd.

Daher ist in diesen Sagen der Wilde Jäger immer zu Pferde, während die „Wilde Jagd" der Göttin nur wie der Sturm durch die Lüfte braust und keine Pferde darin vorkommen. Erst später, als in einzelnen Fällen der Charakter der wilden Frauen amazonisch wird, haben auch sie „Feenpferde", auf denen sie durch die Lüfte reiten (z.B. die Begleiterinnen der Fee Morgane und die Walküren). Das ist eine Adaption der strategischen Waffe „Pferd", welche die matriarchalen Völker besonders Westeuropas übernahmen, als sie ihre Verteidigung gegen die Wellen der indoeuropäischen Eroberer: die Kelten, die Germanen, die Slawen, aufbauten. Am Anfang jedoch waren sie den berittenen Eroberern aus dem Osten wehrlos ausgeliefert, die sie in Scharen vor sich hertrieben. Ohne Pferde sehen wir das alte Volk auch auf Rügen, denn ihr heiliges Tier war die Kuh oder der Stier, wie wir aus dem Kult der Hertha wissen, das Pferd kannten sie noch nicht.

Die Sagen vom Wilden Jäger auf Rügen berichten, dass er ein „rechter Zwingherr" war, das heisst, ein Eroberer und patriarchaler Herrscher. Er ritt auf einem schneeweissen Ross, aus dessen Nüstern Funken stoben – dieser „Schimmelreiter" ist eine mythische Gestalt Wodans oder Odins, deshalb wurde er vom Volk auf Rügen allgemein der „Wode" genannt. Er war gross und hager und trug eine eiserne Rüstung, aus seinen Augen funkelten Zorn und Grimm – mit den frühpatriarchalen Eroberern begann die Eisenzeit. Am liebsten jagte er keineswegs wilde Tiere, sondern Menschen, und zwar „böse" Menschen, vor allem „Hexen und Hexenmeister", wie eine verräterische Stelle sagt, denn damit sind die Menschen der matriarchalen Kultur gemeint.[27] Am häufigsten hetzte der Wilde Jäger Frauen zu Tode, insbesondere die „Witten Wiver". Darauf weist eine Sage hin, wo er zwei Frauen jagt, die nirgendwo Schutz vor ihm finden. Die eine spricht einen merkwürdigen Spruch aus: „Wer nach uns hascht, ist noch nicht kämmt und wascht!"[28] Das heisst, der Wilde Jäger ist ein ungewaschener, ungekämmter, ungehobelter, überhaupt unzivilisierter Kerl. Das Waschen, besonders von weisser Leinwand, ist typisch für die „Witten Wiver" und das Kämmen der langen Haare für die Wasserfrauen, die mit den „Witten Wivern" engstens verwandt sind. Beide Handlungen verweisen zugleich auf Kultur und Magie, doch genau daran erkennt sie der Wilde Jäger und verfolgt sie bis zu ihrem Tod.

Von der Garzer Heide wird berichtet, dass der Wilde Jäger dort einen nackten Menschen männlichen Geschlechts jagte, nicht grösser als ein sechsjähriger Knabe, der mit gesträubten Haaren, vor Angst glasigen Blicken und heraushängender Zunge vor ihm floh, bis er von den Hunden ergriffen und zerrissen wurde. Darauf stiess der Wilde Jäger ein Freudengeschrei aus, das dem „Donner" (germanischer

Gott „Donar") glich. Am selben Ort jagte er später ein „kleines Mädchen mit langen, fliegenden Haaren", in welchem der Beobachter mit Grauen eine „sehr vornehme Dame" erkannte.[29] Ein anderesmal ist der Wilde Jäger hinter einem „Kind" her, das erbärmlich beim Rennen schreit.[30] Wieder ein anderesmal versucht ein Mensch einen kleinen Hund vor dem Wilden Jäger zu retten, doch das Hündchen verwandelt sich plötzlich in ein „Kind", das der Mensch erschrocken fallen lässt und damit dem Wilden Jäger preisgibt.[31] Eine weitere Sage berichtet von einer Seejungfrau, die aus dem Schmachter See bei Binz auftaucht und vom Wilden Jäger erschossen wird.[32] Diese Sagen lassen keinen Zweifel mehr daran, dass hier das Kleine Volk gejagt wird, und zwar massenhaft. Denn die Berichte erzählen von zufälligen Beobachtungen, während es zugleich heisst, dass der Wilde Jäger in diesen Gegenden sehr oft unterwegs war. Die „Dame", die bei Garz gejagt wird, macht durch ihre Vornehmheit ebenso wie die „Witten Wiver" durch ihren Spruch deutlich, wie gross der kulturelle Unterschied zwischen dem alten Volk und den barbarischen Eroberern ist. Und mit welcher Grausamkeit es dabei zuging, schildern diese beiden letzten Szenen aus dem germanischen Frühpatriarchat: Ein Müllergeselle hört das „Hi hot! Hi hot!" des Wilden Jägers und stimmt aus purem Übermut in diese Rufe ein. Sogleich sieht er ihn hoch zu Ross hinter einer Frau herjagen. Kurze Zeit später kommt der Wilde Jäger zurück und sagt: „Da du mir beim Jagen geholfen hast, sollst du auch beim Verzehren helfen!" und wirft ihm ein Stück Menschenfleisch hin.[33] – Ein seine Herde hütender „Knabe", der einen Baum schält, um sich eine Schalmei zu machen, trifft auf den Wilden Jäger. Dieser schneidet dem „Knaben" den Leib auf, bindet das Ende des Gedärms an den Baum und treibt den Unglücklichen mit der Peitsche solange um den Baum herum, bis das Gedärm aus dem Leib gewunden und der Gequälte tot hingefallen ist.[34]

Um diesen durchaus realen Greueln ihre Schärfe zu nehmen, wurde der „Wilde Jäger" in christlichen Zeiten zum Gespenst gemacht, das nachts umgeht, und die Verfolgten, das Kleine Volk aus „Witten Wiwern", Feen und Zwergen, stilisierte man zu Fabelwesen um. Das alte Volk hat jedoch seine eigenen Wege des Überlebens der ersten germanischen und späteren slawischen Invasion (600 n.u.Z.) gefunden: es ging in den Untergrund. Denn bezeichnenderweise bestand der Sage nach die einzige Fluchtmöglichkeit vor dem Wilden Jäger darin, dass die Gejagten einen „Hexenschlupf" fanden, ein rundes Loch, aus Zweigen oder Bäumen gebildet – so entkamen sie und waren für diesmal frei.[35] Das ist ein Hinweis auf noch andere Schlupflöcher, nämlich die vielfach bezeugten Höhlen und unterirdischen Gänge, in die sich das Kleine Volk vor seinen brutalen Verfolgern rettete. Diese Erdwohnungen liessen es von der Oberfläche verschwinden und machten es zu den „Unterirdischen" mit den reichen Schätzen, aber sie sicherten ihm auf Rügen und anderswo das Überleben. Darauf weisen ebenfalls die vielen Sagen von „versunkenen" Schlössern auf Rügen hin. Diese Situation hat mehr als ein Jahrtausend bestanden, vermutlich noch länger, nämlich bis in die Jahrhunderte der Neuzeit hinein. Denn immer wieder berichteten Menschen auf Rügen, sie hätten Leute vom Kleinen Volk gesehen – so wie es in der Bretagne, in Irland und in den Pyrenäen auch erzählt wird.

Die Vertreibung

Noch während der germanischen Zeit muss es zu einer Vereinnahmung und Koexistenz der alten Göttin-Kulte mit den germanischen Kulten der Kriegergötter gekommen sein, wie die germanischen Namen „Swanwithe" und „Hertha" für die vorindoeuropäischen Göttinnen beweisen. Doch nun ist der Kult der Hertha fest in Männerhand, denn Priesterinnen kommen darin nicht mehr vor (Tacitus). In slawischer Zeit wurde die Göttin „Swanwithe" dann vermännlicht und tritt nun als der Gott „Swantowit" auf.[36] Er hatte seinen grossen, hölzernen Tempel auf Kap Arkona, innerhalb des Ringwalles, und im Tempelinneren stand seine Kolossalstatue, die ebenfalls aus Holz war. Das weist darauf hin, dass Kap Arkona ebenso wie die Burg Garz einst die alten Kultstätten der Göttin Schwanenweiss waren (Abb. 5).

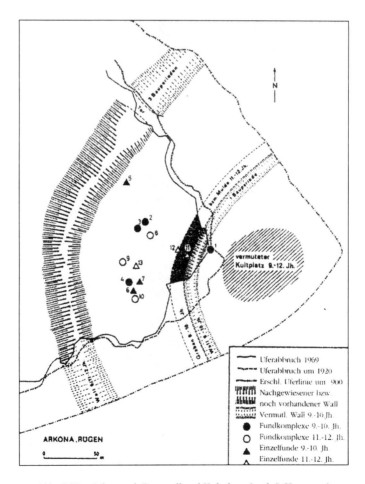

Abb. 5 Kap Arkona mit Burgwall und Kultplatz. (nach J. Herrmann)

Im Jahr 1168 wurde Kap Arkona von den Dänen vom Meer her erobert, die Tempelburg des Swantowit zerstört, seine Statue zerhackt und von den Armeeköchen als Brennholz fürs Herdfeuer verwendet. Nach Arkona kapitulierte auch Garz, und anschliessend wurde die Christianisierung mit militärischem Druck durchgesetzt. Swantowit wurde verchristlicht und hiess nun „Sanctus Vitus", der Heilige Veit, der noch immer die Göttinfarbe im Namen führt, denn er heisst der „Heilige Weisse". Lange Zeit blieb es unklar, ob die Leute auf Rügen im Sanctus Vitus nicht weiterhin ihren alten Gott Swantowit verehrten (Bericht des Saxo Grammaticus).[37]

Die südöstliche Halbinsel Reddewitz wurde im 13. Jahrhundert Besitz der Zisterzienser-Mönche und hiess von da an „Mönchgut". Die Mönche sorgten nun für die Dämonisierung des alten Glaubens, sahen überall „Teufelsspuk" und „Hexerei". Das machte das Leben der Reste des Kleinen Volkes in seinen Verstecken immer schwerer. Noch immer versuchte es, aus dem Untergrund einen freundlichen Kontakt zu den Menschen aufzubauen, indem es um Speisegaben von Brot und Grütze bat und bereit war, die Geber reich zu beschenken. Manchmal gelang der Kontakt, meistens jedoch ging es unglücklich aus. Schliesslich beschloss es den endgültigen Auszug. So zogen die „Witten Wiwer" von Mönchgut fort und passierten dabei den „Mönchgraben", den Scheidegraben zwischen Mönchgut und dem Herrschaftsbereich von Putbus. Dort stand eine prächtige Eiche. Da sprachen die „Witten Wiwer", dass nun die Eiche vertrocknen würde, und sie würden erst dann zurückkehren, wenn die Eiche wieder grünen würde! Kaum waren sie davongezogen, vertrocknete die Eiche und hat nie mehr gegrünt, so dass sie zuletzt umgehauen wurde.[38]

Hier sehen wir, wie mit dem Auszug der Überlebenden des alten Volkes der Segen vom Land geht: die Eiche, das Symbol für Dauerhaftigkeit, vertrocknet und erholt sich nie mehr. Auch von der nördlichen Halbinsel Wittow zieht das Kleine Volk aus, denn die Menschen bauen ihre Ställe über den unterirdischen Wohnungen der Zwerge, dass Mist und Jauche hineinkommen; sie teilen ihr Brot nicht mehr mit ihnen, indem sie es bekreuzigen; sie wollen die Zwergenschätze ausgraben und entdecken und zerstören dabei ihre unterirdischen Wohnungen. So kommt es zur Auswanderung der Zwerge von Wittow, die ein Fährmann, der nachts auf geheimnisvolle Weise geweckt wird, mehrmals mit seinem Kahn über die Wittower Fähre bringt. Dabei sieht und hört er seine Fahrgäste nicht, bis der Zwergenkönig sie ihm zuletzt sichtbar macht und gleichzeitig seine berechnende Haltung bestraft.[39] Sie liessen sich noch eine Weile in den Banzelwitzer Bergen nieder, aber zuletzt zogen sie durch ganz Rügen und verliessen die Insel endgültig über den Meeresarm, der sie vom Festland trennt. Auch hier ergeht es dem Fährmann ebenso wie seinem Kollegen von der Wittower Fähre, er sieht und hört seine Fahrgäste nicht. Als auch in diesem Fall der Zwergenkönig sie ihm zuletzt sichtbar macht, sieht er das ganze Ufer von Pommern vom Kleinen Volk wimmeln. Der Zwergenkönig erklärt ihm, dass sie nun alle Rügen verlassen, da für sie kein Segen mehr in diesem Land sei, in welchem die Menschen nicht mehr bereit seien, Brot und Getreide mit ihnen zu teilen.[40] Brot und Getreide sind die Gaben der Erde, die sie reichlich schenkt. Aber die Menschen behalten alles für sich, so wie sie zunehmend das ganze Land besetzen. Es gibt keinen Platz mehr für die Letzten des alten Volkes, jenes matriarchalen Volkes, das die Erde als Göttin verehrte und die Natur als heilig betrachtete, und so ziehen sie von dannen. Sie wenden sich von dieser späteren Menschheit ab, die auf ihrem falschen Wege fortfährt, bis heute, ohne Besinnung und ohne jeden Segen.

Kurt Derungs

Mythologische Landschaft Bodensee

I

Seit dem 5. Jahrtausend ist die Region Bodensee von verschiedenen jungstein-zeitlichen Kulturen besiedelt. Diese frühen Menschen waren Ackerbauer/innen mit Viehzucht und legten ihre Wohnstätten bevorzugt an den Ufern des Sees an, die sogenannten Pfahlbausiedlungen. Bekannte Fundorte aus dieser Zeit stammen zum Beispiel aus dem heutigen Ludwigshafen, Sipplingen, Uhldingen oder Arbon. Die materielle Hinterlassenschaft dieser Menschen können wir in verschiedenen Museen rund um den Bodensee betrachten. Wir erkennen an den Funden, dass eine umfassende bäuerliche Wirtschaftsform aufgebaut wurde, eine Ökonomie, die Grundlage für jede weitere Kultur sein wird. Oft sind wir uns nicht bewusst, dass wir Erben der jungsteinzeitlichen Erfindungen sind, sei dies im Hausbau, in der Pflanzenzucht oder in der Keramik. Damit verbunden ist die Herstellung von Brot, Pflanzenheilkunde, Tierzucht sowie Sammel- und Gartenwirtschaft. Als Verkehrsmittel erscheinen Boote und kleinere Schiffe, und auch Lokal- und Fern-handel scheint existiert zu haben.[1]

Neben den materiellen Errungenschaften und der bäuerlichen Ökonomie lebten die Menschen in einer organisierten Gemeinschaft in Häusern, die eine Siedlung bildeten. Der Plan und die Architektur der Siedlung war dabei schon für Jahr-zehnte gegeben, was wir aus der Abfolge und der Anordnung der Häuser erkennen können. Auch liegt die Grösse einer Siedlung und damit die Anzahl der Frauen, Männer und Kinder, obwohl Unterschiede bestehen können, in einem gewissen Rahmen. Jedenfalls gibt es keine explosive Dorf- oder Stadtentwicklung. Wenn eine Bevölkerungszahl für eine Siedlung zu gross geworden ist, scheint ein Teil der Menschen sich in der näheren Ferne eine neue Siedlung errichtet zu haben, so dass wir Mutter- und Tochterstätten erhalten. Dies dürfte die natürliche Ausbrei-tung der Menschen gewesen sein, wobei sie miteinander verwandt blieben. Wir erhalten eine Verwandtschaftsgesellschaft mit engem, kulturellem Erbe. Die Fa-milienform war nicht die bürgerliche Kleinfamilie, denn Jahrtausende lebten die Menschen in Sippen und Clangemeinschaften mit besonderer Berücksichtigung der Blutsverwandtschaft. Diese Verwandtschaft ist am natürlichsten von der Mut-ter und Frau herzuleiten, so dass wir von einer mutterrechtlichen jungsteinzeitlichen Gesellschaftsform ausgehen können. Diese Sippenform dürfte sich auch auf die Gemeinschaft und in die Mutter-Tochter-Siedlungen übertragen haben, d.h. Verwandtschaft und Mutterrecht finden auch im politischen Bereich der Gesellschaftsstruktur ihre Anwendung. Eine hierarchische repressive Struktur oder eine Waffenproduktion für Raubkriege konnte nicht nachgewiesen werden. Wir dürfen eine egalitär-herrschaftslose Gesellschaft annehmen, die auch in der Geschlechterbeziehung auf Gegenseitigkeit, Vertrauen und Verwandtschaft beruht als auf Unterdrückung und Zwang.[2]

Im ökonomischen und sozialen Bereich spielten die Frauen und die Muttersippe, wo die Menschen aufgehoben waren, eine besondere Rolle. Dieses mutterrechtliche Umfeld spiegelt sich auch im mythologischen Bereich wider. Der bäuerliche Kalender enthielt verschiedene jahreszeitliche Feste, zu denen auch Rituale im Jahres- und Lebenskreis gehören. Die religiösen Formen sind geprägt von totemistischen, animistischen und schamanistischen Praktiken, insbesondere ausgeübt von weisen Frauen und Schamaninnen. Ein wesentlicher Punkt der Mythologie war die Sorge um die Verstorbenen, die Totenpflege, die sich in einer bedeutenden Ahnenverehrung ausdrückt. Die Lebenden und die Verstorbenen bilden eine erweiterte Gemeinschaft mit gegenseitiger Hilfe und Respekt. Dabei wurde eine Ahnfrau/Schöpfergöttin besonders verehrt, die den Kosmos und die Erde erschaffen hat.

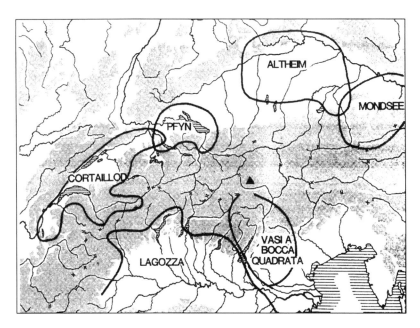

Bodenseegebiet um 4000 v.u.Z.: jungsteinzeitliche Pfynkultur
mit benachbarten Kulturen im Alpenraum. (nach L. Barfield)

Spuren und Relikte einer jungsteinzeitlich-mutterrechtlichen Mythologie finden wir in den Grabanlagen und in den megalithischen Ahnen- und Steinstätten. Aber auch in der lokalen Sagentradition erkennen wir, wenn auch oft verzerrt dargestellt, Hinweise auf eine solche Mythologie. Wie erwähnt, widerspiegelt sich die mutterrechtliche Sippe und geistige Kultur in der sozialen Gemeinschaft und in einem von Ahninnen und Ahnen beseelten Jenseits, die sich in der Natur manifestieren können. Eine mutterrechtliche Gemeinschaft benennt daher auch ihre Umwelt und Landschaft mit einer entsprechenden Gedankenwelt. Sie wortet die Welt im Sinne ihrer gesellschaftlichen und mythologischen Bedingungen und schliesst die Landschaft in die menschliche Gemeinschaft mit ein. Dies zu erkennen leistet eine moderne Matriarchatsforschung[3] und Landschaftsmythologie, denn in der Landschaft haben sich ebenso Spuren einer matriarchalen Mythologie erhalten wie in Mythen, Märchen und Sagen.[4]

II

Die jungsteinzeitlichen Menschen der Bodenseeregion lebten nicht isoliert, sondern standen in Verbindung mit dem Donauraum, einem Gebiet, das für die Ausbreitung des Ackerbaues eine wichtige Rolle in Europa spielte. Die grosse Lebensader Donau zieht sich vom Schwarzen Meer, vom Balkan über Ungarn und Bayern in die Schwarzwaldregion, wo ihre Quelle entspringt. Südlich der Schwäbischen Alb fliesst der Oberlauf dieser Lebensader, und südlich davon liegt das Schwäbische Meer, der Bodensee, mit einem reichen Wasserreservoir. Ich möchte nun auf einige Ortsnamen eingehen, die uns Hinweise auf eine frühe Mythologie geben können. Dabei ist zu beachten, dass Umdeutungen und Veränderungen stattgefunden haben, aber auch Übernahme einer nachfolgenden Sprachgemeinschaft.[5]

Die Donau selbst bietet ein schönes Beispiel, wie Ahnenverehrung und Landschaft zusammenspielen. Ihr Name geht auf die Grosse Göttin eines vorindoeuropäischen Europas der Jungsteinzeit zurück mit der Bezeichnung Dana oder Ana. Sie ist in Irland als Bergname erhalten, wo zwei Hügel nach ihren Brüsten benannt sind (the paps of Anu). Ebenso erscheint sie in der Epentradition als Göttin und Ahnfrau eines sagenhaften Volkes, das die Insel besiedelte (Tuatha De Danann). In Nordwales erhalten wir den Flussnamen Donwy, ebenso einen Nebenfluss des Tern in Shropshire mit Try-donwy, (drei?) Dana. In Nordeuropa ist das Land Däne-mark nach ihr benannt, weiter östlich finden wir die Flüsse Dnjepr (< Danapris), Dnjestr (< Danastris) und Don, der jedoch eine Vermännlichung ihres Namens darstellt. Im Slawischen wird sie auch Dennitsa, die Grösste aller Göttinnen, genannt. Im Alpengebiet sind die Rhone (< Rodanus) und der Inn (< Ainos) zu nennen, der als Nebenfluss wiederum die Sanna (< Danna), Rosanna (< Rodanna) und Trisanna (< Tridanna = Drei-Danna) besitzt. Auch der Rhein (< Rhenus) geht auf ein Ana-Wort zurück.

In der (vor)-griechischen Mythologie kehrt sie wieder als Göttin Danaë oder als drei Danaiden, drei Zauberinnen. Im Orient war sie Dam-Kina (Sumer), Dinah

(Hebräisch) oder Danu/Dunnu (Babylon). Nicht nur im Alten Irland gab es ein Volk, das sich nach ihr benannte, sondern auch im Alten Orient. In der Bibel erscheinen die phönizischen Danaiten, über die nur widerwillig geschrieben wurde. Sie werden als Schlangen (Gen. 49,17) bezeichnet, waren also wie das Alte Kreta ein Volk der „Schlange", dem weisen Symboltier der Grossen Göttin Dana, das sie selbst darstellte. Ihre vermännlichte Form ist Dan-El oder Daniel. In der Bibel bedeutet das Wort Dan auch „weises Urteil und Gerechtigkeit", was auf die Funktionen und Fähigkeiten der alten matriarchalen Göttin des Landes hinweisen.[6] Bei den Angelsachsen wurde Danu/Ana zu Black Annis (Schwarze Ana), Anna of the Angels oder Blue Hag (Blaue Hexe). Bei Dane's Hill in Leicestershire besass sie einen Höhlenschrein, bekannt als Black Annis' Bower. Im Christentum erscheint die Göttin als dreifaltige An-beth (< Anabeth), Wil-beth und Bor-beth, aber auch als die Mutter Anna der Muttergottes Maria. Dana/Ana ist hier somit die Schwarze Erdgöttin mit der Schlange, was eine sehr archaische Vorstellung ist.

Die Donau bzw. die Flussgöttin Dana besitzt in ihrem Quellgebiet im Schwarzwald zwei Quellflüsse mit dem Namen Brigach und Brege. Beide gehen auf eine Namensform brig- zurück, die zwar keltisch ist, jedoch eine vorkeltische Bedeutung tradieren. So enthält der Stadtnamen Bregenz (< Brigantium), das illyrische Brigeto oder der rätoromanische Landstrich Prättigau (< Brittannia) ihren Namen, was wieder auf die Göttin Brigid zurückgeht. Wie alle alteuropäischen Göttinnen wurde sie in dreifacher Gestalt und als Mondin verehrt, so deutet auch die Form brig- oder bré- auf hoch oder weiss hin, demnach die Weisse Göttin, wie es für die Bezeichnung der Mondin oft vorkommt.[7]

Brigid ist ein verjüngter oder weisser Aspekt der Ahnfrau und Göttin Dana/Donau, wo an ihrer Quelle die junge Brig entspringt. Einen weiteren Aspekt der Dana verkörpert der Name Abnoba (Diana Abnoba), die Göttin des Schwarzwaldes. In ihrer Namensform steckt das Wort noba, das Wasser, Nebel und Dunkelheit bedeutet. Der erste Teil ab- schliesst sich an bekannte Wasserwörter wie aba/ava an, so zum Beispiel im Namen Genf (< Gen-ava). Abnoba (< Ava-noba) heisst daher das Wasser der Schwarzen Göttin. Es handelt sich hier um den schwarzen Aspekt der Göttin Dana, die ebenfalls als dreifaltige Mondgöttin mit den Farben Weiss, Rot und Schwarz verehrt wurde. Nicht zufällig haben wir auch bei den Nebenflüssen der Donau wie bei den Zuflüssen des Bodensees Flüsse mit Farbbezeichnungen, die auf die Mondin hinweisen: Rotach, Rottum, Rot, Blau (= Schwarz), Schwarzach, Bregenzer Ach, Lauter (= weiss) oder Argen (= die Weisse). Vermutlich ist sogar ein altes Symboltier der Göttin bezeichnet, wenn als Nebenfluss die Bära (Bärin) erscheint. Auf den schwarzen Aspekt der dreifaltigen Himmels-, Mond- und Erdgöttin Dana bezieht sich auch der alte Name der Donau, der Danubius lautet. Hier erkennen wir wieder das Wort noba mit der Bedeutung „dunkles Wasser" mit dem Göttinnamen Dan kombiniert. Die Donau (< dana-noba) ist mythologisch die Grosse Schlange einer alteuropäischen und orientalischen Göttin, wie sie noch im Alten Anatolien als Hannahanna („Grossmutter") oder als Inanna-Ishtar in den sumerischen Hymnen vorkommt.

Einen weiteren Hinweis auf die Weisse Göttin bietet uns der alte Name des Bodensees selbst, der Lacus Venetus (< vindo = weiss) lautet. In Wales finden wir einen geographischen Namen Venedotia (> Gwynedd), in der Bretagne Vannetais, in Frankreich Vannes und in Italien Venezia. Das Wort Finn oder Gwen enthält auch der irische Flussname Boyne, der auf ein Bo-Vinda, die Weisse Kuh, zurückgeht, was eine mythologisch-poetische Umschreibung der Göttin Dana/Ana war. Ebenso ist dies der rätoromanische, schneebedeckte Berg Piz Buin (< bovinda). Später hiess der Bodensee auch Lacus Brigantinus, was eigentlich dasselbe bedeutet wie Lacus Venetus, da auf die Weisse Göttin Brigid und Bregenz Bezug genommen wird. Brigid selbst wurde noch im Bregenz des 7. Jahrhunderts n.u.Z. als dreifache Bildsäule oder als dreifaches Standbild verehrt, also als dreigestaltige Mondin, bis dieses dann vom Missionar Gallus zerstört und in den See geworfen wurde. An ihre Stelle trat eine christliche Aurelia, was „die Goldene" („Glänzende"?) heisst.

Genau westlich von Bregenz finden wir das Städtchen Arbon, wo ebenfalls Gallus auftrat und es sogar einen Gallusstein gibt. Dieser Fuss-Stein an der Galluskapelle neben der Martinskirche bezeugt einen alten Steinkult in Arbon, auf den wir noch zurückkommen werden. Arbon hiess in römischer Zeit fälschlicherweise Arbor felix, was auf einen Baum (arbor = Baum) hindeutet. Es könnte jedoch sein, dass sich hier eine Ahnin in einem Baum manifestierte und verehrt wurde. Der eigentliche Name von Arbon ist aber Arbona, was sich aus einem Albana entwickelt haben dürfte. In ihm erkennen wir den Namen Ana bzw. Dana, zudem die Farbbezeichnung Weiss (alb-), also der Ort der Weissen Ana am See der Weissen Göttin mit einem Fuss-Stein.[8]

III

Sehr viele jungsteinzeitliche Kulturen errichteten Grabanlagen und Grabstätten aus Stein, setzten einzelne Steine, Steinreihen oder ovale Steinkreise als Ahnen- und Kultstätten. Diese Orte waren Versammlungsplätze für gesellschaftliche Belange als auch Festplätze für die jahreszeitlichen Rituale im Bauernkalender. Wir erkennen dies zum Beispiel an der Anlage von Falera in Graubünden (Schweiz), die vom Bodensee aus Richtung Süden entlang des Rheines zu erreichen ist. Je nach geographischem Ort waren gewisse Daten im Jahreskreis wichtiger als andere, gemeinsam ist ihnen aber Zeitorientierungen im Mittsommer und Mittwinter, an den Tagundnachtgleichen, im November/Februar und Mai/August. Dies wurde bewerkstelligt durch die Beobachtung der Sonnenaufgänge, aber auch durch die Mondbewegungen bis hin zur Sternbildorientierung. Wir sehen, dass die astronomischen und mathematischen Kenntnisse, auf die wir heute aufbauen, schon in der Jungsteinzeit hoch entwickelt waren.

Rund um den Bodensee finden sich verschiedene, isolierte Megalithsteine und Steinstätten, die entweder bewusst an einen Ort gesetzt wurden, oder die Menschen gebrauchten die natürliche Lage von Felsen und Steinblöcken, die sie dann in ein Bezugssystem einbezogen. Dies können auch markante Züge der Landschaft wie zum Beispiel Berge und Täler sein. Vermutlich bildeten die einzelnen Steine der Bodenseeregion früher lokale Steinanlagen wie Steinkreise oder Steinreihen, jedoch sind sie zerstört oder für Bauzwecke verwendet worden. Heute finden wir wenn überhaupt nur noch kümmerliche Reste davon, zusammenhanglose Steinblöcke, die auch verschoben oder vergraben wurden. Möglich ist, dass einzelne Steine als Kirchenschwellen oder Umzäunungen dienen.

In Bregenz standen wie schon erwähnt drei Bildsäulen oder Steinbilder der Stadtgöttin Brigid, die auch der Bregenzer Ach ihren Namen gab. In der Nähe sind der Gebhardsberg und der Pfänder sichtbare Erhöhungen. Während einer frühchristlichen Missionierung durch den irischen Gallus wurden die Steine der Brigid zerstört, was im Volk von damals sehr viel Unmut und Streit verursachte. Schauen wir von Bregenz aus direkt nach Westen, so liegt auf einer astronomischen Linie die Stadt Arbon, unsere Göttin Albana, wo ein Stein mit einer natürlichen Fussform an der heutigen Galluskapelle eingemauert ist, denn auch hier wirkte der Missionar aus Irland. Obwohl der Stein versetzt ist, lag er sicher im heutigen Areal von Schloss und Kirche, einem Ort mit sehr gutem Ausblick auf den See, auf die Weisse Göttin, und die umliegende Landschaft. Der Stein selbst verkörpert die Göttin Albana des Ortes, die Ahnfrau mit einem Ahnenstein, denn hier soll Gallus seine Füsse daraufgesetzt haben. Dies bedeutet für das Volk, dass er sich gegen aussen in die Nachfolge eines männlichen Partners der Göttin stellt, seine Initiation und Inthronisation, um so den vorchristlichen Glauben zu erledigen und den christlichen einzuführen. Denn in matriarchaler Vorstellung ist es eine Göttin des Landes bzw. eine Sakralkönigin, die einen Mann für eine gewisse Zeit zum König macht, was ihn erst legitimiert, in ihrem Namen zu regieren. Dies alles imitiert Gallus, verhält sich gegen aussen handlungskonform, jedoch höhlt er von innen her die alte Mythologie aus, um sich selbst und die Bibel als Herrschende zu etablieren.

Südöstlich von Arbon und südwestlich von Bregenz gelangen wir auf einer Linie nach Heiden im Kanton Appenzell. Heiden bzw. die Ahnen- und Kultstätte der Flur Altenstein liegt wiederum auf einer Nord-Süd-Linie, die uns zum Delta des Argenflusses führt, zur Weissen Göttin des Bodensees. In Heiden bestehen heute noch drei bedeutsame Kultsteine einer Ahnfrau, nämlich ein Rutschstein mit zahlensymbolischen Einkerbungen, ein Stein mit einem Schalen- und Beckensystem für Wasserrituale und ein Kindlistein mit einer langgezogenen Rinne und Rutsche, wo die Frauen oder Hebammen die Kinderseelen von der Steinahnin empfangen haben, um die Ahnen der Sippe wieder ins Leben zu führen. Leider liegt die Kultstätte von Heiden völlig offen, und die Zerstörung und Verschandelung von touristischer und örtlicher Seite nimmt freien Lauf.

Am Untersee westlich von Konstanz befindet sich das Fischerdorf Ermatingen. Im Hinterland des Dorfes existiert ein grösserer Felsblock, der früher gebrochen und ausgebeutet wurde. Trotzdem erkennen wir an ihm immer noch eine kleine Schale mit Rinne. Der Stein heisst Grauer Stein, eine Bezeichnung, die für Kindlisteine als auch für Rechtssteine und Ahnenstätten in Gebrauch ist. Vom Grauen Stein aus in westlicher Linie gelangen wir nach Stein am Rhein, wo sich die Insel Werd mitten im Rhein befindet. Eigentlich sind es drei kleine Inseln, von denen die grösste bewohnt ist und eine Wallfahrtskapelle trägt. Menschliche Spuren führen hier bis in die Jungsteinzeit. Wie wir gesehen haben, geht der Flussname Rhein (< Rhenus) auf ein Ana-Wort zurück, das wir beim Namen der Göttin Dana wiederfinden, die wie so oft als dreigestaltige Erd- und Mondgöttin aufgefasst wurde. Eigentümlich ist der Name Werd, der auf eine (vor)-germanische Form Gerd oder Jörd (Erde) und damit auf die Göttin Nerthus hinweisen würde. Im Althochdeutschen bezeichnet Ward allgemein eine Insel, d.h. ein von Wasser umgebenes Stück Land im See oder Fluss. Verwandt mit unserem Namen ist ein Göttinnamen aus der nordeuropäischen Mythologie: Weird, Wyrd oder Wurd, was allgemein „Erde" bedeutet. Sie war Schicksalsgöttin und repräsentierte den schwarzen Greisinaspekt einer dreifaltigen Göttin, jedoch konnte sie auch für die gesamte Triade der Schicksalsfrauen stehen. Im Englischen bedeutet „weird" heute „unheimlich, geisterhaft", während in Schottland damit ein unabänderliches Schicksal bezeichnet wird.[9]

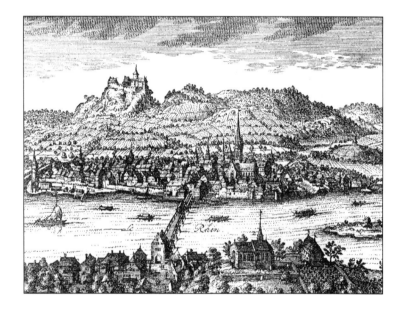

Stein am Rhein, rechts eine der drei Werd-Inseln. (Stich von M. Merian, 1640)

Interessant ist, dass wir bei der Insel Werd einen Werdlistein vorfinden, der aus dem Rhein ragt und von dem gesagt wird, dass er sich umdrehe, wenn er es vom Glockenturm elf Uhr schlagen höre. Er ist damit ein „Elfistein", wie es mundartlich heisst.[10] Einerseits bezeichnet das Wort elf- hier die Elfe, Elbe oder Alfe, Albe, jedenfalls die feenhaften Elfen, die aus den ehemaligen Göttinnen des Landes entstanden sind. In diesem Sinn ist die Elfe/Albe (alb- = weiss) die uns schon mehrmals begegnete Weisse Göttin und Mondin. Andererseits erhalten wir ein Zahlwort und den Hinweis auf einen sich drehenden Stein, was bedeutet, dass der Ort in einem astronomischen Bezugssystem im Jahreskreis steht, der sich fortwährend zu drehen scheint. Schliesslich sei auch auf die Elfen als sakrale Frauen verwiesen, auf eine Priesterinnenschaft von elf und einer Frau, also von zwölf Frauen. Viele dieser „Elfisteine" heissen dann im Volksmund auch „Zwölfisteine". In der Sagentradition der Region wird von einer heiligen Ursula mit 11000 (!) Jungfrauen berichtet. Nicht weit von der Insel Werd hatten diese zwölf Frauen in der Nähe von Singen eine bedeutende Kult- und Ahnenstätte. Es ist dies der bekannte Mägdeberg (magad = junge Frau), also der Berg der heiligen Jungfrauen als Versammlungsort und Ort der jahreszeitlichen Rituale im Lebenskreis. Ist es Zufall, dass am Rhein bei Diessenhofen das Frauenkloster St. Katharina mit dem St. Katharinental liegt? Jedenfalls erhalten wir in dieser Gegend noch weitere „Elfen", so zum Beispiel die Enklave Verenahof in der Nähe des schaffhausischen Freudental oder östlich vom Mägdeberg die Agathenkirche in Hausen an der Aach.[11]

Die Region um den Mägdeberg muss ein bedeutender Ort gewesen sein, denn von diesem Hügel aus erblicken wir in Richtung Südost gegen den Berghügel Hohenkrähen zwei sonderbare Erdhügel. Der eine heisst Offerenbühl (= Opferhügel), während der andere Schlüsselbühl genannt wird. Ältere Ausgrabungen in der Region datieren Funde in die Hallstattzeit, also etwa um 800 v.u.Z., wobei die Erdhügel selbst auch älter sein können.

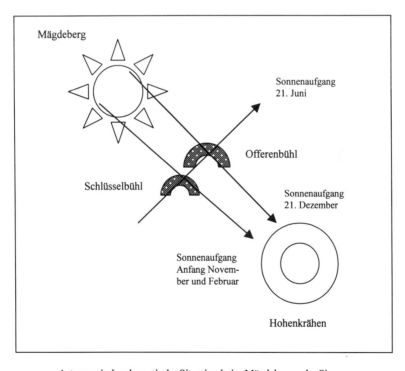

Astronomisch-schematische Situation beim Mägdeberg nahe Singen

Nun ruhen diese sehr harmonisch in Sichtlinie Mägdeberg-Hohenkrähen, wobei sie wie Brüste einer liegenden Erdgöttin erscheinen. Zufall oder nicht, jedenfalls besitzt die nahegelegene Ortschaft Hausen eine Kirche der hl. Agathe, deren besonderes Attribut zwei Brüste sind. Die Heilige würde somit in dieser Landschaft eine ältere Berg- und Erdgöttin überdecken, die auf vorchristliche Zeiten verweist. Ebenfalls auf vorchristliche Zusammenhänge deutet die astronomische Orientierung der Erdbrüste selbst. So erhalten wir eine bekannte Sichtlinie Mägdeberg-Offerenbühl-Hohenkrähen gegen Südosten hin, was den Sonnenaufgang zur Mittwinterzeit anzeigt. Quer dazu findet sich eine Sichtlinie Schlüsselbühl-Offerenbühl gegen Nordosten hin, und zwar relativ genau auf den Sonnenaufgang zur Mittsommerzeit. Eine weitere Linie bilden Mägdeberg-Schlüsselbühl-Hohenkrähen mit einer Jahreszeit (Sonnenaufgänge) Anfang November und Anfang Februar. Beide Daten beziehen sich auf die Zeit um Allerheiligen (Hallowen) und Maria Lichtmess (Brigid/Lucia). Auch hier ist es merkwürdig, dass die hl. Agathe den 5. Februar als Jahrestag besitzt.

Aus diesen wenigen Beobachtung ersehen wir, dass der Ort um den Mägdeberg sehr sorgfältig ausgewählt wurde, und dass wir jahreszeitlich-astronomische Orientierungen bzw. Festzeiten im Jahreskreis erhalten, die mythologisch am „Busen der Erdgöttin" gefeiert wurden. Dies vor allem von einer hl. Ursula, der „Bärin", und ihren 11(000) „Jungfrauen", die in vorchristlicher Zeit vermutlich Priesterinnen der Erdgöttin und Ahnfrau gewesen sind.

Auf der Halbinsel Höri westlich der Insel Reichenau liegt die Ortschaft Horn, wo sich im westlichen Teil des Ortes ein umgekippter Stein befindet. Leider liegt er ungeschützt und verwahrlost bei einer alten Scheuer, denn bei genauem Betrachten zeigt er Konturen eines Gesichtes im Profil. Sicher war früher der Steinblock in der näheren Umgebung aufgestellt und blickte gelassen gegen Osten über das Wasser der Weissen Göttin zur Insel Reichenau und zum Taborberg, der sich in direkter Blickrichtung dem Ahnenstein erhebt. Und vielleicht verbirgt sich im Wort Tabor (< tauber?) ein älteres Wort dub-, das die Farbe Schwarz, also die Schwarze bedeutet. Wie auch immer, auch hier liegt jedenfalls in christlicher Überschicht am Fuss des Berges Tabor der Ort St. Katharina.

Ein weiterer Menhir findet sich westlich von Stockach bei der Nellenburg. Schon beim Aufstieg zum Nellenhof ist er rechts in einer Wiese unter Bäumen zu erkennen, von wo sich eine wunderbare Aussicht über die Landschaft bietet. Der Stein ist von der Seite her dreieckig-kegelförmig, auf jeden Fall bauchig und könnte im Profil ein Gesicht andeuten. Ebenfalls ein Menhir ist derjenige Stein von Seefelden direkt am See östlich von Oberuhldingen. Der Stein lehnt heute an der Friedhofsmauer am Eingang zur Kirche und ist auffallend schwarz bzw. geschwärzt. Seine Form ist eher stelenartig, hat jedoch auf der einen Seite eine Art Jochbogen, was natürlich, gestaltet oder eine Verletzung sein kann. Von Seefelden führt unser Weg nach Mühlhofen Richtung Salem und von dort nach Leutkirch. Der Ort besteht aus ein paar wenigen Häusern, die umliegenden Weiler heissen aber auffallenderweise Obersten, Mittelsten und Untersten, die alle das Wort Stein (-sten) besitzen, zudem eine bekannte Einteilung der Welt in einen oberen, mittleren und unteren Bereich, wie dies auch auf der Insel Reichenau vorkommt, die eingeteilt ist in Ober-, Mittel- und Unterzell mit den drei Kirchenheiligen Georg,

Maria sowie Peter und Paul.[12] Die Namen der Fluren beweisen, dass hier noch mehr Steine vorhanden waren und dass nur noch einer überlebt hat, der jetzt im Kirchhof zu sehen ist. Der Menhir von Leutkirch ist eher rechteckig mit einer aufsteigenden Oberkante. Vermutlich handelt es sich um einen letzten Stein einer Steinreihe oder eines Steinkreises. Wie auch immer, dieser Stein muss etwas Besonderes, Heiliges gewesen sein, denn er wurde nicht zerstört, sondern in den Kirchhof gesetzt. Gingen die Menschen von Leutkirch früher lieber zu diesem Stein als in die Kirche und wurde er deswegen beim Gotteshaus aufgestellt, damit er in dessen Dienst gestellt werden kann?

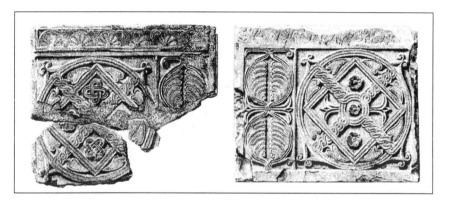

Göttin-als-Kreuz-Darstellung von Reichenau, Peter und Paul, 8. Jh. (nach H.-J. Mayer)

Einer der bedeutendsten Kultorte der Region Bodensee finden wir nördlich von Salem mit den Ortschaften Heiligenberg und dem nahen Betenbrunn. Der alte Name von Heiligenberg, Mons Sanctus, erscheint in einer Urkunde des Klosters Petershausen bei Konstanz aus dem Jahr 994. Der Ort liegt in einer Höhe von 700 m auf einem Bergrücken, von dem aus bis in die Alpen geschaut werden kann. Im Gebiet lassen sich archäologische Funde bis in die Altsteinzeit datieren. Die Wallfahrtskirche Betenbrunn wird 1275 erstmals urkundlich mit dem Namen Bettenbrunnen erwähnt. Im Kirchenführer von 1983 heisst es: „Der Name wird auf einen Brunnen der drei Beten zurückgeführt, die als Betreuerinnen der Toten von den Kelten verehrt wurden, oder auf einen Mann namens Betto oder auf einen heilkräftigen Brunnen."[13] Hier erhalten wir ein Sammelsurium von verschiedenen Angaben, die zum Teil irreführend oder falsch sind. Drei Beten wurden zwar von der Bevölkerung der La-Tène- und gallorömischen Zeit verehrt, was vereinfachend immer wieder als „Kelten" bezeichnet wird, was aber noch lange nicht heisst, dass diese drei Frauengestalten keltisch sind – und schon gar nicht in verkürzter Draufsicht als „Betreuerinnen der Toten". Der Hinweis auf einen singularen Mann namens Betto ist ein hilfloser patriarchaler Versuch, eine weibliche, heilige Frauendreiheit zu vermännlichen. Zwar existiert ein alemannischer Perso-

285

nenname Betto, aber man soll uns doch einmal diesen Betto kulturgeschichtlich-landschaftsmythologisch belegen! Dagegen setzen wir einen Kult der drei heiligen Frauen und Beten, der in Sagen, Namen und Glauben tausendfach vorkommt.[14] Bleibt also noch der heilkräftige Brunnen und die drei Beten, die ja auch schon in der Urkunde von 1275 in der Mehrzahl als Bet(t)en-Brunnen erscheinen.

Während der christlichen Missionierung wurde teilweise der alte Sinngehalt der drei Beten auf Maria übertragen. So thront an der linken Seitenwand der Kirche von Betenbrunn ein Gnadenbild der Madonna im Strahlenkranz. Dieser Kranz wird als Sonnenstrahlen gedeutet, ist aber eigentlich ein uminterpretierter Ährenkranz, wie dies die vorchristlichen Göttinnen gerne aufweisen. Interessanterweise kommt diese Art der Madonnendarstellung nur während weniger Jahrzehnte im 15. Jahrhundert vor und wurde dann verboten. Vor dem Eingang der Kirche auf dem Kirchenplatz befindet sich ein moderner Brunnen mit einer Mondsichel-Maria. Die ältere Form des Brunnens erkennen wir jedoch auf einer Altartafel des oben erwähnten Gnadenbildes der linken Kirchenseite. Wir sehen dort ein grosses Wasserbecken oder eine grosse Wasserschale, in deren Mitte eine Säule emporragt. An der Säule befindet sich ein nach oben offener Halbmond wie Kuh- oder Stierhörner, auf der Säule selbst steht eine dem Himmel nahe Maria. Überraschenderweise sind nun die Röhren des ausfliessenden Heilwassers nicht in einer normalen Position nach unten, sondern wie das Mondhorn aufwärts gerichtet. Noch heute gibt es zum Heil- und Lebenswasser der Mondin Frauenwallfahrten um Kindersegen, Kindersegen aus dem heiligen Wasser der Beten, denn dieses ist ein bekanntes Element der Kinderherkunft und Ahnenseelen.

Doch betrachten wir die linke Seitennische noch genauer. Wenn wir vor ihr stehen, sehen wir oberhalb das schon beschriebene Altarbild mit dem Mariabrunnen und dem Mondsymbolismus der Wasserröhren. Maria selbst erscheint auf der Spitze der Säule stehend und in einem weissen Gewand mit Bezug auf den Himmel. Unterhalb der Mondmaria ist unser Gnadenbild mit der Ährenmaria (Strahlenkranz) und einer halbmondförmigen Wolke, auf der Maria steht und die mit ihr über dem Land schwebt. Ihr linker Fuss steht auf einer Erdkugel, sie selbst erscheint in einem rötlichen Gewand. An der rechten Wand der Seitennische sitzt eine Pieta, eine den toten Jesus beweinende Maria, die in ein Denkmal gefallener Soldaten einbezogen ist. Es könnte sein, dass hier indirekt eine alte Frauentriade imitiert und als drei Marien dargestellt wird, nämlich als weisse Mondgöttin des Himmels, als rote Ährengöttin des Landes und der Erde sowie als Todesgöttin der Verstorbenen, was an die drei Beten von Betenbrunn anknüpfen würde.

Das bedeutsamste Relikt von Betenbrunn befindet sich heute ebenfalls in dieser Seitennische. Es ist dies ein rötlicher Stein der Beten, der in die Wand der Pieta eingemauert ist. Von Besonderheit ist nicht nur seine Farbe, sondern auch eine schlitzartige Kerbe und Höhlung, in die man die Hand einfügen kann. Eine Legende erzählt, dass ein schwedischer Söldner mit seinem Säbel das Gnadenbild zerschlagen wollte, jedoch abgeglitten sei und dem Stein eine Kerbe zugefügt habe. Auch auf dem Haupt der Marienfigur soll sich eine kleine Kerbe befinden. Wie auch immer, jedenfalls scheint es zweifelhaft, dass ein Säbel die Kerbe des Steines verursachte. Die Höhlung ist vielmehr natürlich oder nachbearbeitet, und wir kennen zahlreiche ähnliche Steine, die als Krönungs- oder Ahnensteine im

Kult Verwendung finden. Als Roter Stein könnte er auch ein Braut- und Rechts-stein mit der Bezeichnung Breiter oder Heisser Stein gewesen sein. Auch der Symbolismus des Steines der Bethen oder der Ambeth allein liegt nahe. Der rote Stein mit der Kerbe bezeichnet die Göttin des Landes mit ihrer Öffnung, ihrem heiligen Schoss, aus dem Segen für Mensch und Natur entspringt, was auch im Motiv der Kinderherkunft (Frauenwallfahrten um Kindersegen) enthalten ist. Ich erinnere in diesem Zusammenhang an das steinerne, schalenförmige Wasserbek-ken auf dem Altarbild der Mondgöttin, wo das heilende und segnende Wasser des Lebens fliesst, worauf auch die Kirche heute steht.

Diese Zusammenhänge und dieser Ahnenstein der Bethen scheint der Kirche ein Dorn im Auge zu sein, denn die Bethen wurden mit der Figur der Maria über-formt und ihre alten Symbole verflüchtigt bzw. christlich gewendet einbezogen, denn das Volk schätzte wohl immer noch die drei heiligen Frauen, so dass auch der Name Betenbrunn erhalten blieb. Dieser Zwiespalt ist heute noch zu spüren. Auf einer Postkarte aus den 1980er Jahren ist die Seitennische mit den drei Mari-en sehr gut abgebildet und beleuchtet. Eine andere Postkarte aus derselben Zeit zeigt den ganzen Innenraum der Kirche, wobei der Bethen-Stein hinter einem Gitter verschwindet und kaum sichtbar ist. Auf der ersten Karte jedoch fehlt der Kultstein völlig, sollte aber gemäss dem Bildausschnitt vorhanden sein. Eine Pro-be der Karte zeigt, dass der Stein der Bethen wegretuschiert wurde.

Kommen wir noch zur Legende mit dem schwedischen Soldaten und dem Sä-bel zurück. Viele Sagen sind zwar verzerrt und verdreht wiedergegeben, haben aber einen historischen oder mythologischen Kern. Es wäre denkbar, dass dieses Motiv auf ein altes Erzählmuster verweist, wo ein „Soldat" der männliche Partner einer göttlichen Frau war, die sich als Landeskönigin und heilige Frau in einem roten Stein mit einem heiligen Schoss verkörpert, und wo der „Soldat" mit dem „Säbel" mit der sakralen Frau Hochzeit feiert. Dies wäre die älteste Schicht. Es ist aber auch noch eine jüngere vorhanden. Hier ist es wiederum ein Soldat, der je-doch mit einem Säbel das Heiligste des Landes, die Göttin der Landschaft in ihrer heiligen Öffnung und Schale verletzt und verwundet. Ist dies eine bildliche Spra-che für eine Patriarchalisierung der Landschaft und Erniedrigung der Göttin?

Die Bethen sind in der Volksfrömmigkeit die drei heiligen Frauen Ambeth, Wilbeth und Borbeth, stehen als Frauendreiheit zwar in verschiedenen Kirchen, sind aber keine offiziellen Heilige. In Worms stehen drei Figuren mit ihrem Na-men Ambede, Willebede und Worbede. Die Landschaft von Worms hiess in gallo-römischer Zeit Ambitivus, was Land der Ambeth bedeutet, die Stadt Worms selbst hiess Borbetomagus, also Feld der Borbet. Wiederum geben uns die Namen der Göttinnen einen wichtigen Hinweis. Ambeth geht auf ein Ana-Beth zurück, und wir erkennen ein altes Wort Ana oder Dana, wie wir es oben schon bespro-chen haben. Nicht so eindeutig ist der Name Wilbeth, doch wir können ebenfalls ein vorgermanisches Wort Wila-Beth vermuten. In der nordeuropäischen Mytho-logie hiess eine Priesterin und Sakralkönigin so wie die Göttin selbst, nämlich Volva, damit verbunden ist die Bezeichnung für eine heilige Frau als Vala. In der slawischen und östlichen Mythologie entspricht der Vala den Vilen, Wilas oder Wilis, bis hin zu Vilasa und Samovila.[15] All diese Wörter bezeichnen eine göttli-che Frau verbunden mit dem Bereich von Tod und Wiedergeburt, also eine Göttin des Lebens- und Schicksalsrades sowie des Schwarzmondes. Gleichzeitig haben die Vilas auch einen „verführerischen" erotischen Aspekt. Unser Wort Vulva, heiliger Schoss, ist mit diesem Namen der Göttin verwandt. Etwas einfacher ist die Herleitung von Bor-Beth. Bor- oder Wor- zeigt Verwandtschaft mit bel-/bal- und geht auf ein bekanntes Wort für die Farbe Weiss zurück, bezeichnet also die Weisse Göttin. Ihr sind zum Beispiel die Belchenberge im Schwarzwald, in den Vogesen und im Schweizer Jura gewidmet.

Anabeth wäre gemäss dieser Herleitung die schwarze oder rote Göttin der Frauentriade, Vilabeth die rote oder schwarze Ahnin sowie Borbeth die weisse Göttin des Sichelmondes, wobei alle drei Göttinnen immer als Einheit gedacht sind. Obwohl nun diese Namen in den indoeuropäischen Sprachen vorkommen, heisst dies noch nicht, dass sie auch indoeuropäischer Herkunft sind. Gerade für Dana/Ana ist dies sehr gut belegbar, und ich vermute es auch für die anderen Wörter. Denn auffallend ist das Wort Bethen, das sich in Europa genauso vorfindet wie im Orient. Ich erinnere nur an das alte Beth-El der Bibel, das einen Stein bezeichnet und mit „Haus Gottes" übersetzt wird. Beth heisst „Steinstätte", in der sich ein göttliches Wesen verkörpert. Das Wort ist wie Dana oder Ana vorindoeuropäischer Herkunft, sehr wahrscheinlich aus megalithischer Zeit. Ein ganz ähnliches, sinnverwandtes Wort stammt ebenfalls aus dieser alteuropäischen Kultur, nämlich der vielgesuchte, sogenannte Gral. Das Wort leitet sich von Car-Alu her ab mit verschiedener Schreibweise. Car- ist ein vorindoeuropäisches Wort mit der Bedeutung von Stein, Fels oder Berg, so wie zum Beispiel im Namen der Kultstätte von Carschenna (< car-danna) in Graubünden (Schweiz) oder dem megalithischen Ort Carnac in der Bretagne. Alu ist ebenfalls ein sehr altes Wort und heisst einfach die Göttin, jedoch in einem umfassenden Sinn zum Beispiel als dreifache Mondgöttin. Das Wort steckt auch im babylonischen Göttinnamen Allatu (Alilat, Allat), das dann zu Allah vermännlicht wurde und auf eine vorsemitische matriarchale Mythologie und Gesellschaft hinweist, was ethnologisch nachprüfbar ist.

Der Gral (< car-alu) ist somit ein Stein der Göttin, gleichzeitig auch ein Kelch oder eine Schale mit Wasser, Blut oder Milch, jedenfalls mit einer Flüssigkeit des Lebens gefüllt. Der Kelch oder der Kessel ist ein Symbol für den heiligen (Lebens)-Schoss der Göttin, in alten Zeiten kombiniert mit einem heiligen Stein, also erhalten wir eine Art Stein mit einer Höhlung oder Schale, eben einen Schalenstein mit Lebenswasser, wie er in ganz Europa und noch weiter verbreitet ist.

Im Christentum wurden die drei heiligen Frauen umgetauft und erscheinen als Katharina, Margaretha und Barbara sowie als abstrakte Kunst der Theologie als Fides, Spes und Caritas. In Eichsel bei Rheinfelden auf dem Dinkelberg begegnen sie als Kunigundis, Mechtundis und Wibranda. Eine andere Umtaufe führt uns zu einer Per-pet-ua, die in den 1920er Jahren eine Einbeth-Kapelle in Gengenbach neu als Patronin besetzt, oder mit dem Namen Petrus (< petra = Stein) zu einer Vermännlichung der Orte und Namen der alten Göttinnen. Ebenso eine Vermännlichung der drei heiligen Frauen stellen die drei heiligen Könige dar, die den Namen Caspar, Melchior und Balthasar tragen. Ihr Zeichen über der Hausschwelle ist C + M + B, was auf die Anfangsbuchstaben der Frauen Katharina, Margaretha und Barbara hinweist. Eine andere Deutung der Buchstaben zeigt, wie die alten Göttinnen noch mehr verdrängt werden, nämlich durch ein lateinisches Christus Mansionem Benedicat (Christus segne das Haus). Das Volk deutet ein C + M + B gelegentlich auch als heilige Gaben an die drei Frauen, so als Käse, Milch und Brot. Sehr zwischendeutend ist eine volkstümlich-humoristische Variante der Anfangsbuchstaben, verweist aber mit einem „Cathel Machs Bett!" auf die Bethen (> Bett), zugleich auf eine Frau namens Katharina (> Cathel), also gerade nicht auf einen männlichen Kaspar.[16]

Teilweise ging die Bethen-Verehrung auf die heilige Anna (< Ana-Beth) über, so in Adelhausen bei Freiburg mit der alten Wiehre-Kirche am St. Anna-Platz und dem Dreisam in der Nähe. Im Kirchenführer heisst es: „Das erste Patrozinium der ehemaligen Lütkilchen zu dem alten Adelhusen, dem man spricht ‚Sant Einbetten Kilch'." Und was macht das Volk heute noch? Es betet in einem Bete-hus oder „ge-bet-elet" an Silvester, am Neujahrs- und Dreikönigstag im badischen Randegg und in Gottmadingen, was dann „Bettelgang" heisst. Oder es backt wie in Frankfurt Beth-Männchen, die mit drei Mandeln bestückt sind.

IV

Eine der ältesten Göttinnen der Region Bodensee ist, wie wir oben gesehen haben, die Dana oder Ana, die sich dreigestaltig als Ambeth (< Ana-beth), Wilbeth und Borbeth wie der Mond in einer Dreiheit zeigen kann. Verschiedene Farbattribute wie beim Fluss Argen, der Stadt Arbon oder beim alten Namen für Bodensee (Venetus) bezeichnen sie einfach als die Weisse Göttin, was sich als Kollektivbegriff wiederum auf die Gestalten der Mondin bezieht. Diese alte Mythologie müsste sich auch in archäologischen Funden widerspiegeln, in den zahlreichen Fundstätten der Jungsteinzeit rund um den See. Die mythologischen Spuren in den Siedlungen sind zwar noch nicht so zahlreich, sind aber eindeutig und mit den bisherigen landschaftsmythologischen Zusammenhängen interpretierbar: „Am Bodensee glückte Anfang der 90er Jahre eine weitere, nicht weniger wichtige Entdeckung. In den Ufersiedlungen von Ludwigshafen und Sipplingen fanden sich Reste abgebrannter Lehmhäuser mit Wandmalerei in weisser Kalkfarbe. Zahlreiche Zeichen und Symbole, ein im Brandschutt gefundenes Gehörn eines riesigen Urstieres und nahezu lebensgrosse, realistische aus Lehm auf die Wand geformte, weibliche Brüste lassen vermuten, dass sie zu kultisch genutzten Pfahlhäusern gehören. Die Symbolik lässt auf südosteuropäische Einflüsse schliessen. Es ist zu vermuten, dass zum Bodensee religiöse Vorstellungen vordrangen, die in altorientalischen Fruchtbarkeitskulten ihr Vorbild hatten. Die Entdeckungen zeigen, dass wir auch nach mehr als 140 Jahren Pfahlbauforschung noch unvermittelt auf völlig Neues stossen können und wesentliche Phänomene der geistigen Kultur noch unbekannt sind." (Helmut Schlichtherle)

Die geistige Kultur der Jungsteinzeit kann umfassend nur mit einer landschaftsmythologischen Methode entschlüsselt werden, die wiederum eng mit der modernen Matriarchatsforschung zusammenarbeitet. Die archäologischen Funde mit religiösem Inhalt fügen sich nahtlos in unsere Erörterungen, so bezeichnen die geometrischen Muster und die weiblichen Kultbrüste mit weissem Farbmuster die schon mehrmals erwähnte Weisse Göttin. Die Brüste der Ahnfrau tragen eine lebensspendende und nährende Flüssigkeit, die Milch, die symbolisch mit dem Wasser des Lebens, dem See und den Flüssen gleichgesetzt wird. Ebenfalls zu diesem Symbolismus gehört das Horn des Stieres, das die Mondsichel und das spendende Füllhorn andeutet. Man vergleiche dazu als Vorstellung die reichen Funde von Çatal Hüyük, einer Stadtanlage im 7. Jahrtausend in der heutigen Türkei, und ihren Kulträumen der Göttin und ihres Stieres.[17]

Kultraum mit Doppelgöttin (Schoss, Brüste und Nabel zeigend) und Stier.
Çatal Hüyük, Türkei, um 6000 v.u.Z. (nach J. Mellaart)

Interessanterweise kehren all diese Sinnbilder auf dem Altarbild von Betenbrunn mit seiner Quelle wieder, denn hier entdeckten wir eine Mondsichel und mondförmige bzw. hornartige Wasserröhren mit dem Wasserbecken und der Mariensäule. Auch die kulturelle Zuweisung stimmt mit unserer Namensforschung, da auf südosteuropäische und altorientalische Zusammenhänge verwiesen wird. Gemäss den Göttinnennamen Dana, Ana und Beth kommen wir auf dieselben Schlussfolgerungen, fliesst doch die Donau von Südosteuropa bis in die Region Schwarzwald/Bodensee und die Rhone (< Ro-danus) vom Mittelmeer bis ins Wallis. Vor uns öffnet sich eine alteuropäische Kultur der Jungsteinzeit, die vorindoeuropäisch ist und Beziehungen zum Mittelmeer und dem Orient aufweist. Schliesslich können wir zeigen, dass es sich um eine matriarchal geprägte Mythologie handelt.

Einen ganz ähnlichen Symbolismus wie oben bei den Wänden mit den Kultbrüsten zeigt ein jungsteinzeitlicher Fund aus Sipplingen am Bodensee.[18] Gefunden wurde ein Kultgefäss oder ein urnenförmiger Wasserkrug, der mit zwei Frauenbrüsten verziert ist, ähnlich wie zum Beispiel Funde am Zürichsee und in der Region Neuenburgersee.

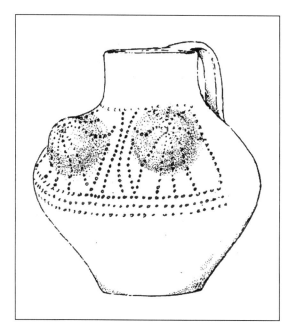

Krug von Sipplingen mit Frauenbrüsten und Ornamentik.
(nach H. Schlichtherle)

Die Brüste tragen ein gut erkennbares Punktmuster auf sich, das einer Frauentätowierung gleicht und zwei radiale Ausströmungen mit dem Mittelpunkt der Brustspitzen aufweist. Auch hier ist die konkrete Symbolkraft nicht schwer zu deuten. Das Gefäss stellt die Weisse Göttin selbst dar, die mit ihren Brüsten nochmals bezeichnet ist. Aus diesen fliesst radial ihre Milch, das Wasser des Lebens, das für Mensch und Natur lebensspendend ist und in Analogie zur Landschaft des Sees und der Flüsse steht. Gleichzeitig verweist das radiale Muster auf das Rad des Lebens, das die jahreszeitlichen und kosmischen Schicksale bestimmt, symbolisiert auch in einer Zahlensymbolik, denn es sind neun radiale Milchstrahlen, die vom Zentrum der Brustspitze ausfliessen und eine alte Mondzahl (3 x 3) bezeichnen.

Einen weiteren Hinweis auf die Mondin erhalten wir durch einen Fund eines Mondhornes bei Hagnau, östlich von Meersburg. Der Halbmond ist gänzlich in schwarzem Material gearbeitet und datiert in die Bronzezeit, könnte aber von der künstlerischen Gestaltung und Machart her auch in die Jungsteinzeit gehören, wie überhaupt fliessende Übergänge zu beobachten sind. Ähnliche Funde von Mondhörner kennen wir beispielsweise von der Region Zürich und dem Dreiseenland bei Biel. Das Besondere an den Mondhörnern ist nicht nur ihre schöne Ausarbeitung und symbolische Darstellung einer Mondgöttin, sondern auch die teilweise schlichten Verzierungen. Diese Verzierungen sind aber nicht einfach Dekor einer inhaltslosen Künstlichkeit. Kunst steht hier im Zusammenhang von gesellschaftlichen, mythologischen und praktischen Weltanschauungen.[19] Zudem sind es Zeichen mit Gedankeninhalt, also eine frühe Schrift und ein frühes Zahlensystem, eine Sprache, die wir nicht mehr verstehen oder uns fremd ist.

Mondhorn von Hagnau bei Meersburg

Durch vergleichende Anschauungen und landschaftsmythologische Kenntnisse glückt ab und zu eine Entzifferung. Viele dieser sehr systematischen und geometrischen Verzierungen deuten gerade auch im Sinnbereich der Mondsymbolik auf kalendarisch-jahreszeitliche Bezüge hin, die sich in astronomischen Zahlenwerten ausdrückten. Vergessen wir nicht, dass wir es mit einer Mythologie zu tun haben, die sowohl kultisch als auch praktisch ausgeübt wurde, und dass wir eine Gesellschaft von Ackerbauer/innen betrachten, die einen (Bauern)-Kalender benötigt. Diese Menschen waren keine Esoteriker sondern Praktiker.

Beim flachen Mondhorn von Hagnau fällt eine konsequente Symmetrie auf, eine gleiche Anordnung auf der Vorder- wie auch auf der Rückseite. Selbst die Mondform ist durchkomponiert, denn je nach Betrachtung erhalten wir zwei Sichelmonde und einen gedachten Vollmond, der als Scheibe zwischen den Hörnern in der Senkung aufliegt. Die Verzierungen auf beiden Seiten stellen einzeln oder in Gruppen Zahlenwerte dar, die mathematisch kombiniert werden können und sich auf jahreszeitlich-astronomische Perioden und Zyklen beziehen. So erhalten wir beispielsweise einen Zahlenwert 24, der auf einen Tageszyklus hinweist, oder einen Zahlenwert 28, was auf eine bekannte Mondperiode Bezug nimmt. Aber auch ein Vierteljahr, ein halbes oder ein ganzes Jahr, d.h. eine Jahresperiode, lassen sich berechnen. Darüber hinaus sind noch grössere Sonnen- und vor allem Mondzyklen erkennbar, die auf eine schlichte und bewunderungswürdige Art und Weise sowohl kultisch als auch praktisch in einer eigenen Sprachsymbolik zur Geltung kommen. Damit erhalten wir einen weiteren Hinweis auf die Mondin in der Region Bodensee, auf eine weisse, rote oder schwarze Frauengestalt, auf eine Beth, die sich dreifach als Ambeth, Wilbeth und Borbeth ausformen kann.

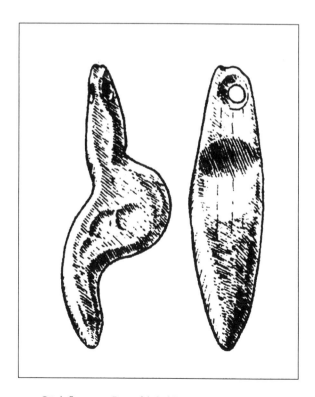

Göttinfigur vom Petersfels bei Engen, um 12000 v.u.Z.

Wie wir gesehen haben, ist die Landschaftsmythologie der Region Bodensee reich an Funden und Spuren und steht mit den umliegenden Gebieten in Verbindung, insbesondere mit dem Schwarzwaldgebiet. Obwohl viele Orte christlich und frühpatriarchal überformt sind, ist diese religiöse Schicht relativ dünn. In der Landschaft konnte sich eine alte Mythologie erhalten, wenn auch in sehr isolierter Art und Weise. Durch Kenntnis und Wissen über eine matriarchale Mythologie und Gesellschaftsstruktur ist es jedoch möglich, vieles in einem systematischen Überblick wieder in ein Bezugsfeld zu stellen. Die Entdeckung einer Grossen Göttin, die als die Weisse Mondin angesprochen wird, weist uns den Weg. Ihre Wurzeln reichen bis in die Bronze- und Jungsteinzeit, wo sie vielfältig als Ahnfrau verehrt wurde. Diese vielfältige matriarchale Mythologie der Jungsteinzeit (5000 v.u.Z.) knüpft aber sogar noch an ältere Spuren einer Grossen Göttin an, wie Funde in Neuenburg und dem Petersfelsen zwischen Engen und Bittelbrunn beweisen.[20] Hier entdecken wir Frauenfiguren aus gänzlich schwarzem Material, die mittels einer Öse an einer Halskette getragen wurden. Dargestellt ist die Schwarze Göttin der Nacht, des Kosmos und der Erde, eine allumfassende Schöpferin mit einer Mythologie, die hier bis in die Altsteinzeit (12000 v.u.Z.) reicht und sich nahtlos in die nachfolgenden Überlieferungen tradiert. Ein paar wenige Spuren davon sind mit diesem Beitrag landschaftsmythologisch gezeigt worden.

Anmerkungen

Rosengarten

1 Hier wird in Kap. 16 von einem Kölner Bürger berichtet, er sei um 130 p. Chr. n. gestorben und sein Leichnam, auf ein Schifflein gelegt, „contra fluctus dirigitur, et parvo horae spatio, miliario confecto, in loco ex tristitia Coloniensium roze tunc vocatus est, littori applicatur". Liebrecht vermutet wohl mit Recht in diesem „roze" einen heidnischen Begräbnisplatz, zumal es identisch mit dem alten „Rodinkirche" bei Köln zu sein scheint, das schon für das Jahr 128 in dem Catalog der Kölner Erzbischöfe bezeugt wird und das in der literarischen Kontinuität bald als „Roze", „Rotkiriche" (290), bald als „Roza" (984), „Rodenkirchoff" (985) „Royden-kerchen" (999), „rozeium" (1111) usw. erscheint. In Aachen gibt es 1219 eine „Roze", 1300 „supra Rozam", 1346 „supra Roys", nach dem auch das benachbarte „Rostor" (1346 Roy-sporta) seinen Namen erhielt.

2 „Hier lieg ich im Rosengarten,/Muss noch auf Weib und Kinder warten./Hier lieg ich im Rosengarten,/Muss auf meine Eltern und Freunde warten./Hier lieg ich und muss verwe-sen,/Was du bist, bin ich auch gewesen,/Was ich bin, wirst du noch werden,/Bet für mich, so lang du lebst auf Erden./Tragt mich nach dem Kirchhof zu,/Dort liegt mein Leib in kühler Ruh,/Dort in dem Rosengarten,/Wird mich mein Bräutigam erwarten./Und als Feinsliebchen gestorben war,/Begrub man sie so schön/In einem Rosengarten/Wo Kräuter und Blümlein stehn."

3 C. Rademacher nimmt an, dass in dem Namen „Rosendahlsweg" an der Wuppermündung, wo ein grosses frühgeschichtliches Gräberfeld liegt, sich die Erinnerung an die alte Bedeutung der Sitte bis heute erhalten hat. In unmittelbarer Nähe des „Rosenackers" bei Frangenheim (Düren) liegen viele vorgeschichtliche Grabstätten, neben dem „Rosengarten" bei Gödders-heim (Düren) ist ein altes Gräberfeld gefunden worden, und in der Nähe Xantens liegt bei Haus Mörmter ein „Rosengarten" über einem fränkischen Gräberfeld. Zu diesen Stellen ge-sellt sich schliesslich auch der westlichst gelegene Rosengarten, ein schon im Mittelalter er-wähntes Gehöft bei Zwolle in Overyssel, zu dem die weite Rosengaardener Mark mit dem „Doodekampen" gehörte.

4 Im Rosenthal zu Leipzig gestattet 1565 Kurfürst August dem Leipziger Rat, „ein neu Pesti-lenzhaus" zu bauen. Das Epitheton lässt vermuten, dass dort schon früher ein solches Kran-kenspital bestanden hat. In Kaufbeuren führte das Rosental zum „Spitaltor" am Heiligen-Geist-Spital. Das Rosenbergele in Stuttgart ist am heutigen Diakonissenplatz (dem alten Spi-tal) unweit der „Spitaläcker" gelegen, und in Lübeck läuft die Rosenstrasse auf das „Heilige-Geist-Spital". Vielleicht ist auch das Dörfchen Roseburg (Lauenburg) aus einem alten Hospiz vorgegangen: in Rozeborch in hospitio.

5 Auf dem „Rosenbühel" in Eger, (1382 „auf dem Rossenpuhel", 1390 „auf dem Rosenpuhel"), der ursprünglich den Bezirk der „langen Gasse", der „Fleischgasse" und des heutigen „Ro-senbühls" umfasste, befand sich der Galgen der Stadt. Die Halsgerichtsstätte in „Grossrosen" (Schlesien) ist noch heute sehr gut erhalten. In diesem Zusammenhang mag auch der jütische „Rosengaard" in Galleluus = Galgehuus Erwähnung finden.

6 In Lüneburg gibt es einen „Rosenpool", auch „Böttcherteich" genannt. In einem Zinsregister von 1378 wird zu einem Zinsstück, das zum Schloss Wartberg gehört, „ein teich genannt der Rosingarte" gezählt. In Ernstroda (Thüringen) liegt ein „Rosengarten" am „Schilfwasser-grund". Ein „Rosenbrook" gibt es bei Rotenburg im Kreis Bremen, ein „Roosbrook" in der Ostenfelder Mark im Schleswigschen. Bei Pogez (Ratzeburg) und bei Grossrüne (ebda.) lie-gen je ein „Rosensahl", bei Höfer im Kreis Sangerhausen finden wir einen „rosingheborne"

(1014), im Gräflich Görtzingschen Wald in der Gemeinde Schliz (Hessen) und bei Gross-berndten in der Südspitze des Kreises Hohnstein je einen „Rosenborn", im Fischhäuser Revier (Walddistrikt in der Dresdener Heide) 1734 einen „Rosenbrunnen" neben einem „Rüschenbruch". Man vergleiche dazu die dänischen Orts- und Flurnamen „Roskilde". Ein „Rosinsee" kommt bei Angermünde und im Choriner Forstbezirk, ein „Rosensee" (rouznsei) in Wogau, Gerichtsbez. Eger, vor. Schliesslich sei als letztes das „Rosmaar" bei Merzenich im Kreis Düren erwähnt.

7 Man vergleiche zum Beispiel die Kölner Rose, das Bonner Rosental, die Rosengärten zu Worms und Gernsheim, alle am Rhein, den Rosengarten bei Mannheim am Neckar, die Rosengasse in Würzburg am Main, die Rosengärten in Reval und Riga und den Rosenort unweit Graal in der Rostocker Heide an der Ostsee, die Rosenau in Barmen an der Wupper, in Fulda am gleichnamigen Fluss, in Augsburg an der Wertach, die Rosengassen in Schandau an der Elbe, in Sassnitz am Hafen, die Rosengärten in Cloppenburg (Oldenburg) an der Soeste, zwischen Haina und Friedrichswerth in Thüringen an der Nesse, bei Neuendeich in Holstein an der Pinnau, bei Schwäbisch-Hall am Kocher, in Göllingen an der Wipper, bei Ilfeld im Harz an der Bähre, bei Darlingerode im Harz am Uetschenteich, schliesslich die Lübecker platea Rosae an der Wakenitz.

8 In Kavelsberg, Kr. Belgard, lag ein Rosengarten am Galgenberg. In Friedberg (Hessen) stand das Scharfrichterhaus im Rosental; der steile Hang zu diesem Tal hiess „am Schindersberg". In Eberswald und in Goslar lag der Schindanger an einem Rosenberg, in der Gemeinde Geschwenda (Kr. Arnstadt) und in Greifswald im Rosental. In Fulda war die „Schindkaute" dem Rosengarten benachbart. In Frankfurt a.M. und in Rosolowo (Posen) wohnte der Henker in der Rosengasse.

9 Hier hausten Stockmeister, Schinder, Henker, Juden und Dirnen zusammen. Von diesen hatten die letzteren sogar ein eigenes grosses Haus. In Braunschweig lagen der Mauerstrasse Büttelei, Abdeckerei und „dat Fruwenhus" zusammen. In Frankfurt a.M. hiess das Frauenhaus auch „domus preconis", weil der Stockmeister in ihm wohnte, in Rottenburg a.N., Augsburg, Liegnitz und anderen Städten stand das Frauenhaus direkt unter dem Scharfrichter, und in Görlitz schliesslich wohnten die „freien fröwelins" „unter dem Henker".

10 In der Kölner Schwalbengasse, die auch Rosenthal genannt wurde, befanden sich die Frauenhäuser. Im zweiten Rosenhagen in Hildesheim lagen seit je die öffentlichen Bordelle. In Goslar war Rosenhagen Bezeichnung für einen Teil der „Frauen-" oder „Kettenstrasse" (Ketten zu cat, Katze, Hure?). Der „Rosenwinkel" in Königsberg war Wohnsitz der Dirnen; ebenso der Rosengarten in Stettin und das Rosental in Delitzsch. Die alte Zwickauer Rosengasse (ab Ende des 17. Jh. Magazinstrasse) kreuzt sich mit der Frauengasse.

11 Die alte Werdersche Rosenstrasse in Berlin war früher voll von Schifferherbergen gewöhnlichster und verrufenster Art. Der Rosenhagen in Stralsund hiess auch Kiebenhieberstrasse, die Rosmarinstrasse in Wismar Kyverwyverstrate. Beide Namen werden als Keifweiberstrasse gedeutet, was nicht gerade auf eine gehobene Reputation ihrer Anwohnerinnen schliessen lässt. So wird ja auch „Rosengässler" oder „-gässlerin" in manchen Gegenden, zum Beispiel heute noch in Breslau, als Bezeichnung für übelberufene Leute gebraucht, und mit allem Vorbehalt mag auch das appenzellische „Rösel", schlechtes, liederliches Gesindel hier angeführt werden.

12 In diesem Zusammenhang ist schliesslich von Bedeutung, dass nicht nur der Richter oder der Exekutivbeamte, sondern auch sein Amtsgerät zuweilen den Namen Rose trägt. In Erfurt lässt der Rat, seit er im Besitz der hohen Gerichtsbarkeit ist, beim peinlichen Gericht das Gerichtsschwert, genannt die „rote Rose" durch einen Stadtknecht vorführen. Nach Simrock soll die spätmittelalterliche Redensart „sub rosa" ursprünglich nicht „in aller Verschwiegenheit", sondern „bei Strafe des Schwertes" bedeutet haben, was mit dem Erfurter Brauch sachlich und bedeutungsmässig in Einklang stände. Rose als Schwertname kommt auch in der deutschen Heldensage, zum Beispiel in den Gedichten von Ortnit und Wolfdietrich und als Schwert Dietrichs bzw. Ilsans in den Handschriften C und D des Rosengartens vor. Wie die Dietrichepen um den Wormser und Tiroler Rosengarten überhaupt starke Beziehungen zu den Rechts- und Totenorten aufweisen, so scheint mir auch hier ein Zusammenhang zwischen dem Richt- und Heldenschwert zu bestehen. Sollten beide vielleicht auf die urtümliche Be-

zeichnung eines kultischen Schwertes, das etwa bei der Hinrichtung, beim Opfer, bei der Mannbarmachung, der Eheschliessung, bei den festlichen Spielen des Jahres (Sommer-Winterstreit) usw. gebraucht wurde, zurückzuführen sein? Merkwürdig berührt ja in diesem Zusammenhang eine unserem Namensbereich zugehörige Lokalsage: Bei Kronach in Oberfranken liegt der Rosenberg, auf dem einst ein Tempel gestanden haben soll, an dessen Altar als grösstes Heiligtum ein Schwert hing, das unbesiegbar machte.

13 Der Rosengarten in Neustadt (Holstein) ist heute eine Strasse, die in der zweiten Hälfte des vorigen Jahrhunderts mit Häusern besetzt wurde. Aber der Name taucht schon viel früher als alte Bezeichnung für einen Versammlungs- und Festplatz auf. Im 31. Art. der Schneider-Amtsrolle von 1680 heisst es: „Demnach auch in den alten Amptsrollen bestimmt, dass dieses Ampt ausserhalb der Stadt zwischen dem Hohen und Cremper Thor einen Platz von der Weide gehabt, der Rosengarten genannt, woselbsten das Ampt ihre Zusammenkünfte bisweilen gehalten, also verbleibet nach wie vor solcher Platz dem Ampte und mügen selbigen befriedigen und geniessen, doch also, dass kein überflüssig Saufen darauf vorgenommen werde, bey poen 30 Mk. Lübisch." Noch um 1900 sprach man von diesem Platz als vom „Sniederland". Ein weiterer holsteinischer Rosengarten lag bei Itzehoe. In ihm feierte die Liebfrauengilde im 15. Jahrhundert ihr Pfingstfest mit Tanz und Spiel. Auch der 1590 genannte „Rosengarde" zu Meldorf hat alten Volksbelustigungen gedient.

14 Eine Flur Rosengarten befindet sich in der Gemarkung von Drebsdorf (Amt Sangerhausen) auf dem Bergrücken nach Hainrode. Bis zur Flurteilung im Jahr 1850 war die Stelle von einem etliche Morgen grossen Wäldchen schöner Eichen und Buchen bestanden. Der Rosengarten südlich von Tambach ist ein sehr umfangreicher Forst, der zuerst 1610 im Schmalkalder Waldbüchlein erwähnt wird. Rosenkranz heisst ein bewaldeter Berg zwischen Oberwiestedt und Hettstedt rechts (westlich) von der Fahrstrasse unweit der Seigerhütte. Rosengarten wiederum ist der Name je eines Waldes bei Klotingen (Soester Börde) und im Staatsforst Harburg. Die gleiche Bezeichnung trägt ein Forsthaus bei Tapiau in Ostpreussen, das jedoch nur mit allem Vorbehalt als vermutlich sehr junge Bezeichnung in diesem Bereich aufgenommen werden mag. Ein Roosholt schliesslich gibt es in der Gemeinde Ostenfeld im Kreis Husum.

15 Eine Rosemans Wiese und ein Rosenbach sind Grenzen des Ossenheimer Gerichts (Franken). Der Rosengarten in Echterdingen ist eine Grenzwiese. Eine Stelle gleichen Namens ist Hubgrenze von Dansenau an der Lahn. Die Rosengärten von Rödichen und Cumbach (Gotha) stossen aneinander, bilden also eine doppelte Markscheide. Das früher gothaische Gräfenroda (Kr. Arnstadt) wird von der ehemals schwarzburg-sondershäusischen Enklave Geschwenda durch das Rosental abgesetzt. Ein Rosengarten bei Witzleben liegt an der Grenze der städtischen Gemarkung mit der Elchlebens. Der Rosengarten von Dornburg liegt unweit der alten Zimmerschen Grenze. In einer Grenzbeschreibung des Bistums Halberstadt von 1014 wird ein Rosingeborn in einem grossen Teil seines Laufes bis nördlich Stolberg als Grenze erwähnt. Einen Rosenbach an der Westgrenze des sächsischen Voigtlandes nennt Köhler. Der 1400 zuerst genannte Rosenberg im Stadtkreis Goslar bildete die Grenze zwischen dem Petersstift und der Stadt. Auf der Gemarkungsgrenze zwischen Wanna und Krempel (Reg.-Bez. Stade) liegt ebenfalls ein Rosengarten. Der Rosengarten von Lübtow, Kr. Pyritz, liegt an der Sallenthinschen Grenze, der Rosengarten an der Pyritzer Kreisgrenze nach Arnswalde war sogar Gerichtsstätte und 1548 grenzt „Krinicke mit Geresslow durch einen Orth, der Rosengarten genat wird". Häufiger begegnet diese Sitte auch in Jütland. Die Flur Rosfly zieht sich an der Gemeindegrenze von Rabstedt, Amt Tondern, entlang, der Roshöj in Löjt, Amt Apenrade, liegt auf der Grenze nach Kirkeby; das Rosmoer, heute Roskaer bei Rise-Hjarup, Apenrade, liegt enggestreckt auf der Grenze nach Brunde.

16 E. Damköhler sieht in ihnen dagegen ehemalige Gerichtsstätten. Die volksmundliche Bezeichnung lautet „Kênsteine", was er als Sprechsteine, Steine, bei denen gerichtlich verhandelt, das Urteil gesprochen wurde, erklärt. Aus dem Mittelalter ist uns der Spielplatzcharakter des Wiesbadener Rosenfeldes an der Idsteiner Strasse (der alten „Trompeterstrasse", einem Verkehrsweg durch den Taunus) bezeugt. Hierher mag auch der „Grosse Rosengarten" von Worms gehören, eine mittelalterliche Rheininsel, auf deren rechter Uferseite das „Bürger-

feld", auf deren linker, die „Kieselswiese" (Festwiese) lag. Verbunden waren alle drei durch die alte, über den Rhein führende „Nibelungenstrasse".

17 Das „Gerichtshöfel" bei Billerbeck im Kreis Pyritz ist ein Steinkegelgrab mit Schwert- und Steinspitzenfunden. Auf dem „Schinderberg" bei Ripdorf (Landkreis Lüneburg) wurden Urnenflachgräber der älteren La-Tène-Zeit gefunden. Bronzezeitliche Grabstätten barg das „Gericht" bei Tennstedt (Kr. Langensalza), solche der La-Tène-Zeit der „Gerichtsacker" in Altengönna (Thüringen). In Hainichen (Thüringen) gibt es eine Flur „das alte Gericht" mit fünf steinzeitlichen Grabhügeln. Der „Räderberg" in Lingen (Prov. Hannover) und der „Räderberg" in Nindorf (Reg.-Bez. Stade) sind alte Hügel- bzw. Steingräber. Der „Galgenberg" bei Itzehoe erhebt sich über einem bronzezeitlichen Sippengrab. Der „Galgenberg" in der Gemeinde Ketting, Amt Sonderburg, heisst 1666 „Galliebjerg eller store Kierkehöj", 1730 „store Kirkehöj eller Gallehöj". Strunk, Wohlhaupter, Goessler, Ohlhaver, Schäfers u.a. weisen weit über hundert „Galgenberge" in Deutschland als vorgeschichtliche Grabstätten nach.

18 Unter einem solchen Baum nahm 1518 Herzog Magnus von Lauenburg auf dem Schlagsdorfer Kirchhof die Huldigung der Bauern entgegen. In Collm in Sachsen gab es sogar eine Friedhofslinde mit einem Halseisen. Jedoch mögen im allgemeinen die zahlreichen Kirchen- und Friedhofspranger nur bei Vergehen gegen die kanonischen Vorschriften benutzt worden sein.

19 1275 lässt zum Beispiel der Graf von der Mark durch seinen Freigrafen in Mengede in Westfalen Gericht am „Maibaum" abhalten: „sito Mengede sub arbore meybom", und in ähnlicher Gepflogenheit versammelte sich noch 1548 die Flensburger Gemeinheit zu ihren Beschlüssen bei der „Vogelstange" oder dem „Papageyenbaum", dem Schützenwahrzeichen der St. Knutsgilde. 1455 findet nach einem Bericht Albrecht Dürers der Hochzeitstanz des Ratsherren Philipp Pirkheimer unter der Nürnberger Gerichtslinde statt. Am Hagerstein in Gerbstedt wurde noch bis 1512 der Jahrmarkt abgehalten. 1591 beklagt sich der Ilsenburger Pfarrer, dass auf dem Gerichtsplatz unter der Linde der Fiedler Ludike Hesse „sonderliche Gesöffe und Tänze" anrichte. Am „Malestein" (Gerichtsstein) bei Oberammergau fanden noch im vorigen Jahrhundert zu Christi Himmelfahrt Tänze und Volksspiele statt.

20 „In dem spilhuse doselbis, da man ellewege von alter gericht hait gehabt", heisst es in einem Weistum von Selbold vom Jahr 1366, „venientes in villam Holtemme Ditfurde in theatro ibi, quod vulgo spelhus dicitur, comite Sifride judico praesidente" in einer alten hannöverschen Urkunde. Eine Stelle „an der Tanzhütte" in der Fuldaer Gemarkung diente als Richtplatz. In Lübeck erscheint seit Anfang des 13. Jahrhunderts das Rathaus als domus consilii und als theatrum, in Bremen 1229 als domus theatralis usw.

21 Wie die „Rosengarten-Türme" in Luzern und Salzburg dienten in Basel und Utrecht die „Roten Türme" als Gefängnis, während sich anderorten bei ihnen die Stätten der Gerichtsbarkeit befanden: in Hannover und Zürich waren die „Roten Türme" Tagungsorte des Gerichtes, in Basel der Landgemeinde. „Unter dem rothen Thurme uff dem Schlos" zu Meissen (rufa turris in Misnia) tagte das altehrwürdige Gau- und Rittergericht, vor dem „Roten Turm" in Halle unter dem Roland das Schöffengericht. Der „Rote Turm" in Passau war in der „Schrottgasse" (= Schroat, Schreiat, Gerichtssäule) beim Rathaus gelegen. Osenbrüggen erwähnt schliesslich eine schweizerische Freistatt an einem „Roten Turm".

22 In der Magdeburger Neustadt das alte Burggrafengericht 1463 „für der rothen Thör uff dem Nuwen Marckte" vor dem Hauptportal des Domes, in der Altstadt „in loco qui pridem apud Rubeam Portam appelari consuevit et nunc vulgariter Deueshorn nuncupatur". In Goslar war das „rufum ostium Goslarie" (Eingang zum palatium imperii) Sitz des Vogteigerichtes, in Würzburg die „Rote Tür" des Domes Dingstätte der Stadt.

23 Die „Rosenäcker" stehen zu den „Roten Äckern": „Rothenacker" war die Stätte des schwäbischen Herzoggerichtes im Jahre 1116; die „Rosenbäume" zu den „Roten Bäumen": das Vogteigericht der Schenken zu Landeck „sol man haben uf Breitenmoss unter dem rotem bom". Zum altfränkischen „Rosmallum" vergleiche man etwa das Freigericht zu Wessel „juxta Rotherdinck" (= Ding, Mallum).

Brautstein und Ahnenstätte

1 John Meier: Ahnengrab und Brautstein. Untersuchungen zur deutschen Volkskunde und Rechtsgeschichte. Halle 1944. (Reprint: Der Brautstein. Frauen, Steine und Hochzeitsbräuche. Bern 1996) John Meier: Ahnengrab und Rechtsstein. Untersuchungen zur deutschen Volkskunde und Rechtsgeschichte. Deutsche Akademie der Wissenschaften zu Berlin. Veröffentlichungen der Kommission für Volkskunde. Berlin 1950.

2 vgl. dazu Kurt Derungs (Hg.): Mythologische Landschaft Schweiz. Bern 1997.

3 vgl. zum theoretischen Hintergrund Heide Göttner-Abendroth: Zur Methodologie der Frauenforschung am Beispiel einer Theorie des Matriarchats. In: Matriarchate als herrschaftsfreie Gesellschaften. Hrsg. von Heide Göttner-Abendroth und Kurt Derungs. Bern 1997. Weitere Forschende sind z.B. Marija Gimbutas, Marie König (Archäologie); Gerda Weiler, Erni Kutter (Theologie); Cillie Rentmeister, Susanne Schröter (Ethnologie); Carola Meier-Seethaler, Barbara Walker, Doris Wolf (Kulturgeschichte); Robert von Ranke-Graves, Sigrid Früh (Mythen, Märchen, Sagen).

4 vgl. Kurt Derungs: Menhire der Westschweiz. In: Mythologische Landschaft Schweiz. Bern 1997.

5 vgl. Heide Göttner-Abendroth: Die Göttin und ihr Heros. Die matriarchalen Religionen in Mythen, Märchen und Epos. München 1997; Kurt Derungs: Struktur des Zaubermärchens I + II. Bern, Hildesheim 1994.

6 siehe meinen Beitrag „Mythologische Landschaft Bodensee" in diesem Band und „Die Göttin und ihre Namen" in: Kurt Derungs (Hg.): Keltische Frauen und Göttinnen. Matriarchale Spuren bei Kelten, Pikten und Schotten. Bern 1995.

7 vgl. Marija Gimbutas: Die Sprache der Göttin. Frankfurt 1995; Marija Gimbutas: Die Zivilisation der Göttin. Frankfurt 1996; Heide Göttner-Abendroth: Architektur im Matriarchat. In: Für Brigida. Frankfurt 1998.

8 vgl. Heide Göttner-Abendroth: Das Matriarchat II,1. Stammesgesellschaften in Ostasien, Ozeanien, Amerika. Stuttgart 1991 (siehe zum Thron und Ahnin-Stein Kapitel Khasi „Das Matriarchat in Ostindien"); sowie „Im Matriarchat der Mosuo. Eine Forschungsreise nach Südchina" in: Matriarchate als herrschaftsfreie Gesellschaften. a.a.O.

9 vgl. Ida Lublinski: Steine und Stätten der Göttin. In: John Meier: Der Brautstein. Bern 1996.

10 vgl. Barbara Walker: Das geheime Wissen der Frauen. München 1995. „Armathr".

11 vgl. Erni Kutter: Der Kult der drei Jungfrauen. München 1997; Sigrid Früh (Hg.): Der Kult der drei heiligen Frauen. Märchen, Sagen und Brauch. Bern 1998; Sophie Lange: Wo Göttinnen das Land beschützen. Matronen und ihre Kultplätze zwischen Eifel und Rhein. Münstereifel 1995.

12 vgl. John Kraft: Die Göttin im Labyrinth. Bern 1997; Kurt Ranke: Brautstein und Rosengarten. In: John Meier: Der Brautstein. Bern 1996.

13 vgl. Robert von Ranke-Graves: Griechische Mythologie. Quellen und Deutung. Reinbek 1987; dazu Heide Göttner-Abendroth: Die Göttin und ihr Heros. a.a.O.

14 vgl. Michael Schmidt: Die alten Steine. Reisen zur Megalithkultur in Mitteleuropa. Rostock 1998; Sibylle von Reden: Die Megalith-Kulturen. Zeugnisse einer verschollenen Urreligion. Köln 1989; Ernst Sprockhoff: Atlas der Megalithgräber Deutschlands. 3 Bde. Bonn 1967.

15 vgl. Claudia Liebers: Neolithische Megalithgräber in Volksglauben und Volksleben. Frankfurt, Bern 1986; Ernst Probst: Deutschland in der Steinzeit. München 1991.

16 vgl. Rolf Müller: Der Himmel über dem Menschen der Steinzeit. Astronomie und Mathematik in den Bauten der Megalithkulturen. Berlin 1981.

17 Uno Holmberg: Der Baum des Lebens. Göttinnen und Baumkult. Bern 1996.

18 vgl. Barbara Walker: Das geheime Wissen der Frauen. a.a.O. „Sheila-na-gig".

19 vgl. Uno Holmberg: Das Wasser des Lebens. Göttinnen und Wasserkult. Bern 1997.

20 Jean Markale: Die Druiden. Gesellschaft und Götter der Kelten. München 1989.

21 Johannes Bolte und Georg Polivka: Anmerkungen zu den Kinder- und Hausmärchen der Brüder Grimm. Nr. 89, p. 275. Leipzig 1915.

22 Irene Kappel: Steinkammergräber und Menhire in Nordhessen. Kassel 1989.

23 Dominik J. Wölfel: Die Religionen des vorindogermanischen Europa. Hallein 1980.

Die Alte vom Arber (Bayern)

1 Dieser Beitrag erschien erstmals in erheblich kürzerer Fassung in: Hubert Ettl (Hg.): Bayerischer Wald. Viechtach 1993. (edition lichtung)
2 vgl. H. Göttner-Abendroth: „Das Matriarchat II,1", Stuttgart 1991, und „Das Matriarchat II,2", Stuttgart 1999.
3 vgl. Kurt Derungs: „Mythologische Landschaft Schweiz", Bern 1997, S. 215 ff.
4 vgl. H. Göttner Abendroth: „Die Göttin und ihr Heros", München 1997 (11. Auflage)
5 Diese Hinweise gab mir der Archäologe Wandling aus Passau.
6 Sie wurden von Dr. Helmut Becker und Otto Braasch durch Luftbild-Archäologie entdeckt und geophysikalisch ausgewertet. Dokumentation im archäologischen Museum von Künzing (Kreiner). Vgl. die Zeitungsberichte: AZ vom 31.3.92, Dingolfinger Anzeiger vom 4.1.92, Landauer Neue Presse vom 5.3.92, Süddeutsche Zeitung vom 11.12.91.
7 vgl. das Fotowerk von Heinz Glashauser (Falkenstein), in welchem mit sehr schönen, zahlreichen Fotos vergleichend nachgewiesen wird, dass die auffallenden Formen an Steinen im Bayerischen Wald kein „Zufall" sind, sondern von Menschen geschaffen wurden (leider noch unveröffentlicht).
8 vgl. zu Margaretha, Catharina, Barbara mehr in H. Göttner-Abendroth: „Spuren des Matriarchats in der Schweiz", in: K. Derungs, a.a.O., S. 269 ff.
9 vgl. Friedrich Panzer: „Bayerische Sagen und Bräuche", Göttingen 1956, Bd. II, Nr. 213.
10 vgl. die Zeitschrift „Der Erdstall. Hefte des Arbeitskreises für Erdstallforschung", Hrsg. Arbeitskreis, K. Schwarzfischer, Roding.
11 vgl. Erni Kutter: „Der Kult der drei Jungfrauen", München 1997, S. 181 ff.

Heilige Jungfrauen, Salige und Wilde Fräulein

1 Friedrich Panzer, Bayerische Sagen und Bräuche, Beiträge zur deutschen Mythologie, Band 2, Erstausgabe 1848, Göttingen 1954.
2 Hans Christoph Schöll, Die drei Ewigen. Jena 1936.
3 W. Heiligendorff, Der keltische Matronenkult und seine Fortentwicklung im deutschen Mythos, Leipzig 1934.
4 Sophie Lange, Wo Göttinnen das Land beschützten, Matronen und ihre Kultplätze zwischen Eifel und Rhein, Sonsbeck 1994.
5 Matthias Zender, Die Matronen und ihre Nachfolgerinnen im Rheinland, aus: Gestalt und Wandel, Bonn 1977.
6 Matronen und verwandte Gottheiten, Ergebnisse eines Kolloquiums, verstaltet von der Göttinger Akademie für die Altertumskunde Mittel- und Nordeuropas, Köln 1987.
7 Ernst Büch, Über den Kult der drei Jungfrauen von Meransen und seine Beziehungen zu Worms, in: Der Schlern, Monatszeitschrift für Südtiroler Landeskunde 1971.
8 Leonhard Franz, Die drei heilige Jungfrauen von Meransen, in: Der Schlern 1953.
9 Aus dem Urbarium der Pfarrei S. Martin zu Zeillorn, aus einer Zulassungsarbeit von Christine Poisl: Schildthurn – Kirche und Wallfahrt, 1978.
10 Günther Thomann, Weibliche Heilige und Schicksalsgöttinnen, Zum vorchristlichen Ursprung des Drei-Jungfrauen-Kultes, insbesondere der drei Bethen, in: Volkskultur und Heimat, hg. D. Hermening und E. Wimmer, Königshausen 1986.
11 Friedrich Panzer, Band 2.
12 ebenda.
13 Hans Christoph Schöll, Die drei Ewigen.
14 Friedrich Panzer, Band 2.
15 Günther Thomann, Weibliche Heilige und Schicksalsgöttinnen.
16 Friedrich Panzer, Band 2.
17 Ulrike Kindl (Hg.), Märchen aus den Dolomiten, München 1992.
18 Georg Graben, Sagen aus Kärnten, Leipzig 1914.

19 Friedrich Panzer, Band 2.

20 Inge Resch-Rauter, Unser keltisches Erbe, Flurnamen, Sagen, Märchen und Brauchtum als Brücken in die Vergangenheit, Wien 1992.

21 Johann Adolf Heyl, Volkssagen, Bräuche und Meinungen aus Tirol (Faksimiledruck der 1897 erschienenen Ausgabe), Bozen 1989.

22 ebenda.

23 ebenda.

24 Sonja Rüttner-Cova, Frau Holle, Die gestürzte Göttin, Basel 1986.

25 Der gesamte Beitrag bezieht sich auf mein Buch: Der Kult der drei Jungfrauen, Eine Kraftquelle weiblicher Spiritualität neu entdeckt. München 1997. Alle genannten Kultorte, Sagen und mythologischen Hintergründe sind dort ausführlich dokumentiert und beschrieben.

Frau Holle und Frau Venus in Thüringen

1 vgl. Karl Paetow: „Frau Holle", Husum 1986, S. 16 und S. 105.

2 vgl. H. Göttner-Abendroth: „Die Göttin und ihr Heros", München 1997 (11.Aufl.), zur Holle speziell S. 148-150.

3 vgl. Karl Paetow, a.a.O., S. 30 und S. 32.

4 Über die archäologische Situation der Gegend Grabfeld im allgemeinen und der zwei Gleichberge im besonderen informiert ausgezeichnet das kleine „Steinsburg-Museum", das genau im Einschnitt zwischen den beiden Gleichbergen liegt.

5 vgl. Erni Kutter: „Der Kult der drei Jungfrauen", München 1997, und Sigrid Früh (Hg.): „Der Kult der drei Heiligen Frauen", Bern 1998.

6 vgl. Hans Christoph Schöll: „Die Drei Ewigen", Jena 1936; in S. Früh, a.a.O., S. 33-83.

7 vgl. Günther Thomann: „Weibliche Heilige und Schicksalsgöttinnen"; in S. Früh, a.a.O., S. 171-188.

8 vgl. die kleine Sammlung „Der Venusberg" (Hg. W. Möhrig), Zürich 1996, nach Jacob und Wilhelm Grimm, Philipp von Steinau und Ludwig Bechstein, S. 51.

9 Ich folge hier sehr genau dem Ton der Spielleute-Version des 13. Jh., abgedruckt als „Das Lied von Tannhäuser", in: Reclam Nr. 5636, Stuttgart 1988, S. 61-64.

10 vgl. R. Wagner: „Tannhäuser", Reclam Nr. 5636, Stuttgart 1988; und ausführlicher zum Thema: H. Göttner-Abendroth „Die gespaltene Liebe", in: „Für Brigida. Göttin der Inspiration", Frankfurt 1998, S. 209 ff.

11 vgl. Alois Senti: „Sagen aus dem Sarganser Land", Basel 1974; und H. Göttner-Abendroth: „Spuren des Matriarchats in der Schweiz", in: K. Derungs (Hg.): „Mythologische Landschaft Schweiz", Bern 1997, S. 269-283.

12 vgl. R.S.Loomis: „Arthurian Tradition and Chrétiens de Troyes", New York 1949.

13 vgl. „Der Venusberg" (Hg. Möhrig), a.a.O., S. 55-57.

14 vgl. dazu H.C.Schöll, a.a.O., S. 138 ff.

15 vgl. K.O.Beetz: „Urd. Deutsche Volksmärchen", Leipzig (1933-1939), S. 9-19.

16 vgl. dazu G. Thomann, a.a.O., in S. Früh, a.a.O., S. 178 f.

17 vgl. dazu und zum folgenden: Erni Kutter, a.a.O., S. 271-282.

18 vgl. Robert v. Ranke-Gaves: „Die Weisse Göttin", Reinbek bei Hamburg 1985.

19 vgl. den alten Stundenzähl-Vers, angegeben bei K. Paetow, a.a.O., Erstausgabe, Hannover 1962, S. 109.

Die „Witten Wiwer" von Rügen

1 Haas Nr. 204; vgl. A. Haas: „Rügensche Sagen", Stettin 1920. Alle Sagen von Rügen, die in diesem Artikel zitiert werden, stammen aus dieser ausgezeichneten Sammlung, die Nummern geben dabei die Zählung von Haas wieder.

2 vgl. Heide Göttner-Abendroth: „Das Matriarchat II,1", Stuttgart 1999 (2.Auflage) und „Das Matriarchat II,2", (im Erscheinen).
3 Haas Nr. 145.
4 Haas Nr. 233, 234.
5 vgl. Yann Brekilien: „Les Mythes traditionnels de Bretagne", Edition du Rocher 1998, S. 179 („Les lavandières de nuit"); und Jean Markale: „Contes populaires de toutes les Bretagne", Rennes 1977-1993, S. 140 („Les lavandières du Ranco").
6 Haas Nr. 61, 102, 103, 104, 105, 106, 108, 152.
7 vgl. P. Sébillot: „Le Folklore de France: Les Monuments"; edition IMAGO.
8 Haas Nr. 78, 79.
9 Haas Nr. 74.
10 Haas Nr. 101.
11 Haas Nr. 217.
12 Haas Nr. 191.
13 Haas Nr. 26, 27, 185.
14 Haas Nr. 50, 54, 56.
15 Haas Nr. 27, 28, 184, 185.
16 Haas Nr. 27.
17 Haas Nr. 75.
18 Haas Nr. 69.
19 Haas Nr. 70.
20 Haas Nr. 71, 72, 73.
21 Phillip Klüver: „Germania antiqua", Leyden 1616, P. III., S. 107.
22 vgl. A. Haas, a.a.O., S. 55.
23 Haas Nr. 93, 94.
24 Haas Nr. 95.
25 vgl. Erni Kutter, „Der Kult der Drei Jungfrauen", München 1997, S. 276 f.
26 Haas Nr. 81.
27 Haas Nr. 81.
28 Haas Nr. 86.
29 Haas Nr. 84.
30 Haas Nr. 87.
31 Haas Nr. 83.
32 Haas Nr. 90.
33 Haas Nr. 92.
34 Haas Nr. 81.
35 Haas Nr. 81.
36 vgl. Ingrid Schmidt: „Götter, Mythen und Bräuche von der Insel Rügen", Rostock 1997.
37 siehe Auszüge aus dem Bericht des Saxo Grammaticus in: H. Lehmann (Hg.): „Rügen. Sagen und Geschichten", Schwerin 1990, S. 14-32.
38 Haas Nr. 78.
39 Haas Nr. 67.
40 Haas Nr. 68.

Mythologische Landschaft Bodensee

1 vgl. Helmut Schlichtherle (Hg.): Pfahlbauten rund um die Alpen. Stuttgart 1997.
2 vgl. Heide Göttner-Abendroth und Kurt Derungs (Hg.): Matriarchate als herrschaftsfreie Gesellschaften. Bern 1997.
3 vgl. Heide Göttner-Abendroth: Die Göttin und ihr Heros. Die matriarchalen Religionen in Mythen, Märchen und Epos. München 1997; vgl. zum theoretischen Hintergrund Heide Göttner-Abendroth: Zur Methodologie der Frauenforschung am Beispiel einer Theorie des Matriarchats. In: Matriarchate als herrschaftsfreie Gesellschaften. a.a.O.; vgl. Marija Gim-

butas: Die Sprache der Göttin. Frankfurt 1995; Marija Gimbutas: Die Zivilisation der Göttin. Frankfurt 1996.

4 vgl. Kurt Derungs: Mythologische Landschaft Graubünden. In: Mythologische Landschaft Schweiz. Bern 1997; Sigrid Früh (Hg.): Der Kult der drei heiligen Frauen. Märchen, Sagen und Brauch. Bern 1998; Tier und Totem. Naturverbundenheit in archaischen Kulturen. Hrsg. von Sigrid Hellbusch u.a. Bern 1998; Schwarze Madonna im Märchen. Mythen und Märchen von der Schwarzen Frau. Hrsg. von Sigrid Früh und Kurt Derungs. Bern 1998.

5 vgl. Wolfgang Meid: Aspekte der germanischen und keltischen Religion im Zeugnis der Sprache. Innsbruck 1991; Hans Krahe: Unsere ältesten Flussnamen. Wiesbaden 1964; Bruno Boesch: Zu den Ortsnamen. In: Der Schwarzwald. Hrsg. von Ekkehard Liehl und Wolf Dieter Sick. Baden 1980; Hans Widmann: Schwäbische Alb. Geschichte eines Namens. Stuttgart 1957; Kurt Derungs: Die Göttin und ihre Namen. In: Keltische Frauen und Göttinnen. Matriarchale Spuren bei Kelten, Pikten und Schotten. Hrsg. von Kurt Derungs. Bern 1995.

6 vgl. Barbara Walker: Das geheime Wissen der Frauen. München 1995. „Dana"; Gerda Weiler: Das Matriarchat im Alten Israel. Stuttgart 1989.

7 vgl. Robert von Ranke-Graves: Die Weisse Göttin. Berlin 1981; Kurt Derungs: Struktur des Zaubermärchens I + II. Bern, Hildesheim 1994.

8 vgl. Bruno Boesch: Die Orts- und Gewässernamen der Bodenseelandschaft. In: Der Bodensee. Hrsg. von Helmut Maurer. Sigmaringen 1982, p. 242. Boesch geht wie H. Krahe von einem balkanillyrischen *arabona bzw. *arb = „dunkel" aus, was den Schwarzen Aspekt der Göttin Ana bezeichnen würde.

9 vgl. Barbara Walker: Das geheime Wissen der Frauen. München 1995. „Schicksalsfrauen".

10 vgl. Yves Schumacher: Steinkultbuch Schweiz. Ein Führer zu Kultsteinen und Steinkulten. Bern 1998.

11 vgl. Theo Odenwald: Drei Damen aus der Steinzeit. Manuskript.

12 vgl. Wolfgang Erdmann: Die Reichenau im Bodensee. Geschichte und Kunst. Königstein 1989; vgl. zur Göttin-als-Kreuz-Darstellung Carola Meier-Seethaler: Von den Präsentationen der Göttin zum christlichen Kreuz. In: Von der göttlichen Löwin zum Wahrzeichen männlicher Macht. Zürich 1993.

13 Anton Schnell: Kunstführer Betenbrunn. Nr. 1428. vgl. Theo Odenwald. a.a.O.

14 vgl. Erni Kutter: Der Kult der drei Jungfrauen. München 1997; Sigrid Früh (Hg.): Der Kult der drei heiligen Frauen. Märchen, Sagen und Brauch. Bern 1998.

15 vgl. Barbara Walker: Das geheime Wissen der Frauen. München 1995. „Vila".

16 vgl. Theo Odenwald: Drei Damen aus der Steinzeit. a.a.O.

17 vgl. James Mellaart: Çatal Hüyük. Stadt aus der Steinzeit. Bergisch Gladbach 1967.

18 vgl. Lawrence Barfield: Eine Gesellschaft im Umbruch. In: Der Zeuge. Hrsg. von Alfred Payrleitner. Wien 1992; Rudolf A. Maier: Zu einigen Fremdelementen der Cortaillodkultur. In: Germania 35, 1957, p. 6-10; Uno Holmberg: Das Wasser des Lebens. Göttinnen und Wasserkult. Bern 1997.

19 vgl. Heide Göttner-Abendroth: Die tanzende Göttin. München 1985; Heide Göttner-Abendroth: Für Brigida. Frankfurt 1998.

20 vgl. Hansjürgen Müller-Beck und Gerd Albrecht (Hg.): Die Anfänge der Kunst vor 30000 Jahren. Stuttgart 1987.

Quellenverzeichnis

Die folgenden Beiträge sind jeweils gekürzt und mit einem neuen Titel versehen, dabei auch an einzelnen Stellen in modernes Deutsch gebracht. Ebenfalls gekürzt sind Fussnoten und Literaturangaben. Teilweise konnten für Text oder neu eingefügte Bilder/Zeichnungen die Rechte nicht mehr eruiert werden. Für eventuelle Nachträge bitten wir um Mitteilung.

Die Verehrung der Quellen. Originaltitel und -Text in: Karl Weinhold: Die Verehrung der Quellen in Deutschland. Berlin 1898.

Kinderherkunft und Kinderbringer. Originaltitel und -Text in: Richard Beitl: Der Kinderbaum. Berlin, Leipzig 1942. Anhang: Heinrich Ploss: Das Kind in Brauch und Sitte der Völker. Band 1, Abschnitt „Woher kommen die Kinder?". Berlin 1882; Otto Schell: Woher kommen die Kinder? Eine Umfrage. In: Am Urquell. Monatsschrift für Volkskunde 4, 1893 ff.

Lebens- und Schicksalsbäume: Originaltitel und -Text in: Otto Lauffer: Schicksalsbaum und Lebensbaum im deutschen Glauben und Brauch. In: Zeitschrift für Volkskunde 45, 1935; Otto Lauffer: Kinderherkunft aus Bäumen. In: Zeitschrift für Volkskunde 44, 1934.

Pflügebräuche: Originaltitel und -Text in: Elard Hugo Meyer: Indogermanische Pflügebräuche. In: Zeitschrift des Vereins für Volkskunde 14, 1904.

Rosengarten: Originaltitel und -Text in: Kurt Ranke: Rosengarten. Hamburg 1953.

Menhire in Mitteleuropa. Originaltitel und -Text in: Horst Kirchner: Die Menhire in Mitteleuropa und der Menhirgedanke. Abhandlungen der Geistes- und Sozialwissenschaftlichen Klasse, Heft 9. Wiesbaden 1955.

Megalithkultur. Originaltitel und -Text in: Sibylle von Cles-Reden: Die Spur der Zyklopen. Buch X. Köln 1960. (DuMont Schauberg); Karten und Skizzen teilweise nach Ernst Sprockhoff: Die nordische Megalithkultur. Berlin 1938.

Ortsverzeichnis

Geschätzte Leserin, lieber Leser

Sie sind am Ende der Lektüre einer erfolgreichen Ausgabe der Edition Amalia angelangt. Diese Ausgabe wurde auf modernsten Produktionsanlagen umweltfreundlich von der Druckerei Lang in Bern hergestellt – wie alle Bücher der Edition Amalia. Jedes unserer Bücher erkennen Sie deutlich an der charakteristischen Amalia-Konzeption.

Was ist die Edition Amalia?

Die Edition Amalia ist eine Buchreihe, die ihresgleichen sucht, oder wie es eine Buchhändlerin in München beschreibt: „Es ist ja so gut, dass es Ihren feinen Verlag mit dem konsequenten Programm gibt. Ich beglückwünsche Sie sehr; die Bücher sind inhaltlich und von der Gestaltung gleich überzeugend und gut."

In der Edition Amalia erscheinen Bücher, die wir auch selber lesen möchten; nach dem Motto: Schöngestaltete Bücher mit Inhalt und bleibendem Wert. Jedes Buch wird sorgfältig vom Amalia-Team ausgewählt und begleitet. Dazu kommen beratende Fachpersonen und erfahrene Buchhändler/innen.

Die Bücher der Edition Amalia möchten einerseits Vergessenes wieder in Erinnerung rufen, andererseits Sie dazu anregen, in eines der Schwerpunktthemen einzutauchen – Sie werden ein informatives und breites Wissen vorfinden. Besonders freut uns, dass sich dank des positiven Zeichens der Edition Amalia immer mehr Frauen und Männer für Matriarchatsfragen interessieren. Ebenso ist die Umwelt-Ethnologie und Landschaftsmythologie in einer grossen Vielfalt vertreten und findet rege Beachtung.

Als Bücherschmiede freuen wir uns, wenn Sie unseren Namen weitergeben. Der Verlag erteilt gerne weitere Auskunft.

edition amalia, Stadtbachstr. 46, CH-3012 Bern

Telefon (+41) 031 / 305 14 50
Telefax (+41) 031 / 305 14 51

Die ursprünglichen Märchen der Brüder Grimm

Handschriften, Urfassung und Texte zur Kulturgeschichte

Die beliebten Kinder- und Hausmärchen der Brüder Grimm sind die meistgelesene deutsche Literatur der Welt und in unzählige Sprachen übersetzt. Mehrere Generationen sind seit dem 19. Jahrhundert mit den Märchenfiguren wie Dornröschen, Froschkönig oder Schneewittchen aufgewachsen – sie gehören zum festen Bestandteil der Jugenderinnerungen. Neben diesem persönlichen Erlebnis gibt es seit längerer Zeit eine rege Märchendeutung und Märchenanwendung, z.B. in der Therapie/Psychologie, in Spiel und Gestaltung, in Illustrationen oder in der Pädagogik – bis hin zur trivialen Verfilmung.

Dieser vielfache Gebrauch der Märchen fusst aber auf einer folgenschweren Fehleinschätzung, denn verwendet werden ausschliesslich die späten Grimm-Märchen von 1857, welche die Brüder über mehrere Jahrzehnte hinweg in ihrem Sinn redaktionell bearbeitet, „korrigiert" und somit die heutige Märchengattung Grimm erst geschaffen haben.

Das vorliegende Buch zeigt nun in einer vergleichenden Gegenüberstellung die „echten" und „wahren", d.h. noch relativ wenig bearbeiteten Zaubermärchen der Brüder Grimm von 1810, 1812 und 1815 – mit manch erstaunlichen Textunterschieden.

Wer auch immer mit den verschiedenen Grimm-Märchen seriöse arbeiten oder diese einfach vortragen möchte, findet hier die älteren Texte und Fassungen der Zaubermärchen abgedruckt, samt den Originalanmerkungen der Brüder Grimm und weiterführenden Texten zur Kulturgeschichte.

Die ursprünglichen Märchen der Brüder Grimm
Handschriften, Urfassung und Texte zur Kulturgeschichte
Herausgegeben von Kurt Derungs
Broschur, ca. 300 Seiten
ca. Fr. 40.-- / DM 44.-- / öS 340.--
ISBN 3-905581-08-6

Mythologische Landschaft Schweiz

304 Seiten, 40 Abbildungen, ISBN 3-905581-02-7, Fr. 44.– / DM 46.–
Herausgegeben von Kurt Derungs

„Weitaus tiefgehender nimmt der Herausgeber Kurt Derungs, ein Berner Germanist und Ethnologe, die Schweiz aufs Korn: Er und seine versammelten Autoren und Autorinnen folgen den Spuren alter Mythen und verlassen dabei nicht die wissenschaftlichen Pfade; dass das Buch dennoch lesbar ist, darf als gelungene Leistung gewertet werden." (Bert Brenner)

„13 Beiträge zu kultischen Themen schweizerischer Volkskunde versuchen Licht in längst versunkene und vergessene Überlieferungen aus alter Zeit zu bringen... Freilich ist es nicht leicht, zu diesem Themenbereich seriöse Arbeiten zu liefern. Vor allem die in Mode gekommene Esoterik spielt hier gerne ihre Streiche. Man darf hier aber den Autoren zu ihrer besonnenen Arbeit gratulieren. Ein gelungenes Buch, das uns durch die mythologische Landschaft der Schweiz im Stil der Dokumentation alter Überlieferungen führt. (ANISA – Verein für Felsbildforschung)

Keltische Frauen und Göttinnen
Matriarchale Spuren bei Kelten, Pikten und Schotten

328 Seiten, Abbildungen, ISBN 3-9520764-0-6, Fr. 48.– / DM 54.–
Herausgegeben von Kurt Derungs

„Das vorliegende Buch zeigt in den Beiträgen namhafter Experten, dass die Faszination am Keltentum vor allem durch alteuropäisch-matriarchale Spuren bedingt ist. Der Sammelband bietet eine seriöse, mit Wissen angereicherte Fundgrube, die das Bewusstsein über die Kelten massgeblich erweitert." (Roman Schweidlenka)

Der Baum des Lebens
Göttinnen und Baumkult

182 Seiten, 82 Abbildungen, ISBN 3-9520764-2-2, Fr. 38.– / DM 42.–
Von Uno Holmberg

Uno Holmberg untersucht mit grosser Sachkenntnis das Thema Baum als Weltachse und Welt-säule. In seinem kulturgeschichtlichen Überblick ist der Baum Zentrum der Welt und steht damit neben dem Stein als Nabel der Welt und dem Wasser des Lebens: Baum, Stein und Quelle bilden in der Vorstellung des Weltzentrums eine einheitliche, kosmologische Natur. Diesen Nabel der Welt verkörpert vielfach die Darstellung einer Göttin mit ihrem Bauch-Nabel oder heiligen Schoss: Weltenbaum, Nabelstein, Lebenswasser und die Göttin als Schöpferin allen Lebens versinnbildli-chen ein Weltbild, das einmal als prinzipiell weiblich verstanden wurde.

Schwarze Madonna im Märchen
Mythen und Märchen von der Schwarzen Frau

190 Seiten, ISBN 3-905581-07-8, Fr. 32.– / DM 36.–
Herausgegeben von Sigrid Früh und Kurt Derungs

Der Kult der Schwarzen Madonna - von den einen verdammt, von den anderen verehrt: eine schlichte schwarze Frau mit erhabenem Antlitz. Für viele Frauen und Männer ist sie eine spirituelle Entdeckung geworden, davon zeugen auch die vielen Reisen zu den Stätten der schwarzen „Erdmutter". Wer ist nun diese heilige Frau und was stellt sie dar? Ist sie eine christliche Gestalt oder reichen ihre Wurzeln bis in die Altsteinzeit der „Venus"-Darstellungen?

Die vorliegende Märchen- und Mythensammlung ist nun eine hilfreiche Grundlage, sich von der mündlichen Tradition her diesem Thema zu nähern. Gerade hier finden wir Aspekte einer Göttin und Ahnfrau, die wiederum durch eine matriarchale Mythologie verständlich wird. Mit diesem Buch liegt eine bedeutende Sammlung vor, die zur kulturgeschichtlichen Beschäftigung mit der Schwarzen Frau anregen und die Leserinnen und Leser in ihren Erfahrungen bereichern möchte.

Edition

Amalia

Alteuropa

Archäologie

Ethnologie

Gesellschaftsfragen

Landschaftsmythologie

Märchen & Sagen

Matriarchat

Mensch & Natur

Mythologie

Mythologisch Reisen

Soziologie

Sprachgeschichte

Volksbräuche

Volkskunde

Stadtbachstr. 46
CH-3012 Bern
Telefon (+41) 031 / 305 14 50
Telefax (+41) 031 / 305 14 51